Artemis & Winkler

Die deutschen Romantiker

125 Lebensläufe

Ein Personenlexikon von Klaus Günzel

Artemis

Die Deutsche Bibliothek – CIP-Einheitsaufnahme

Günzel, Klaus:
Die deutschen Romantiker : 125 Lebensläufe ; ein Personenlexikon /
von Klaus Günzel. - Zürich : Artemis und Winkler, 1995
ISBN 3-7608-1119-1
NE: HST

Gestaltung: Urs Berger-Pecora

Artemis & Winkler

Printed in Germany
ISBN 3-7608-1119-1

A

Apel, Johann August

Leipzig 17. September 1771 – 9. August 1816 Leipzig
Schriftsteller

Der Sproß eines Bürgermeisters und Nachkomme einer sächsischen Kaufmannsfamilie stieg schnell in der kommunalen Hierarchie auf, die eine weltoffene Stadt wie Leipzig zu bieten hatte. Nach dem Jurastudium an der einheimischen Universität und in Wittenberg ließ er sich 1796 als Anwalt in der Vaterstadt nieder, wo es der Dreißigjährige bereits zum Senator brachte. Apel war ein wohlhabender Mann und genoß auf seinem Rittergut Ermlitz bei Schkeuditz ein unabhängiges Dasein mit dem Zuschnitt eines Landedelmannes, der zur Jagd ging, eine kostbare Bibliothek zusammentrug und mit romantischen Gesinnungsfreunden (→ Fouqué u. a.) gesellig verkehrte. Drei Tragödien in klassischer Manier («Polyidos», «Die Aitolier», «Kalirrhoe») zeigten Apel noch als Gefolgsmann eines modischen Antikekults, während das Trauerspiel «Kunz von Kauffungen» (1809) mit der Dramatisierung des sächsischen Prinzenraubes die Wende zur vaterländisch-mittelalterlichen Welt vollzog. Gemeinsam mit seinem Freund Friedrich Laun (eigentl. Friedrich August Schulze) verfaßte er das berühmte «Gespensterbuch» (1815, 4 Bde.; Fortsetzung «Das Wunderbuch», 1815–1817, 3 Bde.), an dessen Beginn «Der Freischütz» steht, eine spannend und geschickt, nicht ohne vorsichtige Ironie erzählte Schauergeschichte, die sogleich mehrfach auf die Bühne verpflanzt wurde. Auch Friedrich → Kind und Carl Maria von → Weber nutzten sie für ihre gleichnamige Oper.

Indessen erwies sich Apel mit seiner zweibändigen «Metrik» (1814–1816) als ein geschätzter Präzeptor des Versbaues. In seinen letzten Lebensjahren stieß er zu dem romantischen Kreis, den der sächsische Standesherr Karl Borromäus von Miltitz auf seiner halbverfallenen Burg Scharfenberg bei Meißen um sich versammelte. Die malerische Kulisse, die sowohl den Dichter als auch den Weidmann entzückte, inspirierte ihn zu Gedanken, die der Aufführung von Theaterstücken in der Natur galten. Als ihm der Freund Fouqué eines seiner patriotischen Dramen vorlas, rief Apel aus: «... es müsse sich zu der Aufführung eine große Genossenschaft verbünden, unter fürstlich grandiosem Schutz, und die Bühne kein Brettergerüst sein, sondern ein freies Waldtal, etwa

Titelblatt der Erstausgabe des 1. Bandes des «Gespensterbuches» von Johann August Apel und Friedrich Laun, Leipzig 1810.

Gespensterbuch.

Herausgegeben

von

A. Apel und F. Laun.

Schnor v. K. del. Schenk sculp. Braunschweig.

Erstes Bändchen.

Leipzig, bei G. J. Göschen. 1810.

im Harz; keine Zuschauer erforderlich als die zufällig zusammenströmenden, die Darstellenden aber sich frei genügen lassend, ohne Rücksicht auf jene, am kindlich kühnen Spiele der Darstellung selbst...» Nicht nur sein früher Tod hat Apel an der Verwirklichung solcher Ideen gehindert, die in manchem die Festspielidee Richard → Wagners vorwegnahmen. Zu Wagner sollte Apels Sohn Theodor (1811–1867), ein erfolgreicher Dramenschreiber, in enge Verbindung treten: er wurde der Jugendfreund des Komponisten.

Literatur: Krüger, Herm. Anders: Pseudoromantik. Leipzig 1904.

Arndt, Ernst Moritz

Groß Schoritz auf Rügen 26. Dezember 1769 – 29. Januar 1860 Bonn

Dichter, politischer Publizist und Historiker

Ernst Moritz Arndt. Stich von C. T. Riedel nach einer Zeichnung von L. Buchhorn.

Erst ein Dreivierteljahr vor der Geburt des Sohnes Ernst Moritz hatte sich der Vater für achtzig Taler aus der Leibeigenschaft losgekauft. Das Herkommen aus der bäuerlichen Welt, dazu die frühe Bibellektüre und die spröde Landschaft Rügens, das damals zu Schweden gehörte, prägten den Knaben und den heranwachsenden Mann. Er besuchte das Gymnasium in Stralsund, dann die Universitäten in Greifswald und Jena, wo ihn «→ Fichtes tapfere Persönlichkeit» mehr begeisterte als das Theologiestudium. Arndt schlug sich als Hauslehrer durch und brach im Mai 1798 zu einer anderthalbjährigen Reise nach Süddeutschland, Österreich, Italien und Frankreich auf. Aus dem von der Revolution beflügelten Patriotismus der Franzosen zog er Schlüsse auf das mangelnde Nationalbewußtsein seiner deutschen Landsleute: «Weil der Nationalgeist fehlt, ist ein Volk von 30 Millionen der Spott Europas geworden.» Obwohl zunächst noch schwedischer Untertan und Privatdozent an der Universität Greifswald in Schwedisch-Pommern, machte er von da an die Erweckung des deutschen Volksgeistes zu seiner Sache, ebenso jedoch den Kampf gegen die soziale Rückständigkeit in seiner Heimat.

Der «Versuch einer Geschichte der Leibeigenschaft in Pommern und Rügen» (1803) trug ihm eine Denunziation beim schwedischen König ein, den er dann aber doch zu überzeugen vermochte. Die Ernennung zum außerordentlichen Professor in Greifswald, April 1806, blieb folgenlos, denn schon wenige Monate später mußte Arndt vor den Franzosen nach Stockholm fliehen. Im gleichen Jahr erschien der 1. Band seines «Geistes der Zeit», einer sprachmächtig vorgetragenen Diagnose der deutschen Verhältnisse. Das friderizianische Preußen, die von Aufklärung und Absolutismus beherrschten Deutschen wurden darin einer unerbittlichen Analyse unterzogen. Sie seien «arm, ohne Unschuld und ohne Geist, zu klug für die Erde, zu feig für den Himmel», während Arndts Jahrgangsgenosse Napoleon als der «Mann des Verhängnisses» figurierte.

In der Zeitschrift «Der Nordische Kontrolleur», die ins französisch besetzte Deutschland geschmuggelt wurde, rief Arndt zum Befreiungskampf auf. In Berlin, wo er den Winter 1809/10 verbrachte, trat er dem Theologen → Schleiermacher, den Offizieren Neidhardt von Gneisenau und Graf Chasot sowie dem Dichter Heinrich von → Kleist näher. Der Wiederantritt seiner Greifswalder Professur wurde ihm schon bald durch Kollegen verleidet, die sich den französischen Siegern anbiederten. Der Ruf des Reichsfreiherrn vom und zum → Stein nach St. Petersburg änderte Arndts Lage, der nun in Rußland und, nach dem Beginn der Befreiungskriege, auch in Deutschland am antinapoleonischen Kampf publizistisch teilnahm (u. a. «Kurzer Katechismus für teutsche Soldaten», 1812; «Katechismus für den teutschen Kriegs- und Wehrmann», 1813; «Der Rhein, Teutschlands Strom, aber nicht Teutschlands

Grenze», 1813). Mit flammenden Gesängen (gesammelt in «Lieder für Teutsche», 1813, sowie in «Bannergesänge und Wehrlieder», 1813) begleitete er den Siegeslauf der verbündeten Armeen, dabei nationale Selbstüberhebungen mit antifranzösischen Tiraden lautstark und feierlich verbindend: «Der Gott, der Eisen wachsen ließ», «Was ist des Deutschen Vaterland?», «Deutsches Herz, verzage nicht», «Was blasen die Trompeten?»

Die Hochstimmung von 1813/14 verflog freilich schnell. Mit der Zeitschrift «Der Wächter» suchte Arndt noch die politischen Versprechungen der deutschen Fürsten einzumahnen. Die Hochzeit mit Nanna Schleiermacher, einer Halbschwester des berühmten Theologen, begründete das heimische Glück, nachdem Arndts erste Frau schon 1801 gestorben war. Die Berufung als Professor für neuere Geschichte an die Universität Bonn (1818) schien die Perspektive für ein sicheres öffentliches Wirken zu garantieren, aber der im gleichen Jahr erschienene 4. Band des «Geistes der Zeit» – nach dem preußischen Staatskanzler Hardenberg ein «pöbelhaftes Buch» – hatten den auf die Herstellung der deutschen Einheit und demokratischer Freiheiten bedachten Publizisten der Obrigkeit suspekt gemacht. Juli 1819, nach dem Beginn der «Demagogenverfolgungen», wurde Arndt für einen Tag verhaftet; seine Papiere verfielen für zwanzig Jahre der polizeilichen Beschlagnahmung. Ohne gerichtliches Verfahren verlor er sein Amt und blieb von da an nur noch auf das Wirken im engsten Kreis angewiesen.

Erst 1840 rehabilitierte ihn der neue preußische König → Friedrich Wilhelm IV. Nach wie vor erfüllt von den romantischen Idealen eines deutschen Volkskaisertums und christlich-sozialen Ständestaates, zog der Neunundsiebzigjährige 1848 als ältester Abgeordneter in die Deutsche Nationalversammlung zu Frankfurt ein. Im Frühjahr 1848 war er Mitglied jener Deputation, die Friedrich Wilhelm IV. die deutsche Kaiserkrone antrug. Ihre Ablehnung durch den Monarchen und das Scheitern mancher anderen Illusion haben den Greis nicht zerbrechen können. Bis ins fünfundachtzigste Lebensjahr hinein hielt er seine Vorlesungen an der Bonner Universität, und auch erst in späten Jahren zog er die Bilanz eines Daseins, das immer im Zeichen der Konsequenz gestanden hatte. 1840 waren die «Erinnerungen aus dem äußeren Leben» erschienen; 1858 ließ er, fast schon an der Schwelle zum neunzigsten Lebensjahr, «Meine Wanderungen und Wandelungen mit dem Reichsfreiherrn Heinrich Karl Friedrich vom Stein» folgen. Sein neunzigster Geburtstag am 26. Dezember 1859 wurde, wie schon Schillers hundertster Geburtstag wenige Wochen zuvor, als nationales Fest begangen, das den Jubilar als Vorkämpfer der noch immer ausstehenden deutschen Einheit feierte. Das Bibelwort, unter dem kurz darauf seine Beerdigung stand, hat Arndt, der lutherdeutsche Volksmann, noch selbst ausgewählt: «Ich bin mit dir gewesen, wo du hingegangen bist, und habe alle deine Feinde ausgerottet vor dir und habe dir einen Namen gemacht, wie die Großen auf Erden haben.»

Literatur: Paul, Johannes: Ernst Moritz Arndt. «Das ganze Teutschland soll es sein ...» Göttingen, Zürich, Frankfurt a. M. 1971. – Sichelschmidt, Gustav: Ernst Moritz Arndt. Berlin 1981.

Arnim, Achim von

eigtl. Carl Joachim Friedrich Ludwig von Arnim
Berlin 26. Januar 1781 – 21. Januar 1831 Wiepersdorf
Dichter und Herausgeber

«... meine Werke haben mit dem Himmelreich gemeinschaftlich, daß die wenigsten hinein mögen», resümierte Arnim später, nicht ohne bittere Ironie, sein preußisches Poetenschicksal. Bereits seine Kindheit und frühe Jugend waren von spartanisch-borussischer Kühle erfüllt. Die Mutter starb drei Wochen nach der Geburt des Knaben im Kindbett, der Vater kümmerte sich kaum um die Söhne. Nach dem Besuch des Joachimsthalschen Gymnasiums zu Berlin bezog Arnim die Universität Halle, wo seine naturwissenschaftliche Begabung auffiel («Versuch einer Theorie der elektrischen Erscheinungen», 1799; außer-

Achim von Arnim. Ölbild von Peter Eduard Ströhling, London, Frühjahr 1804.

dem ein Dutzend wissenschaftliche Abhandlungen in Gilberts berühmen «Annalen der Physik»). In Göttingen lernte er den Frankfurter Kaufmannssohn Clemens → Brentano kennen und begründete mit ihm eine Lebensfreundschaft, die beider Namen für immer miteinander verband. Arnim begann mit «der Poesie Buhlschaft» zu treiben (Roman «Hollins Liebesleben», entstanden 1801; ein weiterer Roman, «Ariels Offenbarungen», wurde im nächsten Jahr niedergeschrieben).

Der denkwürdige Juni 1802 brachte das Wiedersehen mit Brentano in Frankfurt, die erste Begegnung mit dessen Schwester Bettine, die neun Jahre später Arnims Frau wurde, und die gemeinsame Rheinreise der beiden Freunde auf einem Marktschiff. Inmitten von Schiffern und Fischern, von Bänkelsängern und Komödianten erlebten sie die bunte Fülle des Volkstreibens jenseits aller bürgerlichen Ordnung, dazu eine zauberhafte Landschaft, die von Natur, Kunst und Geschichte verschwenderisch geprägt war. Neben dem schwarzlockigen, italienisch anmutenden Brentano erinnerte auch der blonde Arnim nicht mehr an einen märkischen Edelmann: «So schlampig in seinem weiten Überrock, die Naht im Ärmel aufgetrennt, mit dem Ziegenhainer, die Mütze mit halb abgerißnem Futter, das neben heraus sah», beschrieb Bettine später die Erscheinung des jungen Mannes. Nachdem die Freunde «an der fliegenden Brücke zu Koblenz» voneinander Abschied genommen hatten, tauschten sie in Briefen ihre Pläne zur Gründung einer Druckerei für das Volk, einer Sprach-, Dicht- und Sängerschule sowie einer Sängerherberge aus. Arnim trat zusammen mit dem Bruder die obligate Kavalierstour an, die beide in die Schweiz, nach Frankreich und England führte. Die zwiespältigen Folgen der Französischen Revolution, die in Paris kraß hervortraten, beeinflußten die Erzählung «Aloys und Rose» (entstanden 1802).

Nach der Rückkehr ging Arnim mit Brentano an die Verwirklichung des «Volksliederbuches», das die bleibende Frucht ihrer gemeinsamen Rheinreise werden sollte. In Heidelberg stellten sie den 1. Band ihrer Sammlung «Des Knaben Wunderhorn» zusammen, der im September 1805 erschien, vordatiert auf das Jahr 1806. Aus Gesangbüchern, Hochzeits- und Leichenpredigten, Meßbüchern, Almanachen und verschollenen Drucken stammte die bunte Fülle der Lieder von fahrenden Musikanten, Handwerksburschen, Studenten, Landsknechten und Vagabunden, vermischt mit mündlichen Überlieferungen und eigenen Erfindungen der Herausgeber, die keineswegs von philologischer Akribie geleitet waren. Kaum ein Vierteljahr vor der Schlacht bei Austerlitz erschienen, kam es der Sammlung auf die nationale Neubesinnung der Deutschen an, wobei die beiden Editoren außerdem ihrer Freude an literarischen Mystifikationen die Zügel schießen ließen. Brentano gefiel sich häufig in virtuoser Archaisierung, während es Arnim fast gar nicht auf die Konservierung alter Texte ankam. Das Ganze war als ein lebendiger Brückenschlag zwischen der Gegenwart und dem Geist einer großen vielgestaltigen Tradition gedacht, als ein farbiges Kaleidoskop, jenseits aller Systematik und Gelehr-

Titelblatt der Erstausgabe des 1. Bandes der Liedersammlung «Des Knaben Wunderhorn» von Achim von Arnim und Clemens Brentano. Heidelberg u. Frankfurt 1806.

samkeit. Goethe schrieb eine wohlmeinende Rezension, der alte Homer-Übersetzer Johann Heinrich Voß jedoch wollte in dem «Machwerk» nur «heillosen Mischmasch von allerlei buzigen, truzigen, schmuzigen und nichtsnuzigen Gassenhauern, samt einigen abgestandenen Kirchenhauern» sehen.
Die geplante Fortsetzung des Werkes verzögerte sich durch die politischen und militärischen Ereignisse der Jahre 1806 und 1807, die Arnim bis nach Königsberg führten. Erst Anfang 1808 war er wieder in Heidelberg, wo er mit Brentano den 2. und 3. Band des «Wunderhorn» redigierte. Im Gegensatz zu

dieser Sammlung, die auf die deutschen Lyriker des 19. Jahrhunderts und auf die Komponisten bis zu Gustav Mahler mannigfaltig wirkte, blieb der von Arnim herausgegebenen «Zeitung für Einsiedler» (als Buch unter dem Titel «Tröst Einsamkeit», 1808) der Erfolg vorenthalten.

Die Novellensammlung «Der Wintergarten» erschien 1809, als der Dichter ins heimische Berlin zurückgekehrt war. Der Roman «Armut, Reichtum, Schuld und Buße der Gräfin Dolores» (1810) verband Novellen und Lieder mit einem Frauenschicksal vor dem Hintergrund der Zeitgeschichte. Das Doppeldrama «Halle und Jerusalem» (1811) verschränkte Reminiszenzen an die Studentenzeit in Halle mit der Bearbeitung einer Tragödie des Barockdichters Andreas Gryphius. Höhepunkt der 1812 herausgekommenen «Novellensammlung» war die historisch-phantastische Erzählung «Isabella von Ägypten, Kaiser Karl des Fünften erste Jugendliebe». Die 1811 von Arnim mitbegründete «Christlich-Teutsche Tischgesellschaft», der auch Brentano, → Kleist, → Fichte, → Schleiermacher und Adam → Müller angehörten, wollte die geistige Elite für den antinapoleonischen Kampf rüsten, war jedoch antisemitisch gestimmt und suchte die Reformpolitik des Staatskanzlers Hardenberg zu hintertreiben. Es war kein Wunder, daß Arnims Bemühungen um eine Stelle im preußischen Staatsdienst scheiterten. Der Kultusminister Wilhelm von Humboldt gab von ihm ein wenig schmeichelhaftes Bild: «Allein er hat so grobe Streitigkeiten ... und geht in solcher Pelzmütze und mit solchem Backenbart herum und ist so verrufen, daß nicht daran zu denken ist.»

Zu solchen Fehlschlägen und auch zur wachsenden Glücklosigkeit des Autors schuf die Ehe mit Bettine Brentano, geschlossem am 11. März 1811, einen Kontrapunkt, der allerdings nicht frei von Schwankungen, Mißverständnissen und Spannungen bleiben sollte. Die Großstädterin Bettine lebte überwiegend in Berlin, der schwerblütige Märker Arnim meistens auf dem ererbten Gut Wiepersdorf unweit von Jüterbog, das er, schwere körperliche Arbeit nicht scheuend, aus dem Zustand tiefer Verschuldung zu befreien suchte. Der häufigen räumlichen Entfernung zwischen den beiden Ehepartnern verdankt die Nachwelt einen der schönsten Briefwechsel deutscher Sprache, der den Alltag, die Irritationen und die Übereinstimmungen des Paares detailreich festhält.

Arnim waren nun Schafwollpreise, Ernteerträge und Viehfütterung wichtiger als die Fehden der literarischen Parteien. Trotzdem hat er auch in Wiepersdorf das dichterische Werk gefördert. Der erste und einzige Band des unvollendeten historischen Romans «Die Kronenwächter» (1817) umkreiste die versunkene deutsche Reichs- und Kaiserherrlichkeit im Bilde der Hohenstaufenkrone; die Novelle «Der tolle Invalide auf Fort Ratonneau» (1818) schilderte die innere Befreiung eines vom Zerstörungswahn besessenen Soldaten durch die opferbereite Liebe seiner Frau; die Erzählung «Die Majoratsherren» (1820) setzte der untergehenden ländlichen Adelsschicht ein Denkmal. Weitere Kurzgeschichten, Gedichte, literarische und landwirtschaftliche Aufsätze kamen

Das Gutshaus in Wiepersdorf. Zeichnung, vielleicht von Arnims Tochter Armgart.

hinzu. Das abgeschiedene Dasein eines Bauern, dessen «Tätigkeit sich zur Erde wendet», und eines Dichters, der den «Reichtum himmlischer Gaben» bergen wollte, nahm Arnim gegen die Vorwürfe Bettines nachdrücklich in Schutz: «Schimpfe nicht auf mein armes Gut bei den Leuten und verhöhne es nicht, es tut mir weh, ich habe keine Eitelkeit darauf, aber ich weiß doch, daß Gras und Bäume grün und der Himmel blau ist... Darum ist es auch nicht recht, wenn Du Bärenhäuterfreuden die großen Ereignisse nennst wie Erntefeste, um die sich das Leben dieser Erde in seinen großen Erscheinungen wendet.» Er starb, wenige Tage vor seinem fünfzigsten Geburtstag, den er mit Bettine in Berlin verbringen wollte, auf dem Gut Wiepersdorf – bei der Lektüre von Ludwig → Tiecks «Sternbald»-Roman, der auch den Märker Arnim ein Leben lang begleitet hatte.

Literatur: Knaack, Jürgen: Achim von Arnim – Nicht nur Poet. Darmstadt 1976. – Kastinger Riley, Helene M.: Achim von Arnim in Selbstzeugnissen und Bilddokumenten. Reinbek bei Hamburg 1979.

Arnim, Bettine von

eigtl. Elisabeth Catharina Ludovica Magdalena von Arnim, geb. Brentano
Frankfurt a. M. 4. April 1785 – 20. Januar 1859 Berlin
Schriftstellerin, auch Zeichnerin und Komponistin

Bettine war das dreizehnte Kind des Frankfurter Handelsherrn Peter Anton Brentano, das siebente aus dessen Ehe mit Maximiliane, geb. von La Roche, einer Jugendfreundin Goethes. Das Bewußtsein einer Reichsstädterin verließ sie auch später nie ganz, als sie in Preußen lebte und wirkte. Nach dem Tod der Mutter schickte sie der Vater mit drei ihrer Schwestern zur Erziehung ins

Bettine Brentano, spätere Frau von Arnim. Farbige Miniatur, unbezeichnet, 1809.

Kloster Fritzlar. Anschließend hielt sich das Mädchen bei der Großmutter in Offenbach auf, der Schriftstellerin Sophie von La Roche. Erst jetzt lernte die Zwölfjährige den um sieben Jahre älteren Bruder Clemens → Brentano kennen. Oppositionslust, künstlerische Vielseitigkeit und ein zu Bizarrerien neigendes Temperament fielen früh an der Halbitalienerin auf, die, nach einer Bemerkung Wilhelm von Humboldts, «bald auf der Erde, bald auf dem Ofen» saß. Sie schloß sich der Dichterin Karoline von → Günderrode an und tauchte immer wieder in Frankfurt, München und im bayerischen Landshut auf, wo ihr Schwager Friedrich Carl von → Savigny als Professor der Rechtswissenschaften lehrte.

Ihren erotisch gestimmten Enthusiasmus sublimierte sie durch Zeichenübungen und musikalische Studien, mehr noch durch einen vehementen Geniekult, der besonders → Beethoven und Goethe galt. Auf dem Dachboden ihrer Offenbacher Großmutter hatte Bettine die Briefe gefunden, die den Flirt

Jagdszene. Scherenschnitt von Bettine Brentano.

des jungen Goethe mit Maximiliane dokumentierten. Sie beschloß, den Schicksalsfaden wieder dort aufzunehmen, wo er einst abgeschnitten worden war, und bestürmte nun die Exzellenz zu Weimar mit schwungvollen Briefen und bald auch mit persönlichen Besuchen: «Umarme mich, weißer Carrarischer Stein!» Diese Passion, die erst durch einen geräuschvollen Zwist Bettines mit Goethes Frau Christiane eine schmerzliche Zäsur erfuhr, wurde kaum berührt durch ihre wachsenden Beziehungen zum Freund des Bruders Clemens, dem Dichter Achim von → Arnim, den sie im März 1811 heiratete. Aus der Ehe gingen sieben Kinder hervor, vier Söhne und drei Mädchen. Während aber Arnim in der Bewirtschaftung seines märkischen Gutes Wiepersdorf eine Aufgabe fand, der er sich mit preußischem Pflichtbewußtsein stellte, waren Bettine die Grobschlächtigkeiten der bäuerlichen Wirklichkeit ein Greuel, so daß sie von 1817 an meistens in Berlin lebte. Dort stellte sie zu ihrer Antipodin Rahel → Varnhagen ein zuweilen prekäres, jedoch auf beiderseitigem Respekt gegründetes Verhältnis her und nahm am kulturellen Leben der Hauptstadt teil.

Nach dem plötzlichen Tod ihres Mannes (1831) trat Bettine mit eindrucksvollen Aktivitäten vor die Öffentlichkeit. Sie organisierte eine Hilfsaktion für die Berliner Cholera-Opfer und setzte sich für den Maler Karl → Blechen ein. Als die Brüder → Grimm, die ihr einst die «Kinder- und Hausmärchen» gewidmet hatten, zusammen mit fünf Universitätskollegen gegen den Verfassungsbruch des Königs von Hannover protestierten und aus dem Amt geworfen wurden, suchte Frau von Arnim ihren Schwager Savigny und den preußischen Kronprinzen zur Unterstützung für die gemaßregelten Brüder zu bewegen, was ihr erst 1840, nach dem Regierungsantritt → Friedrich Wilhelms IV., gelang.

1835 ließ sie ihr erstes Buch erscheinen: «Goethes Briefwechsel mit einem Kinde», in dem sie die Zeugnisse ihres Zwiegesprächs mit dem verstorbenen Meister in ein poetisches Monument umschmolz, eigentlich in einen Briefroman, dem es nicht auf die philologische Genauigkeit der Dokumente, sondern auf Mythologisierung und Apotheose des Olympiers ankam. In weiteren Briefromanen («Die Günderode», 1840; «Clemens Brentanos Frühlingskranz», 1844) hat Bettine die von ihr miterlebte Zeit des Aufbruchs ihrer romantischen Generationsgefährten ähnlich frei verarbeitet. Mit der Schrift «Dies Buch gehört dem König» (1843) wandte sie sich direkt an den Monarchen, um Friedrich Wilhelm IV. auf den Weg eines «Volkskönigtums» zu leiten: weder eine Bürokratie noch irgendeine privilegierte Oberschicht sollten sich mehr zwischen das Volk und den Regenten drängen. Bettines Vision einer Volksbewegung mit dem König an der Spitze war so verwegen, daß der Schriftsteller Karl Gutzkow meinte: «Traurig genug, daß nur ein Weib das sagen durfte, was jeden Mann hinter Schloß und Riegel gebracht haben würde.»

Mit ihrem nächsten Projekt wollte Frau von Arnim die in den Berliner Elendsvierteln und in Schlesien bestehenden sozialen Mißstände anprangern. Sie plante eine Sammlung mit authentischem Material und gedachte diese Dokumentation in einer gewaltigen Klage gipfeln zu lassen. Bettine appellierte in den deutschen Zeitungen an das Publikum, die Verwirklichung ihres Plans mit exakten Unterlagen zu fördern. Der Ausbruch des schlesischen Weberaufstandes drei Wochen später trug ihr in den Kreisen der Hof-Kamarilla den Vorwurf ein, «Ursache des Aufstandes» gewesen zu sein. Sie sah sich zum Abbruch ihres «Armenbuches» genötigt und überließ die Vorarbeiten der Nachwelt, die sie erst hundert Jahre später zu Gesicht bekam (Veröffentlichung aus dem Nachlaß 1962, 1969). Dennoch setzte sich Bettine weiterhin für verfolgte Intellektuelle ein, beim König und in der Öffentlichkeit, unentwegt Zeichen der Hoffnung und der Zivilcourage setzend: für den Dichter Hoffmann von Fallersleben, für den Bürgermeister Tschech, der ein erfolgloses Attentat auf Friedrich Wilhelm verübt hatte, sowie für die verhafteten Revolutionäre Ludwik Mierosławski und Gottfried Kinkel. Schriften wie «Ilius Pamphilius und die Ambrosia» (1848), die Polen-Broschüre «An die aufgelöste preußische Nationalversammlung» (1848), die von herben Enttäuschungen erfüllten «Gespräche mit Dämonen» (1852) bezeugten dieses Engagement auch literarisch. Noch die Hymne, die sie 1850 «Petöfi, dem Sonnengott» widmete, übergab das uneingelöst gebliebene Freiheitsstreben der europäischen Völker als Aufgabe kommenden Generationen.

Trotzdem ist Bettine nie die Lobrednerin oder gar die Ideologin eines engen parteipolitischen Fortschrittsverständnisses gewesen. Sie war und blieb die In-

Quartettabend bei der alten Bettine von Arnim. Aquarell von Carl Johann Arnold, zwischen 1854 und 1859.

dividualistin und das romantische «Kind», als das sie sich selbst sah, und ging nicht nur mit Junghegelianern und Rebellen um, sondern ebenso mit dem Fürsten Pückler, mit Franz Liszt und Robert → Schumann, dessen unwürdige Behandlung in einer Irrenanstalt sie kritisierte. Bilderstürmerei und platte Abwertung des Ererbten waren nie ihre Sache. Die romantische Enthusiastin verbrachte noch ihre späten Jahre mit dem Entwurf eines Goethe-Denkmals, auf dem sie sich als geflügelte Psyche an die Knie des umworbenen Idols schmiegte. Das Gipsmodell, das sie von einem Bildhauer ausführen ließ, blieb freilich – bezeichnenderweise – wieder hinter der inneren Vision zurück: «Das *meine* Psyche? ... Solch ein Monstrum und solch einen Knirps soll ich erdacht haben?»

Noch die Alternde wußte junge Besucher zu bezaubern, wie etwa den dänischen Märchendichter Hans Christian Andersen: «Eine Stunde Unterhaltung mit Bettina, in welcher sie das Wort führte, war so reich, so interessant, daß ich bei dieser Beredsamkeit, diesem Feuerwerk von Ideen, fast verstummte.» Sie fand ihre letzte Ruhestätte an der Seite Achim von Arnims in Wiepersdorf und hinterließ ein Werk, das die deutsche Wirklichkeit ihrer Zeit von den

Tummelplätzen der Romantiker bis zu den Berliner Elendsquartieren durchschreitet. Einen noch farbigeren Abglanz geben die Briefe von einem exemplarischen Frauenschicksal, dem Begeisterung, Furchtlosigkeit und spontane Humanität höchste Werte bedeuteten. Sie hat die Zeitgenossen irritiert, provoziert und noch öfter fasziniert – ganz so, wie Karl Gutzkow die «gaukelnde Sylphide» erlebte: «Sie wirft dir ein Paradoxon an den Kopf, du sinnst darüber, willst Aufklärung und wirst von ihr wie ein Bär im Kreise herumgeführt; sie spottet deiner Gründlichkeit; sie ist ein Poet.»

Literatur: Drewitz, Ingeborg: Bettine von Arnim. Romantik – Revolution – Utopie. Düsseldorf, Köln 1969. – Böttger, Fritz: Bettina von Arnim. Ein Leben zwischen Tag und Traum. Berlin 1986. – Hirsch, Helmut: Bettine von Arnim. Mit Selbstzeugnissen und Bilddokumenten. 3. Auflage. Reinbek bei Hamburg 1992.

B

Baader, Franz von

München 27. März 1765 – 23. Mai 1841 München

Psychologe, Naturforscher, Theologe und Philosoph

Der «heitere Gewaltige», wie ihn die Zeitgenossen teils bewundernd, teils ironisch nannten, war der Sohn eines Arztes und stammte aus einer kinderreichen Familie. Er studierte Medizin, konnte aber den Beruf des Vaters nicht ausüben, da ihm der Anblick menschlicher Leiden unerträglich war. So ging der Dreiundzwanzigjährige an die Bergakademie zu Freiberg, wo ihn der berühmte Mineraloge Abraham Gottlob Werner in die Gesteinskunde einwies. Es folgten Reisen nach Frankreich und England mit Besuchen in Kohlengruben und Slums, die Baaders soziales Gewissen schärften. Im heimischen München brachte er es zum Oberstbergrat, der sämtlichen bayerischen Bergwerken vorstand. Der souveräne Umgang mit den Montanwissenschaften und überhaupt mit naturwissenschaftlichen Fragestellungen der Epoche hat ihn nicht daran hindern können, sich dem weiten Felde der Religion und Mystik zuzuwenden; das romantische Bedürfnis nach Grenzüberschreitungen zwischen Wissenschaft, Kunst und Theologie war in Baader immer rege.

Das «stupide mechanisch-atomistische» Naturverständnis des Descartes oder Newtons war ihm ein Graus. Er wollte den «höhern symbolischen Sinn in der Natur» ergründen und das «Naturstudium zur Religion» werden lassen. In Broschüren und Traktaten gab er, orakelhaft, dunkel und gleichsam nach Worten ringend, Kunde von diesen Bemühungen, die sich nirgendwo zum geschlossenen philosophischen System rundeten, jedoch unentwegt Anstöße zum Denken und Phantasieren aussendeten. Baader war von dem Franzosen Saint-Martin und mehr noch von dem Theosophen Jakob Böhme beeindruckt, zu dessen Wiederentdeckung er entscheidend beitrug: «Ich finde mich berufen, das deutsche Volk auf seinen größten und tiefsten Mann aufmerksam zu machen; ich lebe, um die Herrlichkeit des großen Görlitzer Schusters Jakob Böhme zu verkünden.» Auch zur Zusammenführung der großen christlichen Konfessionen wollte er beitragen. «Die katholische und protestantische Kirche», so erläuterte es Baader dem Naturphilosophen → Steffens, «bildeten einen starren Gegensatz, der sich immer steigere. Das mystische Dreieck, die Formel einer Vereinigung, entstünde nur durch das Hinzutreten der griechi-

Franz von Baader. Anonyme Lithographie, undatiert.

schen Kirche.» Das Monarchenbündnis der Heiligen Allianz schien ihm die geeignete Plattform für dergleichen Bestrebungen zu sein. Um Zar Alexander I. zu gewinnen, trat Baader 1817 eine Reise nach St. Petersburg an, die er freilich, infolge des Argwohns der russischen Geheimpolizei, schon in Riga abbrechen mußte.

Im Unterschied zu seinen Schriften, die selbst wohlmeinenden Lesern schwer verständlich blieben, wußte sich Baader als Redner und Gesprächspartner hinreißend, eloquent und oft sogar witzig zu äußern. Mitten im dichtesten Münchner Straßengewühl konnte er alle diejenigen, die es hören wollten, mit Exkursen über das «mysterium magnum» oder die «signatura rerum» unterhalten, dabei den Spazierstock durch die Luft schwingend. «Könnte er schreiben, wie er zu sprechen versteht», meinte Friedrich → Schlegel, «so würde von → Schelling und → Fichte wenig mehr die Rede sein. ... Aber der merkwürdigste, geistvollste, der tiefste Mensch ist Baader wohl.» 1826 wurde er Honorarprofessor an der Münchner Universität, wo er sich nun über Naturphilosophie und spekulative Dogmatik vernehmen ließ. Auf die Naturphilosophen von Schelling bis zu Gotthilf Heinrich → Schubert hat er denn einen kaum zu überschätzenden Einfluß ausgeübt. Obwohl der Mystagoge in der katholischen Tradition stand, war er nach seinem eigenen Bekenntnis doch «kein Pfäffler» und wandte sich «gegen den den Katholizismus entstellenden Papismus». Von der Parteien Haß und Gunst verwirrt, schwankt sein Charakterbild durch Memoiren und Augenzeugenberichte. Man nannte ihn den «rasenden Schelling», Clemens → Brentano hätte den beredten Baader am liebsten in «Salbaader» umgetauft, und da der gedankentiefe Professor in einer seiner Broschüren den Blitz als «Vater des Lichts» gefeiert hatte, mußte er es hinnehmen, daß Joseph → Görres in ihm das «elektrische Blitzgenie» sah. Franz von Baader, der Humor besaß, focht es wenig an, zumal die Offenbarung für ihn mehr zählte als alle philosophische Erkenntnis. Sein Wahlspruch war und blieb: «Cogitor a Deo ergo cogito et sum.» – «Ich bin von Gott erkannt worden, daher erkenne und existiere ich.»

Literatur: Lieb, Franz: Franz Baaders Jugendgeschichte. Die Frühentwicklung eines Romantikers. München 1926. – Graßl, Hans: Einleitung zu: Baader, Franz von: Über Liebe, Ehe und Kunst. Aus den Schriften, Briefen und Tagebüchern. 1953.

Bechstein, Ludwig

Weimar 24. November 1801 – 14. Mai 1860 Meiningen
Dichter und Märchensammler

Am gleichen Tag, an dem Bechstein zu Weimar geboren wurde, gab Goethe, nur wenige Straßenzüge entfernt, seiner Sorge Ausdruck, die heranwachsende Jugend werde sich wohl der modernen wissenschaftlichen Vorteile «unmäßig und zu ihrem Schaden bedienen». Ludwig Bechstein, der neue Erdenbürger, schien diese Befürchtung, was seine späteren Beiträge zur deutschen Literatur anbetraf, zu bestätigen. Sein äußerer Lebensweg ist schnell erzählt: der früh verwaiste Knabe kam ins Haus seines Onkels zu Dreißigacker, besuchte das Gymnasium in Meiningen, wurde Apotheker in Salzungen, studierte (gefördert durch ein Stipendium des Herzogs von Sachsen-Meiningen) in Leipzig, ging in München mit Dichtern und Gelehrten um, wurde herzoglicher Kabinettsbibliothekar in Meiningen, gründete den Hennebergischen Altertumsforschenden Verein, wurde Archivar, sogar Hofrat – und sank mit neunundfünfzig Jahren ins Grab, erschöpft vom unentwegten Produzieren, denn er hatte pausenlos und daher vielleicht «unmäßig» geschrieben und veröffentlicht.

Bechsteins Werkverzeichnis ist lang und schier unüberschaubar. Gedichte, Novellen, Versepen («Faustus», 1833; «Luther», 1834), romantische Zeitbilder, historische Romane von oft mehreren Bänden haben einen Beobachter wie Karl Gutzkow in der Meinung bestärkt, «daß eine mäßige Dichtergabe sich nicht zu gefälliger Wirkung zu behaupten vermag, wenn sie sich zu sehr mit dem Ballast von Studien beschwert». Während die Diskrepanz zwischen «mäßiger» Dichtergabe und «unmäßiger» Produktion kaum eine nähere Be-

Ludwig Bechstein. Zeichnung von Friedrich Diez, 1843.

trachtung lohnt, muß dem Märchen- und Sagensammler Bechstein bescheinigt werden, daß er auf diesem Feld den Zugang zum Geist der Brüder → Grimm fand. Sein «Deutsches Märchenbuch» (1845), «Deutsches Sagenbuch» (1853), «Neues deutsches Märchenbuch» (1856), noch dazu seine Sammlungen der Sagen Thüringens, Österreichs und des Frankenlandes weisen ihn als einen wahren Schatzgräber aus, der mit diesen ans Licht gehobenen Hervorbringungen der Volksphantasie die Zeitgenossen und Nachgeborenen beglückte. Dabei wollte er nicht nur die alten Stoffe überliefern, sondern ebenso die ursprüngliche volkstümliche Erzählkunst erneuern. Sie hat er von Auflage zu Auflage der erfolgreichen Anthologien verdichtet und biedermeierlichen

Zierat immer konsequenter ausgeschieden. Seit, von der 12. Auflage des «Deutschen Märchenbuches» (1852) an, noch die Holzschnitte Ludwig → Richters hinzukamen, haben diese Zeugnisse vom Sammlerfleiß eines thüringischen Bibliothekars und Literaturfreundes ihren Rang als echte Volksbücher behaupten können.

Literatur: Schmidt, K.: Untersuchungen zu den Märchensammlungen von Ludwig Bechstein. Diss. Greifswald 1935. – Schneider, Rolf-Rüdiger: Bechsteins «Deutsches Märchenbuch». Ein Beitrag zur Entstehung und Wirkungsgeschichte. Diss. Gesamthochschule Wuppertal 1980.

Beethoven, Ludwig van

Bonn 16. oder 17. Dezember 1770 – 26. März 1827 Wien

Komponist, Dirigent und Pianist

E. T. A. → Hoffmann feierte ihn als den «Beschwörer des romantischen Geisterreichs», und noch Ferruccio Busoni nannte ihn den «romantischen Revolutionsmenschen». Eine Romantikerin par excellence, Bettine von → Arnim, hat nicht wenig dazu beigetragen, den Meister des «Fidelio» zum romantischen Heroen zu stilisieren, auch wenn die von ihr überlieferte Anekdote kaum zutrifft, derzufolge Goethe auf der Teplitzer Kurpromenade die Kaiserin von Österreich devot gegrüßt habe, während Beethoven stolz erhobenen Hauptes von dannen geschritten sei – jeder Zoll ein Republikaner. Kein Zweifel: der Schöpfer großer musikalischer Synthesen hat die Wiener Klassik vollendet und in seinem Werk gleichzeitig bedeutsame Annäherungen an die Romantik vollzogen, die ohne ihn undenkbar ist. In einer Galerie deutscher Romantiker darf Beethoven nicht fehlen, auch wenn er sich jeder musikgeschichtlichen Rubrizierung entzieht. Von einer bisher unerhörten Individualisierung der Tonsprache schon in der 2. Sinfonie über den Gespensterreigen im Andante der «Appassionata» (op. 57) und dem Nachtstück des Largo espressivo im «Geistertrio» (op. 70) bis hin zu den «unendlichen Melodien» in den Adagios der letzten Streichquartette erstrecken sich weite romantische Seelenlandschaften, nicht im Sinne künstlerischer Vorwegnahme, sondern bereits als deren Vollendung.

Beethoven beim Spaziergang. Zeichnung von Joseph Daniel Böhm, um 1823.

Der Sohn eines Tenoristen in der kurfürstlichen Kapelle zu Bonn genoß früh musikalischen Unterricht. Der achtjährige Knabe wurde vom Vater als sechsjähriges «Wunderkind» präsentiert, zu dem sich der widerspenstige Ludwig allerdings nicht abrichten ließ. Der Vize-Hoforganist Neefe gab ihm Unterricht, der Geiger Ries führte ihn ins Violinspiel ein. April 1787 reiste Beethoven zum ersten Male nach Wien, um sich von Mozart unterweisen zu lassen, aber die Kunde von der im Sterben liegenden Mutter rief ihn schnell wieder zurück nach Bonn. Ein Besuch Joseph Haydns bewirkte die zweite Reise nach Wien, wo er im November 1792 eintraf. Der Einmarsch französischer Revolutionstruppen ins Rheinland und die Auflösung des Kurfürstentums

Köln schnitten dem Dreiundzwanzigjährigen den Rückweg ab: Wien wurde nun seine Heimat und sein Schicksal. In den Kreisen der Hocharistokratie fand er verständnisvolle Gönner, darunter die Fürsten Lichnowsky, Lobkowitz und Esterházy, die Grafen Rasumowsky und Erdödy, die er durch Widmungen seiner Werke unsterblich machte, und allen voran den Erzherzog Rudolf, seinen Schüler und besonderen Wohltäter.

Trotz seines selbstbewußten Auftretens und gewisser jakobinischer Neigungen, die man ihm nachsagte, stieg Beethoven zum geschätzten Komponisten und Pianisten in den Adelspalais auf. Nur das Gehörleiden, das sich bereits 1796 meldete, führte zu wachsender Isolierung; das im Oktober 1802 niedergeschriebene «Heiligenstädter Testament» ist ein erschütterndes Dokument wuchernder innerer Einsamkeit. Während die Taubheit zunahm, holte Beethoven seine Brüder nach Wien, um die er sich rührend bemühte. Seine Produktivität blieb ungebrochen; jedes Werk, das er der Krankheit abrang, hat er erlebt, erlitten und gestaltet. «Fidelio», der einzigen Oper, war erst in ihrer dritten Fassung (1814) der endgültige Durchbruch beschieden. Im gleichen Jahr brachte der Wiener Kongreß den äußeren Höhepunkt seiner Laufbahn. Am 29. November 1814 dirigierte Beethoven im Großen Redoutensaal der Wiener Hofburg vor einem Parterre von Potentaten und Diplomaten einige seiner Werke: es war eine Sternstunde und die Begegnung der politischen Repräsentanten dieser Zeit mit dem, was sich von ihr über alle späteren Zeiten hinweg als beständig erweisen sollte.

Der Einbruch der völligen Gehörlosigkeit um das Jahr 1819 konnte den Abschluß von «Missa solemnis» und 9. Sinfonie nicht hindern – Werke, von denen gesagt worden ist, daß sie ausreichen, um die Menschheit zu rechtfertigen. Beethoven zog in Wien etwa fünfzigmal um, von der Stadt ins nahe Baden und wieder zurück in die Stadt, wobei die Ruhelosigkeit nur ein Reflex der inneren Unrast war, die ihn bis ans Ende zu immer neuem Schaffen antrieb. Er hinterließ ein Gesamtwerk, dessen einzelne Teile einander völlig ebenbürtig sind: neben den neun Sinfonien weitere Orchesterkompositionen, Ballette und Ouvertüren, die fünf Klavierkonzerte, das Tripel- und Violinkonzert, nicht zu vergessen den Schatz seiner Kammermusik mit fünf Streichquintetten und besonders den sechzehn Streichquartetten, dazu Violin-, Cello- und zweiunddreißig Klaviersonaten, geistliche Werke, Kantaten, Lieder und Kanons...

Er starb, siebenundfünfzigjährig, im Schwarzspanierhaus zu Wien, während ein Gewitter über der Kaiserstadt niederging. Tausende, darunter Franz → Schubert als einer der Fackelträger, sollen Beethoven das letzte Geleit hinaus zum Währinger Friedhof gegeben haben, wo der Burgschauspieler Heinrich Anschütz die Trauerrede sprach, die der Dichter Franz Grillparzer verfaßt hatte: «Drum kehrt nach Hause, betrübt, aber gefaßt! Und wenn euch je im Leben, wie der kommende Sturm, die Gewalt seiner Schöpfungen übermannt, wenn euer Entzücken dahinströmt in der Mitte eines jetzt noch ungebornen

Geschlechts, so erinnert euch dieser Stunde und denkt: wir waren dabei, als sie ihn begruben, und als er starb, haben wir geweint.»

Literatur: Wessling, Berndt W.: Beethoven – das entfesselte Genie. München 1977. – Rexrodt, Dieter: Beethoven. Monographie. Mainz 1982. – Zobeley, Fritz: Ludwig van Beethoven. Mit Selbstzeugnissen und Bilddokumenten. 141.–145. Tausend. Reinbek bei Hamburg 1989.

Bernhardi, Sophie

geb. Tieck

Berlin 28. Februar 1775 – 30. September 1833 Reval

Schriftstellerin

«. . . die Schwester ist eine ganz verruchte Person, falsch wie eine Katze, treulos gegen jedermann, voller Lügen und Streiche.» So wenig schmeichelhaft charakterisierte Caroline → Schlegel-Schelling die Schwester Ludwig → Tiecks, was zwar übertrieben, aber leider nur eine Übertreibung der Wahrheit war. Von äußerer Gestalt kaum eine Schönheit, suchte Sophie, die Berliner Seilerstochter, dieses Defizit und eine mangelhafte Bildung durch ein forderndes und auftrumpfendes Wesen zu kompensieren. Ihr Bruder Ludwig war der erste Adressat endloser Bitt- und Drohbriefe, die unversehens in exzentrische Liebesbeteuerungen umschlugen. Als er, nach abgebrochenem Studium, in Berlin seine freie Schriftstellerexistenz begründete, assistierte ihm hierbei die

Ludwig Tieck und seine Schwester Sophie, spätere Bernhardi. Marmorrelief von Friedrich Tieck, 1796.

Schwester. Sie beteiligte sich an dessen literarischen Produktionen für den Verleger Nicolai, die in mehreren Bänden unter dem Titel «Straußfedern» erschienen. 1799 heiratete Sophie ihres Bruders literarischen Mentor, den Pädagogen August Ferdinand Bernhardi. Die Ehe, der zwei Söhne entstammten, wurde unglücklich und mündete schon 1804 in einen mehrjährigen Scheidungsprozeß, der viel Anlaß zum Klatsch gab.
Sophie, nunmehr mit August Wilhelm → Schlegel liiert, der bei den Bernhardis als Untermieter logiert hatte, nahm den neuen Verehrer wiederum uneingeschränkt in Besitz, ihn mit ihrem Selbstmitleid und ihren keineswegs geringen Ansprüchen inkommodierend. Dem Ehemann brannte sie durch, lebte mit den beiden Söhnen in Weimar und Dresden, ging mit Ludwig und dem jüngeren Bruder, dem Bildhauer Friedrich Tieck, nach Rom und führte dann mit Ludwig in München ein Luxusleben, freilich auf Pump. Es endete jäh, als nach der Scheidung ihrer Ehe Bernhardi in München erschien, das Haus umstellen ließ und die Herausgabe der Kinder verlangte. Zwei Jahre später heiratete Sophie den Mann, der bereits als ihr Gönner fungiert hatte, obwohl er selbst zeitlebens in der Kreide stand: den baltischen Baron Karl Gregor von Knorring. Auf dessen estnischem Gut Arrokül lebte nun die Baronin dahin, ohne ihrer Standeserhöhung froh zu werden, ständig in Geldsorgen, abgeschnitten von den Freunden, fast wie im Exil. Sie starb, den Jugendgenossen längst entfremdet, «in Bekümmernissen», wie es der Bruder Friedrich teilnehmend formulierte.
Sophie Tieck-Bernhardis Streben, das sich erfolglos nach der souveränen Selbsterfahrung anderer romantischer Frauen gesehnt hatte, hinterließ literarische Spuren, die wohl nur durch die Eingriffe schreibkundiger Gefährten reif für die Druckerpresse wurden. Außer ihren anonym gebliebenen Beiträgen zu Ludwig Tiecks jugendlichen «Straußfedern» sowie anderen Erzählungen, Märchen und Lustspielen sind zu nennen: das Trauerspiel «Egidio und Isabella»; das epische Gedicht «Flore und Blanscheflur», aus der Taufe gehoben und womöglich zurechtgefeilt von August Wilhelm Schlegel; der historische Roman «St. Evremont», eine ebenso grelle wie empfindsame Love-Story aus der napoleonischen Zeit, postum herausgegeben von dem Bruder Ludwig.
Literatur: Breuer, Moses: Sophie Bernhardi, geb. Tieck, als romantische Dichterin. (Diss. Tübingen.) Borna, Leipzig 1914. – Bruyn, Günter de: Die Geschwister Tieck. In: Tieck, Ludwig: Die männliche Mutter und andere Liebes-, Lebens-, Scherz- und Schauergeschichten. Berlin 1983.

Blechen, Karl

Cottbus 29. Juli 1798 – 23. Juli 1840 Berlin
Maler und Zeichner

Zunächst schien das preußische Finanzwesen sein Schicksal zu werden. Der Sohn eines Steuerbeamten zu Cottbus an der Spree absolvierte die Banklehre

Karl Blechen. Selbstbildnis. Unbezeichnete Kreidezeichnung.

und übernahm schon früh verantwortliche Tätigkeiten an zwei Berliner Bankhäusern. Dann aber setzte sich seine künstlerische Begabung durch; er studierte an der Berliner Akademie und arbeitete im Atelier des Landschaftsmalers Peter Ludwig Lütke. Ein vierteljähriger Aufenthalt in Dresden, Sommer 1823, erlangte für Blechen prägende Bedeutung. Er lernte Johan Christian Clausen → Dahl kennen und geriet in den Bannkreis Caspar David → Friedrichs. Schneelandschaften, Friedhöfe, Klosterruinen entstammten der Symbolwelt des Dresdner Romantikers, so daß mancher Kritiker die Bilder Blechens von denen Friedrichs kaum zu unterscheiden wußte. Ein Intermezzo als Bühnen- und Dekorationsmaler am Königstädtischen Theater zu Berlin, vermittelt von Karl Friedrich → Schinkel, schärfte den Sinn für genau kalkulierte Bildausschnitte. Schließlich holte ein längerer Italien-Aufenthalt das Licht in Blechens Bilder: malerische Brillanz, die souveräne Erfassung des Augenblicks sowie der wachsende Sinn für Spannungen und Kontraste begannen den Einfluß Caspar David Friedrichs zu verdrängen.

Nach seiner Rückkehr ins heimische Berlin durfte der inzwischen hochgeschätzte Maler glauben, am Anfang einer bedeutenden Karriere zu stehen. Er erhielt vom König den Auftrag, das Innere des Palmenhauses auf der Pfaueninsel bei Berlin zu gestalten, wurde Professor und ordentliches Mitglied der

Akademie, unternahm noch eine Reise nach Paris. Dann aber, 1836, kündigten sich die ersten Anzeichen einer schweren akuten Psychose an, die im Lauf der nächsten drei Jahre zu völliger Umnachtung führte. In den Heilanstalten traktierte man ihn mit «spanischen Fliegen» (Kantharidin) und wandte sogar die Zwangsjacke an, was den Zorn Bettine von → Arnims hervorrief, die nun dem Kranken ihre ganze selbstlose Betriebsamkeit angedeihen ließ. Sie organisierte zu seinen Gunsten eine Lotterie, schob aber die Verantwortung für den Zusammenbruch des Künstlers seiner Ehefrau zu. Theodor Fontane, der später eine Blechen-Biographie plante, hat Bettine hierin energisch widersprochen; er hielt die Gattin des Malers für «eine sehr gute, sehr verständige und, ich schreibe dies Wort mit allem Vorbedacht nieder, eine sehr edelmütige Frau».

Die letzte Zeichnung des nur noch Dahindämmernden ist vom 4. März 1838 datiert. Bettine, bis zuletzt um ihren entmündigten Schützling ringend, wollte in ihm einen von den Göttern Geschlagenen sehen: «Groß und übermütig unter den Bewohnern des Parnaß, hat er vielleicht sich mit den Musen gestritten, und diese haben ihm dafür die Besinnung geraubt.» Über den Untergang des erst Zweiundvierzigjährigen hinaus blieb sein Werk, das eine Brücke schlägt von den still ausschwingenden Landschafts-Allegorien Caspar David Friedrichs zu den glühenden Farbenspielen des Engländers William Turner. Und mit dem Bild «Eisenwalzwerk bei Eberswalde» (1834) gelang Karl Blechen der Vorgriff auf die neue Wirklichkeit des Industriezeitalters: ein Weg, auf dem ihm vierzig Jahre danach Adolph von Menzel folgen sollte.

Literatur: Rave, Paul Ortwin: Karl Blechen. Leben, Würdigung, Werk. Berlin 1940. – Heider, Gertrud: Carl Blechen. Leipzig 1970.

Boisserée, Sulpiz

Köln 3. August 1783 – 2. Mai 1853 Bonn

Kunstsammler, Schriftsteller, Pionier der Denkmalspflege

Die Ahnen des Vaters waren belgische, die Vorfahren der Mutter deutsche Kaufleute. Durch Familie und Geburtsort von Anfang an auf die altdeutsch-niederländische Welt am Rhein verwiesen, machte Sulpiz die Erforschung heimischer Kunst- und Geschichtszeugnisse schon früh zu seiner Sache, hierbei unterstützt vom jüngeren Bruder Melchior (1783–1851) sowie dem Juristen und Maler Johann Baptist Bertram (1776–1841). Herbst 1803 reisten die drei Kunstfreunde nach Paris, wo sie zunächst wie junge Herren aus dem Ancien régime auftraten: weiß gepudert, in seidenen Strümpfen und Schuhen mit goldenen Schnallen. Friedrich → Schlegel hielt ihnen ein Privatissimum in Kunstgeschichte, jedoch waren auch die Boisserées die Gebenden, die dem Wortführer der Frühromantik einen lebhaften Eindruck von mittelalterlicher Baukunst verschafften. Als die Brüder wenig später nach Köln zurückkehrten, warf die Säkularisation von Kirchen und Klöstern sakrale Kunstschätze hinaus auf

die Straßen, wo sie buchstäblich verschleudert wurden. Vor dem Hintergrund solcher Plündereien und Zerstörungen erwarben die Boisserées ihr erstes Bild, worüber Sulpiz aus der Rückschau von Jahrzehnten berichtet hat: «Das Gemälde, die Kreuztragung mit den weinenden Frauen und der Veronika darstellend, schien nicht ohne Vorzüge. Ich hatte es zuerst bemerkt und fragte nach dem Eigentümer, der wohnte in der Nähe, er wußte nicht, wo das große Bild zu lassen, und er war froh, es für den geforderten Preis loszuwerden. Nun hatten wir für die Unterbringung zu sorgen; um Aufsehen und Spottreden zu vermeiden, beschlossen wir das bestaubte Altertum durch die Hintertüre in unser elterliches Haus zu fördern.» Die Aktion legte den Grundstock für eine einzigartige Sammlung von altdeutscher und altniederländischer Kunst.
Während diese Kollektion wuchs und bald das Staunen der Zeitgenossen hervorrief, regte sich in Sulpiz ein zweiter Plan: die Vollendung des 1248 begonnenen, aber nie fertiggestellten Kölner Doms, der als desolate Ruine dem Verfall preisgegeben zu sein schien. Sulpiz entfachte, dabei das eigene Vermögen und seine ganze Kennerschaft in die Waagschale werfend, alle Aktivitäten, die

Sulpiz Boisserée. Zeichnung von Johann Joseph Schmeller, 1827.

das Kölner Dombauwerk wieder in Gang setzten. Bei seinem ersten Besuch in Weimar, Mai 1811, überzeugte er sogar Goethe, der «mit Erstaunen und stiller Betrachtung das Märchen vom Turme zu Babel an den Ufern des Rheins verwirklicht» sah. Boisserée überreichte Goethe außerdem die Zeichnungen von Peter → Cornelius zum «Faust» und vermochte den Olympier, der einem von Winckelmann geprägten Klassizismus huldigte, für die altdeutsche Kunst zu interessieren. Drei Jahre später betrachtete Goethe die Sammlung der Boisserées, die sich inzwischen in Heidelberg befand, und war von den Bildern der Memling und van Eyck zutiefst berührt. Auf die Dauer konnte er freilich nicht zu der Welt bekehrt werden, die den Romantikern teuer war. «Seine rein persönliche Leidenschaft für Palladio geht bis ins krasseste, nichts als Palladio und Palladio!» rief Sulpiz tadelnd aus, obwohl seine Beziehungen zu Goethe auch weiterhin erstaunlich gut blieben. Als des Dichters Verhandlungen über seine Werkausgabe letzter Hand mit dem Verleger Cotta zu scheitern drohten, legte sich der gewandte Sulpiz ins Mittel und brachte die Einigung zustande.

Karl Friedrich → Schinkel hatte vergeblich dafür gekämpft, die Sammlung der Boisserées nach Berlin zu bringen. 1819 ging sie nach Stuttgart, 1827 wurde sie von König → Ludwig I. für München erworben, wo sie seither kostbarer Kernbestand der Alten Pinakothek ist. Die Beziehungen des Sulpiz zu einem anderen Monarchen, König → Friedrich Wilhelm IV. von Preußen, führten im September 1842 zum Weiterbau des Kölner Doms, der erst 1880 vollendet wurde. Bei der Grundsteinlegung hob der König die Verdienste des rastlosen Anregers ausdrücklich hervor: «Wie viele Jahre sind es, daß ich Sie kenne? – 29 Jahre, es war in Frankfurt im Dezember 1813; ja, ich erinnere mich noch recht wohl, drei Nächte habe ich über Ihren Zeichnungen vom Dom nicht schlafen können.»

Als Sammler und Kunstkenner hat Sulpiz Boisserée zur Identitätsfindung der Romantiker entscheidend beigetragen. Darüber hinaus ist er zu einem Pionier des Historismus und einer denkmalspflegerischen Gesinnung geworden, die von der gegebenen Bausubstanz ausging und sie mit ihrem ursprünglichen Geist zu beleben suchte.

(auch → Dillis, Johann Georg von)

Literatur: Firmenich-Richartz, Eduard: Die Brüder Boisserée. Jena 1916. – Boisserée, Sulpiz: Briefwechsel/Tagebücher. (Faksimiledruck der 1. Auflage von 1862.) Mit einem Nachwort von Heinrich Klotz. 2 Bände. Göttingen 1970.

Brahms, Johannes

Hamburg 7. Mai 1833 – 3. April 1897 Wien

Komponist und Dirigent

Durch seine Jugend schien tatsächlich noch die Luft romantischen Musikantentums zu wehen, wie sie etwa aus den Novellen → Eichendorffs daherkam.

Der Sohn eines Kontrabassisten und dessen um siebzehn Jahre älteren Ehefrau spielte zusammen mit dem Vater in Gasthäusern zum Tanz auf: eine Beschäftigung, die er noch gelegentlich trieb, als er längst eine Wiener Zelebrität geworden war. Der Zwanzigjährige ging mit einem ungarischen Geiger auf Reisen, in der großen und mehr noch in der kleinen Welt musizierend, den Reiz eines romantischen Vagantendaseins in vollen Zügen genießend. Ein Besuch bei Franz Liszt in Weimar verlief folgenlos, da Brahms weder ihn noch dessen künftigen Schwiegersohn Richard → Wagner sonderlich mochte. Hingegen begründete die Begegnung mit dem Violinisten Joseph Joachim eine Lebensfreundschaft. Einen wahren Apostel fand der junge Brahms in Robert → Schumann, der den spröden Hanseaten als einen «Berufenen» feierte, «an dessen Wiege Grazien und Helden Wache hielten». Der Jüngling mag es wie einen Ritterschlag empfunden haben und blieb nach Roberts Tod mit Clara → Schumann, des Meisters Gattin, bis an ihr Ende eng verbunden.

Schon der Fünfundzwanzigjährige wurde Hofmusikdirektor in Detmold, aber bei der Bestellung des neuen Chefdirigenten der Hamburger Philharmonie sah er sich übergangen. Grollend, wenn auch weiterhin auf eine Berufung in die Vaterstadt hoffend, ging Brahms nach Wien, wo ihn die Singakademie zu ihrem Chormeister machte. Eine mehrjährige Konzertreise konnte ihn der Kaiserstadt nicht dauernd entfremden, und so wurde er dort von 1878 an für immer seßhaft. Indessen hatte sich das weiche Romantikergesicht des Jünglings in das Antlitz mit dem Prophetenbart zu verwandeln begonnen; eine gewisse Behäbigkeit und breit hingelagerte Lebensbürgerlichkeit traten an die Stelle des unruhigen Schweifens. Früher hatte er sich «Kreisler junior» genannt sowie auf → Brentano und → Tieck geschworen. Vom Wahl-Wiener Brahms sind jedoch keine Eskapaden zu vermelden. Ob er unter dem Schicksal der Ehelosigkeit gelitten hat, ist nicht sicher. Er liebte die allabendlichen Gänge ins Stammlokal, trank seine obligaten drei Gläser Bier und zum Abschluß einen Braunen, rauchte gern und erfreute sich an Ehrungen und Auszeichnungen, wenn er auch Orden und Medaillen in einer Zigarrenschachtel aufzubewahren pflegte.

Johannes Brahms auf dem Weg in den «Roten Igel», sein Wiener Stammlokal. Scherenschnitt von Otto Böhler.

Daß er in den Streit der musikalischen Parteien geriet und von dem Kritiker Hanslick zum künstlerischen Eideshelfer gegen die Wagner, → Bruckner und Hugo Wolf ausgerufen wurde, konnte er nicht hindern. Er ließ es geschehen und war gerne Gast in großbürgerlichen Häusern, wohin jene Neutöner nie eingeladen wurden. Vom Rang seiner Antipoden besaß Brahms wohl eine Vorstellung: bei der Totenmesse für Anton Bruckner in der Wiener Karlskirche soll er geweint haben. Er liebte das Werk Franz → Schuberts, dessen Autographen er sammelte, und unter den Schöpfungen lebender Komponisten die Walzer des jüngeren Johann Strauß. «Leider nicht von Ihrem Johannes Brahms», schrieb er unter die ersten Takte des Donauwalzers.

Weder seine menschliche noch künstlerische Physiognomie scheint romantische Züge aufzuweisen, jedenfalls nicht in der Wiener Reife- und Meisterzeit.

Dennoch standen das Kunstlied, wie es die Romantiker ausgeformt hatten, und das ebenfalls von ihnen geschätzte Volkslied an der Wiege seiner musikalischen Eingebungen, bis hinein in die Strukturen der Sinfonien. Brahms hat freilich auch dazu manches bagatellisierende Wort gesprochen: «Die schönsten Lieder kamen mir, wenn ich früh vor Tag meine Stiefel wichste.» Viele dieser Lieder muten wie ein elegischer Abgesang auf die Romantik an, etwa die Vertonung der fünfzehn Romanzen aus Tiecks «Schöner Magellone». Das Horntrio in Es-Dur, op. 40, entstanden 1865, im Uraufführungsjahr des «Tristan», ist ganz auf sehnsüchtige Klage gestimmt, nur gemüt- und stimmungsvoller als das orgiastische Musikdrama des sächsischen Konkurrenten. Liedhafte Kantilenen, die an das romantische Erbe erinnern, sind überall gegenwärtig: in den vier Sinfonien und den beiden Serenaden, in der rauschenden «Akademischen Festouvertüre», im Doppel- und im Violinkonzert, in beiden Klavierkonzerten, in den Werken der Kammermusik bis hin zur späten Klarinettensonate, nicht zuletzt auch in den großen Vokalkompositionen, dem «Deutschen Requiem», der «Altrhapsodie» und dem nach → Hölderlin komponierten «Schicksalslied», um nur einige Höhepunkte zu nennen.
Vor dem Versinken in romantischer Nachtgeweihtheit oder gar vor dem Versanden im romantischen Epigonentum schützte Brahms sein ausgeprägtes Formbewußtsein, das ihn immer wieder auf Bach und auf die Wiener Klassik, auf Kontrapunkt und musikalische Zucht zurückgreifen ließ. Ein rein retrospektiver Geist war er aber nicht, wie sein Einsatz für junge hoffnungsvolle Talente, so für Anton Dvořák, bewies. Den weiteren Fortgang seiner Kunst über die eigene Zeit hinaus konnte sich der alte Brahms jedoch kaum vorstellen, was er dem Komponisten Richard Heuberger einmal anvertraute: «Ich weiß wirklich nicht, wohin noch die Musik kommt. Mir scheint, sie hört ganz auf!»
Literatur: Neunzig, Hans A.: Johannes Brahms. Hamburg 1973. – Jacobsen, Ch.: Johannes Brahms. Leben und Werk. Wien 1983.

Brentano, Clemens

Ehrenbreitstein 9. September 1778 – 28. Juli 1842 Aschaffenburg

Dichter, Herausgeber und religiöser Schriftsteller

Die alte Frau Rath Goethe zu Frankfurt, des Olympiers Mutter, gab schon dem Knaben Clemens die folgende Prophezeiung mit auf den Weg: «Dein Reich ist in den Wolken und nicht von dieser Erde, und so oft es sich mit derselben berührt, wird's Tränen regnen.» Durch seine Herkunft aus einer begüterten italienisch-deutschen Kaufmannsfamilie schien der junge Mann viel eher auf die Erde als auf die Wolken verwiesen zu sein. Seinem Taufpaten, dem letzten Kurfürsten von Trier, verdankte er die Vornamen: Clemens Wenzeslaus Maria, was ihn später, nach seiner Heimkehr in den Schoß der katholischen Kirche, dazu veranlaßte, als Geburtstag den 8. September anzugeben, auf den der Feier-

Clemens Brentano. Bleistiftzeichnung von Wilhelm Hensel, 1819.

tag Mariä Geburt fällt. Das freie, wenn auch genau kalkulierte Improvisieren mit der eigenen Biographie, der Hang zu Selbstinszenierung und Maskerade mag einen Zugang zum innersten Wesen dieses Dichters eröffnen, der sein Reich in den Wolken suchte und immer dann, wenn es sich mit den irdischen Unzulänglichkeiten berührte, in Weltschmerz und Selbstzweifel verfiel. Genau in diesem Sinne ist Clemens Brentanos Weg immer wieder als romantischer Lebenslauf par excellence aufgefaßt worden.

Mit fünfzehn Jahre verlor er die Mutter, deren geliebtes Bild ihm dann mit anderen Frauen und schließlich mit der Gottesmutter zu einem erotisch-sakralen weiblichen Idol verschwamm. Die Lehre, die er auf Geheiß des Vaters in verschiedenen Kaufmannskontoren absolvieren sollte, geriet ebenso zum

Fiasko wie kurze Ausflüge ins Studentenleben, die er an den Universitäten von Bonn, Halle, Göttingen und Jena unternahm. In Göttingen gewann er den «Herzbruder» Achim von → Arnim zum Freund, in Jena schloß er sich vorübergehend dem frühromantischen Kreis um die Brüder Friedrich und August Wilhelm → Schlegel, Ludwig → Tieck, Friedrich Wilhelm → Schelling und → Novalis an. Finanziell unabhängig durch ein beträchtliches Erbe, das der Halbbruder Franz für ihn verwaltete, begann Brentano eine «freie poetische Existenz» zu führen.

Die Leitbilder der romantischen Gefährten suchte er auf sein persönliches Leben zu übertragen, und er reflektierte sie gleichzeitig in ersten literarischen Werken: dem Märchenfragment «Die Rose» (1800), der dramatischen Farce «Gustav Wasa» (1800), dem Erzählfragment «Der Sänger» (1801), einem Intrigenstück, das später den Titel «Ponce de Leon» erhielt (1801, 1803) und ganz besonders in dem «verwilderten» Roman «Godwi oder das steinerne Bild der Mutter» (1801), der ebenso witzig wie chaotisch die Erinnerungen an den Frankfurter Familienkreis, exzessive Gefühlsergüsse und lyrische Einlagen (so das Lied von der Lore Lay) miteinander verbindet. Ebenfalls in Jena lernte Brentano, inzwischen das Enfant terrible unter den Romantikern, die schöne und unglücklich verheiratete Schriftstellerin Sophie → Mereau kennen, die er nach ihrer Scheidung heiratete. Die Ehe litt unter der Egozentrik und Eifersucht des Clemens; zwei Kinder starben kurz nach der Geburt, an der Totgeburt des dritten starb Sophie selbst Ende Oktober 1806.

Indessen hatte der gemeinsam mit dem Freund Arnim geschmiedete Plan eines Volksliederbuches sichtbare Gestalt angenommen. Der 1. Band der Sammlung «Des Knaben Wunderhorn» war Herbst 1805 erschienen, der 2. und 3. Band folgten September 1808 (→ Arnim). Die enge Lebens- und Schaffensgemeinschaft mit dem «Herzbruder» in Heidelberg gab Anlaß zu einem fröhlichen Spielmannsleben, das Brentano als Bohemien fern von der Familie verbrachte. Daß die Erinnerungen an die südländische Vergangenheit der Brentano-Dynastie trotzdem nicht ganz vergessen waren, zeigt das unvollendet geblieben Versepos der «Romanzen vom Rosenkranz», die von der Erbschuld einer Familie im italienischen Mittelalter erzählen. Die Eskapaden des in die Kunst entlaufenen Kaufmannssprosses gipfelten in einer zweiten Ehe, die er mit der siebzehnjährigen Auguste Bußmann schloß, von der er sich, nach geräuschvollen Auseinandersetzungen, schon bald wieder trennte, obwohl die Scheidung des katholisch getrauten Paars erst 1814 erfolgte.

Die folgenden Jahre waren von einem zunehmenden Krisenbewußtsein erfüllt: die Aufenthalte in Berlin, wo Brentano der «Christlich-Teutschen Tischgesellschaft» des Freundes Arnim beitrat (dort Vorlesung der Satire «Der Philister vor, in und nach der Geschichte», 1811), die vergeblichen Bemühungen um die Stelle eines Theaterdichters in Wien, die ruhelosen Streifzüge von Ort zu Ort. Gleichzeitig entstandene Werke spiegeln die wachsende Unrast und Unsicherheit: das Romanfragment «Der schiffbrüchige Galeerensklave vom

Clemens Brentano im Bischofsgewand. Scherenschnitt von Luise Duttenhofer.

toten Meer» (entstanden 1811), das mythologische Drama «Die Gründung Prags» (1814), die «Geschichte vom braven Kasperl und dem schönen Annerl» (1817) sowie einige Märchen. Das Werben um die Pfarrerstochter Luise → Hensel blieb ergebnislos, obwohl Brentano mit der literarisch begabten Konvertitin auch ferner auf eine ambivalente Weise verbunden blieb. Das bisherige Dasein, das er nach eigenen Worten «teils in Irrtum, teils in Sünde, teils in falschen Bestrebungen» hingebracht hatte, suchte er mit der Generalbeichte zu beschließen, die am 27. Februar 1817 in der Berliner St. Hedwigs-Kirche erfolgte.

Die nächsten Jahre saß der Bekehrte in dem westfälischen Städtchen Dülmen am Krankenlager der stigmatisierten Nonne Anna Katharina Emmerick, deren

«Visionen» er auf nicht weniger als sechzehntausend Folioseiten protokollierte. Mit der ihm jetzt eigenen neuen Heils- und Erlösungsbedürftigkeit, jedoch auch mit inquisitorischer Rigorosität befragte er die oft erschöpfte Ordensschwester nach ihren Gesichten, um sie später einer breiten Leserschaft in frommer Öldruckmanier darzubieten. Nach dem Tode der Emmerick im Februar 1824 begann er wieder das ahasverische Wanderleben, das ihn bis nach Frankreich führte. Die Schrift «Die Barmherzigen Schwestern in Bezug auf Armen- und Krankenpflege» (1831) propagierte die karitativen katholischen Einrichtungen und zeigte an, wo Brentano jetzt seine Aufgaben als Agitator sah. Er suchte einen geistig-geistlichen Damm gegen die Ideen der französischen Julirevolution zu errichten, kämpfte aber mit dem gleichen Eifer gegen den Absolutheitsanspruch des preußischen Staates, der in der Rheinprovinz die Anhänger des alten Glaubens ständig schikanierte.
Die umfangreiche Christus-Trilogie, die er aus den Emmerick-Niederschriften filterte und literarisch aufbereitete, beschäftigte ihn bis zuletzt. Das «Bittere Leiden unsers Herrn Jesu Christi» kam anonym im August 1833 heraus und erlebte bis zum Tode des Verfassers sechs Auflagen. Die Schlußredaktion der «Lehrjahre Jesu» überwachte er noch selbst, auch den Druckbeginn des «Lebens der heiligen Jungfrau Maria», das postum 1852 erschien. Diese Glaubenszeugnisse blieben lange unbeachtet von der germanistischen Wissenschaft, fanden aber weite Verbreitung und machten den Autor zu einem wahren Volksschriftsteller, allerdings für Leserkreise, denen der einstige romantische Poet gleichgültig war.
Im Herbst 1833 siedelte er nach München, ins «Hauptquartier der katholischen Bewegung», über, wie der Spötter Heinrich → Heine die letzte Station von Brentanos Wirken nannte. In den Gedichten, die er an die um zwanzig Jahre jüngere Malerin Emilie Linder richtete, mischten sich noch einmal, auf beinahe blasphemische Weise, die Bitten um Gewährung der Fleischesliebe mit den Lobpreisungen der ewigen Liebe: Manifestationen eines Temperaments, das auch hinter den zerknirschten Beteuerungen der Gottesfurcht nicht zur Ruhe gelangte. Von den früheren romantischen Freunden war dem alternden Pilger nur Joseph → Görres geblieben, der Anreger und Mitstreiter aus den Wunderhorntagen von Heidelberg. Erst nach langem Zögern veröffentlichte Brentano, Herbst 1837, die Spätfassung seines Märchens «Gockel, Hinkel und Gackeleia», in dem er das Schicksal des Hühnerministers Gockel als humoristisch-tiefsinnige Parabel schilderte, eingespannt in den ewigen Kreislauf von Paradiesesverlust, Erbsünde, göttlicher Gnade und Wiedererlangung des Paradieses. Der Vierundsechzigjährige starb im Haus seines Bruders zu Aschaffenburg nach schwerem Todeskampf, bei dem er mit bizarren Anfechtungen und tiefen Beängstigungen rang.
Die Harmonie, die Clemens Brentano im Leben bis zuletzt nicht fand, hat er in einigen Gedichten von höchster Musikalität aufklingen lassen: etwa in «Abendständchen», «Wiegenlied», «Die Abendwinde wehen», «Der Spinnerin

Lied» oder «Was reif in diesen Zeilen steht». Nahezu losgelöst von der irrlichtelierenden Existenz ihres Schöpfers gleiten solche Verse noch immer, fast wie Volkslieder, ins Gemüt des Lesers oder Hörers.

Literatur: Schellberg, Wilhelm und Friedrich Fuchs (Hrsg.): Das unsterbliche Leben. Unbekannte Briefe von Clemens Brentano. Jena 1939. – Feilchenfeldt, Konrad: Brentano-Chronik. Daten zu Leben und Werk. München 1978. – Kastinger Riley, Helene M.: Clemens Brentano. Stuttgart 1985.

Titelblatt zur Erstausgabe von Brentanos Märchen «Gockel, Hinkel und Gackeleia», Frankfurt 1838.

Bruckner, Anton

Ansfelden/Oberösterreich 4. September 1824 – 11. Oktober 1896 Wien

Komponist und Organist

Bei einer Probe sollen die Sänger ein dreifaches Piano noch immer viel zu laut genommen haben, obwohl sie von Bruckner unbarmherzig zu einem kaum mehr hörbaren Pianissimo angehalten wurden: so wenig entsprachen ihre Bemühungen dem Hauch von Klang, der ihm vorschwebte. Verärgert über diese Einwände sangen sie bei der nächsten Probe die gefürchtete Partie überhaupt nicht, während Bruckner, dem die plötzliche Stille vollständig verborgen blieb, beseligt weiterdirigierte und nun endlich zufrieden war. Erst das Gelächter der Anwesenden weckte ihn aus seiner Entrücktheit.

Die Anekdote wirft ein vielsagendes Schlaglicht auf die Klangvisionen, die Anton Bruckner erfüllt haben mögen, die aber mit allen irdischen Möglichkeiten des Gesangs und der Instrumente nicht vollendet zu realisieren waren. Unsicherheiten beschlichen ihn immer wieder, besonders im Hinblick auf die Aufführbarkeit seiner Sinfonien, die er oder seine Schüler dann mehrfach bearbeiteten. Die Folge waren unterschiedliche Fassungen eines und desselben Werkes – seither eine Spezialität der Bruckner-Interpreten. Die nicht restlos herstellbare Übereinstimmung von subjektivem Klangbild und äußerer Verwirklichung ist eigentlich ein Grundproblem der Romantiker von Anfang an gewesen; schon E. T. A. → Hoffmann litt darunter. Nur auf einem einzigen Instrument hat Bruckner offenbar alles das schlackenlos auszudrücken vermocht, was ihn durchströmte: auf der Orgel. Seine Improvisationen, bei denen er gelegentlich ein Lied Franz → Schuberts als Ausgangspunkt benutzte, wurden für alle Ohrenzeugen zur Legende. Aber weder er noch andere haben davon einen Takt aufgeschrieben. Es blieben unwiederholbare Sternstunden, nirgendwo konserviert und auf keinem Notenblatt festgehalten.

Der Mann mit dem gedrungenen Bauernschädel war der Sohn und Enkel oberösterreichischer Schulmeister. Nach dem Tod des Vaters, den er im Schulamt vertreten mußte, kam er als Chorknabe ins Augustiner-Chorherrenstift St. Florian bei Linz, wo er außerdem im Kirchenchor als Geiger mitwirkte. Nach musikalischen Studien in Linz wurde er Schulgehilfe in Windhaag an der böhmischen Grenze, wo er für Pfarrer und Lehrer als Knecht im Stall und auf dem Feld arbeiten mußte. Die nächsten Stationen führten ihn aus den Niederungen des dumpfen Knechtsalltages auf die Höhen der Tonkunst: nach der Weigerung, für den Schulmeister Mist aufs Feld zu fahren, Strafversetzung nach Kronsdorf; dort Umgang mit Musikfreunden und Orgelstunden in Steyr; Hilfslehrer in St. Florian und provisorischer Stiftsorganist an dieser ehrwürdigen Kirche; sodann Domorganist in Linz und Begegnung mit den Werken der großen Meister; theoretische Studien bei dem gestrengen Simon Sechter in Wien; schließlich, 1868, Nachfolger seines Lehrers als Professor für Harmonielehre, Kontrapunkt und Orgel am Wiener Konservatorium. Als Organist und Orgelimprovisator reiste er, obwohl er nie einem gängigen Virtuosentum huldigte, nach Frankreich, England und der Schweiz. Über alledem war Bruckner ein bodenständiger Mann, beinahe ein Bauer, geblieben, dem es, wie den heimischen Landleuten, nichts ausmachte, nach einer Probe seiner Vierten dem Dirigenten Hans Richter ein Trinkgeld «für a Krügl Bier» in die Hand zu drücken. Die Demut, zu der man ihn erzogen hatte, war ganz auf den lieben Gott gerichtet und in der diesseitigen Welt allenfalls einer einzigen Persönlichkeit vorbehalten: Richard → Wagner, den Bruckner abgöttisch verehrte. Ihm hat er die 3. Sinfonie gewidmet und im zweiten Satz der 7. Sinfonie die erhabenste Trauermusik geschrieben.

Bruckners «Wagnerianertum», das lange Zeit den Blick auf die Originalität seines Schaffens verstellte, ließ ihn ins Getümmel der musikalischen Sekten geraten. So kam es, daß die beiden bedeutendsten Sinfoniker ihrer Zeit zwar in einer Stadt lebten. Dennoch haben → Brahms und Bruckner auf den entgegengesetzten Seiten der Barrikade agiert, die Klüngelbildung und Parteienhader mitten in der Wiener Musiklandschaft erbaut hatten. Harmonik und Instrumentation des Oberösterreichers sind sicher von Wagner beeinflußt, jedoch ebenso von Klangvorstellungen, die der Komponist dem Organisten verdankte, während die Melodik auf Schubert zurückverweist. Das Werkverzeichnis enthält eine frühe «Studiensinfonie», dann eine Sinfonie, die der Meister mit dem Vermerk «ungiltig» und einer Null versah, endlich die neun Sinfonien, von denen eine jede *sui generis* genannt werden darf; die letzte von

Anton Bruckner, von Kritikern verfolgt. Scherenschnitt von Otto Böhler.

ihnen blieb unvollendet. Ein Te Deum, ein Requiem, Messen, weitere sakrale Vertonungen, Orgelkompositionen, Chorsätze und einige Gelegenheitswerke treten hinzu.

Das Erbe der Romantik ist darin überall gegenwärtig, vornehmlich in der 4. Sinfonie, der «Romantischen», deren hörnerdurchwobene Architektur die Wonnen und Schauer des romantischen Waldes zum Klingen bringt. Dörflich-rustikal stampfen die Scherzi in den Sinfonien daher. Im letzten Satz der 3. Sinfonie wird gar ein Choral mit einem Ländler verschränkt: «So ist das Leben», merkte der nachdenkliche Bruckner dazu an. Er starb, zweiundsiebzigjährig und unvermählt, im Kustodenstöckl an der Ostseite des Oberen Belvedere zu Wien. Und da er der Meinung gewesen war, daß er im Tode wieder dorthin gehörte, wo er zuerst den lieben Gott in Tönen gerühmt hatte, wurde sein freistehender Sarkophag unter der Orgel der Stiftskirche von St. Florian beigesetzt.

Literatur: Nowak, A.: Anton Bruckner. Musik und Leben. Wien 1964. – Wagner, M.: Bruckner. München 1982.

C

Carus, Carl Gustav

Leipzig 3. Januar 1789 – 28. Juli 1869 Dresden

Arzt und Physiologe, Schriftsteller, Ästhetiker, Philosoph und Landschaftsmaler

«Fürwahr! Sie vereinigen so viele Eigenschaften, Fähigkeiten und Fertigkeiten, deren innigst lebendige Verbindung teilnehmendes Bewundern erregt», schrieb der fast siebzigjährige Goethe an den gerade erst neunundzwanzigjährigen Carus, Professor für Geburtshilfe in Dresden, dem er mit diesem Lob eine seltene Auszeichnung zuteil werden ließ. Die Eloge war nur zu berechtigt: in den nach vielen Seiten hin ausgreifenden Bemühungen des Sachsen, der als Arzt und Naturwissenschaftler, Psychologe und Philosoph, Kunsttheoretiker,

Carl Gustav Carus im Alter von 48 Jahren. Kreidezeichnung, mit Tusche laviert, von Johann Joseph Schmeller, 1837.

Schriftsteller und Maler exemplarisch wirkte, fand der romantische Universalismus eine schlüssige Verwirklichung, jedoch auf allen diesen Gebieten so fundiert und im Einklang mit dem wissenschaftlichen Standard der Zeit, daß er auch für den Romantikkritiker Goethe annehmbar wurde.
Dem Sohn des Pächters einer Leipziger Färberei ist diese Karriere nicht an der Wiege gesungen worden, obwohl seine unterschiedlichen Neigungen und Begabungen früh auffielen. Der Weg zu den Wissenschaften verlief schnell und ohne größere Widerstände. Nach dem Besuch der berühmten Thomasschule begann bereits der Fünfzehnjährige das Studium der Physik, Chemie, Botanik, Zoologie und Geologie, wandte sich dann der Anatomie und schließlich der Medizin zu. Der Zweiundzwanzigjährige promovierte sowohl zum Doktor der Medizin als auch der Philosophie, verteidigte sogleich seine Habilitationsschrift und nahm außerdem Zeichenunterricht. Der Fünfundzwanzigjährige wurde Professor für Geburtshilfe an der Lehranstalt für Medizin und Chirurgie in Dresden, die heute als Medizinische Akademie seinen Namen trägt. Mit einunddreißig ließ er sein immer wieder aufgelegtes «Lehrbuch der Gynäkologie» erscheinen, mit zweiunddreißig trat er in nähere Beziehungen zu Goethe, mit dreiunddreißig war er Hof- und Medizinalrat, mit achtunddreißig Leibarzt des Königs von Sachsen. Und wie er zwischen den Wissenschaften und Künsten vermittelte und manche von ihnen durch eigene Beiträge auf eine neue Stufe hob, so verkehrte er auch zwischen den Ständen. Während er am Morgen im Operationssaal seines Institutes anzutreffen war oder bedürftige Mitbürger in den Dresdner Vorstädten besuchte, erschien er am Nachmittag im braunen Hofrock beim König, um dann am Abend eine der Dramenvorlesungen seines Freundes Ludwig → Tieck am Altmarkt anzuhören oder in seinem eigenen Haus biedermeierliche Geselligkeit zu pflegen.
Den ärztlichen Beruf und die Geschäfte als Mitglied der Medizinalbehörde der sächsischen Regierung übte Carus mit Hingabe aus. Von seinen nahezu siebzig Büchern beschäftigten sich das «Handbuch der Zootomie» (1818), die dreibändigen «Grundzüge der vergleichenden Anatomie und Physiologie» (1828), der «Atlas der Kranioskopie» (1843), das Werk «Psyche, zur Entwicklungsgeschichte der Seele» (1846) sowie die «Symbolik der menschlichen Gestalt, ein Handbuch zur Menschenkenntnis» (1853) mit den Gebieten, die er als Arzt genau kannte. Er erhielt Preise der Akademie zu Kopenhagen sowie des Instituts de France zu Paris und war Mitbegründer der «Gesellschaft deutscher Naturforscher und Ärzte». Als Philosoph wandelte Carus auf den Spuren der Naturphilosophie → Schellings: «Briefe über das Erdenleben» (1841), «Natur und Idee oder Das Werdende und sein Gesetz» (1861) sowie «Die Lebenskunst nach den Inschriften des Tempels zu Delphi» (1863) suchten die in der Natur waltende Dialektik zu erfassen, während die Psychologie als «Entwicklungsgeschichte der Seele von der Unbewußtheit zur Bewußtheit» gedeutet wurde. In der Schrift «Goethe, zu dessen näherem Verständnis», erschienen 1849 zur Hundertjahrfeier des Dichters, brachte Carus beinahe so etwas

Friedhof auf dem Oybin. Ölgemälde von Carl Gustav Carus, 1828.

wie eine postume Versöhnung zwischen dem Weimaraner und der Romantik zustande. Goethe war ursprünglich auch der Adressat seiner «Briefe über Landschaftsmalerei» gewesen, die zuerst 1831 und in erweiterter Fassung 1835 vorlagen.

Wie es aber dem Gelehrten Carus stets um das «Erdleben» und dessen geistige Dimensionen gegangen war, so wollte auch der Künstler Carus «Erdlebenbilder» malen, also die Gestalt der Landschaft möglichst präzise wiedergeben. Der Freund und Schüler Caspar David → Friedrichs huldigte diesem Vorbild oft mit den Themen und Titeln seiner Bilder: «Herbstnebel», «Waldeinsamkeit», «Friedhof auf dem Oybin» sind nur wenige Beispiele aus der Fülle von anderthalbtausend Zeichnungen und Gemälden, die genügen würden, um ein ganzes schöpferisches Dasein glänzend zu rechtfertigen. Dennoch sind die Unterschiede und Gegensätze zu dem genialen Mentor nicht zu übersehen. An die Stelle von Friedrichs Meditationen ist biedermeierliche Poesie, an den Platz von Friedrichs Metaphysik die Anteilnahme am «Erdleben» getreten, womit Carus dem bewunderten Goethe wiederum näherstand als den romantischen Ekstatikern. Die Summe des eigenen «Erdlebens» hat der Sachse in seinen «Lebenserinnerungen und Denkwürdigkeiten» gezogen. Sie wurden unter der Hand des beinahe Achtzigjährigen zur monumentalen Selbstdarstellung eines Menschen, der gleichermaßen in der Nachfolge Goethes und im Banne der Romantik stand.

Literatur: Carus, Carl Gustav: Lebenserinnerungen und Denkwürdigkeiten. Nach der zweibändigen Originalausgabe von 1865/66 neu herausgegeben von Elmar Jansen. 2 Bände. Weimar 1966. – Genschorek, Wolfgang: Carl Gustav Carus. Arzt, Künstler, Naturforscher. Leipzig 1978.

Catel, Franz Ludwig

Berlin 22. Februar 1778 – 19. Dezember 1856 Rom

Maler und Zeichner

Der Berliner, der aus einer französischstämmigen Familie kam, genoß eine Ausbildung als Holzbildner und war dann als Buchillustrator, Zeichner und Stecher tätig. Seine Landschaftsaquarelle wurden immerhin in Weimar aus-

Franz Ludwig Catel. Zeichnung von Johann Adam Klein, 1820.

gestellt und fielen Goethe auf. Der Achtundzwanzigjährige war bereits Mitglied der Berliner Akademie, beschäftigte sich in Paris mit der Ölmalerei und tat 1811 den Schritt, der seine ganze weitere Laufbahn bestimmte: er reiste nach Rom, schloß Freundschaft mit dem Maler Joseph Anton → Koch und gesellte sich den Nazarenern zu. Wie zur Bekräftigung der neugewonnenen deutsch-römischen Kunstfrömmigkeit trat Catel 1814 zum katholischen Glauben über. Neben Peter → Cornelius, Wilhelm von → Schadow, Friedrich → Overbeck und Philipp → Veit schuf er einige kleinere Wandbilder im Haus des preußischen Generalkonsuls Bartholdy; an der Seite der Fürstin Gallitzin und Karl Friedrich → Schinkels durchstreifte er malend Süditalien und Sizilien.

Seine Landschaften rückten, routiniert und gelegentlich sogar virtuos, italienische Ansichten für die Besucher aus dem deutschen Norden zurecht: Souvenirmalerei im besten Sinne. Daß er Portraits in einem lichtdurchfluteten südlichen Ambiente effektvoll zu arrangieren wußte, bewies er etwa mit dem Bild «Schinkel in Neapel» und besonders mit dem Gemälde, das den bayerischen Kronprinzen, den späteren König → Ludwig I., zechend unter dessen römischen Malerfreunden zeigt. Dem Alternden wurde in Berlin noch der Professorentitel verliehen, aber Catel zog es vor, in Rom zu bleiben. Er starb, als preußischer Professor, unter dem Himmel, dessen Schimmer er bis zuletzt nicht mehr missen mochte.

Literatur: Geller, H.: Franz Catel. Leben und Werk des deutsch-römischen Malers. Leipzig 1960.

Chamisso, Adelbert von

eigtl. Louis-Charles-Adelaide de Chamisso

Schloß Boncourt/Champagne 30. Januar 1781 – 21. August 1838 Berlin

Dichter, Übersetzer und Naturforscher

Er war der Sproß eines alten französischen Grafengeschlechts und hätte eigentlich mit einem aristokratischen Dasein in der Heimat rechnen dürfen, nur nicht mit deutschem Poetenruhm. Aber die Wirren der Revolution verschlugen ihn mit der Familie zunächst in die Niederlande, dann nach Berlin, wo der Fünfzehnjährige in die Dienste der Königin Luise trat. Während Chamisso die vom Vater gewünschte Offizierslaufbahn einschlug, begann er Gedichte zu schreiben, zuerst in französischer, dann in deutscher Sprache, die er nach dem Zeugnis → Varnhagens «unter gewaltigen Anstrengungen mit einer Art von Meisterschaft und Geläufigkeit radebrechte». Er hörte im Winter 1803/04 die Vorlesungen August Wilhelm → Schlegels und diskutierte auf der Wache am Brandenburger Tor mit den Freunden → Hitzig, → Koreff, Varnhagen und Wilhelm Neumann über Shakespeare, änderte seinen Vornamen in Adelbert um und debütierte mit Gedichten in den «Grünen Musenalmanachen», die unter der Regie der Gefährten erschienen. Als preußischer Offizier erlebte der

Adelbert von Chamisso.
Zeichnung von F. C. Weiß.

Jüngling im Herbst 1806 die Kapitulation der Festung Hameln mit. Als nach wie vor unbehauster Emigrant sah er die Freunde zum antinapoleonischen Befreiungskampf rüsten, was die schon lange in ihm schwelende Identitätskrise zum offenen Ausbruch brachte: ein Franzose war er nicht mehr, ein Deutscher noch nicht. Würde er es je werden?

«In einem Kriege gegen Frankreich darf ich, kann ich – der Kerl, der ich bin – nichts für mich holen wollen....» Die Freunde zogen die Uniformen der Freikorps an und verfielen gelegentlich in nationalistische Tiraden. Vor Chamisso stieg die Gestalt des um seinen Schatten gebrachten, um die Einheit seines Ich ringenden Peter Schlemihl auf, dessen «wundersame Geschichte» er

Schlemihl reist zum Nordpol und wird von demselben freundlich empfangen. Karikatur auf Chamissos Weltreise von E. T. A. Hoffmann, 1816.

1814 erscheinen ließ. Nach manchem tragisch-grotesken Kampf mit dem Teufel steht der «Held» am Ende noch immer ohne Schatten da; jedoch im Besitz der märchenhaften Siebenmeilenstiefel, dient er nun als Naturforscher der Wissenschaft, wenn auch weiterhin am Rande der Gesellschaft lebend und von ihr ausgestoßen. Schlemihls Hinwendung zur Naturwissenschaft war der literarische Reflex von Chamissos Versuch einer neuen Sinngebung seines Lebens: er hörte an der Berliner Universität medizinische, botanische und zoologische Vorlesungen. Im Juli 1815 brach er an Bord des russischen Schiffes «Rurik» zu einer Weltreise auf, von der er erst Ende Oktober 1818 nach Berlin zurückkehrte – gerade noch rechtzeitig, um sich zusammen mit Carl Wilhelm Salice → Contessa, Friedrich Baron de la Motte → Fouqué, Hitzig und Koreff in der Wohnung E. T. A. → Hoffmanns am Gendarmenmarkt zur Runde der «Serapionsbrüder» zu vereinen.

Er war nun nur «noch wenige Pendelschwingungen» von seinem vierzigsten Lebensjahr entfernt, aber endlich stellte sich jetzt die bisher entbehrte öffentliche Anerkennung ein. Im Frühjahr 1819 ernannte ihn die Berliner Universität zum Doktor der Philosophie ehrenhalber, er wurde Adjunkt am Botanischen Garten zu Berlin-Schöneberg, zweiter Kustos am Königlichen Herbarium und in kurzer Folge Mitglied mehrerer geachteter naturforschender Akademien. Die Ehe mit der Pflegetochter des Serapionsbruders Hitzig bestätigte

gleichsam in menschlicher Hinsicht das Heimatrecht, dessen sich Chamisso nunmehr an der Spree erfreuen durfte.
Als Sendbote zwischen den Völkern war er noch immer rege, besonders mit seinen Übersetzungen des französischen Liederdichters Béranger und des russischen Dekabristen Rylejew. Als Lyriker gewann Chamisso seltene Popularität: Gedichte wie «Das Riesenspielzeug», «Das Schloß Boncourt», «Die Sonne bringt es an den Tag» oder «Salas y Gomez» fanden Eingang in die Lesebücher von Generationen; der Liederzyklus «Frauenliebe und -leben» bewies in der Vertonung Robert → Schumanns seine unzerstörbare Lebenskraft. An der Schwelle stehend, die von der Romantik zum Vormärz hinüberleitete, wandte sich Chamisso auch ganz neuen Bereichen zu, so in dem Gedicht «Das Dampfroß» der Welt der Technik, so in der «Alten Waschfrau» sowie in «Der Bettler und sein Hund» den ungelösten sozialen Fragen der Epoche. Das Tagebuch seiner «Reise um die Welt» veröffentlichte er 1835. Die Nähe zu den alten romantischen Weggefährten bestand bis in den Tod hinein und über ihn hinaus: Adelbert von Chamisso fand seine letzte Ruhestätte auf dem Friedhof der Jerusalems-Gemeinde vor dem Halleschen Tor zu Berlin, unweit vom Grab des Serapionsbruders Hoffmann.
Literatur: Feudel, Werner: Adelbert von Chamisso. Leben und Werk. Leipzig 1980. – Kroner, Peter A: Adelbert von Chamisso. In: Deutsche Dichter der Romantik. Ihr Leben und Werk. Herausgegeben von Benno von Wiese. 2., überarbeitete und vermehrte Auflage. Berlin 1983.

Clauren, Heinrich

eigtl. Karl Gottlieb Samuel Heun
Dobrilugk 20. März 1771 – 2. August 1854 Berlin
Trivialliterat

«... wahrlich! man kann die Berühmten nicht verstehen, wenn man die Obskuren nicht durchgefühlt hat.» Dieses Wort Franz Grillparzers mag auch die Beschäftigung mit einer so obskuren Schriftstellerexistenz erklären, wie sie Heinrich Clauren verkörpert hat. Eigentlich hieß er Heun, war der Sohn eines Justiz- und Domänenamtmannes, studierte die Rechte in Leipzig und Göttingen und schlug eine Karriere ein, die ihm gleichermaßen ein Dasein im Verwaltungsdienst und schöngeistige Ambitionen zu gestatten schien. Auf seinen Kreuz- und Querzügen lernte er auch Goethe kennen, der ihn einen «tätigen und verständigen Mann» nannte, und gelangte schließlich ins Ministerium des preußischen Staatskanzlers Hardenberg. In Berlin redigierte er die «Preußische Staatszeitung», wurde zum Hofrat ernannt und gewann mit dem patriotischen Lied « Der König rief, und alle, alle kamen» die Huld Friedrich Wilhelms III. Auf dem Wiener Kongreß verrichtete Heun für die Preußen Spitzeldienste; da er aber zuviel Gefallen am Umgang mit Kokotten und Aktricen fand, ließ ihn Hardenberg nach der Heimat abschieben. Dort gab er zunächst wieder die

Heinrich Clauren (eigtl. Karl Gottlieb Samuel Heun). Zeitgenössische Lithographie.

«Preußische Staatszeitung» heraus, bis er, zum Geheimen Hofrat avanciert, eine Stelle im Generalpostamt erhielt.

Abgeschnitten von den reizenden Wiener Grabennymphen und dafür dem Staub preußischer Amtsstuben ausgeliefert, beschloß Heun, seinen gewaltsam gebändigten Neigungen auf anderem Wege nachzugehen und sie gleichzeitig literarisch zu vermarkten: Mai 1815 ließ er, unter dem Pseudonym H. Clauren, im Berliner «Freimütigen» die Erzählung «Mimili» mit derartig sensationellem Erfolg erscheinen, daß schon 1816 die Buchausgabe folgte. Es ist die Liebesgeschichte eines mit dem Eisernen Kreuz dekorierten preußischen Offiziers und des Schweizer Alpenmädchens Mimili, das unter «ihrem dicht aufliegenden Battisthemdchen» alle Register einer schwülen Sinnlichkeit zu ziehen vermag – auf völlig unschuldige Weise, versteht sich. Die sentimentale Naturfrömmigkeit und verklemmt daherkommende Lüsternheit gingen auf Leitbilder zurück, die sich der Autor, wie Versatzstücke, aus dem Fundus der Romantik entlieh. Eine starke Prise Rokoko-Erotik und eine unterschwellig schlüpfrige Sprache vervollständigten das Klischee, das Biedermeier-Backfische in Wallung brachte. Clauren hat nach diesem Muster die vierzigbändige Sammlung «Scherz und Ernst» (darin auch der nicht minder erfolgreiche Roman «Das Dijon-Röschen») zusammengeschrieben sowie von 1818 bis 1834 des weitverbreitete Taschenbuch «Vergißmeinnicht» herausgegeben.

Die Beliebtheit dieser Unterhaltungsromane war so groß, daß andere Autoren das bewährte Handwerkszeug des Hofrates benutzten, um ihrerseits einen Einstieg in die Literaturszene zu finden. Auch Wilhelm → Hauff hat seinen Roman «Der Mann im Mond» (1825), dessen Verleger dadurch in einen Prozeß verstrickt wurde, wohl erst nachträglich als Parodie auf Clauren ausgegeben; ursprünglich mag hier eher ein Plagiat vorgelegen haben. Aber es kamen jetzt Travestien auf den Mode-Autor in Mode, der trotzdem seine Verteidiger fand, wie etwa in der Berliner Zeitung «Der Gesellschafter»: «Das ist es ja eben, daß Claurens eifrigste Leserinnen sich selbst ganz heimlich bekennen müssen: Er hat recht, er hat unsre geheimsten Gefühle erraten, aber wir dürfen es nur nicht sagen, nicht laut werden lassen.» Erst langsam verblaßte der Ruhm des Publikumslieblings mit der pseudoromantischen Attitüde, von dem Heinrich → Heine meinte, «daß man in kein Bordell eingelassen wird, wenn man ihn nicht gelesen hat».

Literatur: Koch, Günther: Claurens Einfluß auf Hauff. In: Euphorion 4 (1897). – Houben, H. H.: Wer im Glashaus sitzt... Eine Schmutz- und Schundgeschichte. In: Preußische Jahrbücher 231. Berlin 1933.

Contessa (Salice-Contessa), Carl Wilhelm

Hirschberg/Schlesien 19. August 1777 – 2. Juni 1825 Berlin
Schriftsteller

Obwohl er nur achtundvierzig Jahre alt wurde, besaß er ein ausgetrocknetes Greisengesicht. Die gesträubten Haare und die auf der Nase sitzende Federbrille lassen auf einen ingeniösen Mechanikus und Automatenbastler schließen, der in den Erzählungen seines Freundes E. T. A. → Hoffmann vorkommen könnte, oder auf einen skurrilen Schulmeister, wie er bei Christian Dietrich Grabbe irrlichteliert. Dabei verlief Contessas Leben alles andere als kurvenreich oder gar geräuschvoll. Gleich seinem um zehn Jahre älteren Bruder Christian Jakob zeigte auch Carl Wilhelm früh künstlerische Neigungen. Der Besuch des Pädagogiums in Halle stiftete die lebenslange Freundschaft mit Ernst von Houwald, dem späteren Schicksalsdramatiker. Einem kurzen Paris-Aufenthalt folgte die zurückgezogene Existenz eines Stubengelehrten zu Weimar, wo Contessas junge Frau im Kindbett starb. Eine zweite Ehe, die ihn in die Arme einer schönen, jedoch zänkischen Dame verschlug, trug dazu bei, daß der Dichter fortan noch ängstlicher die Gesellschaft mied. Nach seinem eigenen Geständnis wäre es ihm ohnehin lieber gewesen, wenn er immer ein Kind hätte bleiben können.

Carl Wilhelm Salice-Contessa. Anonyme zeitgenössische Lithographie.

Auch nach dem Zeugnis seines Berliner Vertrauten E. T. A. Hoffmann ging Contessa «waffenlos umher wie ein unschuldiges Kind». Allerdings beteiligte er sich an dem seltsamen «Roman *en quatre*», jenem kuriosen Roman-Experiment, das Hoffmann, Contessa, → Fouqué und → Chamisso als Gemeinschaftsproduktion begannen, dann aber abbrachen. Im legendären Kreis der Serapionsbrüder, einer Berliner Romantikerrunde, fühlte sich der kindliche Poet aus Schlesien heimisch wie vielleicht sonst nirgendwo. In den Rahmengesprächen seiner gleichnamigen Novellensammlung setzte ihm Hoffmann mit der Gestalt des Serapionsbruders Sylvester ein authentisches Denkmal: «Ohne daß er selbst viel Worte machen sollte, liest man auf seinem Gesicht in deutlichen sprechenden Zügen den Eindruck, den die Worte des Freundes auf ihn gemacht, und indem seine innige Gemütlichkeit ausströmt in seinen Blicken, fühle ich mich selbst in seiner Nähe gemütlicher, froher, freier!»
Nach harmlosen Lustspielen erwies sich Contessa als ein früher Vertreter der historischen Novellistik in Deutschland («Meister Dietrich», «Der Todesengel», «Vergib uns unsre Schuld»). Sein Bestes gab er als Kleinmeister einer

heiter fabulierten Märchendichtung: so mit dem burlesken Teufelsschwank «Magister Rößlein», so auch mit den hoffmannesken Märchenallegorien «Haushahn und Paradiesvogel», «Das Gastmahl» sowie «Das Schwert und die Schlangen». Seine humoristischen Erzählungen («Die Schatzgräber») und melodramatischen Novellen («Das Bild der Mutter») waren im ersten Biedermeier-Jahrzehnt durchaus beliebt.

Literatur: Meyer, Hans: Die Brüder Contessa. Berlin 1906. – Contessa, Carl Wilhelm Salice: Fantasiestücke eines Serapionsbruders. Hrsg. von Klaus Günzel. Berlin 1977.

Cornelius, Peter

seit 1825 von Cornelius

Düsseldorf 23. September 1783 – 6. März 1867 Berlin

Maler und Zeichner, Akademiedirektor

Der junge Mann erhielt den ersten Unterricht von seinem Vater, einem Galerieinspektor, wurde aber von der heimischen Akademie wegen «offenen Mangels an Talent für die Kunst» entlassen. An Selbstgefühl fehlte es ihm gleichwohl nicht, wie er einem Jugendfreund schrieb: er hoffe, «ein Wiederaufhelfer der gesunkenen Kunst zu werden», und finde «nach genauer Selbstprüfung», daß er «die Kunst auf einen ziemlich hohen Grad bringen» könne. Er schlug sich mit Brotarbeiten durch, gewann die Unterstützung der Brüder → Boisserée, malte Kuppel und Chor von St. Quirin zu Neuß aus, ging nach Frankfurt am Main und begann Zeichnungen zu Goethes «Faust» auszuarbeiten: Blätter von pathetischer Idealität, deren bewußte Altertümlichkeit von Dürer hergenommen schien. Sie machten ihren Schöpfer berühmt und trugen ihm sogar die widerwillig gezollte Anerkennung des Romantik-Skeptikers Goethe ein.

1811 ging Cornelius nach Rom, wo ihn die Lukasbrüder, die → Overbeck und → Pforr, in ihre Gilde aufnahmen, ohne daß er die Lebensgemeinschaft der «Brüder» im Kloster San Isidoro teilte. Sein Streben nach einer Wiedererweckung der Monumentalmalerei ging in Erfüllung, als er zusammen mit den «Malerbrüdern» Overbeck, Philipp → Veit und Wilhelm → Schadow von dem preußischen Generalkonsul Bartholdy den Auftrag erhielt, dessen römisches Haus mit Wandbildern auszustatten. Cornelius steuerte zwei Fresken zur alttestamentarischen Josephsgeschichte bei und war auch an den Vorarbeiten der Bilder für die Stadtvilla des Marchese Massimo beteiligt. Er übernahm den Zyklus, der Dantes «Göttliche Komödie» verherrlichen sollte, da rief ihn der bayerische Kronprinz und spätere König → Ludwig I. nach München. Die nächsten Jahre verbrachte der «Goethe unter den Malern», wie ihn einer seiner Bewunderer nannte, abwechselnd in Düsseldorf und München.

Während er in den Wintermonaten am Rhein, wo er die Akademie der Vaterstadt leitete, einen großen Kreis von Schülern um sich scharte, arbeitete er in

Peter Cornelius. Zeichnung von Carl Philipp Fohr, 1817/18.

den Sommermonaten an der Isar für seinen königlichen Gönner. Die Fresken in der Münchner Glyptothek waren der griechischen Mythologie gewidmet, blieben aber in der detaillierten Ausführung einem Heer von Schülern und Gehilfen überlassen. Mehr und mehr war für Cornelius die Kunst eine Welt der Ideen, die er in monumentalen Kompositionen zu entwerfen suchte, um dann ihre malerische Umsetzung subalternen Handwerkern anheimzugeben. «Dürer und Raphael vor dem Thron der Kunst» in der Pinakothek und das «Jüngste Gericht» in der Münchner Ludwigskirche huldigten auch weiterhin einem linearen Freskostil, über den die Zeit mittlerweile hinweggegangen war. 1825 noch von König Ludwig geadelt, nahm der Monarch nun Anstoß an den titanischen Experimenten seines bisherigen Schützlings: «Ein Maler muß malen können!»

Zutiefst gekränkt und in seinem künstlerischen Stolz getroffen, verließ der Alternde daraufhin die bayerische Metropole und ging nach Berlin, wo von 1840 an der neue preußische König → Friedrich Wilhelm IV. die Veteranen der romantischen Bewegung zusammenrief. Dort spann Cornelius an einem letzten gewaltigen Plan, dem Campo Santo, der gleichzeitig die Begräbnisstätte

der Hohenzollern und die protestantische Hauptkirche Deutschlands werden sollte. Der Patriarch lieferte dazu Kartons von allegorischem Tiefsinn und bravourös gestalteter Dramatik, etwa die «Apokalyptischen Reiter», aber das gesamte Projekt blieb in der Konzeption stecken. Er verbrachte einen langen Lebensabend, in Rom und Berlin, als hochgeehrtes Relikt einer verschollenen Zeit, zur Wirkungslosigkeit verurteilt und insofern nicht ohne Tragik, wie eine ferne Antiquität – vergleichbar vielleicht dem merkwürdigen «Glaubensschild» von 1842, mit dem Cornelius im Auftrag des Königs von Preußen die christliche Heilsgeschichte zu einem virtuosen Stück Kunstgewerbe stilisiert hatte.
Literatur: Koetschau, Karl: Peter von Cornelius in seiner Vollendung. Düsseldorf 1934. – Einem, Herbert von: Peter Cornelius. In: Wallraf-Richartz-Jahrbuch. Band 16. Köln 1954.

Friedrich Creuzer. Lithographie.

Creuzer, Friedrich

Marburg 10. März 1771 – 16. Februar 1858 Heidelberg

Philologe, Orientalist und Mythenforscher

Der Sohn eines Buchbinders und Steuereinnehmers hatte sein Studium den finanziellen Zuwendungen vermögender Gönner, darunter dem jungen Rechtsgelehrten → Savigny, zu verdanken, was in Creuzer offenbar einen dauernden Stachel zurückließ. Er heiratete Sophie Leske, die Witwe seines Marburger Lehrers, aus reiner Dankbarkeit, wodurch die Ehe mit der um dreizehn Jahre älteren Frau von Anfang an eine gewisse Labilität besessen haben mag. Der Philologe, Altertumsforscher und Mythenkenner absolvierte eine rasche akademische Karriere. 1799 wurde er Privatdozent, 1800 außerordentlicher, 1802 ordentlicher Professor im heimischen Marburg; 1804 ging er als Professor nach Heidelberg. Die Freundschaft, die er dort mit Joseph → Görres knüpfte, bestärkte ihn in der Ansicht, daß die griechische Mythologie aus viel älteren asiatischen Religionen hervorgegangen war.

Während Creuzer solchen weitläufigen Spekulationen mit der Inbrunst des romantischen Rhapsoden nachging, verstrickte er sich mit der Dichterin Karoline von → Günderrode in eine tragische Liebesromanze, die ihn die Scheidung seiner Ehe erwägen ließ. Als der Professor schwer erkrankte und von seiner Frau aufopferungsvoll gepflegt wurde, verließ ihn die Kraft zu dem lange erwogenen Schritt der Trennung von Sophie und der Vereinigung mit Karoline: «Ich habe teuer gebüßt eine Sünde gegen die Natur – die in ihren Folgen ein eisernes Schicksal geworden.» Die Affaire, die mit Karoline von Günderrodes Selbstmord endete, hat dann den Blick der Nachwelt auf Creuzers wissenschaftlich-literarischen Rang verstellt. Als Schwächling, der einer großen Leidenschaft und menschlichen Herausforderung nicht gewachsen war, lebte er weiter fort.

Dabei wirkte er mit seinem Hauptwerk «Symbolik und Mythologie der alten Völker» (1810–1812) vielfältig auf die romantischen Naturphilosophen, etwa auf Gotthilf Heinrich → Schubert, und noch Hegel setzte sich mit ihm auseinander. Allerdings rief Creuzers Verknüpfung der griechischen Religion mit einem orientalischen Urmythos auch die erbitterte Feindschaft der Romantikgegner, besonders des Homer-Übersetzers Johann Heinrich Voß, hervor, der vom «Ungeziefer der Creuzerischen Symbolik» sprach. Dergleichen Beschimpfungen wurden dem Gelehrten kaum gerecht, der sich auch sonst bedeutende Verdienste um die Universität der Neckarstadt erwarb und die «Heidelberger Jahrbücher» gründete. Sie konnten allerdings seine wachsende Vereinsamung nicht verhindern: 1831 starb die Gattin Sophie, und der naturwissenschaftlich beherrschte Fortschritt sah seinen Triumph darin, «in dem Kadaver eines Krokodils eine neue Tränenfistel entdeckt zu haben», wie der Greis grollend konstatierte. «Es kann ja heutigen Tags nichts Ehrwürdiges und Altertümliches mehr zur Sprache kommen, ohne daß es diese Philister in ihrer liberalen Dummheit verhöhnen.» Er veröffentlichte noch seine Erinnerungen «Aus dem Leben eines alten Professors». Karoline von Günderrode, die einzige Gestalt, die seinem Dasein Aufschwung, Glanz und einen flüchtigen Rausch verschafft hatte, ist darin nicht erwähnt.

Literatur: Pfister, F.: Friedrich Creuzer. In: Lebensbilder aus Kurhessen und Waldeck. Band 1. 1939. – Angsüsser, U.: Symbol, Mythos und Griechentum bei Georg Friedrich Creuzer. Diss. Wien 1962.

D

Dahl, Johan Christian Clausen

Bergen/Norwegen 24. Februar 1788 – 14. Oktober 1857 Dresden

Maler und Zeichner

«Ich habe aus guten Gründen keinen Lehrer gehabt. Erst in meinem zweiundzwanzigsten Jahre sah ich Kopenhagen und Kunst», bekannte der geborene Norweger später, dessen klassizistische Ausbildung für ihn nahezu folgenlos bleiben sollte. Er nahm die imposante Kulisse der heimischen Berge als wich-

Johan Christian Clausen Dahl. Bleistiftzeichnung von Wilhelm Hensel, 1834.

tigste Anregung mit in die Fremde, dazu die Poesie Ossians und das Beispiel einiger niederländischer Maler des 17. Jahrhunderts. Ein Stipendium des dänischen Prinzen Frederick verhalf ihm zu der Reise, die ihn in die neue Heimat, nach Dresden, führte, wo er heiratete und für immer seßhaft wurde. Erst einige Jahre darauf fuhr Dahl nach Italien, dessen mediterranes Licht ihn mehr fesselte als die Madonnenseligkeit der nazarenischen Maler. Der Meister koloristischer Valeurs, die alle Übergänge zwischen Schatten und Licht abtasten, hielt den Ausbruch des Vesuv, Sonnenauf- und -untergänge über Dresden, dazu die vertrauten norwegischen Fluren fest, die er von seiner sächsischen Wahlheimat aus immer wieder besuchte.

In Dresden bezog er das Erdgeschoß des Hauses An der Elbe Nr. 33, in dessen oberem Stockwerk Caspar David → Friedrich lebte und arbeitete. Die zwanzigjährige Werk- und Hausgenossenschaft mit dem Älteren ließ Gemeinsamkeiten und Gegensätze der beiden Maler eindrucksvoll hervortreten. Friedrichs dunkle, zuweilen ekstatische Symbolik hat Dahl gemieden, dem die künstlerische Bewältigung des Augenblicks und der vergänglichen Stimmung wichtiger war. Insofern mag er Karl → Blechen näherstehen, der ihn in Dresden besuchte und von ihm lernte. Trotzdem atmen Dahls Mondscheinlandschaften, namentlich seine Dresdner Nachtstücke, romantischen Geist, wie etwa jene Ansicht der nächtlichen Elbmetropole, die er für den österreichischen Gesandten Graf Colloredo malte. Das Bild zeigt die im Detail genau erfaßte barocke Stadtsilhouette, hingebreitet unter einen bewegten Wolkenhimmel, dessen gleichwohl tröstliches Mondlicht vom ruhig dahinfließenden Strom gespiegelt wird. Das Gemälde, das heute ein Glanzstück des Albertinums der Elbestadt ist und dort ganz in der Nähe von Friedrichs Bildern hängt, bezeugt immerhin, daß erst beide Meister zusammen die ganze Skala der romantischen Landschaftsmalerei Dresdens repräsentieren: Friedrich, «das stille tiefe Wasser», und Dahl, «der brausende Bergstrom», wie sie genannt worden sind. Die jungen Schüler des Norwegers haben oft auch das obere Stockwerk seines Hauses besucht und sich dort von der Magie Friedrichs faszinieren lassen, was später die Unterscheidung zwischen Dahl- und Friedrich-Schülern kompliziert hat.

Sogar noch lange nach ihrem Tod blieben die beiden Malergefährten auf eine merkwürdige Weise miteinander verbunden. Sie fielen zusammen der Vergessenheit anheim, und als nach einem halben Jahrhundert der norwegische Kunstgelehrte Andreas Aubert in die Dresdner Galerie kam, um Material für eine Biographie seines Landsmannes zu sammeln, stieß er auch auf Friedrichs verschollene Bilder. Die Wiederentdeckung des größten Landschaftsmalers der deutschen Romantik ist einem Forscher zu danken, der in Dresden eigentlich nach Spuren von Friedrichs Freund Dahl gesucht hatte.

Literatur: Aubert, Andreas: Die nordische Landschaftsmalerei und Johan Christian Clausen Dahl. Berlin 1947. – Neidhardt, Hans Joachim: Die Malerei der Romantik in Dresden. Leipzig 1976.

Devrient, Ludwig

Berlin 15. Dezember 1784 – 30. Dezember 1832 Berlin

Schauspieler

Die rote Theaterschminke, die der Kaufmann Philipp Devrient in seiner Berliner Galanteriewarenhandlung feilbot, dürfte das einzige Erzeugnis gewesen sein, das ihn mit jener Sphäre verband, in der sein Sohn Louis später Triumphe feierte. Der junge Mann veranstaltete erste Deklamationsübungen auf einer Bank im Tiergarten, brannte zweimal von zu Hause durch, mußte dann für die väterliche Firma Geld eintreiben, das er mit russischen Offizieren vertrank – und sah bei einem Besuch der Leipziger Messe den großen Schauspieler Ferdinand Ochsenheimer auf den Brettern der Secondaschen Schauspielergesellschaft, womit sein Schicksal besiegelt war. In Gera wankte er, noch vom Lampenfieber gepeinigt, als Bote in der «Braut von Messina» aus der Kulisse und entfachte in Zeitz als Rudenz im «Tell» zum ersten Male einen Begeisterungssturm. Die nächsten Stationen waren Dessau, Leipzig und Breslau, wo Devrient schon als einer der besten deutschen Bühnenkünstler galt.

Vom April 1815 an war er Mitglied des Berliner Schauspielhauses am Gendarmenmarkt. Dort spielte er die schablonenhaften Figuren in den Modestücken von Kotzebue und Raupach, deren überzeugende Individualisierung seiner außerordentlichen Nuancierungskunst gelang. Zum Genius des romantischen Theaters wurde er durch seinen «fast dämonischen Hang zur Selbstentäußerung», die Richard → Wagner an ihm rühmte und die es ihm erlaubte, binnen einer einzigen Woche sowohl den dicken Junker Tobias Rülp als auch den spindeldürren Junker Bleichenwang in Shakespeares «Was ihr

Ludwig Devrient als Franz Moor. Feder- und Tuschzeichnungen (Figurenskizzen) von Wilhelm Hensel.

Ludwig Devrient als Shylock. Skizze von Wilhelm Hensel.

wollt» zu spielen. Der Glücksfall des Menschengestalters Devrient bestand in der exemplarischen Einheit von seltener Imaginationskraft und genialer Verwandlungsfähigkeit, die er in insgesamt 513 verschiedenen Rollen bewährte. Zu seinen Meisterleistungen gehörte der Franz Moor in den «Räubern»: Devrient gab ihn nicht als schleichende Kanaille mit roter Perücke, sondern als den zweitgeborenen Grafensohn, der sich des Gesetzes der Erbfolge, das ihn zurücksetzt, mit verwerflichen und schließlich verbrecherischen Mitteln zu entledigen sucht. Seine Erfüllung fand der große Komödiant im Figurenensemble Shakespeares, das seine proteische Kunst immer neu herausforderte.

Den Shylock im «Kaufmann von Venedig» spielte er als den geschundenen Angehörigen eines gleichermaßen auserwählten und verstoßenen Volkes, so daß sich «ein unwillkürliches Mitleiden» dem Publikum aufdrängte, wie Karl Friedrich Zelter nach einer Vorstellung bemerkte. Den Falstaff im Doppelschauspiel «König Heinrich IV.» mimte er als drall-pausbäckigen Anti-Helden, dessen ungefüge Körperlichkeit durch eine schwerelos dahertänzelnde Eleganz burlesk aufgehoben wurde. Und König Lear blieb noch als entrechteter Flüchtling, den Kranz als Zeichen seiner verblichenen Würde grotesk auf den Kopf gestülpt, jeder Zoll ein König. Oft mußte Devrient, um den Spannungsbogen einer solchen Aufführung durchzuhalten, zu Unmassen von Alkohol seine Zuflucht nehmen.

Einen kongenialen Zechgenossen, Gefährten und kritischen Anreger fand der Schauspieler in E. T. A. → Hoffmann, mit dem er die Nächte im Weinkeller von Lutter und Wegner durchpokulierte. Die beiden Männer, die ins biedermeierliche Preußen paßten wie Beelzebub in den Himmel, ließen die Weinstube zu einem anekdotenträchtigen Schauplatz der Berliner Romantik werden, wo Devrient übrigens auch dem Champagner zu seiner hinfort in Deutschland geläufigen Bezeichnung «Sekt» verhalf. Nachdem Hoffmann gestorben war, konnte es wohl geschehen, daß der nunmehr verwaiste Mime, zwei Bouteillen im Arm, dem toten Freund auf dem Friedhof der Jerusalems-Gemeinde vor dem Halleschen Tor seine nächtliche Aufwartung machte.

Dergleichen Ausschweifungen und eine gegen sich selbst rücksichtslose Hingabe an die Gestalten des Welttheaters haben die Kräfte des nicht einmal Fünfzigjährigen früh verschlissen. Er deklamierte noch vor Goethe, der nicht mehr ins Theater ging, im Haus am Weimarer Frauenplan einige Passagen des Falstaff und des Shylock. Der Olympier war von dem «freilich jetzt in Trümmern» liegenden Schauspieler sehr beeindruckt, da man ja auch «alten Burgen ... künstlerische Ansichten abzugewinnen» vermag. Am Wiener Burgtheater wurde der Star aus Berlin so gefeiert, daß Franz Grillparzer keine Eintrittskarte erhielt. In Leipzig erschien der Schicksalsdramatiker Adolf Müllner in seiner Garderobe, um sich den Kranz des König Lear als Reliquie zu erbitten. Dann aber, nach einer Vorstellung von Richard Cumberlands Stück «Die Juden», brach er zusammen, als er gerade «mit zitternder Stimme» eine Ansprache ans Publikum gehalten hatte. Der Mann, der wie kein anderer die Schauspielkunst zu einer Domäne romantischer Verwandlungskunst gemacht hatte, schloß in einer kalten Berliner Dezembernacht die Augen, während ihm seine Frau auf dem Klavier mit Mozarts «Don Giovanni» das Sterben erleichterte.

Literatur: Altman, Georg: Ludwig Devrient. Leben und Werke eines Schauspielers. Berlin 1926. – Drews, Wolfgang: Theater, Schauspieler, Dramaturgen, Regisseure. Wien, München, Basel 1961. – Günzel, Klaus: Der Genius des romantischen Theaters – Ludwig Devrient. In: Günzel: Romantikerschicksale. Berlin 1987.

Diepenbrock, Melchior Freiherr von

Bocholt 6. Januar 1798 – 20. Januar 1853 Schloß Johannesberg/Schlesien
Theologe, Bischof und Kardinal

«Er ging stets auf Entdeckungen aus, die Natur redete mit tausend Stimmen zu seinem Herzen . . ., so daß er oft, wenn er sich in den Wipfeln der Bäume wiegte, mit schmerzlichem Neide dem Vogel nachsah, der, glücklicher als er, die Luft durchschiffen konnte.» So beschrieb später Diepenbrocks Breslauer Amtsnachfolger Heinrich Förster die Unruhe, die schon den Knaben erfaßt hatte. Aus dem Militärdienst, zu dem er sich in den Befreiungskriegen spontan meldete, wurde er wegen Disziplinwidrigkeit entlassen. Die Wende in seinem Dasein brachte 1818 die Begegnung mit dem katholischen Theologen Johann Michael → Sailer, der ihn zu sich nach Landshut nahm und fünf Jahre später zum Priester weihte. Sailers milder, auf Ausgleich mit den Protestanten bedachter Katholizismus blieb auch Diepenbrocks Anliegen, das er zunächst als Domherr in Regensburg zu vertreten suchte. Er und seine Schwester Apollonia waren mit Clemens → Brentano befreundet, mit dem er eine Biographie seines Mentors Sailer veröffentlichen wollte, die nicht zustande kam. Eine Spiritualisierung der Kultur strebte er im Sinne der katholischen Erweckungsbe-

Die Rückkehr des verlorenen Sohnes. Bleistiftzeichnung von Eduard von Steinle, 1827.

wegung an und legte einen «Geistlichen Blumenstrauß» vor, den er 1829 «aus spanischen und deutschen Dichter-Gärten den Freunden der christlichen Poesie» darbot.
Unter Diepenbrocks Bekannten und Korrespondenten waren so gegensätzliche Persönlichkeiten wie Annette von Droste-Hülshoff und Sören Kierkegaard. Dem Ruf der Kirche und der Welt konnte er sich auf die Dauer allerdings nicht entziehen: er wurde 1842 Generalvikar und 1845 Fürstbischof von Breslau, 1848 als Abgeordneter des Oppelner Kreises Mitglied der Frankfurter Nationalversammlung und ein Jahr darauf apostolischer Vikar für die preußische Armee, 1850 schließlich Kardinal. Unentwegt war er damit beschäftigt, zwischen der katholischen Kirche und der preußischen Obrigkeit zu vermitteln, wozu er auch seine Freundschaft mit König → Friedrich Wilhelm IV. nutzte. Die auseinanderstrebenden Kräfte der Epoche hat der Romantikerfreund und biedermeierliche Seelenhirt freilich nicht bändigen können. In Breslau mußte er auf offener Straße gehässige Anpöbelungen hinnehmen, und im Deutschkatholizismus, der von Schlesien seinen Ausgang nahm, sah er unter den eigenen Glaubensbrüdern die Energien am Werk, die dem Zeitgeist nachjagten. Am meisten war der Kardinal noch mit sich selbst im Einklang, wenn er in einem entlegenen oberschlesischen Dorf das Sakrament der Firmung erteilte. Wie gern hätte der hochgebildete Herr den einfachen Leuten ein Wort des Trostes gesagt, aber er konnte es nicht, denn er verstand kein Polnisch.
Literatur: Bröker, E. (Bearb.): Melchior Kardinal von Diepenbrock. 1953. – Heselhaus, Clemens: Melchior Diepenbrock und der Geist der nazarenischen Literatur. In: Westfalen, Band 31 (1953).

Dillis, Johann Georg von

Grüngiebing/Oberbayern 26. Dezember 1759 – 28. September 1841 München

Maler und Kunstgelehrter

Der junge Mann, der aus einer Försterfamilie stammte, studierte zunächst Philosophie und Theologie und empfing als Dreiundzwanzigjähriger die Priesterweihe. Seinem früh an den Tag getretenen Mal- und Zeichentalent ging er nur nebenher nach, bis ihn 1786 ein päpstlicher Dispens von allen geistlichen Pflichten entband. In Begleitung adliger Gönner reiste Dillis nun durch Bayern, dann in die Schweiz und an den Oberrhein, nach Salzburg, Dresden, Prag und Wien, schließlich 1794 zum ersten Male nach Italien. Von diesen und späteren Reisen brachte er reich angefüllte Skizzenbücher mit nach Hause, die vor der Natur angefertigte Landschaftsstudien enthielten. Seine Ölskizzen dürfen als frühe Zeugnisse der deutschen Freilichtmalerei gelten, die gleichermaßen naturalistisch geprägt und subjektiv gestimmt ist. Die beispielhafte, inzwischen «verlorene Farbenbehandlung und wahre Naturnachahmung» sah er bei

den alten Niederländern verwirklicht. Den Meistern vergangener Epochen widmete er einen beträchtlichen Teil seiner Aufmerksamkeit, die ihn bald zu einem der besten Kunstkenner Deutschlands werden ließ.
Als Berater, Bilderkäufer und später «Central-Galleriedirektor» König → Ludwigs I. von Bayern nahm Dillis bleibenden Einfluß auf die Münchner Sammlungen. Während er als Maler dem Klassizismus abgeneigt blieb, schien ihm nur das «Klassische» sammelwürdig zu sein, worunter er freilich alle erstrangigen Erscheinungen der europäischen Kunst verstand. Der unermüdliche Experte und Organisator führte die von Napoleon geraubten Kostbarkeiten von der Seine an die Isar zurück, erwarb in Rom zahlreiche Bilder und antike Statuen, darunter den Barberinischen Faun, der noch heute ein Prunkstück der Münchner Glyptothek ist. Seine wohl folgenreichste Tat war der Ankauf der berühmten Bildersammlung, die ihre Entstehung dem Eifer der Brüder → Boisserée verdankte. Diese Kollektion altdeutscher und altniederländischer Meister wurde zum Grundstock der Alten Pinakothek, die Dillis, immer unter der generösen Ägide Ludwigs I., einrichtete und deren Gemälde er auswählte.
Als Professor für Landschaftsmalerei an der Münchner Akademie hielt er die sensible Einfühlung in die Natur für wichtig, wenngleich ihn Zweifel beschäftigten, ob künstlerisches Gestalten im letzten Grund überhaupt erlernbar ist. Dem Geheimnis der Farben blieb er ein Leben lang auf der Spur, fragend, vergleichend, nachgestaltend, und wie eine Bestätigung des eigenen Suchens empfand er es, als ihm Sulpiz Boisserée Goethes «Farbenlehre» schenkte. Den Sammler aus dem Rheinland und den Galeriedirektor aus Altbayern hat der Maler Wilhelm von Kaulbach auf einem Entwurf für die Fresken der Neuen Pinakothek verewigt. Dort knien beide, ausgestattet mit symbolischen Attributen ihrer Verdienste, vor König Ludwig: Boisserée mit einem zerbrochenen gotischen Glasfenster, Georg von Dillis mit einem mittelalterlichen Flügelaltar.
Literatur: Lessing, Waldemar: Johann Georg von Dillis. München 1951.

Ausschnitt aus einem Entwurf von Wilhelm von Kaulbach für die Fresken der Neuen Pinakothek München: der Ausschnitt, der König Ludwig I. von Bayern, Sulpiz Boisserée mit einem zerbrochenen gotischen Kirchenfenster und Georg von Dillis mit einem mittelalterlichen Flügelaltar zeigt.

E

Eichendorff, Joseph von

Schloß Lubowitz bei Ratibor/Oberschlesien 10. März 1788 – 26. November 1857 Neiße

Dichter, Übersetzer und Essayist

Der verarmte Baron aus dem Oberschlesischen hat die Landschaft seiner Heimat, die Lubowitzer Höhen und Odertäler, in eine poetische Szenerie verwandelt, die es so nie gegeben hat, die es aber kraft der Verse dieses Dichters im Bewußtsein zahlloser Leser immer gab und geben wird. Durch sie wurde er zum großen Rühmer der Welt, die er in ihren dauernden Erscheinungen – in Berg und Wald, in Strom und Quell, in Mensch und Blume, in Nachtigall und Lerche, in Klang und Farbe – nicht müde wurde zu feiern. Allerdings entfaltete er, dem ein nüchternes Dasein prosaischer Pflichterfüllung beschieden war, seine berückende Magie der Farben und Klänge an der Scheidelinie zwischen Wirklichkeit und Phantasie.

«Ich kann wohl manchmal singen
Als ob ich fröhlich sei,
Doch heimlich Tränen dringen,
Da wird das Herz mir frei.»

Viele seiner scheinbar unbeschwerten, gelegentlich sogar harmlos anmutenden Verse klingen eben nur so, «als ob» der Dichter fröhlich sei. Hinter der Lust am grünen Wald steht schon die Ahnung des Abschieds von ihm; in das träumerische Rauschen der Erde mischt sich «linde Trauer»; selbst die Erinnerung an das Schloß auf «stiller Höh» ist nicht frei von Unruhe und von der Furcht vor dem «geheimen Singen», das – keineswegs nur verklärend – aus dem Bewußtsein aufsteigt. Wehmut, das Gefühl von der Doppeldeutigkeit und dem Trug der Welt, Entfremdungsangst und Klage sind den Tag- und Nachtträumen des Freiherrn von Eichendorff stets beigesellt. Aus solchem «Zwiespalt» erwuchsen seine schönsten Gedichte:

«Dämmrung will die Flügel spreiten,
Schaurig rühren sich die Bäume,
Wolken ziehn wie schwere Träume –
Was will dieses Graun bedeuten?»

Joseph von Eichendorff. Radierung nach einer Zeichnung von Franz Kugler, 1832.

Joseph Karl Benedikt Freiherr von Eichendorff wuchs an der Seite des um zwei Jahre älteren Bruders Wilhelm auf dem oberschlesischen Schloß Lubowitz heran, das damals bereits völlig verschuldet war. Katholische Gläubigkeit und österreichischer Lebenszuschnitt prägten die Familie, die inmitten der erst seit kurzem preußischen Provinz Schlesien gut kaiserlich gesinnt blieb. An das patriarchalisch-altfränkische Leben, Feiern und Wirtschaften erinnerte sich noch der Greis im verklärenden Rückblick, besonders an die schönen und schweren Sommernachmittage, an denen der Gutsnachbar mit den Seinen zu Besuch kam, während unten in den Tälern die «Kornfelder leise Wellen» schlugen und in der fast «unheimlich schwülen Gewitterstille» es niemand beachtete oder bemerkte, «daß das Wetter von Westen» nahte und «einzelne Blitze schon über dem dunklen Waldeskranze» hin und her zuckten. Auch die Zeit im Breslauer

Schloß Lubowitz bei Ratibor. Aquarell von Karl Straub, 1790.

Matthias-Gymnasium und St.-Josephs-Konvikt blieb unverlierbar durch Lustbarkeiten, Theaterfreuden, erste literarische Versuche und immer wieder durch die Ferienmonate in Lubowitz.

Im Frühjahr 1805 brach der Siebzehnjährige gemeinsam mit dem Bruder Wilhelm zum Jurastudium nach Halle auf, wo die beiden Jünglinge viel häufiger in den Kollegien des Naturphilosophen Henrik → Steffens, des Theologen → Schleiermacher und des Altphilologen Friedrich August Wolf oder im bescheidenen Brettertheater zu Lauchstädt anzutreffen waren, um die Weimarer Schauspielertruppe unter Goethes Leitung zu erleben. Zwei Jahre später gingen die Brüder zur Fortsetzung ihrer Studien nach Heidelberg, wo sie Vorlesungen von Joseph → Görres hörten sowie → Arnim und → Brentano kennenlernten, deren Sammlung «Des Knaben Wunderhorn» den Studiosus Eichendorff zum Auffinden des eigenen, dem Volkslied nahekommenden Tones anregte. Das Gedicht «Müllers Abschied» («Da unten in jenem Tale / Da treibt das Wasser ein Rad»), das er im ersten «Wunderhorn»-Band fand, wurde erst durch die schöpferische Umgestaltung des Schlesiers endgültig populär:

«In einem kühlen Grunde
Da geht ein Mühlenrad...»

Nach dem denkwürdigen Jahr von Heidelberg, das ihn zum Dichter gemacht hat, sowie kurzen Aufenthalten in Paris und Berlin nahm Eichendorff im Spätherbst 1810 für immer Abschied vom heimischen Lubowitz mit dem Gedicht, das später zu seinen beliebtesten zählen sollte: «O Täler weit, o Höhen...»

In Wien, das ihm durch die katholisch-habsburgischen Traditionen des Elternhauses noch am ehesten eine neue Heimat hätte werden können, bestand er das Referendarexamen, konnte aber keine Anstellung im österreichischen Staatsdienst finden. Der gleichzeitig entstandene Roman «Ahnung und Ge-

Aus dem Leben eines Taugenichts. Lithographie von Adolph Schroedter zur 2. Auflage von Eichendorffs Novelle, 1842.

genwart» (1815) pries eine metaphysische Innerlichkeit und blieb durch die eingestreuten Gedichte kostbar. Nach der Teilnahme an den Befreiungskriegen heiratete Eichendorff, gegen den Protest der Eltern, Luise von Larisch, ein verarmtes Adelsfräulein vom oberschlesischen Nachbargut. Dann trat er in die preußische Verwaltung ein, die ihm zunächst in Breslau, anschließend in Danzig und Königsberg, endlich beim Kultusministerium in Berlin ein trübes Auskommen gewährte, zu dem noch die Zurücksetzungen und Demütigungen kamen, die eine protestantische Obrigkeit dem aufrechten Katholiken zufügte. Die 1837 erschienene erste umfassende Sammlung seiner «Gedichte» schuf zu dem beruflichen Defizit einen poetischen Kontrapunkt. Erzählungen wie «Das Marmorbild» (1819), «Das Schloß Dürande» (1837) und «Die Glücksritter» (1841) sowie der Roman «Dichter und ihre Gesellen» (1834) und das Lustspiel «Die Freier» (1833) umkreisten, wie die Gedichte, die Grundspannungen von Eichendorffs Persönlichkeit: Trauer und Freude, Schmerz und Gottvertrauen, Seßhaftigkeit und Wandertrieb. Bleibenden Ausdruck gewann die schimmernde Welt der von dem Dichter beneideten Vagabunden und Glücksjäger durch die Novelle «Aus dem Leben eines Taugenichts» (1826), in der er die Geschichte von dem Müllerburschen, dem «Gott will rechte Gunst erweisen», schwebend zwischen Märchen und realistischer Erzählung vortrug. Der Taugenichts, ein anderer Hans im Glück und erklärter Anti-Philister, verachtet diejenigen, die ihr stumpfes Dasein durch krämerhaft erkaufte Sicherheiten zu befestigen suchen, und entrinnt jedem Anschlag auf seine Unabhängigkeit. Die Poesie der Novelle geht mit einer leisen Ironie einher: erst ihrem augenzwinkernden Charme gelingt die dichterische Aufhebung der Wirklichkeit auf hundert makellosen Prosaseiten.

1844 schied der Geheime Regierungsrat von Eichendorff aus dem preußischen Staatsdienst – ohne Orden. Die alte Ruhelosigkeit ergriff ihn wieder: er fuhr nach Wien, wo ihn im Musikvereinssaal zweihundert Männerstimmen mit den Vertonungen seiner Lieder begrüßten. Der «Liederkönig unter den deutschen Dichtern» lernte Robert → Schumann kennen, der die Klangfarben und rhythmischen Schattierungen von Eichendorffs Versen kongenial in Töne umschmolz. Er lebte abwechselnd in Danzig und Berlin, floh vor den Barrikadenkämpfen im März 1848 nach Dresden, wurde dort im Mai des nächsten Jahres von der Revolution eingeholt, ging ins unbehagliche Berlin zurück und fand endlich eine Bleibe bei der Tochter im schlesischen Neiße. In dem Märchen «Libertas und ihre Freier», das erst nach Eichendorffs Tod erschien, gab er den Zeitläuften märchenhaft-allegorische Züge. In den damals entstandenen literaturgeschichtlichen Abhandlungen, die er dann zu einer «Geschichte der neueren romantischen Poesie in Deutschland» und anderen ähnlichen Darstellungen zusammenfaßte, zeigte sich der «letzte Ritter der Romantik» als konservativer Kritiker und Beobachter seiner Epoche – vor allem dort, wo er glänzende Essays über Schriftsteller einflocht, die er persönlich gekannt hatte. Die späten Verserzählungen «Julian», «Robert und Guiscard» sowie «Lucius» vermochten nur noch wenige Leser zu erreichen. Aber seine Übersetzungen der geistlichen Schauspiele Calderóns sowie die beiden autobiographischen Kapitel »Der Adel und die Revolution» und «Halle und Heidelberg», in denen er von den eigenen Anfängen erzählte, bestätigten die alte Meisterschaft.

Den Schmerz um die 1855 verstorbene Gattin verschloß er in sich, seine bescheidenen Bedürfnisse von nun an einer fast mönchischen Askese unterordnend. Mitten in den Vorarbeiten für eine Lebensgeschichte der heiligen Hedwig, der Schutzpatronin Schlesiens, ereilte ihn eine Lungenentzündung. Bei vollem Bewußtsein und in würdiger Haltung empfing Joseph von Eichendorff die Sterbesakramente. Er verließ die Welt, deren Wälder und Täler ihm immer schon als Vorhöfe der ewigen Heimat erschienen waren, ruhig und gefaßt – ganz so, wie er es sich einst gewünscht haben mochte:

«O weiter, stiller Friede!
So tief im Abendrot.
Wie sind wir wandermüde –
Ist das etwa der Tod?»

Literatur: Brandenburg, Hans: Joseph von Eichendorff. Sein Leben und sein Werk. München 1922. – Stöcklein, Paul: Joseph von Eichendorff in Selbstzeugnissen und Bilddokumenten. 29.–33. Tausend. Reinbek bei Hamburg 1969.

F

Fichte, Johann Gottlieb

Rammenau/Oberlausitz 19. Mai 1762 – 29. Januar 1814 Berlin

Philosoph

Vielleicht hätte man von Fichte, dem Sohn eines armen Bandwebers, nie außerhalb seiner Oberlausitzer Kleinwelt gehört, wenn er nicht dem Dorfpfarrer aufgefallen wäre, dessen Sonntagspredigten der Knabe fast Wort für Wort zu wiederholen vermochte. Als der Rittergutsbesitzer Haubold von Miltitz einmal den Gottesdienst versäumt hatte, wurde der Kleine ins Schloß zitiert, wo er dem Herrn die Predigt artig aufsagte. Beeindruckt von dieser Gedächtnisleistung übernahm der Gutsherr die Erziehung des Jungen und schickte ihn auf eine der sächsischen Eliteschulen, die Fürstenschule Pforta bei Naumburg. Das Studium der Theologie in Jena und Leipzig mußte er abbrechen, da Miltitz starb und die materielle Hilfe von zu Hause nicht einmal mehr das Existenzminimum garantierte. Aber Fichte war ein Oberlausitzer Dickschädel, wenn es je einen gab, und nicht gesonnen, die eingeschlagene Laufbahn wieder zu verlassen.

In Zürich unterrichtete er die Kinder eines Gastwirtes und ließ seine strenge Pädagogik auch gleich den Eltern angedeihen. In Leipzig gab er einem Studenten Nachhilfeunterricht in der Kantschen Philosophie, womit sich ihm eine neue geistige Welt erschloß. Einer weiteren Hauslehrerstelle folgte der Besuch Königsbergs und die Begegnung mit Immanuel Kant, dem er seine Schrift «Versuch einer Kritik aller Offenbarung» zu Füßen legte. Sie erschien zunächst anonym und wurde von den staunenden Zeitgenossen für ein Werk Kants gehalten. Im Jakobinerjahr 1793 heiratete Fichte eine Nichte des Dichters Klopstock, Johanna Rahn, und machte mit zwei Schriften geräuschvoll auf sich aufmerksam: «Zurückforderung der Denkfreiheit von den Fürsten Europens, die sie bisher unterdrückten» und «Beiträge zur Berichtigung der Urteile des Publikums über die französische Revolution» waren die Titel, die den Verfasser als mutigen Zeitzeugen auswiesen.

1794 bestieg er als frisch gebackener Professor für Philosophie das Katheder an der Universität Jena, wo er nun, mit schneidender Stimme und herrischem Impetus, seine intellektuelle Zuchtrute über den Studenten schwang, die er gleichwohl immer wieder hinriß: «Sein öffentlicher Vortrag rauscht daher wie

Johann Gottlieb Fichte. Bleistiftzeichnung von F. Bury, um 1801.

ein Gewitter, das sich seines Feuers in einzelnen Schlägen entladet.» Die Welt, so ließ Fichte ungefähr verlauten, sei ein Produkt des Ich, auch die vermeintliche Außenwelt resultiere lediglich aus der Tätigkeit des menschlichen Geistes. Nur weil sich diese Tätigkeit unbewußt, in unserer dunklen Einbildungskraft, abspiele, erscheine das Objekt unabhängig von unserem Subjekt, aber das «Nicht-Ich» existiere nicht ohne das «Ich», auf dessen freie Verwirklichung alles ankomme. Sie finde freilich ihre Grenze in der Freiheit der anderen Menschen, die einen gleichen Anspruch haben, und besitze ihre oberste Richtschnur im Gewissen, in dem sich die absolute Gottheit ausspreche.
Fichte entwickelte diese originelle Anschauung der Welt schon 1794 in seiner «Grundlage der gesamten Wissenschaftslehre» und gab vier Jahre später «Das System der Sittenlehre nach den Prinzipien der Wissenschaftslehre» heraus. Seine Anerkennung des «Ich» als Schöpfer jeder Wirklichkeit und seine Hochschätzung der Kunst, die alle unbewußte Geistestätigkeit bewußt nachvollzieht, trug ihm ganz besonders den Enthusiasmus der jungen Romantiker ein,

die neben und um ihn in Jena versammelt waren: der Brüder August Wilhelm und Friedrich → Schlegel und ihrer Frauen, des jungen Philosophen → Schelling, des norwegischen Naturforschers → Steffens und des aus dem nahen Weißenfels häufig herüberkommenden Dichters → Novalis. Aus der rauhen Jenaer Studentenschaft, die, wie Fichte bezeugt, während des Gottesdienstes unverdrossen Äpfel verzehrte, rauchte und Nüsse knackte, stieß der einundzwanzigjährige Clemens → Brentano hinzu. Aber es gab auch Differenzen, so mit Ludwig → Tieck, dessen Begeisterung für den Görlitzer Schuster-Theosophen Jakob Böhme der jedem Schwärmen abholde Fichte nicht teilte. Als der Philosoph durch seinen Aufsatz «Über den Grund unseres Glaubens an eine göttliche Weltregierung» in den Atheismus-Streit hineingezogen und der Gottlosigkeit beschuldigt wurde, fand er in den romantischen Gefährten mutige Paladine. «Der wackere Fichte streitet eigentlich für uns alle, und wenn er unterliegt, so sind die Scheiterhaufen wieder ganz nahe herbeigekommen», schrieb August Wilhelm Schlegel, womit er die Entlassung des Präzeptors aus dem Lehramt freilich nicht verhindern konnte.

Der sprachmächtige, inzwischen fast zu einer Institution gewordene Weltweise ging nach Berlin, wo er zunächst als Privatgelehrter und dann als Professor wirkte. Die nächsten Veröffentlichungen, darunter «Der geschlossene Handelsstaat» (1800) und «Anweisung zum seligen Leben» (1806), besonders jedoch die Vorlesungen «Grundzüge des gegenwärtigen Zeitalters» (1806), haben seine romantischen Gefolgsleute enttäuscht, die wohl übersehen hatten, daß das von dem Philosophen gefeierte «Ich» nicht nur zum Denken, sondern zum Handeln, zur Aktivität auch in Staat und Gesellschaft, verpflichtet war. Fichtes oft imperatorisch vorgetragene Thesen wurden nun von seinem ehemaligen Jünger Schelling parodiert:

«Zweifle an der Sonne Klarheit,
Zweifle an der Sterne Licht,
Leser, nur an meiner Wahrheit
Und an deiner Dummheit nicht.»

Fichte, kaum angerührt von solchem Spott früherer Freunde, wandte sich den Forderungen des Tages zu und hielt im Winter 1807/08 im französisch besetzten Berlin die «Reden an die deutsche Nation», mit denen er, unter den Augen und Ohren der Spitzel Napoleons, den Deutschen ihre Aufgaben bei der Bewahrung und Erneuerung der Humanität ins Bewußtsein rufen wollte. Die folgenden Jahre standen ganz im Zeichen der nationalen Wiedergeburt, die Fichte mit aller Konsequenz zu seiner Sache machte. 1811/12 leitete er als erster gewählter Rektor die soeben gegründete Berliner Universität, und 1813 nahm der mehr als Fünfzigjährige an den Übungen des Landsturmes teil. Daß er es dort doch wieder mit einigen Sympathisanten der romantischen Bewegung zu tun bekam, hat ein Zeitgenosse nicht ohne Ironie vermerkt: «Die Professoren der Universität bildeten einen eigenen Trupp und übten sich häufig in den Waffen, der kleine bucklige → Schleiermacher, der kaum die Pike tra-

Fichte als Landsturmmann. Karikatur von C. Zimmermann, 1813.

gen konnte, auf der äußersten Linken, der baumlange → Savigny auf dem rechten Flügel... Der ideologisch tapfere Fichte erschien bis an die Zähne bewaffnet, zwei Pistolen im breiten Gürtel, einen Pallasch hinter sich herschleppend.»

Als Johann Gottlieb Fichte wenige Monate später am Flecktyphus starb, blieb nicht der grimmige Landsturmmann in Erinnerung, sondern ein Mensch, bei dem, wie noch Heinrich → Heine rühmte, Gedanke und Gesinnung stets eins gewesen waren. Sein Grabdenkmal auf dem Dorotheenstädtischen Friedhof zu Berlin trägt die Inschrift: «Die Lehrer aber werden leuchten wie des Himmels Glanz, und die, so viele zur Gerechtigkeit weisen, wie die Sterne immer und ewiglich.»

Literatur: Doering, W.: Fichte – Der Mann und sein Werk. Hamburg 1947. – Jacobs, W. G.: Fichte in Selbstzeugnissen und Bilddokumenten. Reinbek bei Hamburg 1984.

Fohr, Carl Philipp

Heidelberg 26. November 1795 – 29. Juni 1818 Rom

Maler und Zeichner

Seine Vaterstadt Heidelberg war gerade zum Begegnungsort romantischer Literaten geworden, als der Knabe den ersten Unterricht beim Zeichenlehrer der Universität genoß. Die Kulturlandschaft am Neckar, die Wiederentdeckung der mittelalterlichen Legendenwelt und das burschikose Treiben der Studenten in ihrer altdeutschen Tracht waren frühe Eindrücke, die Fohr allesamt mit der Zeichenfeder festhielt. Er fand Mäzene, die seine Begabung erkannten und ihn förderten, besonders die hessen-darmstädtische Erb- und Großprinzessin Wilhelmine, die ihn auf die Münchner Akademie schickte. Die Ausbildung erschien dem jungen Mann steril und unbefriedigend, als aber das Institut Joseph Anton → Kochs Gemälde «Heroische Landschaft mit dem Regenbogen» erwarb, bekam sein ganzes weiteres Schaffen durch dieses Bild eine

Carl Philipp Fohr. Selbstbildnis (Pinsel und Feder), 1816.

Wegweisung. Er verließ München, durchstreifte den Schwarzwald, zog zu Fuß nach Tirol, Oberitalien, Kärnten, kehrte nach Heidelberg zurück, sah dort die Sammlung der Brüder → Boisserée, experimentierte mit der Ölmalerei und ließ schon alle Eigenschaften seines außerordentlichen Talents erkennen: die Kraft des Landschaftserlebnisses, die hinter einem tiefen Harmoniebedürfnis aufscheinenden Spannungen, die Einbeziehung von Menschen als Stimmungsträger in Landschaftskompositionen.
Im Oktober 1816 wanderte Fohr nach Rom und fiel dort sogleich durch sein lärmendes Betragen auf. Er verhöhnte die Konvertiten, zelebrierte eine Trinkmesse und forderte einen ehemaligen Freund auf Pistolen. Das gleichzeitig entstandene Selbstbildnis zeigt einen ganz anderen Fohr: das sensitive Gesicht mit den träumerischen Augen unter dem herabwallenden Haar läßt eher an einen meditativen Geist denken, der «das Gelübde der Armut, der Keuschheit und des Gehorsams» abgelegt hat, wie es Fohr vom Künstler tatsächlich verlangte. Er arbeitete im Atelier des verehrten Koch, schloß sich den Nazarenern an und schuf Illustrationen zu → Tieck, → Fouqué und besonders zum «Nibelungenlied». In der kurzen Zeit, die ihm noch blieb, malte er deutsche und italienische Landschaften, die etwa zwischen den idealisierten Bildern Kochs und den tragischen Allegorien Caspar David → Friedrichs die Mitte hielten. Das Café Greco, den Treffpunkt der deutschen Künstler in Rom, gedachte Fohr auf einem Gruppenbild zu verewigen, für das er eine Reihe von Skizzen anfertigte. Diese Studien gehören zum Kostbarsten, was die deutsche Portraitkunst der Epoche hervorgebracht hat, und müssen die Nachwelt für das nicht mehr zustandegekommene fertige Gemälde entschädigen.
Der «vielversprechendste aller hiesigen jungen Künstler», wie ihn Caroline von Humboldt nannte, beschäftigte sich am Vormittag des 29. Juni 1818 mit dem «Nibelungenlied» und zeichnete die Donaunixen, die Hagen den Tod verkünden. Am Abend des gleichen Tages badete der noch nicht einmal Dreiundzwanzigjährige im Tiber und versank vor den Augen der Freunde im Strom, nach verzweifeltem Kampf mit den Fluten.
Literatur: Dieffenbach, Philipp: Das Leben des Malers Karl Fohr, zunächst für dessen Freunde und Bekannte geschrieben. Darmstadt 1823 (Neuausgabe Frankfurt a. M. 1918). – Katalog der Ausstellung «Karl Philipp Fohr. 1795–1818». Frankfurt a. M. 1968.

Fouqué, Friedrich Baron de la Motte

Brandenburg 12. Februar 1777 – 29. Januar 1843 Berlin

Dichter und Herausgeber

Vielleicht darf man es als bedeutungsvolles Zeichen auffassen, daß schon anno 1204, beim Vierten Kreuzzug, ein Fouqué gen Konstantinopel gezogen war, denn Ritterdienst und Kreuzzugsstimmung gehörten zu den erhabenen Werten, denen sich auch sein Nachfahre, der romantische Dichter, zeitlebens

Friedrich Baron de la Motte Fouqué. Stich von L. Staub.

verpflichtet fühlte. Ob er die Schwelle vom Mittelalter zur Neuzeit je wirklich überschritten hat, bleibt fraglich. «Waffen und Waffenklang, Pferde und Hunde» sowie die regelmäßige Übung in Wurfspießwerfen und Pfeilschießen füllten die wenigen Pausen aus, die sich der nahezu fortgesetzt produzierende Autor gönnte, dessen quantitativ schier uferloses Lebenswerk bis heute von keiner einzigen Gesamtausgabe überschaubar gemacht werden konnte.

Der preußische Musterjüngling, der als Knabe mit tiefer Rührung den öffentlich aufgebahrten Leichnam des Großen Friedrich im Potsdamer Schloß betrachtet hatte, schlug zunächst die Offizierslaufbahn seiner Vorfahren ein, die er, inzwischen zum Chef einer Schwadron Kürassiere aufgerückt, infolge der Scheidung seiner ersten Ehe quittieren mußte. 1803 ging er die zweite Ehe ein: mit Caroline von Briest, einer blonden Lebedame, die selbst den Pegasus ge-

Otto und Bertha am Donaustrand. Illustration zu Fouqués Roman «Der Zauberring» von Carl Philipp Fohr, um 1815.

sattelt hatte und Unterhaltungsromane schrieb. Als Dame seines Herzens und geheime Dulcinea erkor er, der Statthalter Don Quijotes auf dem preußischen Parnaß, sich allerdings die Prinzessin Marianne, Gattin des Prinzen Wilhelm von Preußen, die seine Vertraute bis zuletzt bleiben sollte. Auf Nennhausen, dem unweit von Berlin gelegenen Gut seiner zweiten Frau, entfaltete Fouqué eine emsige literarische Tätigkeit, die ihn für ein Jahrzehnt zum vielgelesenen Erfolgsautor machte. Der nach → Varnhagen «kränkliche, nur im Schreiben rüstige Dichter» ließ in rascher Folge seine Nordlanddramen, Versepen und Rittergeschichten erscheinen: die Romane «Alwin» (1808), «Die Fahrten Thiodolfs des Isländers» (1815), «Die wunderbaren Begebenheiten des Grafen Alethes von Lindenstein» (1817, 2 Bde.), «Der Refugié oder Heimath und Fremde» (1824, 3 Bde.), «Abfall und Buße oder Die Seelenspiegel» (1844) sowie, als populärstes Opus dieser Gattung, den Ritterroman «Der Zauberring»

(1813, 3 Bde.), der von den Angehörigen aller Stände, von der Prinzessin bis zur Küchenmamsell, begierig gelesen wurde.

Das Rasseln der Harnische und Schwerter erfüllt auch die Dramen, von denen wenigstens die Trilogie «Der Held des Nordens» (1808/10) genannt zu werden verdient, in der Fouqué, ein halbes Jahrhundert vor Richard → Wagner, den Nibelungenstoff auf die Bühne holte. Sein Bestes gab er mit einigen kleineren Prosadichtungen, die, im Gegensatz zu den Bandwürmern der Romane, noch immer bezeugen, daß dieser Erzähler ein ursprüngliches Fabuliertalent besaß. Die groteske Gespenstergeschichte «Das Galgenmännlein» (1810) greift eine alte Volkssage, die Fabel vom Teufelchen in der Flasche, wieder auf. Die unverwelkliche «Undine» (1811) erzählt die rührende Mär von der Wassernixe, die nach menschlicher Bindung, Liebe und Sterblichkeit strebt und zuletzt die Unvereinbarkeit von Natur- und Menschenwelt erkennen muß.

Es verstand sich von selbst, daß Fouqué als Offizier der freiwilligen Jäger an den Befreiungskriegen teilnahm und dazu sein Lied «Frisch auf zum fröhlichen Jagen» anstimmte. Nachher schloß er sich der Serapionsbrüderschaft um E. T. A. → Hoffmann an, für den er seine «Undine» auch als Opernlibretto bearbeitete. Dann aber begann der Stern des Barden zu sinken, dem mancher Leser nicht verzeihen wollte, daß er nun seine Feder den Mächten der Restauration lieh. Schon 1818 konstatierte der Freund Hoffmann: «Leider sind seine Ritter unter die preußischen Ulanen oder *Garde du Corps* gegangen.» Noch impertinenter äußerte sich Clemens → Brentano, der dem «Gesellschaftsknaster» offen ins Gesicht sagte, sein «Sigurd» gefalle ihm «nicht nur gar nicht, sondern noch weniger als seine andern Sachen, die mir auch nicht gefielen». Es spricht aber für Fouqués Großmut, daß er diese Offenheit dem Spötter verzieh und ihn «sogar lieb darum» gewann. Sein über zwei Jahrzehnte dauernder Abstieg wurde von vielen als komisch, nur von wenigen als tragisch empfunden.

Nach dem Tod Carolines und der Anknüpfung einer dritten, jedoch unstandesgemäßen Ehe mußte er Nennhausen verlassen und in Halle sein Dasein mehr schlecht als recht mit der von ihm herausgegebenen «Zeitschrift für den deutschen Adel» fristen. Erst 1841 kehrte der um einige Jahrhunderte zu spät gekommene Rittersmann zurück nach Berlin, wo er sich kaum noch auskannte. Der tödliche Schlaganfall ereilte ihn auf dem Heimweg von einem Besuch, den er seiner «Herrin», der Prinzessin Marianne, abgestattet hatte. Es war schließlich ein Akt höherer Einsicht und Gerechtigkeit, daß er seine letzte Ruhestätte nicht in der Nähe der dahingeschiedenen poetischen Gefährten, sondern inmitten preußischer Generale und Obristen fand: auf dem Garnisonfriedhof in der Berliner Linienstraße.

Literatur: Schmidt, Arno: Fouqué und einige seiner Zeitgenossen. 2., verbesserte und beträchtlich vermehrte Auflage. Darmstadt 1960 (Neuausgabe Frankfurt a. M. 1975). – Bruyn, Günter de: Romantik im Harnisch. Nachwort zu Fouqué: Die wunderbaren Begebenheiten des Grafen Alethes von Lindenstein. Frankfurt a. M. 1980. – Bruyn, Günter de: Ein märkischer Don Quijote. Nachwort zu Fouqué: Ritter und Geister. Berlin 1980.

Friedrich, Caspar David

Greifswald 5. September 1774 – 7. Mai 1840 Dresden
Maler und Zeichner

Der Meister romantischer Landschafts-Allegorien war ein Mensch der Selbstverhüllung und des Zurücktretens hinter sein Werk, das mehr noch als die von ihm hinterlassenen schriftlichen Zeugnisse mehrdeutig ist. Kaum eines seiner Bilder ist datiert oder auch nur signiert, was später zu zahlreichen Um- und Fehldatierungen, ja zu Neuzuschreibungen und Aberkennungen seiner Urheberschaft geführt hat. Einsamkeit und Stillschweigen beherrschten das Da-

Caspar David Friedrich in seinem Atelier. Gemälde von Georg Friedrich Kersting, 1811.

sein des «Verkündigers der Natur», wenn man dieses Wort des → Novalis auf Friedrich anwenden will. «Man sah ihn fast nie unter Menschen», berichtet sein Freund, der Dresdner Arzt und Maler Carl Gustav → Carus, «er brütete in seinem stark beschatteten Zimmer fast fortwährend über seinen Kunstschöpfungen.» In dem schmucklosen Atelier, das mehr dem Inneren einer Gruft als einer Künstlerwerkstatt glich, stand er meditierend vor der Staffelei, die draußen in der Natur eingesammelten Zeichennotizen zu visionären Darstellungen steigernd und verdichtend. In dem kargen Raum, einem Ort der Askese und Kontemplation, entstanden die faszinierendsten Landschaftsbilder der Zeit, die zugleich Spiegelbilder waren für die Schwingungen der Seele: Gleichnisse von der Größe und Nichtigkeit menschlichen Strebens.

Caspar David Friedrich kam als Sohn eines Seifensieders und Lichtgießers in Schwedisch-Pommern zur Welt, früh geprägt von der strengen Rechtlichkeit und dem pietistisch gestimmten Luthertum der Handwerkerfamilie. Der Zehnjährige sah das Toben der Gewitter über dem Meer und über uralten Eichenwäldern, wanderte auch zur unweit von Greifswald gelegenen Klosterruine Eldena, die einen ganzen Motivkreis seines späteren Schaffens bestimmte. Der Tod hielt oft Einkehr in der Familie, aber Grabkreuze und Friedhofspforten, die er später häufig malte, waren ihm nur Verheißungen eines neuen und herrlicheren Lebens:

«Warum, die Frag' ist oft zu mir ergangen,
Wählst du zum Gegenstand der Malerei
So oft den Tod, Vergänglichkeit und Grab?
Um ewig einst zu leben
Muß man sich oft dem Tod ergeben.»

Der Zeichenlehrer Quistorp wies ihn auf die pommersche Landschaft und ihre Altertümer hin. Die 1794 bezogene Kunstakademie in Kopenhagen vermittelte klassizistische Maßstäbe und eine solide Ausbildung.

Oktober 1798 ließ sich Friedrich in Dresden nieder, um «in der Nähe der trefflichsten Kunstschätze und umgeben von einer schönen Natur» sein Glück als Maler zu suchen. Bereits im Jahr darauf war er auf der Dresdner Akademieausstellung vertreten, aber erst die Begegnung mit seinem Landsmann Philipp Otto → Runge brachte den Durchbruch zu einem neuen Landschaftsempfinden, das sich nicht mehr mit topographischer Raumdarstellung begnügte, sondern seelische Regungen und weltanschauliche Sinngehalte aufnahm. 1803 begann Friedrich einen ersten Zyklus, der die menschlichen Lebensalter im Spiegel der Tages- und Jahreszeiten deutete. Zwei Jahre später gewann er durch Goethes Fürsprache die Hälfte des von den Weimarer Kunstfreunden ausgesetzten Preises. Die Entdeckung der Ölmalerei ging mit einem qualvollen psychischen und künstlerischen Selbstfindungsprozeß einher, der von Depressionen erfüllt war. Der Dreißigjährige schuf das Blatt «Mein Begräbnis». Die später verschollene Arbeit zeigte ein offenes Grab, darauf ein Kreuz mit der Inschrift: «Hier ruht in Gott C. D. Friedrich.»

Das Kreuz im Gebirge. Gemälde von Caspar David Friedrich, 1808.

Mehrfach besuchte er von Dresden aus die Greifswalder Heimat und unternahm ausgedehnte Fußwanderungen: in den Harz, zur Klosterruine auf dem Oybin im Zittauer Gebirge, zu den Hügelketten der nordböhmischen Mittelgebirgslandschaft und ins Riesengebirge, dessen Tal- und Höhenwellen den heimischen Meereswogen beziehungsreich antworteten. Das Bild «Das Kreuz im Gebirge», entstanden 1807/08 für die Hauskapelle des Grafen von Thun-Hohenstein in Tetschen, löste einen vehementen Streit aus, da hier die Gegner der jungen romantischen Kunst «die Landschaftsmalerei sich in die Kirchen schleichen und auf die Altäre kriechen» sahen. «Der Mönch am Meer» (1810) zeigt als einzige menschliche Identifikationsfigur einen winzigen Kapuziner inmitten einer apokalyptischen Wasser- und Himmelswüste. Dem Zustand äußerster Verlassenheit, der auf diesem vielleicht radikalsten Bild Friedrichs gestaltet ist, suchte der Meister mit Gemälden zu entrinnen, die sich den überpersönlichen Zielen der antinapoleonischen Befreiungsbewegung öffneten. «Grabmale alter Helden», «Hermanns Grab», «Der Chasseur im Walde» und auch später noch «Huttens Grab» (um 1823/24) gehören hierher. Die Hochzeit mit Caroline Bommer, einem Bürgermädchen aus der Nachbarschaft, im Januar 1818 und die Hausgenossenschaft mit dem Maler Johan Christian Clausen → Dahl waren ebenfalls Versuche, eine von Isolation ständig bedrohte Existenz zu durchbrechen.

Das Bild «Kreidefelsen auf Rügen» (um 1818), gemalt in der Erinnerung an die mit Caroline unternommene Hochzeitsreise nach Pommern, gab sich vergleichsweise heiter und gelöst. Der zum gleichen Zeitpunkt entstandene «Wanderer über dem Nebelmeer» läßt einen Menschen, mit dem Rücken gegen den Bildbetrachter, Rundschau über die Gebirgslandschaft und vielleicht Rückschau auf das eigene Leben halten. Fremdlinge, die in der Natur ein letztes Refugium finden: Friedrich malte sie auch auf Bildern wie «Frau vor der untergehenden Sonne», «Frau am Fenster», «Auf dem Segler», «Mondaufgang am Meer». 1819 schuf er mit den «Zwei Männern in Betrachtung des Mondes» eine Ikone der romantischen Landschaftsmalerei: der Ältere steht, gestützt auf den Wanderstab, in tiefer Andacht vor dem aufgehenden Mond, während der Jüngere ihm brüderlich die Hand auf die Schulter legt. «Die machen demagogische Umtriebe», erläuterte der Meister nicht ohne Sarkasmus das Bild, womit er auf die Verfolgung liberal und national gesinnter Studenten und Professoren durch die Metternich-Polizei anspielte. «Sind dies wirklich noch Landschaften, oder was ist es?» fragte ratlos ein Wiener Journal. Seine wachsende Vereinsamung, die ihm solche Stimmen erschreckend bewußt machten, artikulierte der Künstler mit dem Gemälde «Das Eismeer» (1823/24), das ein unter Eisschollen begrabenes Schiff zeigt. Das gescheiterte Schiff trug in der ersten, später verlorengegangenen Fassung des Bildes den Namen «Hoffnung». War es eine Metapher auch für die gescheiterten Hoffnungen des Malers Friedrich?

Auf die Zurücksetzungen der späten Jahre und auf die ersten Anzeichen eines Hirnleidens antwortete er mit den elegischen Abendstimmungen seiner letzten Bilder. Da ragt die Klosterruine Eldena vor dem Riesengebirge auf: die beiden geographisch weit voneinander abliegenden Gegenden ließen sich jetzt als Symbole einer unteilbaren Heimat unter einem abendlichen Himmel vereinigen. Da spiegelt sich in den Gerinnseln und Sandbänken des «Großen Geheges» (1832) das herbstliche Licht eines Abendhimmels, der über der Wetterbank des Horizonts groß und rein aufsteigt. Da entfernt sich in den «Lebensstufen» (um 1835) ein alter Mann aus dem Kreis der Jüngeren; eines der Schiffe draußen auf dem Meer wird ihn vielleicht übersetzen. Da ziehen auf dem Bild «Der Abendstern» (1830/35) drei junge Gestalten nach Hause; die Silhouette Dresdens zu ihrer Linken verweist auf die Stadt, die Friedrichs irdische Heimat geworden ist, während der funkelnde Abendstern hoch droben auf die ewige Heimat hindeutet. Kurz danach lähmte ein Schlaganfall die linke Hand

Die Lebensstufen. Gemälde von Caspar David Friedrich, um 1835.

des Künstlers. Das begonnene Ölbild «Rast bei der Heuernte» blieb ein Torso. Der Rest seiner Tage war von den Qualen des Verstummens und von schweren Leiden erfüllt. Noch im März 1840, sieben Wochen vor dem Ende, besuchte ihn der russische Dichter und Mäzen Shukowski, der nachher notierte: «Zu Friedrich. Traurige Ruine. Er weinte wie ein Kind.» Als man seinen Sarg zum Trinitatisfriedhof in Dresden-Johannstadt trug, erwähnten ihn nur wenige Nekrologe wie ein Kuriosum von vorgestern.

Erst ein halbes Jahrhundert später begannen seine Bilder eine breitere Wirkung auszuüben, um schließlich, weit über die geläufigen Grenzen der Rezeption von Kunst hinaus, zahllose Menschen zu bewegen: überall in Europa und sogar in Japan. «Das ist ein Mensch, der die Tragödie der Landschaft entdeckt hat.» Dieses Wort des französischen Bildhauers David d'Angers, einst ausgerufen in Friedrichs Atelier, kann möglicherweise die erstaunliche Wirkung eines Werkes erklären, das die Natur als einen Spiegel der Seele auffaßt. Unmittelbar vor der beginnenden Zerstörung der Landschaft breitet es bereits die Wehmut des Abschieds über sie aus und stellt den Menschen hinein in diesen tragischen Ablauf.

Literatur: Katalog Caspar David Friedrich Ausstellung. Hamburg 1974. – Caspar David Friedrich und sein Kreis. Ausstellungskatalog. Dresden 1974. –

Schmied, Wieland: Caspar David Friedrich. 2., verbesserte Auflage. Köln 1976. – Fiege, Gertrud: Caspar David Friedrich in Selbstzeugnissen und Bilddokumenten. Reinbek bei Hamburg 1981.

Friedrich Wilhelm IV.

König von Preußen 1840–1861

Berlin 15. Oktober 1795 – 2. Januar 1861 Sanssouci/Potsdam

Bauherr und Mäzen

Der älteste Sohn König Friedrich Wilhelms III. und der Königin Luise wurde von dem Theologen, Staatsrat und späteren preußischen Außenminister Ancillon erzogen, einem strengen Legitimisten und Verfassungsfeind, der dem Kronprinzen den unerschütterlichen Glauben ans Gottesgnadentum einpflanzte. Diese Überzeugung verband sich mit den mystisch-christlichen Neigungen des Thronfolgers, die wiederum mit einer hohen künstlerischen Begeisterungsfähigkeit einhergingen. Inmitten eines Herrscherhauses, dessen Repräsentanten sich in den Tugenden der Nüchternheit und Pflichterfüllung

König Friedrich Wilhelm IV. in seinem Arbeitskabinett im Berliner Schloß. Ölgemälde von Franz Krüger, um 1846.

übten, war Friedrich Wilhelm der Schöngeist und Schönredner, auch wohl der Charmeur und kokette Selbstinszenator, der Freunde und Gegner mit Witz, Liebenswürdigkeit und Bildung zu bestricken wußte. So entstand in Preußen der allgemein verbreitete Eindruck von einem Mann, der mit dem lange hintangehaltenen Zeitgeist auf gutem Fuße stand und ihm sicher zum Durchbruch verhelfen würde, wenn er nur erst zur Herrschaft gelangte.

Als er, Juni 1840, den Thron bestieg, richteten sich die Hoffnungen von Millionen, besonders der Liberalen und Gebildeten, auf ihn, und dies keineswegs nur in Preußen. Der neue König schien sie zunächst auch nicht zu enttäuschen: er milderte die Demagogenverfolgungen, setzte Ernst Moritz → Arndt wieder als Professor an der Universität Bonn ein, befreite den Turnvater → Jahn von der Polizeiaufsicht und lockerte die Zensur. Die Veteranen der Romantik rief er nach Berlin, unter ihnen die Brüder → Grimm, den Philosophen → Schelling, den greisen Dichter Ludwig → Tieck, dem er Gelegenheit zu Shakespeare-Aufführungen gab, die in die Theatergeschichte eingingen. Er ernannte Alexander von Humboldt zum Staatsrat und Friedrich Carl von → Savigny zum Minister.

Daß es sich bei den Männern der königlichen Auslese meistens um Zelebritäten eines bereits versunkenen Zeitalters handelte, verspottete ein populäres Distichon, demzufolge man am Berliner Hof für Lichtstümpfe jetzt höhere Preise zahlte als für neue Kerzen:

«Denkt nur, aus allen Ländern verschrieb man niedergebrannte
Kerzen um höheren Preis, als man für ganze bezahlt.
Solche nur sollen beleuchten den Hof. Ihr lächelt und glaubt's nicht?
Fragt doch Schelling und Tieck, wie man die Stumpen dort schätzt.»

Bettine von → Arnim, die den König verehrte, suchte ihn dazu anzufeuern, sich an die Spitze der preußischen Reformbewegung zu stellen, was ihm geschmeichelt haben mag, ohne daß er in der Lage war, den phantastischen Gedanken in die Tat umzusetzen. Der «Romantiker auf dem Thron», wie er teils bewundernd, teils mißfällig genannt wurde, gewährte sogar dem Revolutionspoeten Georg Herwegh eine Audienz und versicherte ihm: «Ich liebe eine charaktervolle Opposition.»

Die Zeitgenossen mußten freilich bald erkennen, daß der neue Herrscher lediglich mit einer Inflation rauschender Worte aufzuwarten vermochte. Schon die Rede, die er bei seiner Thronbesteigung hielt, sah einer Predigt ähnlicher als einem politischen Programm. «Ich und Mein Haus – Wir wollen dem Herren dienen.» Das Wort des Propheten Josua, mit dem jene Rede endete, blieb Friedrich Wilhelms Devise, der im Unterschied zu seinem Vater, dem «Hochseligen», nur noch der «Redselige» hieß. Seine Regierung, die hier nicht näher gewürdigt werden muß, stand unter einem glücklosen Stern: seine Verweigerung einer Konstitution für Preußen; seine ebenso erzwungene wie theatralische Ehrung gefallener Berliner Revolutionäre im März 1848, von ihm selbst als Schmach empfunden; seine Ablehnung der ihm von der Frankfurter Nationalversammlung angebotenen deutschen Kaiserkrone, womit er gerade die letzten Repräsentanten romantischen Geistes kränkte; schließlich sein Zurückweichen vor Österreich im Vertrag von Olmütz. Das sind nur wenige, wenn auch wichtige Stichworte für eine ganze Kette von Niederlagen, die anzeigten, daß die Herausforderungen der Epoche von einem «Romantiker auf dem Thron» nicht gemeistert werden konnten.

Daß der Monarch persönlich integer und großherzig war, bewies er, als er für die notleidenden schlesischen Weber aus seiner Privatschatulle eine stattliche Summe spendete, was ihn nicht daran hinderte, den Weberaufstand blutig niederschlagen zu lassen: ein Widerspruch, der das Dilemma grell hervorhob, aus dem er keinen Ausweg fand. Vielleicht haben solche Antinomien den Ausbruch der Geisteskrankheit begünstigt, die ihn dazu zwang, vier Jahre vor seinem Tod die Regentschaft an den jüngeren Bruder Wilhelm abzutreten.

Während der entmündigte König nur noch ein Dämmerdasein führte und endlich erlosch, haben es ihm Künstler und Wissenschaftler nicht vergessen, daß er es war, der die Vollendung des Kölner Doms angeordnet, die Friedensklasse des Ordens Pour le Mérite gestiftet sowie das architektonische Bild Berlins und Potsdams mit geprägt hat. Sogar in die sarkastischen Verse, die Heinrich → Heine dem Herrscher dedizierte, mischt sich unüberhörbare Zuneigung:

«Ich habe einen Faible für diesen König.
Ich glaube, wir sind uns ähnlich ein wenig.
Ein vornehmer Geist, hat viel Talent.
Auch ich, ich wäre ein schlechter Regent.»

Literatur: Bußmann, Walter: Zwischen Preußen und Deutschland. Friedrich Wilhelm IV. Eine Biographie. Berlin 1990.

Führich, Joseph von

Kratzau/Nordböhmen 9. Februar 1800 – 13. März 1876 Wien

Maler und Zeichner

Schon der Urgroßvater war als Pilger in Rom gewesen und hatte damit ein frommes Zeichen gesetzt, zu dem sich auch der Nachkomme bekannte. Der begabte Deutschböhme nahm den ersten Unterricht bei seinem Vater, sandte bereits als Neunzehnjähriger zwei Bilder auf die Prager Kunstausstellung, las → Wackenroders «Herzensergießungen» und erlebte, auf diese Weise eingestimmt, am Dreikönigstag des Jahres 1821 beim Betrachten von Blättern Albrecht Dürers eine Art von künstlerisch-geistlicher Erweckung. Seine Radierungen zu Ludwig → Tiecks «Genoveva» machten in Wien Furore und trugen ihm ein Italienstipendium ein, das kein Geringerer als Fürst Metternich vermittelte.

So ausgerüstet mit dem Wohlwollen allmächtiger Gönner und dem Zuspruch Friedrich → Schlegels, kam Führich 1827 nach Rom, wo er die Kunst Raffaels

Joseph von Führich. Selbstbildnis, Bleistiftzeichnung.

zum einzigen Maßstab erhob und bald attraktive Aufgaben fand. Friedrich → Overbeck führte ihn bei den Nazarenern ein und bescherte dem Neuankömmling einen wahren Glücksfall: den Auftrag für die Vollendung der Tasso-Fresken in der Villa Massimo. Das Wandbild «Die Kreuzfahrer am Heiligen Grabe» (1829), das er für diesen Zyklus schuf, zeigte ihn als glänzenden Arrangeur opernhaft bewegter Gruppen. Rom, «wo Natur und Erinnerung wie zu einer großen andächtigen Weltmusik zusammenklingen», hat ihn als Maler und Christ gefestigt. Die Rückkehr nach dem Norden, Juli 1829, fiel ihm nicht leicht. «Sei deinem Glauben treu, Katholik», so will er sich selbst Mut zugesprochen haben, «und lebe ihm gemäß, und du trägst Rom in eigener Brust, wo du auch immer seiest; überdem kehrst du ja in ein katholisches Vaterland zurück, bist Untertan eines katholischen Monarchen; also bleibt Rom in seiner höchsten Bedeutung dir nahe und verläßt dich nicht.»
Die Worte könnten fast das Leitwort für das gesamte Werk sein, das Führich dann in Prag und besonders in Wien vollbrachte. Die Karriere, die er dort ab-

solvierte, wurde nur durch die Revolution von 1848 kurz unterbrochen. Er wurde Professor an der Wiener Kunstakademie und erhielt eine eigene Meisterschule für Malerei. Seine Fresken in der Altlerchenfelder Kirche bei Wien (1854–1861) fanden den Beifall der Zeitgenossen und veranlaßten Kaiser Franz Joseph I. dazu, ihren Schöpfer in den Ritterstand zu erheben. Mehrere religiöse Folgen von Holzschnitten und Radierungen überschwemmten geradezu die gesamte Donaumonarchie sowie Süddeutschland und machten noch den fernsten Alpenbewohner mit nazarenischer Kunstfrömmigkeit bekannt, die dadurch freilich eine gewisse Inflationierung erfuhr. Ebenso fanden Führichs Gemälde in Öldrucken weite Verbreitung, wobei sich seine leuchtende Farbgebung manche Vergröberung gefallen lassen mußte: etwa «Waldesruh» (1835), «Der Gang Mariens über das Gebirge» (1841), «Der wunderbare Fischzug» (1848) sowie, allen voran, «Die Begegnung Josephs und Rahels am Brunnen» (1836).

Literatur: Geller, H.: Ernste Künstler, fröhliche Menschen. Joseph Führich und seine Freunde. München 1947. – Zimmermann, R.: Heimkehr zur religiösen Kunst. Sonderdruck aus: Ostdeutsche Monatshefte. 1956.

G

Gentz, Friedrich von

Breslau 2. Mai 1764 – 9. Juni 1832 Wien

Politiker und politischer Publizist

Dem Sohn eines königlich preußischen Münzbeamten ist es nicht an der Wiege gesungen worden, daß ihn eine europäische Karriere erwartete. Als Schüler Kants durfte er die Korrekturfahnen der Werke seines berühmten Lehrers lesen, als Goethe-Enthusiast wandte er die Sprache der Dichter von Weimar auf die politische Publizistik an, als Journalist machte er schon in Berlin

Friedrich von Gentz. Gemälde von Thomas Lawrence.

von sich reden. Zunächst mit den Zielen der Französischen Revolution sympathisierend, wurde er vom Kahlschlag der Jakobiner bald abgestoßen und übersetzte Edmund Burkes Programmschrift «Reflections on the Revolution in France», das Glaubensbekenntnis der britischen Konservativen, ins Deutsche. Gentz, von da an ein leidenschaftlicher Gegner aller revolutionären Veränderungen in der europäischen Staatenwelt, war ein ständiger Gast im Salon der «kleinen Levin», der späteren Rahel → Varnhagen. Leider aber war er auch ein Liebhaber des Luxus und des Spiels, was ihn in ein Meer von Schulden stürzte. Die preußische Außenpolitik, die damals einen Ausgleich mit Frankreich suchte, lehnte er ab; von den Engländern bezog er geheime Subsidien. 1802 trat der bereits berühmte Kolumnist in die Dienste des jungen Diplomaten Metternich und ging nach Wien.

«Nun sind wir mit Österreich quitt. Wir haben ihnen Schlesien genommen, wir geben ihnen Gentz dafür.» Dieses Bonmot des preußischen Außenministers Haugwitz traf mehr ins Schwarze, als seinem Urheber bewußt sein mochte, denn in dem vaterlandsflüchtigen Literaten gewann Wien einen wortmächtigen Propagandisten und intellektuellen Kopf, der auf die österreichische Politik der nächsten Jahrzehnte einen außerordentlichen Einfluß ausüben sollte. Als publizistischer Adlatus Metternichs stand Gentz durchaus nicht im romantischen Lager, dessen Anschauungen von der Wiedergeburt des Volkstums und der deutschen Einheit er vehement bekämpfte. Ihm ging es um die Restauration des europäischen Gleichgewichts durch einen Bund der Staaten, nicht der Völker, deren Sturz in Nationalismus und Selbstüberhebung er als einer der ersten erkannte und fürchtete. Trotzdem gehörten romantische Denker, etwa der Staatstheoretiker Adam → Müller, zu seinen Freunden, was den ironisch gestimmten Hofrat nicht daran hinderte, sich gelegentlich über ihn lustig zu machen.

Nach dem Sturz Napoleons, an dem er als gewandter Agitator beteiligt war, avancierte Gentz zum «Chefprotokollanten» des Wiener Kongresses, auf dem er die Verlautbarungen und Kommuniqués der Potentaten und Diplomaten glanzvoll zu stilisieren wußte. Für sein Treiben an Konferenztischen und Hoftafeln ersann er selbst die prägnanteste Formel: er sei da, erklärte er einmal, «um den Ereignissen einen Stil zu geben». Auch an den Karlsbader Beschlüssen, die 1819 wider aufsässige Schriftsteller, Professoren und Studenten ergingen, war Gentz federführend beteiligt. Seine späten Jahre waren erfüllt von der bitteren Erkenntnis, daß sich der Zeitgeist auf die Dauer nicht bändigen ließ, aber auch von der zärtlich-schmerzlichen Romanze mit der erst neunzehnjährigen Tänzerin Fanny Elßler, die dem Alternden einen unverhofften Nachsommer bescherte. Friedrich von Gentz, der seine Erhebung in den Adelsstand einer noblen Laune des Königs von Schweden verdankte, ging als ein schwankender Charakter in die Geschichte ein: als brillanter Sprachmeister der Reaktion und bedeutender politischer Publizist, jedoch auch als ein bestechliches und nonchalantes Luxusgeschöpf.

Literatur: Mann, Golo: Friedrich von Gentz. Zürich 1947. – Kronenbitter, Günther: «Wort und Macht.» Friedrich Gentz als politischer Schriftsteller. Berlin 1994.

Goethe, Johann Wolfgang von

Frankfurt a. M. 28. August 1749 – 22. März 1832 Weimar

Goethe, der große «Heide», inmitten einer Galerie deutscher Romantiker – auch nur der Gedanke daran hätte ihn selbst vermutlich am meisten erbost! Vielleicht würde er nichts dagegen eingewendet haben, wenn man ihm einen Platz in der Nähe von Romantikern anderer Nationen eingeräumt hätte, etwa unweit von dem Italiener Manzoni, von dem Engländer Lord Byron oder von dem Franzosen Hugo. Deren deutsche Generationsgefährten aber erschienen ihm, wie zuletzt Philipp Otto → Runge, als «arme Teufel», die es hienieden «nicht lange ausgehalten» haben und «sterben oder verrückt werden» mußten, ganz abgesehen von Mittelalterkult und Madonnenverherrlichung, die ihm immer suspekter wurden, je mehr sie in Mode kamen.

Johann Wolfgang von Goethe. Farbige Kreidezeichnung von Joseph Stieler, nach seinem im Auftrag von König Ludwig I. von Bayern geschaffenen Goethe-Portrait.

Und doch hatte Goethe mit seinem Frühwerk einige Zeichen gesetzt, in denen über zwanzig Jahre später die Romantiker erste Vorboten für ihre eigenen Bestrebungen sehen konnten. Die hymnische Beschwörung der Gotik in dem Aufsatz «Von deutscher Baukunst» (1773), die Hinwendung zur Ritterzeit in dem Schauspiel «Götz von Berlichingen» (1773) und der Gefühlsüberschwang in dem Roman «Die Leiden des jungen Werthers» (1774) gehörten dahin. Der Roman «Wilhelm Meisters Lehrjahre» (1796) mit der romantisch-irrlichtelierenden Gestalt der Mignon kam heraus, als sich bereits die ersten Romantiker zusammenfanden, die in den Auseinandersetzungen um dieses Buch sich ihrer eigenen Identität versicherten. Vollends mußten sie das «Faust»-Fragment von 1790 und noch mehr achtzehn Jahre später den abgeschlossenen ersten Teil der Tragödie als ihrer geistigen Welt zugehörig begrüßen. Daß der Olympier zu Weimar eigentlich ihr größter Herausforderer und Antipode war, haben sie erst allmählich und einige von ihnen nie begriffen.
An der Ausbreitung seines Ruhmes waren die Romantiker maßgebend beteiligt, die sich in Jena trafen. Es bleibt für immer ihr Verdienst, daß die Deutschen von jetzt an in Goethe nicht mehr nur den überragenden Dichter, sondern die Erscheinung von Jahrhundertrang sahen, in der sich die Strahlen der Epoche wie in einem Prisma sammelten. Folgerichtig erhob Friedrich → Schlegel in der Zeitschrift «Athenäum» Goethes «Wilhelm Meister», neben der Französischen Revolution und → Fichtes Wissenschaftslehre, zu den «größten Tendenzen des Zeitalters». Wenn eine der Hauptbestrebungen der jungen Romantiker darin bestand, die Grenzen zwischen Kunst und Wissenschaft niederzureißen sowie einen neuen Universalismus zu begründen, mußte ihnen eine nach vielen Seiten hin ausgreifende Gestalt wie Goethe wichtig sein. Sein imposanter Versuch, Dichtung, Kunst, Naturwissenschaften und Politik aus einer geistigen Mitte heraus zu betreiben und miteinander zu verflechten, rief geradezu zwangsläufig die Sympathien der jungen Literaten zu Jena hervor, deren Bemühungen ebenfalls auf solche Grenzüberschreitungen gerichtet waren. Goethe nun nicht länger nur ein bedeutender Poet, sondern der Erschaffer großer Synthesen, der Weltweise und Präzeptor von Generationen: an der Installierung dieses Bildes haben die Romantiker von Jena entscheidend mitgewirkt, ja man kann sagen, daß es ihr Werk war. Der «alte Herr», wie sie ihn respektvoll nannten, ließ es sich zunächst gefallen.
Daß Ruhm oft die Summe von Mißverständnissen ist, haben beide Seiten bald erfahren müssen. Goethe, der in Rom die Antike, nicht die Zeugnisse christlicher Kunst gesucht hatte und in der Sixtinischen Kapelle eingeschlafen war, sah sich von der «neukatholischen Sentimentalität» romantischer Romfahrer zutiefst abgestoßen. In der «Allgemeinen Literatur-Zeitung» wetterte er öffentlich gegen «das klosterbrudrisierende, sternbaldisierende Unwesen», womit er zwei Wegbereiter nazarenischer Kunst- und Glaubensinbrunst namhaft machte: → Wackenroders «Klosterbruder» und → Tiecks «Sternbald». Wackenroder war damals schon tot, Tieck ist durch diesen Jupiter-Blitz nicht

Achill und Skamandros. Pinselzeichnung von Philipp Otto Runge, 1801.

ernsthaft in seiner Wertschätzung für den Meister irritiert worden. Goethe ging es bei seinen Bannflüchen gegen die Romantik in erster Linie um die Malerei, die er vor allem durch die Nazarener auf Abwege gebracht sah. Dabei sekundierte ihm sein Chefberater in solchen Fragen, der Kunstgelehrte Heinrich Meyer, auch «Kunscht-Meyer» genannt, der nicht müde wurde, das Panier einer noch von Winckelmann geprägten Ästhetik im Haus am Frauenplan hochzuhalten.

Als Philipp Otto Runge seine Pinselzeichnung «Achill und Skamandros» zum Preisausschreiben der Weimarer Kunstfreunde einsandte, monierte der Kunscht-Meyer: «Die Zeichnung ist nicht gut zu heißen, sie ist unrichtig und manieriert. Wir raten dem Verfasser ein ernstes Studium des Altertums und der Natur im Sinne der Alten.» Das war durchaus im Sinne Goethes gesprochen, der zwar ein Gespür für die Eigenständigkeit von Runges Kunst besaß, von ihr aber doch immer wieder in Verwirrung gestürzt wurde. «Da sehen Sie einmal, was das für Zeug ist, zum Rasendwerden, schön und toll zugleich», rief er beim Betrachten von Runges «Tageszeiten» aus. Ähnlich erging es ihm mit den Bildern von Caspar David → Friedrich, den er erst förderte und in dessen Dresdner Atelier besuchte, dann aber verwünschte. «Das soll nicht auf-

kommen!» donnerte die Exzellenz und wollte eine der Nebellandschaften des Dresdner Meisters an der Tischkante zerschlagen.
Nur dem diplomatischen Geschick des Weltmannes Sulpiz → Boisserée gelang es, Goethe für die «Faust»-Illustrationen eines Peter → Cornelius, für mittelalterliche Kunst und für die Aktivitäten zu gewinnen, die der Vollendung des Kölner Doms galten. Der Dichter besuchte Heidelberg und lernte dort, nach Jena, eine zweite Hochburg der Romantiker kennen. Die Bilder Jan van Eycks sowie altdeutscher Meister im Haus der Brüder Boisserée bedachte er mit bewundernden Worten, die Wilhelm → Grimm überlieferte: «Da habe ich nun in meinem Leben viel Verse gemacht, darunter sind ein paar gute und viele mittelmäßige. Da macht der Eyck ein solches Bild, das mehr ist als alles, was ich gemacht habe.» Die Bemühungen Boisserées, ihn nun auch für die Nazarener und andere romantische Künstler zu gewinnen, wies jedoch der alte «Grieche» mit Entrüstung zurück: «In 50 Jahren begreift kein Mensch diese Seuche...»
Auch gegenüber den musikalischen Neutönern aus dem Lager der Romantiker blieb Goethe ratlos und verschlossen. Zwar fesselte ihn Felix → Mendelssohn Bartholdy, hauptsächlich wohl durch das Flair seiner jugendlichen Erscheinung, aber die Vertonung des «Erlkönig», die ihm Franz → Schubert in «unbegränzter Verehrung» zu Füßen legte, war nicht nach seinem Sinn. Erst 1830, als der bedeutendste Komponist seiner Verse längst begraben war, überzeugte der Gesang der Wilhelmine Schröder-Devrient den Greis vom Rang der «Erlkönig»-Ballade des Wieners: «Ich habe diese Komposition früher einmal gehört, wo sie mir gar nicht zusagen wollte, aber *so* vorgetragen, gestaltet sich das Ganze zu einem sichtbaren Bild.»
Mag sein, daß Goethes Berater auf den Gebieten von Malerei und Musik, der Kunscht-Meyer und Karl Friedrich Zelter, auf die er große Stücke hielt, seine schroffen Verdikte mit zu verantworten hatten. Mehr noch stand hinter den Ächtungen, die nun auch romantische Literaten trafen, ein Generationskonflikt von weitreichenden Folgen. Die Brüder → Schlegel galten ihm jetzt als «forcierte Talente», E. T. A. → Hoffmanns «Goldner Topf» blieb ihm ein Greuel, und Heinrich von → Kleist, für den er sich mit der Uraufführung des «Zerbrochnen Kruges» glücklos einsetzte, hat ihn durch Maßlosigkeit und Selbstüberhebung abgestoßen. «Des Knaben Wunderhorn» von → Arnim und → Brentano zeichnete er mit einer wohlwollenden Rezension aus, aber nach der Lektüre von Arnims Roman «Gräfin Dolores» wäre es ihm lieber gewesen, wenn sich sein Sohn «von den Bordellen bis zum Schweinekoben» verirrte, «als daß er in den Narrenwust dieser letzten Tage sich verfinge; denn ich fürchte sehr, aus dieser Hölle ist keine Erlösung!» Das oft unkonventionelle, exzentrische, bisweilen schockierende Auftreten mancher dieser jungen Leute kam noch hinzu, was schließlich auch Bettine von → Arnim begreifen mußte, die Goethe-Kult und Mignon-Zauber nicht vor der Exkommunikation aus dem Haus am Frauenplan bewahrten.

Das Heidelberger Schloß. Aquarellierte Federzeichnung von Goethe, o. D., nach 1820.

Zusammenfassend sprach Goethe am 2. April 1829 das Wort, das dann bis zum Überdruß wiederholt worden ist: «Das Klassische nenne ich das Gesunde und das Romantische das Kranke. Und da sind die Nibelungen klassisch wie der Homer, und beide sind gesund und tüchtig. Das meiste Neuere ist nicht romantisch, weil es neu, sondern weil es schwach, kränklich und krank ist, und das Alte ist nicht klassisch, weil es alt, sondern weil es stark, frisch, froh und gesund ist. Wenn wir nach solchen Qualitäten Klassisches und Romantisches unterscheiden, so werden wir bald im reinen sein.» Ganz «ins reine» kam er freilich immer nur dann, wenn er alle Kräfte von sich fernhielt, welche die schon lange beschwichtigten Dämonen in seiner Brust wieder hätten entfesseln können. Die Romantiker besaßen mehr als genug davon, mehr jedenfalls, als der mühsam zur Ruhe gelangte Patriarch ertragen konnte und wollte. Im zweiten Teil seines «Faust» fand er dafür die poetische Formel:

«Was euch nicht angehört,
Müsset ihr meiden,
Was Euch das Innre stört,
Dürft ihr nicht leiden.»

Literatur: Schüddekopf, Carl und Oskar Walzel (Hrsg.): Goethe und die Romantik. Briefe mit Erläuterungen. 2 Bände. Weimar 1898/99 (Schriften der Goethe-Gesellschaft. 13/14). – Friedenthal, Richard: Goethe. Sein Leben und seine Zeit. München 1963. – Boerner, Peter: Johann Wolfgang von Goethe in Selbstzeugnissen und Bilddokumenten. Reinbek bei Hamburg 1965. – Hoffmeister, Gerhart: Goethe und die europäische Romantik. München 1984.

Görres, Joseph

seit 1839 von Görres

Koblenz 25. Januar 1776 – 29. Januar 1848 München

Literarhistoriker, Publizist und Mystiker

Dem Sohn eines rheinischen Floßhändlers und einer Italienerin war es beschieden, die Wandlungen einer ganzen Epoche exemplarisch mitzuvollziehen. Der Zeitgeist rumorte schon mächtig in dem Jüngling, als er die französischen Emigranten verachten lernte, die vor der Revolution über den Rhein flohen. Den Einzug der Revolutionstruppen begrüßte er vehement; in öffentlichen Reden sowie in den von ihm begründeten Zeitschriften «Das rote Blatt» (1798) und «Rübezahl» (1798/99) forderte er einen unabhängigen republikanischen Rheinstaat. Die Ausplünderung der Heimat durch die Besatzungsmacht rief eine erste Enttäuschung hervor, die den brausenden Jakobiner zur Reise nach Paris bewog. An der Spitze einer Delegation beobachtete er den Aufstieg Bonapartes und das Lotterleben der Revolutionsgewinnler, das ihn ebenso abstieß wie wenig später den Preußen Heinrich von → Kleist: «Das sind meine Men-

Joseph Görres. Zeichnung von F. Diez, 1838.

schen nicht, die hier ihr buntes Charivari treiben, das ist keine Seite meines Wesens, die mit dem ihrigen zusammentönte... Egoismus ist ihr Abgott, Intrigen ihr einziges Dichten und Trachten, Jagd nach Vergnügen ihre einzige Beschäftigung.»

Mit der Schrift «Resultate meiner Sendung nach Paris» (1800) zog er die negative Bilanz dieser ersten Phase von Aufschwüngen und Desillusionierungen. Vorübergehend naturwissenschaftlichen Studien hingegeben, wurde Görres Physiklehrer in der Vaterstadt, heiratete und begann sich romantischen Gedanken zu nähern, die ihm die von der Französischen Revolution uneingelöst gebliebene geistige und moralische Erneuerung zu verheißen schienen. Er ging nach Heidelberg und las an der Universität über Physik, Physiologie, Hygiene, Philosophie, Ästhetik und veranstaltete im Sommersemester 1808 ein Privatissimum «Über die altteutsche Literatur».

Die beiden Heidelberger Jahre führten ihm mit Clemens → Brentano und Achim von → Arnim zusammen, deren «Wunderhorn»-Sammlung Görres zu seiner berühmten Schrift «Die teutschen Volksbücher» beflügelte, mit der er verschollenes literarisches Volksgut aufwerten und so einen Beitrag zur nationalen Selbstfindung der Deutschen leisten wollte. Der Studiosus Joseph von → Eichendorff saß im Kolleg dieses «Propheten», der «in Bildern denkend und überall auf den höchsten Zinnen der wildbewegten Zeit weissagend, mahnend und züchtigend» die Hörer aufrüttelte. Seine Rede sei durchaus monoton gewesen, «fast wie fernes Meeresrauschen schwellend und sinkend», aber doch «wie ein prächtiges Gewitter, hier verhüllt Abgründe, dort neue, ungeahnte Landschaften plötzlich aufdeckend, und überall gewaltig weckend und zündend fürs ganze Leben...» So erzählte es Eichendorff noch aus der Rückschau von Jahrzehnten.

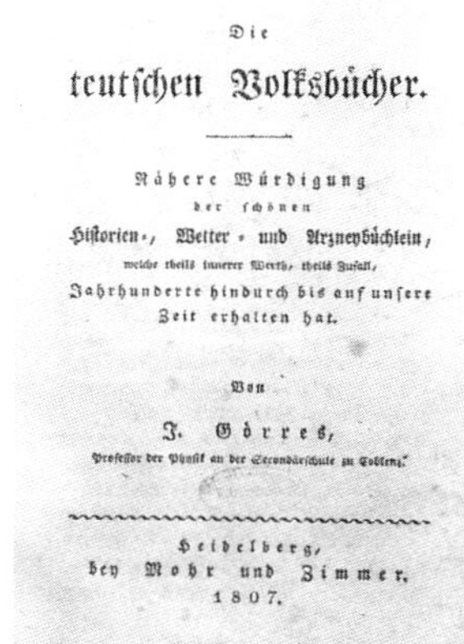
Die
teutschen Volksbücher.
Nähere Würdigung
der schönen
Historien-, Wetter- und Arzneybüchlein,
welche theils innerer Werth, theils Zufall,
Jahrhunderte hindurch bis auf unsere
Zeit erhalten hat.
Von
J. Görres,
Professor der Physik an der Secondärschule zu Coblenz.
Heidelberg,
bey Mohr und Zimmer.
1807.

Titelblatt zur Erstausgabe der «Teutschen Volksbücher» von Joseph Görres, Heidelberg 1807.

Gemeinsam mit dem Freund Brentano verfaßte Görres «Die wunderbare Geschichte von BOGS dem Uhrmacher» (1807), die provokante Satire auf eine Zeit, «die Nachtigallenzungen in Pasteten frißt, und den großen Dudelsack, den Magen, allein nur kultiviert». Der solchermaßen als Unruhestifter ausgewiesene Schriftsteller durfte freilich auf keine feste Anstellung in Heidelberg rechnen und kehrte 1808 in sein Koblenzer Lehramt zurück. Die «Wunderhorn»-Rezension (1809/10), die Neuausgabe des «altteutschen Gedichts» «Lohengrin» (1813) und besonders die von dem Heidelberger Professor Friedrich → Creuzer angeregte zweibändige Abhandlung «Mythengeschichte der asiatischen Welt» (1810) zeigten an, daß der in der Neckarstadt gewonnene Freundeskreis auf Görres produktiv fortwirkte.

Deutschlands Befreiung von der napoleonischen Fremdherrschaft und nationale Wiedergeburt wurde zum Hauptanliegen des wortmächtigen Publizisten, als ihn der Reichsfreiherr vom → Stein zum Generaldirektor des öffentlichen Unterrichts in den neuen linksrheinischen Provinzen Preußens berief. Am 23. Januar 1814 ließ Görres die erste Nummer seines «Rheinischen Merkur» erscheinen, einer Tageszeitung, die von den Franzosen als «fünfte» gegen Napoleon im Felde stehende Großmacht gefürchtet wurde. Nach dem Sturz des Korsen machte der mutige Redakteur die staatliche Einigung und innere Liberalisierung Deutschlands zu seiner Sache: ein Anliegen, das ihn seit dem Wiener Kongreß mit der restaurativen Obrigkeit kollidieren ließ. Anfang 1816 verbot Preußen die Zeitung, die mit der 357. Nummer ihr Erscheinen einstellen mußte. «Der Merkur . . .», so Görres, «der, nachdem er in Ehre als ein teutsches Blatt gestanden, verschmähte, zu einer königl. preußischen privilegierten Zeitung herabzusteigen, mußte untergehen.»

Daß er sogleich auch aus dem Lehramt entfernt wurde, focht ihn nicht an. Auf die Karlsbader Beschlüsse des Jahres 1819 und die Unterdrückung der Burschenschaften reagierte er mit dem Pamphlet «Teutschland und die Revolution» (1819), in dem er den Bruch des Verfassungsversprechens der deutschen Fürsten und ihren Polizeiterror einer vernichtenden Kritik aussetzte. Eine Revolution gelte es allerdings zu verhindern, aber mit dem «Lärm erbrochener Kisten und Kasten», dem «Gehen und Kommen der Gensdarmen und Polizeyhäscher», dem «hastigen Überrennen aller rechtlichen Formen», dem «Verhören und Verriegeln, Verhaften und der Haft entlassen» werde man sie geradezu herbeizitieren. Eine deutsche Revolution würde «mit der Vertreibung aller herrschenden Dynastien, mit der Zerbrechung aller kirchlichen Formen, mit der Ausrottung des Adels, mit der Einführung einer republikanischen Verfassung unausbleiblich endigen». Der drohenden Verhaftung, die nun gegen ihn beschlossen wurde, konnte sich Görres nur mit knapper Not durch die Flucht nach Straßburg und später in die Schweiz entziehen.

Im Schatten des Straßburger Münsters entdeckte der Exulant die einzige Heimat wieder, die ihm noch geblieben war: den katholischen Glauben seiner Kindheit. Von der Revolution war er zu der Nation gelangt, um nun in der Religion die Stütze seiner späten Jahre zu finden. 1827 wurde der Geläuterte vom bayerischen König → Ludwig I. als Professor für Geschichte nach München berufen. Vor dem Auslieferungsbegehren der preußischen Regierung geschützt und 1839 sogar in den bayerischen Adelsstand erhoben, gab sich Görres jetzt weitläufigen esoterischen Spekulationen hin, denen er mit dem vierbändigen Alterswerk «Die christliche Mystik» (1836–1842) ein monströses, gleichwohl noch immer sprachgewaltiges Denkmal setzte.

Die alte Kampfeslust hatte ihn noch immer nicht verlassen. Als die preußische Regierung in der Rheinprovinz die Anhänger des alten Glaubens drangsalierte und den Erzbischof von Köln gefangensetzte, griff Görres von München her mit seiner Flugschrift «Athanasius» (1839) in das Getümmel ein. Der wundergläubige Mystiker war, wie sich zeigte, doch ein Streiter für Toleranz und für die Unabhängigkeit der Kirche vom Staat geblieben. Er starb Ende Januar 1848 – wenige Wochen vor dem Beginn des Ereignisses, das er seit seiner Abwendung vom Jakobinismus immer verhindern wollte, obwohl man ihm das nie geglaubt hatte: der neuen Revolution.

Literatur: Mann, Golo: Joseph von Görres. In: Die großen Deutschen. Band 2. 1956. – Habel, Reinhardt: Joseph Görres. Studien über den Zusammenhang von Natur, Geschichte und Mythos in seinen Schriften. Wiesbaden 1960.

Gries, Johann Diederich

Hamburg 7. Februar 1775 – 9. Februar 1842 Hamburg

Übersetzer und Dichter

Weltoffenheit war dem Hamburger Bürgersohn als Erbteil in die Wiege gelegt; er hat sie mit der Sensibilität des Übersetzers immer wieder praktiziert. Er studierte in Jena die Rechtswissenschaften und stieß dort zu dem frühromantischen Kreis um → Fichte, → Schelling und die Brüder → Schlegel, die sein Gespür für die Vielfalt der literarischen Formen schulten. Gries ging dann nach Göttingen, wo er promovierte, kam wieder nach Jena, das ihm ohne die in alle Winde zerstreuten romantischen Gefährten ziemlich öde erschien, und ging nach Heidelberg. Von 1810 bis 1837, länger als ein Vierteljahrhundert, wurde ihm dann doch Jena zur zweiten Heimat. Trotz früh eingetretener Schwerhörigkeit blieb er durch seinen inneren Sinn für die Musikalität der Sprache mit der Welt verbunden, die ihm wichtiger war als die alltägliche, in der man ihn oft genug zum Narren hielt. Caroline → Schlegel-Schelling nannte ihn eine «taube Nuß», womit sie, wenig zartfühlend, auf sein Gehörleiden anspielte. Clemens → Brentano hat ihn gar als Dichter Haber in seinem «Godwi»-Roman lächerlich gemacht und in vertraulichen Briefen schlecht behandelt.

Johann Diederich Gries. Silhouette von Christian Friedrich Duttenhofer.

Diese Herabwürdigungen trafen einen Mann, der mit seinen Übersetzungen mustergültig dazu beitrug, die nationalliterarischen Horizonte abzubauen. Gries besaß die Fähigkeit, die subtilsten Klänge, Valeurs und Strophenformen italienischer und spanischer Dichtungen im Deutschen nachzuvollziehen. Seine Übertragungen von Tassos «Befreitem Jerusalem» (1800–1803, 4 Bde.), Ariosts «Rasendem Roland» (1804–1807, 4 Bde.) sowie Calderóns Schauspielen (1815–1842, 8 Bde.) sind Leistungen, die ebenbürtig an der Seite von August Wilhelm Schlegels und Ludwig → Tiecks Übersetzungen stehen. Das Feingefühl für die Form, die das Ende mit dem Anfang zusammenschließt, schien sogar seine Biographie zu bestimmen, als er im Alter in die Heimatstadt Hamburg zurückkehrte. Den eigenen Gedichten hat Gries, gegenüber seinen erstaunlichen Übertragungen fremder Poeten, kaum Bedeutung beigemessen, was er, nicht ohne Humor, sich selbst und allen Kritikern ins Stammbuch schrieb:

«Wem meiner Lieder Ernst mißfällt,
Vielleicht daß ihn mein Scherz ergetzte;
Und wer vom Eignen wenig hält,
Der halte sich ans Übersetzte.»

Literatur: Anonym (Elisabeth Lange): Aus dem Leben von Johann Diederich Gries. o. O. (Leipzig) 1855.

Grimm, Jacob

Hanau 4. Januar 1785 – 20. September 1863 Berlin

Grimm, Wilhelm

Hanau 24. Februar 1786 – 16. Dezember 1859 Berlin

Begründer der Germanistik, Literatur- und Sprachwissenschaftler, Märchensammler

Es waren einmal in dem Städtchen Steinau an der Straße, unweit vom südhessischen Hanau, ein Amtmann und seine Frau, die hatten neun Kinder, von denen sechs am Leben blieben. Der älteste Knabe hieß Jacob, der nächste Wilhelm, neben denen sich die jüngeren und die jüngsten wie die Orgelpfeifen ausnahmen. Der Vater starb mit noch nicht fünfundvierzig Jahren, die Mutter erhielt nur eine niedrige Pension, so daß guter Rat teuer war. Eine Schwester der Mutter nahm Jacob und Wilhelm nach Kassel, wo sie das Lyceum besuchten. Das Jurastudium in Marburg mußten sie ohne Stipendium durchstehen, aber sie lernten den jungen Professor Friedrich Carl von → Savigny kennen, der sie zuerst in die Welt der Romantik einführte und ihnen seine Bücherschätze auftat. Mit ihm ging Jacob nach Paris; nachher wurde er Sekretär beim hessischen Kriegsdepartement in Kassel.

Doppelbildnis Jacob und Wilhelm Grimm. Radierung von Ludwig Emil Grimm, 1843.

Als die Mutter starb, mußte er sich, erst dreiundzwanzigjährig, um den kränkelnden Wilhelm und die jüngeren Geschwister kümmern. Bei Jérôme Bonaparte, dem Bruder Napoleons und frischgebackenen Herrscher des Königreichs Westfalen, wurde Jacob Bibliothekar. Er und sein Bruder kamen mit Achim von → Arnim und Clemens → Brentano ins Gespräch, die «alte Liedlein» für ihre Sammlung «Des Knaben Wunderhorn» suchten: eine Aufgabe, der sich nun auch Jacob und Wilhelm hingebungsvoll widmeten. Sie gingen dabei bald einen eigenen und exakteren Weg als die Heidelberger «Wunderhornisten». Er sollte die Brüder zur Begründung einer neuen Wissenschaft führen: zur Erforschung und Erschließung der verschütteten Fundgruben, die deutsche Sprache und Literatur bereithielten. Jacobs Schrift «Über den altdeutschen Meistergesang» (1811) und Wilhelms Übersetzungen altdänischer Heldenlieder wurden zu ersten Marksteinen auf dem Weg zur Germanistik.
Die Suche nach Volksliedern hatte die Brüder zum Sammeln von Märchen angeregt, die noch im Volk umgingen. Von der alten Dorothea Viehmann, die in einem Wirtshaus bei Kassel lebte, hörten sie solche Kinder-, Scherz-, Schauer- und Gruselgeschichten, die sie niederschrieben und zu einem bunten Welttheater zusammenfügten. Andere Gewährsleute und Märchenerzählerinnen kamen hinzu, unter ihnen die Apothekerstochter Dorothea Wild, Wilhelms spätere Frau. Aus allen deutschen Landschaften und Dialekten stammten diese Zeugnisse volkstümlicher Fabulierlust, vereint in den beiden Bänden der «Kinder- und Hausmärchen» (1812/15). Der 1. Band war Bettine von → Arnim gewidmet, der 2. Band enthielt das Bildnis der Dorothea Vieh-

Die Märchenerzählerin Dorothea Viehmann. Radierung von Ludwig Emil Grimm.

mann. Von der erfolgreichen «kleinen Ausgabe» an, die 1825 erschien, fanden die alten Mären den Weg zurück ins Volk: die Geschichten vom Froschkönig, dem tapferen Schneiderlein, den Bremer Stadtmusikanten, dem Aschenputtel, von Hänsel und Gretel. «Rechtschaffenheit ist deines Lebens Sicherheit», war die Devise des Vaters der Märchenbrüder gewesen. Sie erhielt ihre poetische Bekräftigung durch diese schlichten, holzschnittartig daherkommenden Märchen, in denen die von bösen Feen und Zauberern verhexte Welt immer wieder ins Lot gebracht wird, weil der Humor, die Gottesfurcht und Redlichkeit einfacher Leute stärker sind als alle Niedertracht. Das Werk, das Generationen nicht auslesen konnten, wurde zum meistübersetzten Buch deutscher Sprache und zu einem der am häufigsten gelesenen Bücher neben der Bibel, bis auf den heutigen Tag.

Aus den Zeiten, «wo das Wünschen noch geholfen hat», mußten sich die Brüder freilich bald in ihre Gegenwart zurückfinden. Nach dem Sturz Napoleons und seines westfälischen Trabanten Jérôme begleitete Jacob als Legationssekretär die Delegation von Hessen-Kassel zum Kongreß nach Wien, wo ihm die Kostbarkeiten der Hofbibliothek wichtiger waren als die Verwirrspiele der Diplomaten. Nach der Rückkehr bekannte er sich konsequent zu seinem Lebensberuf und wurde, wie vorher schon Wilhelm, Bibliothekar an der kurfürstlichen Bibliothek. Die nächsten Veröffentlichungen mehrten den mit den «Kinder- und Hausmärchen» gewonnenen Ruhm: die «Deutschen Sagen» (1816–1818, 2 Bde.) und die von Jacob allein verfaßte «Deutsche Grammatik» (1819–1837, 4 Bde.), mit der er, wie Heinrich → Heine schrieb, für die Sprachwissenschaft mehr geleistet hat als die «ganze französische Akademie seit Richelieu». Die Einheit von Volksgeist, Sprache, Recht und Religion fand in Jacobs «Deutschen Rechtsaltertümern» (1828) ihre eindrucksvolle Dokumentation, während Wilhelm sein Hauptwerk «Die deutsche Heldensage» (1829) vollendete. Bei alledem wurde den beiden Forschern, die bereits europäische Geltung genossen, die Erhöhung ihres Gehalts verwehrt, was sie dazu bewog, einen Ruf nach Göttingen anzunehmen.

Dort schienen sie zunächst ihre stille Gelehrtenexistenz fortsetzen zu können: in der imposanten Bibliothek und an der berühmten Universität, an der beide Brüder als Professoren wirkten. Jacob legte seine «Deutsche Mythologie» (1835) vor, die auf beinahe tausend Seiten die Götter- und Geisterwelt unserer Vorfahren aus der Verschollenheit heraufrief. Zwei Jahre später trat ein dramatisches Ereignis ein, das der staunenden Welt demonstrierte, wie idealistisch gestimmte deutsche Akademiker zu willkürlichem Unrecht nicht schweigen wollten. Ernst August II., der neue König von Hannover, hob eigenmächtig die Verfassung des Landes auf. «Es gibt noch männer, die auch der gewalt gegenüber ein gewissen haben», ließ Jacob Grimm aus seiner Klause verlauten und schloß sich zusammen mit Wilhelm den Professoren an, die gegen den Rechtsbruch leidenschaftlich protestierten. Die «Göttinger Sieben», wie das mutige Häuflein der Aufrechten genannt wurde, löste in ganz Deutschland ein

bewegtes Echo aus, verfiel aber den Maßregelungen der Obrigkeit. Drei der Unterzeichner des Manifests, neben dem Historiker Dahlmann und dem Literarhistoriker Gervinus auch Jacob Grimm, mußten die Universität und das Land sofort verlassen.
Die Brüder lebten jetzt wieder in Kassel, wo sie den Plan zu einem umfassenden deutschen Wörterbuch auszubilden begannen. Jacobs Rechtfertigungsschrift «Über meine Entlassung» (1838) konnte nur in Basel erscheinen. Indessen waren viele Freunde tätig, um den Gemaßregelten die Rückkehr zum öffentlichen Wirken zu ermöglichen, unter ihnen Bettine von Arnim.
1840 rief sie König → Friedrich Wilhelm IV. nach Berlin, wo sie an Universität und Akademie endlich das weite Arbeitsfeld fanden, das sie verdienten. Die ersten großen Germanistenversammlungen, 1846 in Frankfurt und 1847 in Lübeck, mögen den Brüdern zum Bewußtsein gebracht haben, welche Resonanz die neue Wissenschaft inzwischen erlangt hatte, die ohne ihren Pioniergeist so nicht entstanden wäre. Jacobs «Geschichte der deutschen Sprache» kam im Revolutionsjahr 1848 heraus, das nun allerdings noch ganz andere Anforderungen an den Verfasser stellte. Als Abgeordneter des Wahlkreises Mülheim-Essen-Dinslaken wurde Jacob in die Frankfurter Paulskirche entsandt, wo er, Mai 1848, neben dem Dichter Ludwig → Uhland Platz nahm. Zur Einigung aller Deutschen und zur rechtsstaatlichen Ordnung ihrer Verhältnisse wollte er beitragen, wie er es in seinem Antrag zum Artikel 1 der Grundrechte formulierte: «Das deutsche Volk ist ein Volk von Freien, und deutscher Boden duldet keine Knechtschaft. Fremde Unfreie, die auf ihm verweilen, macht er frei.» Der Antrag wurde mit einer Mehrheit von dreizehn Stimmen abgelehnt.
Nach dem Scheitern der Hoffnungen auf ein einiges und freies Vaterland wandten sich Jacob und Wilhelm wieder der Sphäre zu, in der deutsche Kultur für sie jenseits aller Zwänge und Niederlagen blühte: der Sprache. 1852 erschien die erste Lieferung ihres «Deutschen Wörterbuches», eines grandiosen Inventariums der deutschen Sprache von den Anfängen bis zu Goethe. Der erste Band, der den Wortschatz von A bis Biermolke enthielt, lag 1854 vor, zustande gebracht mit Hilfe von zahllosen Mitarbeitern. Wilhelm konnte noch, kurz vor seinem Ende, den Buchstaben D zum Abschluß bringen. Jacob, der große Sämann, ist bis zum Wort «Frucht» gekommen, als ihm der Tod die Feder aus der Hand nahm. Erst 1960, nahezu ein Jahrhundert danach, wurde «der Grimm» fertig, mit seinen zweiunddreißig Bänden, fünfunddreißigtausend Seiten und mehreren hunderttausend Belegen ein Schatzhaus der Sprache ohnegleichen.

Deutsches Wörterbuch von Jacob Grimm und Wilhelm Grimm. Titelblatt des 1. Bandes, Leipzig 1854.

Wer Hand an ein solches Monument gelegt hat, muß schon in anderen Dimensionen gedacht haben als in denen des eigenen Lebens. Der Tod Wilhelms war für Jacob der schwerste Schlag; schließlich mußte er noch den letzten Bruder, den Maler Ludwig Emil → Grimm, beerdigen. Weiterhin unermüdlich tätig, schrieb der zweiundsiebzigjährige Jacob: «Ich dringe in die Heimlichkeit unserer Wörter ein ... In fünfzig oder hundert Jahren wird man mich nachlesen.» Es waren prophetische Worte. Denn wenn die Brüder Grimm auch gestorben sind, so leben sie doch noch heute.

Literatur: Gerstner, Hermann: Brüder Grimm in Selbstzeugnissen und Bilddokumenten. Reinbek bei Hamburg 1973. – Hildebrandt, Irma: Es waren ihrer Fünf. Die Brüder Grimm und ihre Familie. Köln 1984. – Scurla, Herbert: Die Brüder Grimm. Ein Lebensbild. Berlin 1985.

Grimm, Ludwig Emil

Hanau 14. März 1790 – 4. April 1863 Kassel

Maler und Radierer

Der malerische Sinn des Knaben muß früh ausgeprägt gewesen sein, denn von dem Vater, den er im Alter von sechs Jahren verlor, blieb ihm die bunte Uniform des Amtmanns im Gedächtnis: der «blaue Frack, zwei goldene Epauletten, rotsammetener Kragen, lederne Beinkleider und Stiefel mit silbernen Sporen ...» Der jüngste Bruder von Jacob und Wilhelm → Grimm war vom Tod des Vaters noch härter betroffen als die älteren Geschwister. Er besuchte wie sie das Lyceum zu Kassel, dann die Kunstakademie der Residenz, wo man ihm die Technik der Radierung beibrachte. Ohne eine rechte Vorstellung von seiner Zukunft zu haben, ging der junge Mann nach Heidelberg, schloß dort Freundschaft mit Clemens → Brentano und Achim von → Arnim, deren Sammlung «Des Knaben Wunderhorn» und «Zeitung für Einsiedler» er illustrierte. Seine Neigung zum Soldatenstand stieß auf wenig Gegenliebe bei der Familie. Die inzwischen aufgebrochene Lebenskrise wurde durch Bettine Brentano, die spätere Frau von → Arnim, geglättet, die dem Neunzehnjährigen die Unterstützung ihres Schwagers Friedrich Carl von → Savigny verschaffte. Dank seiner Hilfe konnte Ludwig Emil von 1809 bis 1817 die Münchner Kunstakademie absolvieren.

Der reiche Frankfurter Kaufmann Georg Brentano, des Clemens älterer Bruder, nahm Grimm mit nach Italien, wo ihm das pittoreske Treiben der Lazzaroni und Eseltreiber wichtiger war als alle ehrwürdige Architektur. Dem Hang zum Volk und zum Volkskundlichen blieb er auch zu Hause im Hessischen treu: blinde Geiger, jüdische Hausierer, Schwälmer Mädchen in ihrer Feiertagstracht entfalten auf seinen Blättern einen Reiz, der von biedermeierlichem Flair und portraitistischer Genauigkeit beherrscht ist. Er wurde zum zeichnerischen Chronisten der Romantik, wie sie sich in Heidelberg ausgebildet hatte, und überlieferte die Bildnisse ihrer Protagonisten. Er versah die «Kinder- und Hausmärchen» seiner Brüder mit Illustrationen und mit dem Konterfei der Märchenerzählerin Dorothea Viehmann. Daß er auch ein Meister der Karikatur war, bewies Grimm mit manchen flüchtig hingeworfenen Skizzen, die kuriose oder heitere Szenen aus dem Freundeskreis, etwa aus dem Frankfurter Haus der Brentanos, auf beschwingte Weise festhielten. Ehren und Reichtü-

Ludwig Emil Grimm. Jugendliches Selbstbildnis, um 1808.

mer hat der stille Malerpoet nicht gewonnen. Erst 1832, als der Zweiundvierzigjährige an die Kunstakademie in Kassel berufen wurde, sah er den Zeitpunkt für die Heirat gekommen. Zehn Jahre später, nach dem Tod der ersten Frau, vermählte er sich mit der Tochter des Hofpredigers.
Gelegentlich brach Emil Ludwig zu einer Reise auf: 1828 zum Dürer-Fest nach Nürnberg, das er auf einer Radierung als Feier romantisch-nazarenischer Kunstgesinnung verherrlichte; 1837 nach München, wo er den alten Gesellen Clemens Brentano wie einen Magier zeichnete; 1850 schließlich ins Fränkische, wovon eine zehn Meter lange Bilderrolle humoristische Kunde gibt. Von 1842 an lebte er zeitweilig in Berlin, ganz in der Nähe der Märchenbrüder, deren von ihm gefertigtes Doppelbildnis anzeigt, daß sie für ihn das geliebte und bewunderte Doppelgestirn seines Daseins waren. Ihre Welt blieb immer die seinige, auch als er die letzten Jahre wieder in Kassel verbrachte. Nur ins Schlaraffenland ist der bescheidene Mann nie gekommen.
Literatur: Grimm, Emil Ludwig: Erinnerungen aus meinem Leben. Herausgegeben und ergänzt von Adolf Stoll. Leipzig 1911. – Koszinowski, Ingrid und Vera Leuschner: Ludwig Emil Grimm. 1790–1863. Maler, Zeichner, Radierer. 2. Band des Ausstellungskataloges «200 Jahre Brüder Grimm». Kassel 1985.

Günderrode, Karoline von

Karlsruhe 11. Februar 1780 – 26. Juli 1806 Winkel am Rhein

Dichterin

Die Versuchung, das Leben eines Menschen ausschließlich von seinem Ende her zu deuten, scheint durch das tragische Schicksal der Karoline von Günderrode besonders gerechtfertigt zu sein. Alle Hoffnungen und Enttäuschungen, alle Bindungen und Zukunftsentwürfe, alle Bemühungen und Niederlagen der Dichterin schienen mit geradezu antiker Zwangsläufigkeit auf jene Landzunge bei Winkel am Rhein zuzulaufen, wo die Sechsundzwanzigjährige sich selbst den Tod gegeben hat. Alternativen, die es auch in diesem Leben gegeben haben muß, blieben so außer Betracht, und vollends sank das hinterlassene literarische Werk zur bloßen Illustration einer von vornherein der Katastrophe zutreibenden Biographie herab, wenn es überhaupt als eigenständige Größe wahrgenommen wurde.

Bereits die Kindheit und frühe Jugend des Mädchens waren von Kreuz, Tod und Gruft umschattet: düstere Zeichen, die sich zur Ouvertüre von Karolines

Karoline von Günderrode. Lithographie von V. Schertle.

Lebensmythos verschränken ließen. Von fünf Geschwistern starben drei im Kindesalter; der Vater, ein markgräflich-badischer Regierungsrat, starb, als Karoline sechs Jahre zählte. Man gab die fast Mittellose in ein Frankfurter Stift, wo sie einer tristen Zukunft entgegensah. Sie las viel: Herder und Schiller, dann → Novalis, → Brentano und → Schelling, immer wieder die Griechen. Konventionelle «Weiberglückseligkeit» stieß sie ab, während sie die romantische Grenzüberschreitung zwischen den Geschlechtern gleichzeitig faszinierte und irritierte: «Nur das Wilde, Große, Glänzende gefällt mir. Es ist ein unseliges, aber unverbesserliches Mißverhältnis in meiner Seele; und es wird und muß so bleiben, denn ich bin ein Weib und habe Begierden wie ein Mann, ohne Männerkraft. Darum bin ich so wechselnd und so uneins mit mir.» Das belesene Stiftsfräulein mochte dabei an jene Androgynen denken, als die sich die Griechen ihre Ahnen vor der Trennung in Mann und Frau vorstellten. Eine dunkle Sehnsucht nach Wiedervereinigung der voneinander geschiedenen Wesen geisterte durch die alten Mythologien, für die Karoline einen empfänglichen Sinn besaß.

Das «Mißverhältnis» von weiblicher Existenz und männlichen «Begierden» blieb den meisten Freunden verborgen, denn sie war «schüchtern-freundlich und viel zu willenlos, als daß sie in der Gesellschaft sich bemerkbar gemacht hätte». So schilderte sie Bettine von → Arnim, die der Freundin später mit dem Briefroman «Die Günderode» ein Denkmal setzte. Aus literarischen und philosophischen Lektüreerlebnissen ging ein Band mit «Gedichten und Phantasien» hervor, den Karoline 1804 unter dem männlichen Pseudonym «Tian» veröffentlichte. Clemens Brentano, der das Mädchen noch kurz zuvor stürmisch umworben hatte, war von der Talentprobe hingerissen und appellierte an die Dichterin, «von der grauen Reflexion zur bunten, lebendigen Darstellung überzugehen» und nicht länger «zwischen dem Männlichen und Weiblichen zu schweben». Es war eine vergebliche Mahnung, denn um die gleiche Zeit blieb Karolines Liebe zu dem jungen Rechtsgelehrten Friedrich Carl von → Savigny unerwidert.

Kurz danach lernte das Mädchen, das weiterhin mit inneren Widersprüchen beschäftigt war und sie literarisch aufzuheben suchte, auf dem Altan des Heidelberger Schlosses den Mythenforscher Friedrich → Creuzer kennen. Es wurde eine Begegnung, die Karolines Lebenskurve zur menschlichen Erfüllung zu führen schien, dann aber jäh abbrechen ließ. Creuzer, mit einer um dreizehn Jahre älteren Frau verheiratet, war zunächst der Werbende: «Ich soll doch nicht weniger sagen, als mein Herz empfindet?» Allmählich erlag sie dem Drängen des Mannes, der ihr als Weltweiser und Auserwählter des Schicksals erschien. Die beiden schrieben einander hymnische Briefe, die Karoline ein gemeinsames Dasein in Aussicht stellten, zumal Creuzer die Scheidung von seiner Frau erwog und Karoline den Lebensbund versprach.

Dann begann er vor den Konsequenzen dieses Schrittes zurückzuschrecken, die Geliebte hinzuhalten, um sie schließlich, nach einer letzten dramatischen

Unterredung, abzuweisen. In Winkel am Rhein, unweit von dem Ort, an dem wenig später die Brentanos ihren Sommersitz aufschlugen, hat sich Karoline von Günderrode mit dem eigenen Dolch erstochen; ein Bauer fand die Tote, deren Oberkörper in den Strom gesunken war. Die Veröffentlichung ihres Gedichtbandes «Melete», der sich bereits im Druck befand, wurde von Creuzer verhindert, obwohl ihm die Freundin diese Sammlung gewidmet hatte.
Erst ein Jahrhundert nach der Tragödie erreichte der Schwanengesang eine kleine Gemeinde, die in der fernen Schönheit mythologisch oder exotisch drapierter Verse kaum das Lebensgesetz der Dichterin zu entdecken vermochte. Was von ihr blieb, war nicht das Werk, sondern ein exemplarischer, von Geheimnissen verdunkelter Lebenslauf, der kommende Generationen immer wieder zur Auseinandersetzung reizte – bis hin zu Christa Wolfs Erzählung «Kein Ort. Nirgends», in der die beiden Selbstmörder Karoline von Günderrode und Heinrich von → Kleist beziehungsreich miteinander verbunden sind.
Literatur: Wolf, Christa (Hrsg.): Karoline von Günderrode. Der Schatten eines Traumes. Gedichte, Prosa, Briefe, Zeugnisse von Zeitgenossen. Berlin 1979. – Weissenborn, Birgit (Hrsg.): «Ich sende dir ein zärtliches Pfand.» Die Briefe der Karoline von Günderrode. Frankfurt a. M. 1992.

H

Hahnemann, Samuel Christian Friedrich

Meißen 10. April 1755 – 2. Juli 1843 Paris

Arzt, Begründer der Homöopathie

Samuel Christian Friedrich Hahnemann. Zeitgenössisches Portrait.

Eigentlich war er noch ein Kind der Aufklärung, der Generation Goethes und Schillers zugehörig, ein Mann des gesunden Menschenverstandes und des pragmatischen Nützlichkeitsdenkens. Hahnemann bestand 1779 in Erlangen die Doktorprüfung, gab aber schon sechs Jahre später seine ärztliche Praxis auf: er wolle keine «unbekannten Krankheiten» mit «unbekannten Arzneien» behandeln und nicht zum «Mörder» seiner Patienten werden. Nach diesem energischen Bruch mit der Schulmedizin arbeitete er als Chemiker, wechselte siebzehnmal den Wirkungsort, um sich 1805 in Torgau niederzulassen. Indessen hatte er die Schrift «Materialia medica» des Schotten William Cullen ins Deutsche übersetzt und in seinen Anmerkungen dazu eine für ihn von da an grundlegende Erkenntnis ausgesprochen. Der Heilungsprozeß müsse durch Medikamente beflügelt werden, die eine gleiche oder ähnliche Krankheit bewirken. Die Versuche, die er an sich selbst und an anderen Personen exerzierte, führten ihn zu der Devise: «Wende in der zu heilenden Krankheit dasjenige Arzneimittel an, welches eine andre, möglichst ähnliche Krankheit zu erregen imstande ist; similia similibus (Ähnliches durch Ähnliches).» Daraus ging die neue Lehre hervor, die Hahnemann seit 1807 «Homöopathie» nannte und 1810 in einem «Organon der rationellen Heilkunde» theoretisch zu untermauern suchte.

Ein Jahr darauf tauchte er in Leipzig auf, habilitierte sich und wurde berühmt, als der österreichische Feldmarschall Fürst Schwarzenberg, der Sieger der Völkerschlacht, zur Behandlung erschien. Der Heilkünstler provozierte jedoch den Groll der Schulmediziner und besonders der Apotheker, da er seine Arzneien selbst den Kranken verabreichen wollte. 1821 wurde er aus Leipzig ausgewiesen und ging nach Köthen, wo ihm der Herzog endlich alle Voraussetzungen für eine ungestörte Tätigkeit bot. Der Zustrom der Genesungsuchenden, die sich an ihn wandten, war imponierend. Er verordnete ihnen Mittel in immer feineren Verdünnungen, die er «Potenzen» nannte, und ließ es oft mit dem bloßen Riechen bewenden. «Arzneistoffe sind nicht tote Substanzen im gewöhnlichen Sinne, vielmehr ist ihr wahres Wesen bloß dynamisch geistig,

ist lautere Kraft. Die homöopathische Heilkunst entwickelt zu ihrem Behufe die geistartigen Arzneikräfte.» Gewiß erlag Hahnemann auch seltsamen Schrullen, wenn er etwa Medikamente gegen Liebesträume, Ungeschicklichkeit oder Versemachen empfahl. Im menschlichen Organismus sah er ein magisches Kraftfeld, das durch «geistartige Arzneikräfte» zur Mobilisierung von Energien und Reaktionen gebracht werden konnte.
Hier aber berührte sich der Magus von Köthen mit dem Streben der Romantiker, die ihn gleichwohl gelegentlich verspotteten und, wie es in Berlin geschah, sogar die Machtmittel des Staates gegen ihn eingesetzt sehen wollten. «Die Regierung darf in wissenschaftliche Gegenstände nicht eingreifen, weder hemmend, noch eine Meinung ausschließlich begünstigend, denn beides hat, wie die Erfahrung lehrt, der Wissenschaft Schaden getan», rief der Greis erbittert aus und übersiedelte nach Paris, der Heimat seiner zweiten Frau. Dort betrieb er noch im biblischen Alter, nunmehr eine europäische Berühmtheit, seine Praxis. In Deutschland gab es schon bald über fünfhundert Ärzte, die sich zur Homöopathie bekannten, und einen Verein «Hahnemannia», der dafür sorgte, daß das Andenken des in die Fremde entwichenen Naturheilkundigen nicht mehr erlosch.
Literatur: Haehl, R.: Samuel Hahnemann. 2 Bände. 1922. – Tischner, R.: Samuel Hahnemanns Leben und Lehre. 1959.

Hauff, Wilhelm

Stuttgart 29. November 1802 – 18. November 1827 Stuttgart
Dichter

«Mensch, sei ein Mensch, daß, wenn man deinen Leib begräbt, dein Werk und dein Gedächtnis lebt!» schrieb der Dreizehnjährige einem Schulfreund ins Stammbuch, ohne freilich wissen zu können, daß er damals bereits über die Hälfte seines Lebens hinausgelangt war. Er hatte kaum Zeit, «Werk und Gedächtnis» so zu befestigen, daß sie fortleben konnten. Wenn es ihm bei Zeitgenossen und Nachwelt doch gelang, so war das eine erstaunliche Leistung, da dieser behende produzierende Autor im Grunde nie an einer längeren Wirkung interessiert gewesen war.
Hauff kam aus der alten schwäbischen «Ehrbarkeit», jenem Honoratiorentum, das darauf bedacht war, durch Tatkraft und Familiensinn die ererbten Positionen zu erhalten. Der Vater, Regierungssekretär in Stuttgart, starb, als der Knabe sieben Jahre zählte. Die Familie zog ins großväterliche Haus zu Tübingen, wo Wilhelm die Lateinschule und später das berühmte Stift absolvierte. Mit dem Theologiestudium ging der Eintritt in die Burschenschaft «Germania» einher, deren Gruppe «Feuerreiter» sich der junge Mann anschloß. Er las alles, was ihm unter die Hand kam: die Engländer, besonders Walter Scott; → Hoffmann und → Tieck, überhaupt die Romantiker; Goethe und Schiller; dazu die obligaten Räuber- und Ritterromane der Vulpius, Spieß und →

Wilhelm Hauff. Kreidezeichnung von J. Behringer, 1826.

Fouqué. Es war ein Arsenal von Bildern, Geschichten und künstlerischen Handschriften, von denen er bald selbst uneingeschränkten Gebrauch zu machen gedachte. Der glanzlose Weg eines schwäbischen Pfarrers lockte ihn schon damals nicht, wohl aber die wirtschaftliche Unabhängigkeit eines freien Schriftstellers, der sein ursprüngliches Fabuliertalent nur auf den Geschmack des Lesepublikums einzustimmen brauchte, um die erstrebte Selbständigkeit auch mit einer gewissen materiellen Sicherheit auszustatten.
Hauff wurde zunächst Hofmeister beim Kriegsratspräsidenten von Hügel in Stuttgart: eine Beschäftigung, die er durch weitere Lektüre und durch die Entdeckung seiner Fähigkeit zum Erzählen für sich nutzbar machte. Die zweite theologische Dienstprüfung hatte schon keine Bedeutung mehr, denn jetzt begann die kurze, steil nach oben führende literarische Karriere, für die ihm nur zwei Jahre blieben. Die «Mitteilungen aus den Memoiren des Satan» erschienen im August 1825 und bewiesen, daß der anonym gebliebene Autor E. T. A. Hoffmanns «Elixiere des Teufels» aufmerksam gelesen hatte. Noch im gleichen Jahr folgte der Roman «Der Mann im Mond oder Der Zug des Herzens ist des Schicksals Stimme», mit der Angabe «Von H. → Clauren» auf dem Titelblatt. Es war der dreiste Versuch, dem berüchtigten Verfasser trivialer Unterhal-

tungsromane ein Buch unterzuschieben und so vom Erfolg des Publikumslieblings zu profitieren; wohl erst nachträglich hat Hauff das Werk als Parodie ausgegeben. Der von Clauren angestrengte Prozeß führte zu einem Skandal, der den Debütanten über Nacht in die Schlagzeilen brachte, seinem Verleger allerdings eine Geldstrafe eintrug.

Der Eklat zeigte immerhin, daß Hauff nicht geneigt war, in der Bruderspähren Wettgesang einzustimmen; das virtuose Benutzen schon bewährter Strömungen oder gar Moden war ihm wichtiger. Die Neigungen der Leser kannte er aus eigener Erfahrung, die Schliche der Verleger und Redakteure vermochte er mit einer Gewandtheit zu parieren, die seiner literarischen Produktivität nicht nachstand. Er beherrschte das Spiel mit der Anonymität, mit Pseudonymen und immer neuen Verkleidungen, in denen er vor die Öffentlichkeit trat. Der Roman «Lichtenstein. Romantische Sage aus der württembergischen Geschichte» (1826) verband schwäbisches Heimatkolorit mit der Ritterromantik Walter Scotts. In den «Märchenalmanachen» (auf die Jahre 1826, 1827 und 1828) gab sich Hauff als Erzähler zu erkennen, der aus der eigenen Phantasie sowie aus dem Märchenfundus von «Tausendundeiner Nacht» schöpfte. Eingebettet jeweils in eine Rahmenhandlung («Die Karawane», «Der Scheik von Alessandria und seine Sklaven», «Das Wirtshaus im Spessart») verzauberten hier der Kalif Storch, der kleine Muck, Zwerg Nase, Peter Munk mit dem kalten Herzen und der junge Engländer, der eigentlich ein Affe ist, ganze Generationen großer und kleiner Leser.

Daneben entstanden Novellen, die dramatische Schicksale in historischer Kostümierung präsentierten: so «Die Bettlerin vom Pont des Arts», «Jud Süß»,

Titelkupfer von D. Fohr zur Erstausgabe von Wilhelm Hauffs «Das Wirtshaus im Spessart», Stuttgart 1828.

«Die letzten Ritter von Marienburg», «Das Bild des Kaisers» und manche andere. Außerdem spielte der junge Literat souverän auf der Klaviatur der Presse und gab vom 1. Januar 1827 an das «Morgenblatt für gebildete Stände» des Verlegers Cotta heraus.
Eine Bildungsreise führte ihn nach Paris, Brüssel, Bremen, Hamburg, Berlin und Dresden, wo er seinen literarischen Herrn und Meister Ludwig Tieck besuchte. Frucht des Aufenthaltes bei den Hanseaten waren die «Phantasien im Bremer Ratskeller», eine heiter-beschwingte Apotheose des Weins und der von ihm beflügelten poetischen Imagination. Der solchermaßen im Bewußtsein der Leser bereits fest etablierte Autor heiratete im Februar 1827 seine Kusine Luise Hauff. Eine Reise nach Tirol im darauffolgenden August sollte ihm Stoff für einen Roman über Andreas → Hofer verschaffen. Alles ging nach Wunsch, die steigenden Honorare der Verleger und Taschenbuchredakteure schienen eine sichere Zukunft zu verheißen. Im Herbst 1827 klagte Hauff über ein «Schleimfieber». Er erlebte noch die Geburt des Töchterchens Wilhelmine am 11. November. Eine Woche später starb er, nicht ganz fünfundzwanzigjährig, an einer Gehirngrippe, bis in die letzten Tage hinein mit dem Entwurf eines Operntextes beschäftigt.
Sein literarisches Nachleben war und ist verblüffend, denn Hauff hatte gängigen Moden gehuldigt und den von deutschen Professoren geschätzten Tiefsinn vermissen lassen. Seine Märchen erschienen, bis in unsere Gegenwart hinein, in zahllosen Ausgaben und Auflagen, forderten Illustratoren zu immer neuen Auseinandersetzungen heraus, eroberten Opern- und Puppenbühnen sowie den Film und das Fernsehen. Selbst seine Soldatenlieder («Steh' ich in finstrer Mitternacht» und «Morgenrot, leuchtest mir zu frühem Tod») hielten sich lange im Repertoire der Gesangvereine. Eine der merkwürdigsten Ehrungen, die je ein Schriftsteller erfuhr, wurde ihm zuteil, als man nach seinem Roman «Lichtenstein» die Burg gleichen Namens als ein Denkmal württembergischer Geschichte erbaute. Welcher Autor hat wohl sonst noch so eine Wirkung hervorgebracht?
Literatur: Pfäfflin, Friedrich (Hrsg.): Wilhelm Hauff und der Lichtenstein. Mit Lebens- und Werkchronik. Marbach a. N. 1981. – Martini, Fritz: Wilhelm Hauff. In: Wiese, Benno von (Hrsg.): Deutsche Dichter der Romantik. Ihr Leben und Werk. 2., überarbeitete und vermehrte Auflage. Berlin 1983.

Heine, Heinrich

Düsseldorf 13. Dezember 1797 – 17. Februar 1856 Paris

Dichter, Kritiker und Publizist

Mit der deutschen Romantik ging es Heine wie mit Deutschland überhaupt: er hat sie, wie das Land seines Herkommens, scharf kritisiert und konnte sich doch nie ganz von ihr lösen. Er hat sie, eigentlich schon im «Buch der Lieder» und später mehr noch als Pariser Exulant, überwunden und weit hinter sich

Heinrich Heine. Federzeichnung von Ludwig Emil Grimm, 1827.

gelassen – und konnte nicht ohne ihren Nachklang leben und dichten. Wie er ein Jude unter den Deutschen und ein Deutscher unter den Franzosen blieb, so blieb er ein Romantiker unter den Agitatoren des Vormärz, ebenso freilich ein Romantikfeind unter den Gesundbetern des Mittelalters. Er war ein früh enttäuschtes und daher gebranntes Kind der deutschen Romantik, was seine Haßliebe zu ihr erklären mag.

Harry Heine, wie er ursprünglich hieß, war der Sohn eines jüdischen Kaufmannes und besuchte das Lyzeum seiner Vaterstadt, das von katholischen Geistlichen geleitet wurde. Der Antritt einer Lehre im Bankgeschäft geriet zum Fiasko, denn Heines Eignung für diesen Beruf muß derjenigen Clemens → Brentanos für das gleiche Metier entsprochen haben. Der Hamburger Onkel Salomon finanzierte dem mißratenen Schützling das juristische Studium. Aber in Bonn interessierte er sich mehr für die Vorlesungen Ernst Moritz → Arndts und August Wilhelm → Schlegels, von denen er romantisches Erbe aus erster

Hand empfing. Das Wintersemester 1820/21 an der Universität Göttingen endete mit dem Consilium abeundi, worauf sich der Studiosus nach Berlin wandte. Dort sah er noch E. T. A. → Hoffmann «mit den possierlichen und doch unheimlichen Gesten» im Café Royal pokulieren, verkehrte aber auch im Salon der Rahel → Varnhagen, die für ihn seine Patronin und die «geistreichste Frau des Universums» blieb. Von Göttingen aus, wo er sich erneut immatrikulierte, unternahm er zu Fuß eine «Harzreise», die er im gleichnamigen Feuilleton (1826) beschrieb. Die romantischen Naturschilderungen dieser Prosa präsentierten im Verein mit den Ironisierungen spießbürgerlicher Naturschwärmerei und des teutonischen Studententreibens schon den ganzen Heine. Dem juristischen Examen und der Promotion folgte am 28. Juni 1825 der Übertritt vom jüdischen Glauben zum Protestantismus: «Der Taufzettel ist das Entreebillet zur europäischen Kultur.»

Der Schritt sollte dem evangelischen Konvertiten nicht viel nutzen, denn er bekam nirgendwo eine Professorenstelle, weder in Nord- noch in Süddeutschland. Unterdessen schlug der junge Poet im «Buch der Lieder» (1827) seine unverwechselbare Weise an, gemischt aus «Wunderhorn»-Reminiszenzen, bestrickender Musikalität und ironischer Nonchalance. Vertont von Franz → Schubert, Robert → Schumann und anderen Meistern, traten viele dieser Gedichte den Weg ins Volk an. Weitere Reisefeuilletons («Die Nordsee», «Ideen. Das Buch Le Grand», «Reise von München nach Genua», «Die Bäder von Lucca» u. a.) demonstrierten eindrucksvoll, daß sich ihr Verfasser als ein «braver Soldat im Befreiungskriege der Menschheit» verstand. Die Konfrontation mit den Sachwaltern des Metternich-Regimes war damit heraufbeschworen. Nach Reisen, die ihn von Helgoland bis Italien geführt hatten, nahm Heine am 1. Mai 1831 seinen Wohnsitz in Paris, um dort als Korrespondent der Augsburger «Allgemeinen Zeitung» und verschiedener französischer Journale sein Auskommen zu finden.

Titelblatt der Erstausgabe von Heinrich Heines «Buch der Lieder», Hamburg 1827.

Der fortan in der «Hauptstadt des 19. Jahrhunderts» lebende Emigrant sah sich durchaus als geistiger Mittler zwischen Deutschland und Frankreich. Den deutschen Literaturmarkt versorgte er mit Berichten wie «Französische Zustände», «Französische Maler», «Über die französische Bühne» und «Lutetia». Zu Auseinandersetzungen und Abrechnungen ganz persönlicher Art wurden nun aber die Aufsätze, mit denen er die französischen Leser über die geistigen Werte ihrer deutschen Nachbarn zu unterrichten suchte.

Die Schrift «Zur Geschichte der Religion und Philosophie in Deutschland» (1835) gehört hierher, besonders jedoch die «Romantische Schule» (1836), die als kritische Korrektur des berühmten Deutschlandbuches der Madame de Staël gedacht war. Heine hatte Zeit und Raum zwischen sich und die deutsche Romantik gelegt, von der er sich jetzt mit einem polemischen Pamphlet für immer zu befreien gedachte. Den Verherrlichern des Mittelalters jenseits des Rheins stellte er hier den «Heiden» Goethe radikal entgegen: «Dieser würdevolle Leib war nie gekrümmt von christlicher Wurmdemut; die Züge dieses

Antlitzes waren nicht verzerrt von christlicher Zerknirschung; diese Augen waren nicht christlich sünderhaft scheu, nicht andächtelnd und himmelnd, nicht flimmernd bewegt: – diese Augen waren ruhig wie die eines Gottes.» Es war der Versuch einer Lossagung von dem, was er aus der eigenen Brust zu verscheuchen wünschte, zudem eine prophetische Warnung vor den «deutschen Gespenstern», die, eingesponnen in Transzendenz und Madonnenverehrung, das Irdische vernachlässigten. Die Ermahnung, sich dem Sirenengesang deutscher Fabelwesen nicht auszuliefern, war übrigens schon zehn Jahre zuvor in einem der bekanntesten und betörendsten Heine-Gedichte enthalten: dem Lied von der Lorelei. Und doch! Wer wollte behaupten, dieses Lied habe kein romantischer Dichter geschrieben?

Heine hat seinen Kampf gegen das Dunkelmännertum und für eine gerechtere Ordnung der irdischen Verhältnisse furchtlos fortgesetzt, in Abhandlungen, Polemiken und immer wieder in Gedichten, die auch die himmelschreienden sozialen Konflikte der Epoche grell hervorhoben (etwa «Die schlesischen Weber»). Eine gewisse Ruhe schien in sein äußeres Dasein zu kommen, als er 1841 Augustine Crescence Mirat heiratete, die er «Mathilde» nannte. Die leidenschaftliche Auseinandersetzung mit den Zuständen in der alten Heimat wurde aber noch gesteigert, seitdem der deutsche Bundestag 1835 Heines Schriften verboten hatte. Zwei Reisen in das ihm fremder gewordene Vater-

Heine und Mathilde. Gemälde von Ernst Benedikt Kietz, 1851.

land haben seinen Blick für die deutschen Übel weiter geschärft, ohne die alte Liebe auslöschen zu können. Selbst das satirische Versepos «Deutschland. Ein Wintermärchen» (1844) konnte und wollte das überkommene Zugehörigkeitsgefühl nicht verleugnen, obwohl der Dichter gerade hier romantische Anachronismen, etwa die Idee von Kaiser und Reich, anprangerte. Daß er auch mit den Torheiten der oppositionellen «Tendenzpoesie» ironisch ins Gericht ging, hatte sein Versepos «Atta Troll. Ein Sommernachtstraum» (1843) gezeigt. Weder von der einen noch von der anderen Seite ließ sich der Mann vereinnahmen, der in jeder Weise ein Exulant gewesen ist.

Die Isolation, die ihn von Anfang an bedrohte, nahm weiter zu, als sich eine Rückenmarkskrankheit verschlimmerte. An einem Frühlingstag des Revolutionsjahres 1848 brach er endgültig im Statuensaal des Louvre zusammen, «wo die hochgebenedeite Gottheit der Schönheit, Unsere liebe Frau von Milo, auf ihrem Postamente steht». In der «Matratzengruft» lebte er noch fast zehn Jahre dahin, umsorgt von Mathilde, «ein armer todkranker Jude, ein abgezehrtes Bild des Jammers, ein unglücklicher Mensch». In der «Lutetia» (1854), einer Folge überarbeiteter Zeitungsartikel, gab er noch einmal seiner Überzeugung Ausdruck, daß «alle Menschen das Recht haben zu essen», während in den «Lamentationen» und «Lazarus»-Gedichten der Sammlung «Romanzero» (1851) das qualvolle Siechtum dieser Jahre ergreifend gespielt war. Das Martyrium der letzten Lebensmonate erhielt einen verhaltenen romantischen Schimmer durch die «Mouche», jene junge Frau, die der fast Erblindete seine «Passionsblume» nannte. In der schmerzlichen, irdisch nicht mehr vollziehbaren Liebe lebten alle Leidenschaften wieder auf, die diesem deutschen Juden das Dasein ein wenig erträglicher gemacht hatten: die «todkranke, innigste Zärtlichkeit», der Durst nach Schönheit, das Schmachten des romantischen Troubadours, jedoch auch die Ironie und der Spott. «Du weißt gar nicht, wieviel Glück du hast, liebe Mouche; wie schön, von einem sterbenden Manne geliebt zu werden!»

Literatur: Marcuse, Ludwig: Heinrich Heine in Selbstzeugnissen und Bilddokumenten. Reinbek bei Hamburg 1960. – Mende, Fritz: Heine-Chronik. Daten zu Leben und Werk. München 1975. – Ziegler, Edda: Heinrich Heine. Leben, Werk, Wirkung. Zürich 1993.

Hensel, Luise

Linum/Brandenburg 30. März 1798 – 18. Dezember 1876 Paderborn

Dichterin

Die Tochter eines lutherischen Geistlichen und Schwester des Malers Wilhelm → Hensel ist in die deutsche Literaturgeschichte vor allem durch ihre Freundschaft mit Clemens → Brentano eingegangen, womit aber weder die exemplarische Biographie noch das lyrische Werk dieser außergewöhnlichen Frau angemessen gewürdigt sind. Sie war schon in frühen Tagen von einer pieti-

Luise Hensel. Bleistiftzeichnung von Wilhelm Hensel, 1829.

stisch geprägten Religiosität erfaßt, umschattet von tiefer Melancholie und einem rigorosen Sündenbewußtsein. An einem Herbstabend des Jahres 1816 sah sie Brentano zum ersten Male, der sich damals in einer schweren Lebenskrise befand und dazu anschickte, seinen Frieden mit der katholischen Kirche zu machen. Im gleichen Jahr entstand Luises Gedicht «Müde bin ich, geh' zur Ruh'»: jenes stille Abendlied, in dem sie die Überzeugung von der eigenen Schuld und Sünde mit der Gewißheit des göttlichen Heilsplanes gerade noch zu beschwichtigen vermochte:

«Deine Gnad' und Jesu Blut
Macht ja allen Schaden gut.»

Die stürmische Werbung Brentanos wies sie ebenso zurück wie die Neigung des Assessors Ludwig von Gerlach, eines ökumenisch gesinnten Protestanten, der später als konservativer Parlamentarier eine Rolle in der preußischen Politik spielen sollte. Luise, die madonnenhafte Schönheit, in der gleichwohl ein starkes erotisches Empfinden rege gewesen sein muß, konvertierte im Dezember 1818 zum katholischen Glauben. Zwei Jahre danach legte sie das Gelübde der Jungfräulichkeit ab, ohne indessen je in ein Kloster zu gehen, wenn sie auch solche Pläne immer wieder beschäftigten. Die Sternenfreundschaft mit Bren-

tano blieb bestehen, denn wie er war Luise von der stigmatisierten Nonne Anna Katharina Emmerick im westfälischen Dülmen beeindruckt. Nach deren Tod ließ sie sich von Clemens sogar dazu verleiten, das Grab der verstorbenen Ordensschwester zu öffnen.
Es folgten Jahrzehnte einer langen Wanderschaft: als Gesellschafterin in den Diensten adliger Familien; als Hausgenossin des Bruders Wilhelm in Berlin; als Lehrerin einer Mädchenschule in Aachen; als Erzieherin des Sohnes ihrer toten Schwester; als karitativ und missionarisch unablässig wirkende Frau, die von den katholischen Erweckungsbewegungen ihrer Zeit erfaßt war. Ihre bangen Gewissenserforschungen vertraute sie dem Tagebuch an, ihre Erlösungsbedürftigkeit und Schwermut dem Gedichtwerk, das auch eine erotisch getönte Brautmystik aufklingen läßt. Den Heiratsantrag eines Arztes lehnte sie ab, von ihrem geistlichen «Seelenführer» mit Nachdruck auf das dereinst abgelegte Keuschheitsgelübde zurückverwiesen.
Daß ihr bei alledem menschlich-allzumenschliche Empfindungen nicht fremd blieben, mußte Luise zu ihrem eigenen Befremden begreifen, als sie, lange Jahre nach Brentanos Ende, in dessen Nachlaß auf die Spuren seiner Beziehungen zu der Malerin Emilie Linder stieß, was sie mit postumer Eifersucht erfüllte. Noch die Greisin war unterwegs zwischen Ostpreußen und Südtirol, am Rhein und am Main, immerfort werbend für einen Katholizismus, den sie, kurz vor ihrem Tod und zu ihrer Genugtuung, durch das Dogma von der Unfehlbarkeit des Papstes zusätzlich ausgestattet sah. Ihre Gedichte, herausgegeben von dem blinden Philosophenfreund Christoph Bernhard Schlüter zu Münster, erlebten bis zum Beginn des 20. Jahrhunderts zehn Auflagen.
Literatur: Köhler, Oskar: Müde bin ich, geh' zur Ruh'. Die hell-dunkle Lebensgeschichte Luise Hensels. Paderborn 1991.

Hensel, Wilhelm

Trebbin/Mark Brandenburg 6. Juli 1794 – 26. November 1861 Berlin
Maler und Zeichner

Der Sohn eines Pfarrers und Bruder der Dichterin Luise → Hensel fiel früh durch seine zeichnerische Begabung auf, nachdem er sich zunächst mit dem Bergfach beschäftigt hatte. Er besuchte die Berliner Akademie, zeichnete Illustrationen für Taschenbücher und Almanache, nahm an den Befreiungskriegen teil und zog mit den Kameraden in Paris ein, wo er künstlerische Studien trieb. In Berlin fand Hensel Zugang zu verschiedenen Salons und begann mit dem Zeichnen berühmter Zeitgenossen, von denen er im Laufe fast eines halben Jahrhunderts mehr als tausend portraitierte. Diese Galerie bekannter Persönlichkeiten, die sich auf den Blättern häufig mit ihrem Namenszug und einem Sinnspruch verewigten, läßt die Prominenz des romantischen und biedermeierlichen Berlin sowie dessen gefeierte Gäste in einzigartiger Geschlossenheit Revue passieren.

Wilhelm Hensel. Selbstbildnis. Bleistiftzeichnung, 1829.

Gelegentlich kam es vor, daß Hensel, allerdings unfreiwillig, seinerseits Modell stand, als ihn etwa E. T. A. → Hoffmann in der Novelle «Die Brautwahl» nicht ohne eine gewisse Anzüglichkeit literarisch konterfeite. Die Ausstattung eines Hoffestes trug dem jungen Mann ein Rom-Stipendium des Königs von Preußen ein. Vor Antritt der Reise lernte er in seinem Atelier Fanny, die schöne und musikalisch hochbegabte Schwester Felix → Mendelssohn Bartholdys, kennen, die er später heiratete. In Rom schloß sich der Neuankömmling den nazarenischen Malern Julius → Schnorr von Carolsfeld und Peter → Cornelius, auch Ludwig → Richter und Karl Friedrich → Schinkel an. Seit 1828 wieder in Berlin, gelangte Hensel zu Ruhm und Ansehen, wurde Professor für Historienmalerei und unternahm neue Reisen, von denen ihn eine nach London zur Krönung der Königin Victoria führte. Mittelpunkt seines Lebens war fortan aber die Ehe mit Fanny, bei deren musikalischen Soireen er Mitwirkende und Zuhörer virtuos mit der Zeichenfeder festhielt. In diesem Genre brachte er es zu höchster Meisterschaft, die seine Ölmalerei (z. B. «Christus auf dem Meer») bei weitem überragte.

Der plötzliche Tod der erst zweiundvierzigjährigen Fanny am 14. Mai 1847 traf den Künstler wie ein Blitzstrahl, von dem er sich nie mehr erholen sollte:

«Der Sturm Gottes ist durch mein Haus gefahren und hat es niedergeworfen, da kann ich nicht in törichtem, fruchtlosem Bemühen einzelne Pfosten halten wollen.» Hensel zeichnete noch weiterhin, aber Pinsel und Palette legte er für immer beiseite. Der tiefe menschliche Schmerz und das beginnende künstlerische Verstummen haben ihn nicht daran hindern können, im Alter ein Berliner Original zu werden, von dem man sich «Guttaten und Schwänke, Bonmots und Impromptus» erzählte, wie Theodor Fontane berichtet, den Hensel schon als Knaben gezeichnet hatte. Berlin, dessen Bürger und Besucher Wilhelm Hensels Skizzen bevölkerten, blieb bis zuletzt der Mittelpunkt seiner Welt, wie ihm ebenfalls Fontane bescheinigte: «Der Gedanke, von einem Provinzialarzt behandelt oder wohl gar auf einem ostpreußischen Dorfkirchhofe begraben zu werden, barg etwas Trostloses für ihn, und sein alter, ungekünstelter Frohsinn kam ihm erst wieder, wenn er die beiden Gensdarmtürme und die Schloßkuppel am Horizont auftauchen sah.»

Literatur: Rave, Paul Ortwin: Die Bildnis-Sammlung Wilhelm Hensel. In: Berliner Museen. Neue Folge 6. 1957. – Kleßmann, Eckart: Die Mendelssohns. Bilder aus einer deutschen Familie. Zürich und München 1990.

Herz, Henriette

Berlin 5. September 1764 – 22. Oktober 1847 Berlin

Brief- und Memoirenschreiberin, Repräsentantin der Berliner Salonkultur

Sie war die Tochter eines aus Portugal zugewanderten jüdischen Handelsmannes, der sie fest im mosaischen Glauben erzog. Die Zwölfjährige, die zu einer üppigen Schönheit erwuchs, wurde nach israelitischem Brauch mit dem um fünfzehn Jahre älteren Arzt Markus Herz verlobt; drei Jahre später, am 1. Dezember 1779, folgte mit ehrwürdigem Zeremoniell die Hochzeit. Das Haus des Arztes in der Neuen Friedrichstraße zu Berlin galt bald als Begegnungsort der Koryphäen des geistigen und gesellschaftlichen Lebens. Während sich im Vorderzimmer ältere Herren mit dem Doktor Herz über Medizin, Experimentalphysik und kantische Philosophie unterhielten, empfing Henriette nebenan eine höchst ungewöhnliche Sozietät, darunter zahlreiche junge Leute, von denen sich einige zu romantischen Gedanken bekannten: → Tieck, → Fichte, → Gentz sowie Friedrich → Schlegel, der hier die Bankiersgattin Dorothea Veit, seine spätere Frau, zum ersten Male sah. Zusammen mit den Brüdern Alexander und Wilhelm von Humboldt gründete Henriette den «Tugendbund», der «die gegenseitige sittliche und geistige Heranbildung sowie Übung werktätiger Liebe» pflegen sollte.

Es war der erste jener berühmten jüdischen Salons, in denen man Hohenzollernprinzen, Schriftsteller, Gelehrte, Diplomaten und Bohemiens ungezwungen miteinander plaudern sah – jenseits der Schranken von Rang und Stand. Schiller, → Jean Paul, Graf Mirabeau, Madame de Staël fanden sich ein, nicht zuletzt die spätere Rahel → Varnhagen, die bald einen eigenen Salon begrün-

Henriette Herz. Bleistiftzeichnung von Wilhelm Hensel, 1823.

dete. Henriette präsidierte der intellektuellen Jeunesse dorée von Berlin mit ihren Sprachkenntnissen und ihrer Begabung zum Stiften von Freundschaften, besonders mit ihrer strahlenden Schönheit und erotischen Aura, der auch der leicht verwachsene Theologe → Schleiermacher erlag. Mit der «junonischen Riesin» verband ihn fortan eine von den Spießern durchgehechelte Lebenfreundschaft, die sogar von Karikaturisten ausgebeutet wurde. Dergleichen despektierliches Gespött konnte der ungewöhnlichen, übrigens rein platonischen Beziehung kaum gerecht werden, die eine noch immer orthodoxe Jüdin mit dem bedeutendsten protestantischen Theologen der Zeit eingegangen war. Henriettes Ausstrahlungskraft ist auch anderweitig oft bezeugt. «Fünf Männer meinesgleichen könnte man aus ihr schnitzen und es blieben noch Späne genug übrig», seufzte der junge Ludwig Börne und wollte sich wegen ihr gleich zweimal das Leben nehmen.
Der von Goethekult, Freundschaftsbündnissen und praktizierter Humanität erfüllte Salon kam in eine schwere Krise, als Markus Herz 1803 starb und der militärische Zusammenbruch Preußens drei Jahre später Henriettes Vermögen

zusammenschrumpfen ließ. Unschlüssig lebte sie an verschiedenen Orten, um immer wieder nach Berlin zurückzukehren. Nach dem Tod ihrer Mutter trat sie zum evangelischen Glauben über und verbrachte anschließend zwei Jahre in Rom, wo sie die Kunst der Nazarener faszinierte. An der Spree war ihr ein langer, jedoch glanzloser Lebensabend beschieden, den sie zur Vernichtung ihrer Korrespondenz benutzte – ein für den Chronisten der Berliner Romantik unersetzlicher Verlust. Alexander von Humboldt, der ihr vor einem halben Jahrhundert das Tanzen von Menuetten beigebracht hatte, vermittelte eine bescheidene Pension. Die letzten Lebensmonate der Greisin erhielten ihre unverhoffte Krönung durch den Besuch König → Friedrich Wilhelms IV., der das einstige Flair dieser Frau zu seinen bleibenden Jugenderinnerungen zählte. Sie starb, ohne irgendein Werk zu hinterlassen, aber ihr hinreißender Charme und ihre unkonventionelle Lebenskunst wurden zur Legende.

Literatur: Fürst, Joseph (Hrsg.): Henriette Herz. Ihr Leben und ihre Erinnerungen. Berlin 1850 (Fotomechanischer Nachdruck Leipzig 1977). – Schmitz, Rainer (Hrsg.): Henriette Herz in Erinnerungen, Briefen und Zeugnissen. Leipzig und Weimar 1984. – Heyden-Rynsch, Verena von der: Europäische Salons. Höhepunkte einer versunkenen weiblichen Kultur. Zürich und München 1992.

Hitzig, Julius Eduard

eigtl. Isaak Elias Itzig
Berlin 26. März 1780 – 26. November 1849 Berlin
Jurist, Verleger und Schriftsteller

Julius Eduard Hitzig. Nach einer Zeichnung von Franz Krüger (1825) lithographiert von Meyer, 1837.

Der Sohn eines jüdischen Beamten und Lederfabrikanten empfing als Neunzehnjähriger die christliche Taufe und nannte sich seit 1809 Hitzig. Schon als junger Mann fand er Zugang zum romantischen Berliner Nordsternbund, in dem er → Chamisso kennenlernte. 1804 wurde er Assessor in Warschau, das damals eine preußische Provinzhauptstadt war, und schloß dort im Kollegenkreis Freundschaften mit Zacharias → Werner und E. T. A. → Hoffmann, die er beide in die Welt der Romantik einführte. Nach dem Zusammenbruch Preußens im Herbst 1806 kehrte der literarische Enthusiast nach Berlin zurück, wo er eine Verlagsbuchhandlung gründete, in der auch einige Bücher → Fouqués sowie das erste Quartal der von → Kleist herausgegebenen «Berliner Abendblätter» erschienen.

Ende 1814 fand er, fast gleichzeitig mit dem Freund Hoffmann, wieder Verwendung im preußischen Staatsdienst. Am Kammergericht, an dem er zum Kriminal- und Pupillenrat avancierte, war er Hoffmanns verläßlicher Kollege und Gefährte, als Seraphinen- und Serapionsbruder zweifellos aber der Hölzernste und Bravste in dieser Runde. Schon seine auffallende Abneigung gegen stärkere Getränke zeigte an, daß man ihn mit Hoffmanns anderen Kumpanen überhaupt nicht verwechseln konnte. Der genialische Dichter konter-

feite den zur Mäßigkeit aufgelegten Genossen als Ottmar in den Rahmengesprächen seiner Sammlung «Die Serapionsbrüder» und kanzelte ihn dort humoristisch ab: «O du aller weisen Kritiker allerweisester, der du dem Unbedeutendsten, das ich jemals schrieb, die Ehre antust, es, Brill' auf der Nase, sorglich zu sezieren!» Hitzigs hohe literarische Bildung und seine menschliche Selbstlosigkeit standen jedoch außer Frage. Sie erstreckte sich bis auf das Korrekturlesen der Fahnenabzüge von Hoffmanns Werken, ja bis zur Errichtung seines Grabsteines und die Veröffentlichung seines poetischen Nachlasses, auf die Publikation einer ersten Hoffmann-Biographie (1823, Neubearbeitung 1839) und schließlich bis auf die Beratung der hilflosen Witwe, die der überall in der Kreide stehende Kammergerichtsrat unter einem gewaltigen Schuldenberg zurückließ. Ebenfalls 1823 setzte Hitzig seinem verstorbenen Freund Zacharias Werner ein biographisches Denkmal.
Seine demonstrativ zur Schau getragene Bigotterie fiel später unangenehm auf und wurde von → Varnhagen übel vermerkt: «Hitzigs Augendienerei, kriechende Geschäftigkeit, sein nach Gunst Ringen, sein bloß aus diesem Trieb entstandenes Frömmeln, seine maßlose, lächerliche Eitelkeit.» Immerhin rückte er noch zum Direktor des Inquisitoriats beim Kammergericht auf und gab das «Gelehrte Berlin» sowie den «Neuen Pitaval» heraus, gemeinsam mit dem Schriftsteller Willibald Alexis. Der frühere Serapionsbruder Chamisso heiratete Hitzigs Pflegetochter und wurde nach seinem Tod von dem Schwiegervater ebenfalls mit einer Biographie bedacht («Leben und Briefe von Adelbert von Chamisso», 1839). Der betriebsame Literaturmanager mit der Philisterseele blieb Berlin literarisch, aber auch durch Kinder und Kindeskinder eng verbunden. Sein Sohn Friedrich Hitzig, der spätere Architekt, war schon als beherzter Knabe Fritz in E. T. A. Hoffmanns Berliner Märchen «Nußknacker und Mausekönig» aufgetreten; als Erbauer der Börse und der Reichsbank sollte er dann in Spree-Athen seine Spuren hinterlassen.
Literatur: Nußbaum, Frida: J. E. Hitzig als Biograph seiner Freunde. Diss. Wien 1933. – Schnapp, Friedrich: Der Seraphinenorden und die Serapionsbrüder E. T. A. Hoffmanns. In: Literaturwissenschaftliches Jahrbuch. Neue Folge. Band 3. Berlin 1962. – Günzel, Klaus: Wahrhaftige Nachricht von den Berliner Serapionsbrüdern. Nachwort zu Günzel (Hrsg.): Die Serapionsbrüder. Berlin und Köln 1986.

Hofbauer, Clemens Maria

Taßwitz/Mähren 26. Dezember 1751 – 15. März 1820 Wien

Generalvikar des Redemptoristenordens

«. . . ein Ordensgeneral, voll Feuer, lustig, polnisch sprechend . . . Er ließ, heimlich hinstellend, eine Torte zurück, die wir dann mit Wein verzehrten.» So schilderte Joseph von → Eichendorff, damals Student in Wien, einen der ungewöhnlichsten Gottesmänner, die je gegen den rationalistischen Zeitgeist und

Clemens Maria Hofbauer. Gemälde von P. Rinn.

gegen lässige Erdenkinder zu Felde gezogen sind. Hofbauer hatte einst das Bäckerhandwerk erlernt und anschließend in Italien als Eremit gelebt. In Rom war er dann der Kongregation des Allerheiligsten Erlösers, dem Redemptoristenorden, beigetreten, dessen missionarisches Anliegen er mit Eifer und Witz in Rußland und Polen zu verbreiten suchte.

1807 von der französischen Besatzungsmacht aus Warschau ausgewiesen, kam der Pater nach Wien, um dort seinen Orden als Bastion gegen das «Franzosentum» und als militanten Hort wider den allenthalben grassierenden Josephinismus zu befestigen. Die Spitzel der Wiener Polizeihofstelle sahen sein Treiben durchaus mit Argwohn, wie aus ihren Geheimberichten hervorgeht: «Die schwärmerische Frömmelei ist itzt als Mode an der Tagesordnung, der Beichtstuhl aber ist das kräftige Mittel, diese Mode lange aufrechtzuerhalten.» Hofbauer, der Mann mit dem breiten Bauernschädel und dem treuherzigen Humor, wirkte im Beichtstuhl und auf der Kanzel. Er ließ die barocke Predigttradition eines Abraham a Sancta Clara wieder aufleben und benutzte mit

Vorliebe die deftig-bildhafte Ausdrucksweise des Landvolkes. Ein Kritiker monierte zwar, daß er sich durch «unartige Gebärden auffallend» gemacht, mit den Händen auf die Kanzel gedonnert und in «seinem heiligen Eifer herumgetobt» habe. Trotzdem wirkte diese aus einer einfältigen Seele kommende, komödiantisch drapierte, jedoch ganz und gar nicht inszenierte Frömmigkeit gerade auch auf Intellektuelle: um Hofbauer begannen sich heilsbedürftige romantische Geister zu scharen, obwohl die Konversionen, die er den Protestanten unter ihnen auferlegte, wahre «Roßkuren» gewesen sein sollen.
Er war, was ihm der Staatsrechtler Adam → Müller bescheinigt, ein «Vater und Führer» für «Hohe und Niedere, Gelehrte und Unmündige». Das Palais des ungarischen Grafen Széchényi in der Wiener Herrengasse war zweimal wöchentlich der Schauplatz von Debatten, die sich mit der «Vergrößerung der päpstlichen Macht» beschäftigten, wie ein Spitzel protokollierte. Friedrich → Schlegel erkor Hofbauer zu seinem Beichtvater, der freilich die esoterischen Spekulationen dieses neuen Schützlings mit einer gütigen Umarmung abzuwehren pflegte: «Gut, mein Friedrich, ganz gut, aber noch besser ist es, den Herrn Jesus von Herzen lieben.»
Hingegen entdeckte er in dem soeben konvertierten Dichter Zacharias → Werner eine «Posaune Gottes» und bestimmte ihn dazu, als Prediger den Wienern ins Gewissen zu reden. Mit seinem Anhang arbeitete Hofbauer erfolgreich gegen alle Bemühungen, die auf die Etablierung einer katholischen deutschen Staatskirche gerichtet waren, hierin unterstützt vom päpstlichen Nuntius und von Friedrich Schlegel. Für ebenso gefährlich hielt er die Frauen, denen in die Augen zu sehen er jungen Priestern beharrlich abriet. Demgemäß den Versuchungen dieser Welt weit entrückt, wurde ihm noch auf dem Sterbebett die Genugtuung zuteil, daß nun auch in Wien ein Redemptoristen-Kollegium errichtet werden sollte. Seine Kirche bedankte sich bei dem Apostel, als sie ihn 1888 selig- und 1909 heiligsprach.
Literatur: Monumenta Hofbaueriana. Krakau, Thorn, Rom 1913 bis 1951. – Till, Rudolf: Hofbauer und sein Kreis. 1951.

Hofer, Andreas

Sandhof bei St. Leonhard im Passeiertal/Südtirol 22. November 1767 – 20. Februar 1810 Mantua
Tiroler Freiheitskämpfer

Gewiß ist in Andreas Hofers Passeiertal nie auch nur die fernste Kunde von der deutschen Romantik gedrungen, was seine Zeitgenossen nicht daran hinderte, ihn als romantische Gestalt zu verklären. Im Schein der Flammensignale, die von den Tiroler Bergen zum Aufstand gegen Napoleon riefen, schien da ein neuer und leibhaftiger Wilhelm Tell herabzusteigen: der knorrige Volksheld mit dem wehenden schwarzen Vollbart, die Büchse auf dem Rücken, die kaiserliche Gnadenkette über dem grünen Trachtenjanker. Er hatte schon

Andreas Hofer. Aquatintaradierung von Johann Boehm nach einer Zeichnung von Amster.

1796/97 eine Landsturmkompanie gegen die Franzosen geführt, aber erst jetzt, April 1809, trat er an die Spitze einer breiten Volksbewegung.
Vier Jahre zuvor war seine Heimat Tirol von Napoleon dem österreichischen Kaiserstaat entrissen und dem frischgebackenen Königreich Bayern zugeschlagen worden, dessen Beamte sich bei Städtern und Dörflern unbeliebt machten. Hofer spann von seinem Gasthof «Am Sand» im Passeiertal konspirative Verbindungen nach allen Seiten, auch zum Kaiser Franz in Wien sowie zu dessen Bruder, dem Erzherzog Johann. Wie beim spanischen Volksaufstand, den Napoleon nicht niederzuschlagen vermochte, sollten nun die französischen und bayerischen Besatzer, fast nach Partisanenart, angegriffen, aufgerie-

ben und verjagt werden. Der «Sandwirt», gottesfürchtig, kaisertreu und bereits damals ein populärer Mann, übernahm das Kommando: «Wenns Landl grod mi habn will, so solls mi habn; so guat is dermachn kann, aber im Namen des Koasers!» Von Mai bis August schlug er zusammen mit seinen achtzehntausend Bauern viermal den Feind am Bergisel bei Innsbruck, von wo aus er anschließend ganz Tirol regierte. Marodeuren und zuchtlosen Elementen in den eigenen Reihen hielt er eine geharnischte Strafpredigt: «Ös saggra Schwänz! Zwui treibts enk no alleweil umer? Öpper zum Leutplagn und Stealn? Und Schützn sein a no drunter? Schamts enk nit?»
Indessen hatte sich allerdings die politische Großwetterlage grundlegend geändert. Nach der Niederlage bei Wagram (5./6. Juli) mußte Österreich in den Waffenstillstand von Znaim (12. Juli) und endlich in den demütigenden Frieden von Schönbrunn (14. Oktober) einwilligen. Die «Tyroler» mitsamt dem tapferen «Ober-Commandanten» wurden von Wien ihrem Schicksal überlassen. Er setzte den Widerstand bis in den November hinein fort, um dann zur Unterwerfung zu raten, bis er zuletzt noch einmal den Kampf wählte. Der nunmehr als Rebell Geächtete lebte vom Dezember an in der Pfandler-Mäherhütte auf der tiefverschneiten Brantacher Alm, unweit vom Passeiertal. In der Tragödie Andreas Hofers fehlte am Ende der Judas nicht: ein Knecht namens Franz Raffl verriet ihn um 1500 Gulden an die Franzosen, deren Häscher am frühen Morgen des 28. Januar 1810 in das Versteck eindrangen. «Nein, es ist nicht möglich, daß sie diesem sanften Helden ein Haar krümmen», schrieb Bettine von → Arnim an Goethe. Drei Wochen später stand Bettines «sanfter Held» im Festungsgraben von Mantua vor den Gewehren eines napoleonischen Exekutionskommandos; den Befehl zum Feuern gab er selbst.
Erst 1823 wurden seine sterblichen Überreste in die Hofkirche von Innsbruck gebracht, während ihn romantische Dichter längst als Blutzeugen ihres Freiheitsstrebens besangen. Joseph von → Eichendorff («Der Tiroler Nachtwache», «An die Tiroler»), Theodor → Körner («Andreas Hofers Tod»), Julius Mosen («Zu Mantua in Banden») gehörten, neben vielen anderen, zu den Verherrlichern des alpenländischen Volksmannes. Wilhelm → Hauff, der ihm mit einem Roman ein Denkmal setzen wollte, ist durch seinen frühen Tod an der Ausführung dieses Plans gehindert worden.
Literatur: Paulin, K.: Andreas Hofer und der Tiroler Freiheitskampf 1809. 4. Auflage, durchgesehen und ergänzt von F. H. Hye. 1970.

Hoffmann, Ernst Theodor Amadeus

Königsberg 24. Januar 1776 – 25. Juni 1822 Berlin

Dichter, Komponist, Maler und Jurist

Eigentlich hieß er mit dem dritten Vornamen «Wilhelm», aber diesen preußischen Namen tauschte er später gegen den musisch-musikalischen «Amadeus» aus, wenn es darum ging, seine Existenz als Künstler und Schriftsteller zu be-

E. T. A. Hoffmann. Steinzeichnung von Adolph Menzel nach einem Selbstportrait Hoffmanns, 1837.

nennen. Der Wechsel des dritten Vornamens führt mitten hinein in die Daseinsproblematik dieses unbestechlichen Kammergerichtsrates und ausschweifenden romantischen Kunstenthusiasten, der dann die beiden Lebensformen mehrfach in der Figur des Doppelgängers personifizierte. Er stammte aus einer ostpreußischen Juristenfamilie von solider Humorlosigkeit, womit seine berufliche Zukunft von vornherein entschieden war. Hoffmann studierte die Rechtswissenschaften, ging daneben seiner auffallenden musikalischen Begabung nach, produzierte zwei Romanmanuskripte für die Schublade und suchte dem stupiden Ernst der Verwandten mit makabren Späßen zu entkommen, die seinen Onkel, einen honetten Justizrat, entsetzten.

Nach einem kurzen Zwischenspiel im schlesischen Glogau kam der zweiundzwanzigjährige Referendar zum ersten Male ans Berliner Kammergericht. Die Vorbereitungen auf die Dritte juristische Staatsprüfung gingen einher mit Künstlerfreundschaften und der Komposition des Singspiels «Die Maske», das Hoffmann an die Königin Luise schickte. Nach dem glänzend bestandenen Assessor-Examen wurde er an die Regierungsbehörde im westpreußischen Posen versetzt, ohne dort seine künstlerischen Ambitionen unterdrücken zu können. Er vertonte Goethes Singspieltext «Scherz, List und Rache» und entdeckte in einer Runde feuchtfröhlicher Kumpane seine fortan nie mehr kurierbare Neigung zu starken alkoholischen Getränken. Bei einer Karnevalsredoute verteilte der offenbar von Sinnen gekommene Anwärter auf den höheren

Staatsdienst selbstgefertigte Karikaturen, die seine Vorgesetzten und sogar den Kommandierenden General der Posener Garnison als respektlose Zerrbilder zeigten. Die Rache der Obrigkeit folgte auf dem Fuße: Hoffmann wurde in das weltabgeschiedene Nest Plock an der Weichsel strafversetzt, das bei der letzten Teilung Polens an Preußen gefallen war. Getröstet nur von seiner jungen Frau Mischa, der Tochter eines polnischen Schreibers, umgeben von demoralisierten preußischen Offizianten, mußte sich der Verbannte «bewähren». Am Tag saß er über jüdische Hausierer zu Gericht, in der Nacht zauberte er am Klavier den Geist Mozarts in seine Einöde. «Anwandlung von Todesahndungen – Doppeltgänger», hieß es, Januar 1804, im Tagebuch, womit die Identitätskrise angedeutet war, die Hoffmann von da an oft beschäftigte.

Die Leidenszeit endete, als er wenig später zum Regierungsrat in Warschau ernannt wurde. Als Beamter der preußischen Provinzialregierung stellte er seine beruflichen Qualitäten unter Beweis, ohne seine künstlerischen Bestrebungen zu vernachlässigen. Der Assessor Julius Eduard → Hitzig machte ihn mit den Schriften der Romantiker bekannt. Daneben komponierte Hoffmann mehrere Singspiele, eine Sinfonia Es-Dur, eine Messe d-Moll sowie die Bühnenmusik für ein Schauspiel seines Kollegen und Königsberger Landsmannes Zacharias → Werner. An der Spitze der «Musikalischen Gesellschaft» dirigierte der Regierungsrat Sinfonien von → Beethoven; das Domizil dieser Vereinigung malte er mit Fresken «im ägyptischen Stil» aus. Die Warschauer Zeit endete plötzlich, als nach der Katastrophe von Jena und Auerstedt der preußische Staat seine Beamten in den polnischen Landesteilen einem ungewissen Schicksal überließ.

Nach einem in Berlin verbrachten Hungerwinter traf Hoffmann, September 1808, im bayerisch-fränkischen Bamberg ein, nunmehr entschlossen, die Kunst zum ausschließlichen Inhalt seines Lebens zu machen. Als Dirigent des Theaters überwarf er sich schnell mit dem Prinzipal, inszenierte aber später Calderón-Dramen sowie → Kleists «Käthchen von Heilbronn». Mehrfach am Rand des Ruins stehend, entdeckte er in Bamberg das Wort als die ihm gemäße künstlerische Ausdrucksform. Hoffmann schrieb Musikkritiken und fand in der Novelle «Ritter Gluck» (1809) den Weg zu einer Erzählkunst, die virtuos zwischen Phantasie und Wirklichkeit schwebt. Der ebenfalls in Bamberg konzipierte Kapellmeister Kreisler wurde von dem Dichter als sein Alter ego dargestellt («Johannes Kreislers, des Kapellmeisters, musikalische Leiden», 1810). Die Jahre in der fränkischen Bischofsstadt, erfüllt von «acherontischer Finsternis» und der Passion für eine junge Gesangsschülerin, fanden ihren bleibenden Ertrag in der vierbändigen Sammlung «Fantasiestücke in Callots Manier», die Hoffmanns erster Verleger, der Bamberger Weinhändler Kunz, 1814/15 herausbrachte.

Um diese Zeit suchte der unverbesserliche Enthusiast noch einmal sein Heil in der Musik. Am Pult einer wandernden sächsischen Operntruppe erlebte er das Kriegsjahr 1813 und dirigierte im belagerten Dresden die «Zauberflöte» –

den Leiden ringsumher und der eigenen Verzweiflung ein heiter-tiefsinniges Utopia entgegenstellend. Gleichzeitig entstanden Erzählungen («Der Magnetiseur»), Aufsätze («Der Dichter und der Komponist») sowie, allem anderen voran, das Märchen «Der goldne Topf» (1814), das die Enge der Philisterwelt mit dem sehnsüchtig erstrebten romantischen Atlantis meisterhaft kontrapunktierte. Das «Rittergut in Atlantis» blieb freilich eine poetische Schimäre, die von dem Erzähler beklagten «Armseligkeiten des bedürftigen Lebens» behielten das letzte Wort. Nach dem definitiven Bruch mit dem banausischen Operndirektor blieb Hoffmann nur noch der Rückweg an die preußische «Staatskrippe».
Im Kriminalsenat des Berliner Kammergerichts gewann er die Achtung seiner Vorgesetzten, die es kaum glauben wollten, daß das kleine bewegliche Männchen mit den «Funkelaugen» so klare Gutachten zu formulieren und daneben die Oper «Undine» (1816) zu komponieren vermochte, die erste deutsche romantische Oper überhaupt, zu der ihm sein Freund → Fouqué das Libretto lieferte. In den Berliner Weinkellern wurde er zusammen mit seinem wahlverwandten Zechgenossen, dem Schauspieler Ludwig → Devrient, zur bizarren Sehenswürdigkeit. In seiner Wohnung am Gendarmenmarkt versammelte er die Runde der Serapionsbrüder, die auch der gleichnamigen Novellensammlung den Titel gaben.
Der Roman «Die Elixiere des Teufels» (1815/16, 2 Bde.) variierte Hoffmanns altes Existenzproblem, die Spaltung der menschlichen Individualität. Dazu gesellte sich das Motiv des Automaten, der den Menschen höhnisch äfft und an sich selbst irre werden läßt. Es steht im Zentrum der Novelle «Der Sandmann», mit dem die zweibändigen «Nachtstücke» (1816/17) eröffnet wurden. In den vierbändigen «Serapionsbrüdern» (1819–21) fanden die in Almanachen und Taschenbüchern verstreut veröffentlichten Stücke ihre Aufnahme, darunter «Das Fräulein von Scuderi» (1819), die fesselnde Geschichte vom abgründigen Doppelleben des Goldschmiedes Cardillac, sowie das heitere Berliner Märchen «Nußknacker und Mausekönig» (1816). Oft ließ der «Gespenster-Hoffmann», wie man ihn jetzt zu nennen begann, seine Geister, Vampire und Doppelgänger durch das biedermeierliche Berlin schweifen und gab noch dazu ihre Hausnummer genau an, etwa in der Straße Unter den Linden oder in der Friedrichstraße. Manche dieser Erzählungen verfolgten nur den Zweck, das teure Weinhausleben des Kammergerichtsrates zu finanzieren; ihre Ausarbeitung überließ er nach eigenem Geständnis seinem «Vizekopf». Andere Dichtungen besaßen weltliterarischen Rang, der zunächst nur von wenigen Lesern begriffen wurde: etwa das Märchen «Klein Zaches genannt Zinnober» (1819), das zur bitterbösen Satire auf die Restaurationszeit nach den Befreiungskriegen geriet.
Sein Hang zur satirischen Auseinandersetzung mit der Wirklichkeit, die ihm fratzenhaft genug erschien, erhielt neue Nahrung, als der Kammergerichtsrat zum Mitglied einer Kommission bestellt wurde, die, auf der Grundlage der Karlsbader Beschlüsse, mißliebige Intellektuelle hinter Schloß und Riegel brin-

Hoffmann, auf dem Kater Murr reitend, kämpft gegen die preußische Bürokratie. Federzeichnung von E. T. A. Hoffmann, 1821.

gen sollte. Hoffmann enttäuschte die Erwartungen seiner ministeriellen Auftraggeber zutiefst. Er setzte sich für die Freilassung inhaftierter «Demagogen» ein, darunter auch für den verhafteten Turnvater → Jahn, obwohl er den «berühmten Hüpf-, Spring- und Schwungmeister» eigentlich nicht mochte und ihn erst kürzlich in einer Anekdote dem allgemeinen Gespött preisgegeben hatte. Hoffmanns Einsatz für die Aufrechterhaltung des Gesetzes wider Gesinnungsschnüffelei und die Unterdrückungsmaßnahmen der Obrigkeit erreichte seinen Höhepunkt, als er den Chef der preußischen Polizei zum Verhör vorlud: ein beispielloser Schritt, der die persönliche Intervention des Königs von Preußen provozierte.

Die Einsichten, die der Dichter bei dieser prekären Tätigkeit gewann, fanden ihren Niederschlag in seinen letzten literarischen Werken. In dem tollen Faschings-Capriccio «Prinzessin Brambilla» (1820) führte er ein junges Paar, das bisher in einer Welt des falschen Scheins gelebt hatte, durch den Humor zur Selbsterkenntnis. In dem unvollendet gebliebenen Doppelroman «Lebensansichten des Katers Murr nebst fragmentarischer Biographie des Kapellmeisters Johannes Kreisler in zufälligen Makulaturblättern» (1820/22, 2 Bde.) konfrontierte er die behagliche Spießerexistenz eines Katers mit seinem eigenen Spiegelbild, dem Kapellmeister Kreisler, und fügte beide Gestalten in ein reich abgestuftes Figurenensemble ein. In dem Märchen «Meister Floh» (1822) fanden nun endlich die beiden Seelen, die immer in Hoffmanns Brust gelebt hatten, der preußische «Wilhelm» und der musikalische «Amadeus», zueinander: das Anliegen, das der Richter mutig vertrat, machte auch der Dichter zu seiner Sache. Er zitierte in dem Märchen wörtlich aus den Akten, die ihm nur auf dem Dienstweg zugänglich waren, und machte so den Berliner Polizeichef vor aller Welt lächerlich.

Das Werk konnte allerdings nur in kastrierter Gestalt erscheinen, denn Hoffmanns Absicht war zur Kenntnis der Polizei gelangt. Vor strenger Bestrafung und erneuter Verbannung entging er nur durch das Krankenlager, auf dem er

Der Kapellmeister Kreisler im Wahnsinn. Bleistiftzeichnung von E. T. A. Hoffmann, 1822.

bereits lag. Er diktierte noch eine Verteidigungsschrift, in der er mit exzellenten dialektischen Winkelzügen seine literarische Verfahrensweise zu rechtfertigen suchte. Es war ein denkwürdiges Dokument, das sogar der König meisterhaft nannte, obwohl es seinen Verfasser kaum vor der Rache der Obrigkeit bewahrt hätte. Der weitere Fortgang der Krankheit machte jede Verfolgung überflüssig. Anfang April 1822 diktierte der Gelähmte sein künstlerisches Vermächtnis, den von höherer Heiterkeit und tapferer Resignation durchdrungenen Dialog «Des Vetters Eckfenster». Mit dem Blick auf das bunte Treiben des Gendarmenmarktes, das der Leidende nur noch von seinem Eckfenster her beobachten konnte, wollte er den Poeten auf die Maßstäbe des «wirkenden, schaffenden Lebens» verpflichten. Und beim Diktieren ist der große Schriftsteller gestorben, das Gesicht gegen die Wand gekehrt. Die Gefährten beerdigten ihn auf dem Friedhof der Jerusalems-Gemeinde am Halleschen Tor zu Berlin und setzten ihm einen Grabstein, der die erstaunlichen Gaben dieses in die romantischen Künste entlaufenen preußischen Staatsdieners zusammenfaßte:

Kammer Gerichts Rath
ausgezeichnet
im Amte
als Dichter
als Tonkünstler
als Maler.
Gewidmet von seinen Freunden.

Literatur: Günzel, Klaus (Hrsg.): E. T. A. Hoffmann. Leben und Werk in Briefen, Selbstzeugnissen und Zeitdokumenten. Berlin 1976 und Düsseldorf 1979. – Safranski, Rüdiger: E. T. A. Hoffmann. Das Leben eines skeptischen Phantasten. München, Wien 1984. – Kleßmann, Eckart: E. T. A. Hoffmann oder die Tiefe zwischen Stern und Erde. Eine Biographie. Stuttgart 1988.

Hölderlin im Jahre 1823. Bleistiftskizze von Johann Georg Schreiner und Rudolf Lohbauer.

Hölderlin, Friedrich

Lauffen a. N. 20. März 1770 – 7. Juni 1843 Tübingen
Dichter und Übersetzer

«Doch du, mein Vaterland! du heilig- / Duldendes! siehe, du bist geblieben», sang der dreißigjährige Hölderlin in der Ode «Rückkehr in die Heimat». Das Vaterland: das war ihm Schwaben, vom Neckar durchflossen und «geheiligt», den er immer wieder besungen und verherrlicht hat.

«In deinen Tälern wachte mein Herz mir auf
Zum Leben, deine Wellen umspielten mich,
Und all' der holden Hügel, die Dich,
Wanderer! kennen, ist keiner fremd mir.»

Der Neckar war auch seine, des Dichters, Lebensader, an der er zur Welt kam und aufwuchs, an die er gleich dem verlorenen Sohn nach mißglückten Weltfahrten immer wieder zurückkehrte und an der er dann die zweite Hälfte seiner Erdentage verdämmerte, um schließlich auch da zu sterben.

«Schwer verläßt,
Was nahe dem Ursprung wohnet, den Ort.»

Hölderlin hat den Neckar, seinen «Ursprung», stets nur schwer, später überhaupt nicht mehr verlassen. Sogar das Griechenland, das er so inbrünstig umworben und poetisch gefeiert hat, war nicht das klassische Hellas Winckelmanns oder Goethes, sondern es erhielt von dem heimischen Strom seine Farben, Klänge und Rhythmen. Nicht zuletzt in diesem Sinne mag Friedrich Hölderlin ein versprengter Romantiker gewesen sein, der freilich nie nach dem deutschen Mittelalter, sondern immer nach dem Land Homers und Pindars unterwegs gewesen ist – ohne je von der Romantik Notiz zu nehmen oder sich gar zu ihr zu bekennen. Er war und blieb ein Einzelgänger, jedoch ein Generationsgefährte der Romantiker, der die Welt wie sie erlebte und erlitt, wobei ihm allerdings weder romantische Ironie noch Imagination zu Gebote standen, die es ihm hätten gestatten können, die irdischen Heimsuchungen außer

Kraft zu setzen oder zu überspielen. Während ihn Literaten- und Professorenhochmut lange nicht zur Kenntnis nahmen, haben sich Romantiker zuerst um ihn gekümmert. Achim von → Arnim druckte Hölderlin in seiner «Zeitung für Einsiedler», und vollends waren schwäbische Landsleute, etwa Justinus → Kerner, Ludwig → Uhland, Eduard → Mörike sowie Wilhelm → Waiblinger, sowohl um den Kranken als auch um die Rettung von Dichtungen und Lebensdokumenten bemüht.

Auf Hilfe war Hölderlin früh angewiesen: mit zwei Jahren verlor er den Vater, einen Klosterhofmeister, mit neun Jahren den geliebten Stiefvater, der es vom Schreiber in Lauffen zum Weinhändler und Bürgermeister in Nürtingen gebracht hatte. Die Mutter, eine gütige, fromme, in schwäbischen Überlieferungen fest verwurzelte Frau, sah für den Sohn die geistliche Laufbahn vor, was die in Württemberg obligate schulische Ausbildung erforderlich machte. In einem Wald bei Nürtingen las der Konfirmand zusammen mit dem Stiefbruder zum ersten Male Klopstock, aber der Besuch der Lateinschule und anschließend der niederen Klosterschule in Denkendorf mußten Vorrang haben. An der höheren Klosterschule zu Maulbronn litt er unter einem strengen Regiment, das ihn die Richtigkeit der von der Mutter getroffenen Berufswahl bezweifeln ließ.

Maulbronn verließ er mit der Note «vorzüglich» im Fach Poesie, nicht ohne die bereits entstandenen Gedichte sorgfältig zu sammeln. Es folgten, von 1788 an, fünf Jahre im Tübinger Stift, wo der junge Magister einige Vertraute fand, darunter den gleichaltrigen Georg Wilhelm Friedrich Hegel aus Stuttgart und den Pfarrerssohn Friedrich Wilhelm Joseph → Schelling aus Leonberg, die sein Interesse an philosophischen Fragen förderten. Wichtig waren auch die Nachrichten, die von der Revolution jenseits des Rheins herüberdrangen, obwohl der junge Mann die neuen Ideale durch die jakobinische Schreckensherrschaft kompromittiert sah. Hölderlin lernte den vom Hohenasperg entlassenen Dichter Schubart und den Stuttgarter Advokaten Gotthold Friedrich Stäudlin, den «Oberpriester der schwäbischen Musen», kennen, dem er die Hymne «Griechenland» widmete. Sie enthält, die eigene dunkle Zukunft geradezu vorausahnend, den Vers:

«Harre nun! sie kömmt gewiß die Stunde,
Die das Göttliche vom Kerker trennt –
Stirb! du suchst auf diesem Erdenrunde,
Edler Geist! umsonst dein Element.»

Schiller, der nun sein Vorbild geworden war, führte ihm bei diesen und anderen Versuchen die Feder. Sie schienen ihm die einzige Möglichkeit zu eröffnen, dem «freundlosen Dahinleben» im Stift zu entrinnen.

Auch dem von der Mutter beschlossenen geistlichen Beruf galt es zu entkommen, so daß Hölderlin eine Hauslehrerstelle im fränkischen Waltershausen bei Charlotte von Kalb antrat, einer Freundin Schillers, der diese Tätigkeit vermittelt hatte. Doch er, der «Rastlose», war «ein Rad, welches schnell läuft», wie

Frau von Kalb schrieb, und so zog er nach Jena weiter, dessen malerische Lage ihm «unserem Neckartale in Tübingen» zu gleichen schien. Hölderlin genoß das Bewußtsein, zum ersten Male ein unabhängiger Mann zu sein, und glaubte in Schiller den generösen Präzeptor gefunden zu haben, der ein Fragment aus dem «Hyperion» in der «Neuen Thalia» veröffentlichte. Der Besuch von → Fichtes Vorlesungen vermittelte ein bleibendes Erlebnis; in dem um fünf Jahre jüngeren Isaak von Sinclair gewann der Schwabe einen zuverlässigen Freund. Seine Hoffnungen auf eine Anstellung erfüllten sich allerdings nicht. Der ganz anders gestimmte Schiller verlor allmählich das Interesse an ihm, und auch die Begegnungen mit Herder und Goethe sind enttäuschend verlaufen. Hals über Kopf reiste er ab und tauchte, Juni 1795, wieder bei der Mutter in Nürtingen auf: er «war abgestorben allem Mitgefühl mit seinesgleichen, ein lebender Toter», wie ein Freund den Gescheiterten schilderte.

Dem Schiffbruch folgte noch einmal ein euphorischer Aufschwung, als Hölderlin eine Hofmeisterstelle in der Familie des Kaufmannes Jakob Friedrich Gontard zu Frankfurt antrat. Mit Susette, der Frau des Hausherrn, verband ihn bald eine tiefe Leidenschaft, die im gleichzeitig entstandenen Werk unvergängliche Spuren hinterließ. «Majestät und Zärtlichkeit und Fröhlichkeit und Ernst und süßes Spiel und hohe Trauer und Geist» schienen ihm in der schönen Frau mit dem «Madonnenkopfe» zu «Einem göttlichen Ganzen vereint» zu sein. In der «Diotima» des «Hyperion» hat er sie verewigt und erst jetzt dem Roman seine endgültige Gestalt gegeben, während die verschiedenen Fassungen des «Diotima» genannten Gedichts die Geliebte als «göttlich rein ... im Ruin der Zeiten» feiern.

Mit dem «Ruin der Zeiten» und der Welt, in der er weiterhin keinen Platz finden konnte, setzte sich Hölderlin in dem Roman «Hyperion oder Der Eremit in Griechenland» (1797/99, 2 Bde.) auseinander, der antike Ideale mit zeitgenössisch-revolutionären Utopien zu verschmelzen suchte. «Wie der Zwist der Liebenden sind die Dissonanzen der Welt. Versöhnung ist mitten im Streit und alles Getrennte findet sich wieder.» So hieß es, zuversichtlich und lyrisch ausschwingend, am Ende des zweiten Bandes, aber die Wirklichkeit ging andere Wege. Nach einem Streit mit dem Bankier Gontard mußte der Dichter das Haus und Diotima verlassen, die schon vier Jahre später starb. Bei dem Freund Sinclair, in Homburg vor der Höhe, fand Hölderlin ein Asyl, wo er an dem Trauerspiel «Der Tod des Empedokles» arbeitete und ein Zeitschriftenprojekt ausspann, das nicht in die Tat umzusetzen war. Das Jahr 1800, verlebt bei einem Stuttgarter Kaufmann, brachte die Oden «Der Neckar», «Lebenslauf», «Der Abschied» und «Rückkehr in die Heimat» sowie die Elegien «Der Wanderer», «Gang aufs Land» und «Brot und Wein». Existenz- und Zukunftssorgen drohten ihn zu überwältigen. Die Stationen, die noch vor ihm lagen, wechselten immer schneller.

Nach kurzen Episoden als Hauslehrer im eidgenössischen Kanton Thurgau und in Bordeaux stand er, Juni 1802, wieder vor der Mutter in Nürtingen.

Hyperions Überfahrt nach Kalaurea. Gouache von Rudolf Lohbauer, 1824.

Dem Zustand wachsender Zerrüttung trotzte er noch die großen «vaterländischen» Dichtungen und «Nachtgesänge» sowie die Übertragungen des «Oedipus» und der «Antigone» des Sophokles ab. Während der Mittdreißiger aufs neue Zuflucht bei Sinclair in Homburg suchte, erschienen im «Taschenbuch für das Jahr 1805» einige Gedichte, darunter «Hälfte des Lebens», dessen zweite Strophe anzeigte, wie es um den Dichter stand:

«Weh mir, wo nehm' ich, wenn
Es Winter ist, die Blumen, und wo
Den Sonnenschein, und Schatten der Erde?
Die Mauern stehn
Sprachlos und kalt, im Winde
Klirren die Fahnen.»

Die Verstrickung des Freundes Sinclair in einen Hochverratsprozeß stürzte den Kranken in Exaltationen, die seinen Zustand weiter verschlimmerten. Die Mutter mußte den Sohn zurückholen lassen und gab ihn nach Tübingen in ein Klinikum, wo er keine Hilfe mehr finden konnte. Vom Mai 1807 an genoß er Pflege und Gastfreundschaft bei dem Schreinermeister Zimmer, in einem Turm am Neckar, an den er nun für immer heimgekehrt war. Dort dämmerte Hölderlin sechsunddreißig Jahre vor sich hin, den Ausblick ins Steinachtal bis zu den Hügeln der Schwäbischen Alb vor Augen, außerhalb des Gefühls für Zeit und Raum, jenseits wohl auch des Bewußtseins seiner selbst. Plötzliche Wutanfälle und lange Monologe wechselten mit Phasen, in denen er musizierte und sich einer altfränkischen Höflichkeit befleißigte. Gelegentlich geschah es, daß er in ein Stammbuch noch ein paar Verse schrieb:

«Die Linien des Lebens sind verschieden
Wie Wege sind, und wie der Berge Grenzen.
Was hier wir sind, kann dort ein Gott ergänzen
Mit Harmonien und ewigem Lohn und Frieden.»

Die These des französischen Forschers Pierre Bertaux, nach der Friedrich Hölderlin sich sechsunddreißig Jahre lang verstellt und freiwillig die Rolle eines Wahnsinnigen zugelegt hat, um der Gesellschaft seiner Zeit und politischen Repressalien zu entgehen, kann wohl kaum als wahrscheinlich gelten und stilisiert den unglücklichen Dichter, mehr als alle vorangegangenen Biographien, zum romantischen Aussteiger.

Literatur: Volke, Werner (Hrsg.): Hölderlin. Zum 200. Geburtstag. Katalog der Ausstellung des Schiller-Nationalmuseums. Marbach a. N. 1970. – Bertaux, Pierre: Friedrich Hölderlin. Frankfurt a. M. 1978. – Beck, Adolf: Hölderlins Weg zu Deutschland. Fragmente und Thesen. Mit einer Replik auf Pierre Bertaux' «Friedrich Hölderlin». Stuttgart 1982. – Wackwitz, Stephan: Friedrich Hölderlin. Stuttgart 1985.

Der Hölderlin-Turm in Tübingen. Aquarell. Nach der Familienüberlieferung von Schreinermeister Ernst Zimmer gemalt.

Horny, Franz

Weimar 23. November 1798 – 23. Juni 1824 Olevano

Maler und Zeichner

Der junge Weimaraner genoß den ersten Unterricht in der freien Zeichenschule von Johann Heinrich Meyer, Goethes Chefberater in allen Fragen der bildenden Kunst, der nur einen strengen Klassizismus gelten ließ. Solchen Reglementierungen erlag Hornys Begabung nicht, die der romantische Kunstgelehrte und Mäzen Carl Friedrich von → Rumohr erkannte und förderte. Er nahm den Jüngling mit nach Rom, wo sich der Nestor unter den deutsch-römischen Malern, Joseph Anton → Koch, seiner annahm. Zu den neuen Freunden gehörten auch Julius → Schnorr von Carolsfeld, Friedrich → Olivier und ganz besonders Peter → Cornelius, dem Horny bei den Fresken im Casino

Franz Horny. Selbstbildnis als Ganzakt, aus dem Weimarer Skizzenbuch, 1821.

Massimo mit mehreren hundert Blumen- und Früchtestudien zur Hand ging. Diese Zierblätter, von denen die meisten verschollen sind, sollen so vortrefflich gewesen sein, daß sie «den berühmten Logenverzierungen von Gio. da Udine wenig nachzustehen scheinen», wie der Maler Friedrich → Overbeck bezeugt.

Das römische Klima begünstigte jedoch den Ausbruch der Schwindsucht; bereits 1818 erlitt Horny einen ersten Blutsturz. Er übersiedelte nach Olevano, ein altes Bergnest im Sabiner Gebirge, wo Rumohr für sich und seine Freunde eine pittoreske Freistatt gefunden hatte. Der Kranke war fasziniert von der Landschaft, die er in einem Brief an seine Mutter schilderte: «. . . alle Orte liegen ganz oben auf Felsen wie Schwalbennester, mit alten Schlössern und Burgen; oft muß man stundenlang auf schmalem Fußpfad, wo nur das Maultier zu brauchen ist, die nackten Felsen hinauf, um dahin zu gelangen; und die Farbe! davon hat man keine Ahnung.» Horny zeichnete den terrassenförmigen Aufbau dieser Orte immer wieder und gab ihnen auf zahlreichen Blättern eine reich abgestufte, von Licht- und Schatten-Kontrasten belebte Plastik, die oft an alte Stiche erinnert. Gelegentlich bevölkerte er sie mit Figuren in mittelalterlichen oder Renaissance-Kostümen, meistens jedoch mit Gestalten aus dem italienischen Volksleben, für das er eine tiefe Zuneigung empfand.

Seine Gesundheit verschlechterte sich, nach Rom kam er immer seltener, dafür ließ er die intensiven Farben der Bergorte in seine Arbeiten eindringen. Es entstanden lavierte Zeichnungen, Aquarelle, über denen es mit Rumohr zum Bruch kam, schließlich, zwei Jahre vor dem Ende, das erste Ölbild, das der Tieck-Freund und Shakespeare-Übersetzer Wolf Graf Baudissin in Auftrag gab. «. . . wie tief er bereits die ganze Natur erfaßt hat, lebendige und leblose», rief wiederum Overbeck bewundernd aus. Sicher ist Horny unter den etwa fünfhundert deutschen Malern, die zwischen 1800 und 1830 dem Ruf von Ludwig → Tiecks Romanhelden Franz Sternbald gefolgt und nach Italien gezogen sind, einer der begabtesten gewesen. Als er, erst sechsundzwanzigjährig, in seiner Wahlheimat der Krankheit erlag, hinterließ er einen Werk-Torso, der wie ein einziges großes, uneingelöst gebliebenes Versprechen anmutet. Eine Marmortafel in der Kirche zu Olevano erinnert noch heute daran.

Literatur: Schellenberg, Ernst Ludwig: Der Maler Franz Horny. Briefe und Zeugnisse. Berlin 1925. – Scheidig, Walter: Franz Horny. Berlin 1954.

Hufeland, Christoph Wilhelm

Langensalza 12. August 1762 – 25. August 1836 Berlin

Arzt und medizinischer Schriftsteller

Der Arzt, der sich anheischig machte, das menschliche Leben verlängern zu können, stammte aus einer thüringischen Familie, in der die Ausübung der Heilkunst eine lange Tradition war. Nach dem Medizinstudium in Jena und Göttingen übernahm Hufeland die Praxis seines erblindeten Vaters in Weimar,

Christoph Wilhelm Hufeland. Zeitgenössischer Stich.

wurde Hofmedicus des Herzogs Carl August, vernachlässigte aber auch die Armen nicht, denen er oft unentgeltlich beistand sowie kostenlos Pulver und Pillen an ihr Lager brachte. Als Hausarzt Goethes und Mitglied von dessen Freitagsgesellschaft verschaffte er sich einen weiten geistigen Horizont, den er in seinem Beruf für wichtig hielt, denn der glänzendste medizinische Spezialist sei längst noch kein guter Arzt.
Hierin war sich Hufeland mit den Romantikern einig, denen er nähertrat, als man ihn als Professor nach Jena rief. Hufeland verkehrte mit → Novalis, → Fichte, → Schelling und den Brüdern → Schlegel, denen sein Werk «Die Makrobiotik oder Die Kunst, das Leben zu verlängern» gefallen mußte. Er ging darin von der Heilkraft der Natur und besonders des Körpers aus, dem mit abgestuften therapeutischen Reizen aufgeholfen werden sollte. Alles Schädliche, so Alkohol, Rauchen, ausschweifendes Essen und Trinken, exzessive Liebe, Faulheit und Mißgestimmtheit, würde das Leben verkürzen und sei mithin zu meiden. Hingegen zählte Hufeland gesunden, aber nicht zu langen Schlaf, körperliche Bewegung wie etwa das Wandern, vegetarische Ernährung und glückliche eheliche Verhältnisse zu den «Verlängerungsmitteln des Lebens». Das Buch wurde in die meisten europäischen Sprachen und sogar ins Chinesische übersetzt.

Sein Verfasser erhielt 1801 die Berufung nach Berlin als Direktor des Collegium medicum und der Charité sowie als Leibarzt der königlichen Familie. Obwohl er im Grunde ein Republikaner blieb und die Erhebung in den Adelsstand beharrlich ablehnte, hat er die stets kränkelnde Königin Luise rührend betreut und sie auf ihrer dramatischen Flucht nach Königsberg und Memel begleitet, als, Herbst 1806, das alte Preußen in Scherben fiel. Vier Jahre später wurde Hufeland Professor für Pathologie und Therapie an der neugegründeten Berliner Universität, wo er gelegentlich auch romantische Mediziner, etwa den umstrittenen Johann Ferdinand → Koreff, protegierte, der seinen Gönner einen «geweihten Priester der Natur» nannte.

Der hochgeehrte, populäre Professor wurzelte noch in der Aufklärung, was ihn nicht daran hinderte, die Experimente romantischer Magnetiseure ernst zu nehmen, obgleich er einst die Wunderkuren des Franz Anton → Mesmer bekämpft hatte. Er vertrat, als einer der ersten Ärzte überhaupt, den Gedanken der Volks- und Sozialhygiene. Auch bestand er darauf, daß es der Arzt stets mit dem ganzen Menschen zu tun hat und keineswegs nur mit einzelnen erkrankten Organen.

Daß Christoph Wilhelm Hufeland am Ende nur vierundsiebzig Jahre alt wurde und nicht zweihundert, wie er sie in der «Makrobiotik» vertrauensvollen Patienten in Aussicht gestellt hatte, muß daran gelegen haben, daß er kein Dogmatiker war und, wenigstens was ihn selbst anging, seine Verordnungen mißachtete. Jedenfalls präsentierte er sich dem schwedischen Reisenden Atterbom mehrfach «in praktischer Verachtung seiner eigenen Theorie vom Tabakrauchen».

Literatur: Hufeland, Christoph Wilhelm: Hufeland. Leibarzt und Volkserzieher. Selbstbiographie. Neu hrsg. und eingeleitet von Walter von Braun. Stuttgart 1937.

J

Jahn, Friedrich Ludwig

Lanz bei Lenzen/Westpriegnitz 11. August 1778 – 15. Oktober 1852 Freyburg/Unstrut

«Turnvater» und politischer Agitator

In jeder Epoche und geistigen Bewegung treten Gestalten auf, die auch noch die achtbarsten Bestrebungen des Zeitalters übersteigern, ja geradezu selbst parodieren. Eine solche Erscheinung ist Jahn gewesen, genannt «Turnvater» oder «Turnwüterich» – je nachdem, ob das Etikett von einem seiner Jünger oder von einem seiner Verächter gebraucht wurde. Der patriotische Furor der deutschen Romantik war von der napoleonischen Fremdherrschaft provoziert und daher durchaus verständlich. Bedenklich wurde er dort, wo er in wilden Franzosenhaß umschlug und, nach der Vertreibung des Korsen, unheilvoll in die Zukunft fortwucherte. Auch war der Gedanke einer Stärkung des Körpers als Gegengewicht zur rein geistigen Erziehung plausibel, wie sie Dichter und Denker der Epoche zu ihrer Sache machten. Auswüchse mußte jedoch auch die Körperertüchtigung mit sich bringen, wenn sie zur Krafthuberei entartete. Beide Intentionen, die vaterländische und die athletische, vertrat Friedrich Ludwig Jahn, ein von Hause aus tapferer, integrer und harmloser Mann, der aber beide zu einem oft kuriosen, oft auch bedrohlichen Gebräu vermischte. Das Studium der Theologie, Geschichte und Sprachwissenschaften schloß er nicht ab, er wurde Hauslehrer und fand bald in der Agitation gegen die französischen Eroberer seinen Lebensinhalt. Leibesübungen waren ihm nicht nur aus erzieherischen Gründen wichtig. Jahn betrieb sie als paramilitärische Ausbildung, die Wehrertüchtigung für den bevorstehenden Befreiungskampf schaffen sollte, wobei er den Ausdruck «Turnen» für ein urgermanisches Wort hielt und von dem mittelalterlichen «Turnier» ableitete. Die Schrift «Deutsches Volkstum» (1810), romantischem Gedankengut nahe verwandt, lieferte dazu die aus Geschichte und weltanschaulichem Brüten destillierten Argumente. «Wer seine Tochter Französisch lernen läßt, tut nichts Besseres, als wer sie Hurerei lehrt.» So geistig aus- und aufgerüstet, zog Jahn, Frühjahr 1811, mit seinen Gefolgsleuten in die Hasenheide südlich von Berlin, um dort den ersten deutschen Turnplatz anzulegen, der sich alsbald größter Beliebtheit erfreute. «Deutsch zu denken, deutsch zu handeln»: mit diesem Versprechen begann

Friedrich Ludwig Jahn. Ölgemälde von Friedrich Ludwig Heine, 1819.

das erste Turnerlied. Zwei Jahre später, gleich zu Beginn der Befreiungskriege, eilte der bereits populäre Turnvater zu den Fahnen und schloß sich dem Freikorps Lützow an.

Für die Wiederkehr des Ancien régime kämpften er und seine Freunde allerdings nicht, und so erschien Jahn, mit wallendem Vollbart und in altteutscher Tracht, wie ein ungebetener Gast auf dem Parkett des Wiener Kongresses. Die Stiefeln dieses Alternativen seien so «kotig» gewesen, «daß man glauben konnte, er halte das zum Kostüm gehörig und habe sie mühsam eigens beschmiert, wie andere sie blank machen», berichtet der preußische Diplomat → Varnhagen von Ense. Nachdem man ihn als Kontrastfigur zu jeder Art von Establishment zur Kenntnis, zunächst aber noch nicht ernstgenommen hatte, gab Jahn zusammen mit seinem Mitstreiter Eiselen die Schrift «Teutsche Turnkunst» (1816) heraus, aus der die Devise «Frisch, fromm, fröhlich, frei» unmittelbar in den Sprachschatz der Turnvereine gelangte. Wie auch sonst trat hier der grollende Verfasser für schätzbare Ziele ein, für nationalstaatliche Einigung und plebejisches Selbstbewußtsein, überdrehte sie aber derartig, daß sie auf besonnenere Gemüter wie Karikaturen ihrer selbst wirken mußten.

Die Büttel der Restaurationspolitik Metternichs waren freilich noch humorlosere Leute als Jahn, der «die höchst gefährliche Lehre von der Einheit Deutschlands aufgebracht habe», wie ein Report der Untersuchungskommission des Frankfurter Bundestages konstatierte. Mit der Verhängung der Karlsbader Beschlüsse (1819) wurde sein Turnplatz von der Regierung geschlossen und er selbst wegen «Demagogentums» verhaftet. Der Berliner Kammergerichtsrat E.T.A. → Hoffmann nahm sich seiner an, obwohl ihm der «berühmte Hüpf-, Spring- und Schwungmeister» persönlich unsympathisch war. Hoffmanns Gutachten blieb erfolglos: man schleppte den mißliebigen «Volksverhetzer» von Festung zu Festung und verurteilte ihn, nach bereits fünfjähriger Haft, zu einer weiteren zweijährigen Festungsstrafe. Auch nachher stand er, bis zu seiner Rehabilitierung 1841, unter Polizeiaufsicht.
Denunziationen, Festnahmen und Diskriminierungen haben den beherzten Sinn des alten Kämpen nicht brechen können. Im Revolutionsjahr 1848 zog er, immer noch mit wallendem Vollbart, als Abgeordneter in die Frankfurter Nationalversammlung ein, um laut für ein preußisch-deutsches Erbkaisertum zu plädieren, zu dem es jedoch einstweilen nicht kam. Die Deutschen haben es Jahn gedankt und versetzten den Turnvater aus dem Rund der Paulskirche auf zahllose Denkmalssockel, in Turnhallen, Klassenzimmer und Ehrenhaine. Dort lebte er fort als Inkarnation seltener Zivilcourage und närrischer Querdenkerei.

Literatur: Lukas, G.: Friedrich Ludwig Jahn. 1952. – Frank, E.: Friedrich Ludwig Jahn. Ein moderner Rebell. 1972.

Jean Paul

eigtl. Johann Paul Friedrich Richter
Wunsiedel 21. März 1763 – 14. November 1825 Bayreuth
Schriftsteller, Publizist und Ästhetiker

«An einem Vormittag stand ich als ein sehr junges Kind unter der Haustür und sah links nach der Holzlege, als auf einmal das innere Gesicht, ich bin ein Ich, wie ein Blitzstrahl vom Himmel vor mich fuhr und seither leuchtend stehen blieb: Da hatte mein Ich zum ersten Male sich selber gesehen und auf ewig.» So will der Knabe eines bedürftigen Dorfschullehrers, Organisten und Predigers im Fichtelgebirge sein «Ich» entdeckt und wahrgenommen haben. Auch wenn es sich bei dieser «Erweckung» um eine spätere literarische Stilisierung handeln sollte, bleibt sie denkwürdig genug, denn das ständige Umkreisen von Abgründen der eigenen Persönlichkeit war nicht allzuweit entfernt von den Ich-Erfahrungen und den Selbsterforschungen mancher Romantiker.
Trotzdem hat er sich dann nie dem Lager der romantischen Neutöner verbunden gefühlt, überhaupt keiner Gruppierung oder künstlerischen Richtung. Die «ästhetischen Gaukler in Weimar und Jena und Berlin» blieben ihm fremd, obwohl er mit einigen von ihnen auf eine ihm nützliche Weise umzugehen ver-

Jean Paul im Alter. Stich nach einer Zeichnung von Vogel von Vogelstein.

stand. Johann Paul Friedrich Richter war ein Außenseiter, wie auch Käuze und Sonderlinge seine Bücher bevölkern. Bei aller krausen Phantasie, über die er wie wenige seiner Zunftgenossen verfügte, kannte er das Leben und dessen Niederungen, aus denen er selbst stammte.

Die oberfränkische Kleinwelt war der Schauplatz seiner Kindheit, in der er buchstäbliche Not kennenlernte. Das Theologiestudium in Leipzig endete nach drei Jahren infolge völliger Mittellosigkeit. Der junge Mann mußte vor seinen Gläubigern fliehen, nach Hof und anschließend in das obligate Hauslehrerdasein. Er litt Hunger und suchte der Misere durch Lektüre und Schreiben zu entkommen. Wenn ihm die materiellen Voraussetzungen fehlten, die Welt zu erfahren, so war sie vielleicht durch Bücher erfahrbar. Er las nicht nur Jonathan Swift und Lawrence Sterne, Rousseau und Voltaire, sondern ebenso Werke der entlegensten Wissenschaftsbereiche, deren Ertrag er in voluminösen «Zettelkästen» festhielt. Von hier bezog er die enzyklopädische Bildung, die es ihm dann erlaubte, über Elektrisiermaschinen und Luftschiffe so sachkundig zu schreiben wie über literarische Modeerscheinungen. Die Lesewut schlug früh in das Schreiben von Satiren um, für die er unverdrossen Verleger suchte, auch wenn ihn deren Absagen eher mutlos hätten stimmen müssen. Hinter der «feindlichen Brustwehr» solcher satirischer Abrechnungen begann sich jedoch alles das zu regen, was in des «Jünglings Herz» «selig war und schlug, was wogte und liebte und weinte».

Zu seiner Besitzlosigkeit kam der Verlust ihm nahestehender Menschen. Das Hinscheiden zweier Studienfreunde und besonders eines Bruders, den die hoffnungslose wirtschaftliche Lage der Familie in den Selbstmord getrieben hatte, verdichteten sich am 15. November 1790 zu einer Todesvision, die den Winkelschullehrer Richter mit der gleichen existentiellen Wucht traf wie einst das Innewerden seines «Ichs» im Kindesalter: «An jenem Abend drängte ich vor mein künftiges Sterbebette durch 30 Jahre hindurch, sah mich mit der hängenden Totenhand, mit dem eingestürzten Krankengesicht, mit dem Marmorauge – ich hörte meine kämpfenden Phantasien in der letzten Nacht.» Es war eine Vision, die eine ähnliche Intensität besessen haben muß wie die Nachtgedanken, die einige Jahre später die Trauer des romantischen Poeten → Novalis um seine verstorbene Verlobte begleiteten. Jedenfalls ließ dieses neuerliche seelische Erlebnis Johann Paul Friedrich Richter zu dem Dichter Jean Paul werden.

Den Künstlernamen Jean Paul benutzte er seit 1792, aber ein Romantiker wurde er nicht. Die Todesvision verband sich mit den hochgestimmten Erwartungen, die der Ausbruch der Französischen Revolution hervorrief, wie die Wahl des Pseudonyms auch eine Huldigung für den verehrten Jean-Jacques Rousseau enthielt. Jean Paul entdeckte jetzt die Romanform als die ihm gemäße literarische Ausdrucksmöglichkeit: ein Genre, das er wie die Wirklichkeit, die er damit zu bannen suchte, gleichzeitig benutzte und zerstörte. Die zahllosen eingeschalteten Extrablätter, Gespräche mit dem Leser, Exkurse, Reflexionen und Essays sollten den Roman zur «poetischen Enzyklopädie» erweitern.

«Die unsichtbare Loge» (1793, 2 Bde.) nebst der Idylle «Leben des vergnügten Schulmeisterlein Maria Wutz in Auenthal», die er dem Buch als Anhang beigab, war das erste Beispiel für diese Möglichkeit, die Gegenwart episch zu erfassen und durch mehrere erzählerische Perspektiven unterschiedlich zu belichten. Der zweite Roman, «Hesperus oder 45 Hundsposttage» (1795), brachte den Durchbruch beim Lesepublikum, vor allem beim weiblichen, das den gefühlvollen Seelenkenner Jean Paul von da an regelrecht umschwärmte. Er hat sich von den Erfolgen, die ihm treu blieben, nicht beirren lassen und als das genommen, was sie waren: als ein Bündel von unvermeidlichen Mißverständnissen.

Mit den großen Romanen der Reifezeit – dem «Leben des Quintus Fixlein» (1796), dem «Siebenkäs» (1796/97), dem Hauptwerk «Der Titan» (1800/03, 4 Bde.) sowie den unvollendeten «Flegeljahren» (1804/05, 4 Bde.) – trat er immer wieder in der Doppelmaske des phantastischen Utopisten und des skeptischen Humoristen vor seine Leserschaft, die sich, je nach Neigung, an den

Jean Paul, dichtend in seiner Gartenlaube bei Bayreuth. Zeichnung von E. Förster.

einen oder an den anderen hielt. Satiren («Des Feldpredigers Schmelzle Reise nach Flätz», «Dr. Katzenbergers Badereise»), theoretische Arbeiten («Vorschule der Ästhetik»), die sprachgewaltige «Rede des toten Christus vom Weltgebäude herab, daß kein Gott sei» sowie die im Kriegsjahr 1809 erschienene «Kriegserklärung gegen den Krieg» («Dämmerungen für Deutschland») stehen stellvertretend für ein weitgespanntes, schier monströses Lebenswerk, das so unterschiedliche Zeitgenossen wie E. T. A. → Hoffmann und Robert → Schumann beeinflußte. Es ist das Oeuvre eines Generationsgefährten der Romantiker, der sich, trotz mancher Affinität, grundsätzlich als ihr Widerpart verstand.

Als bereits gefeierter Schriftsteller war er der Gast Herders in Weimar; anschließend lebte er in Berlin, dann in Meiningen und Coburg. Er heiratete eine seiner Verehrerinnen, womit er manche andere Leserin herb enttäuschte. 1804 schlug Jean Paul seinen Hausstand in Bayreuth auf, das durch ihn zum ersten Male eine Pilgerstätte wurde. Dort zog er fast täglich, in Begleitung seines Hundes, hinaus zur Rollwenzelei, dem Wirtshaus der Dorothea Rollwenzel, um in einer Gartenlaube oder in einem Extrazimmer unablässig zu schreiben. Gelegentlich brach er noch zu Reisen auf, etwa 1822 nach Dresden, wo ihm Ludwig → Tieck den «Feldprediger Schmelzle» vorlas. Aber da er die Welt ohnehin meistens in Büchern durchmessen und sich anverwandelt hatte, war ihm sein Tisch in der Rollwenzelei zu Bayreuth der liebste Platz, der nur mit ein paar Blättern Papier, Schreibzeug und dem unvermeidlichen Bierseidel ausgestattet sein mußte: gewissermaßen als Logenplatz, von dem aus er das Welttheater beobachtete und mit immer neuen Arabesken versah.

«Feist und kahlscheitelig», wie er nun geworden war, sei der alternde Jean Paul einem Gastwirt oder Bierbrauer ähnlich gewesen, versichern die vielen Besucher in Briefen und Memoirenwerken. Nur die Augen sollen Güte, Humor und Melancholie ausgedrückt haben. Es waren die Augen eines Dichters, der immer wieder daran erinnert hat, daß das Humane dort abwesend ist, wo das Humoristische fehlt.

Literatur: Schweikert, Uwe: Jean Paul. Stuttgart 1970. – Bruyn, Günter de: Das Leben des Jean Paul Friedrich Richter. Halle 1975 sowie Frankfurt a. M. 1976. – Schweikert, Uwe sowie Wilhelm Schmidt-Brüggemann und Gabriele Schweikert: Jean-Paul-Chronik. Daten zu Leben und Werk. München, Wien 1975.

K

Kerner, Justinus

Ludwigsburg 18. September 1786 – 21. Februar 1862 Weinsberg

Dichter, Arzt und Okkultist

Seit der Vierzehnjährige von einem nervösen Magenleiden mit Hilfe einer «magnetischen Manipulation» geheilt worden war, ließen ihn parapsychologische Phänomene, okkulte Strömungen und somnambule Erscheinungen nicht mehr los. Die Geisterwelt mischte sich früh in Justinus Kerners irdische Wege, wie schon die Umstände der Wahl seines Studiums zeigten. Als er, Herbst 1804, in Tübingen eintraf, fand er ein ärztliches Rezept auf der Straße und nahm dies sogleich als einen Wink des Schicksals auf. Während er medi-

Justinus Kerner. Photographie nach einer Daguerreotypie, um 1850.

zinische Vorlesungen hörte, fanden sich in seiner Studentenbude Kommilitonen von anderen Fakultäten ein, darunter der nur wenige Monate jüngere Ludwig → Uhland, mit dem ihn, trotz mancher politischer Gegensätze, eine Freundschaft verbinden sollte, die das ganze Leben über hielt. Zusammen mit gleichgestimmten Studiengenossen bekannten sie sich zum Geist der Romantik, zur alten deutschen Poesie und verfaßten ein «Sonntagsblatt für gebildete Stände»: als Parodie auf das bei Cotta in Stuttgart erscheinende «Morgenblatt für gebildete Stände», das den jungen Leuten durch seinen, wie sie meinten, sterilen Klassizismus ein Ärgernis war. Daneben fand Kerner in leicht hingeworfenen Gedichten den volkstümlichen Ton, der immer wieder Komponisten auf den Plan rief, etwa in dem Lied «Wohlauf! noch getrunken den funkelnden Wein», das dann Robert → Schumann vertonte. Solche und ähnliche Verse gewannen in Almanachen schnell ein großes Publikum.
Indessen trat der zweiundzwanzigjährige «Medicinae Doctor» eine Bildungsreise an, die ihn zunächst nach Hamburg zu dem Bruder Georg führte, einem im Unterschied zu Justinus streng jakobinisch gesinnten Mann. Von dort ging es über Berlin (Begegnung mit → Chamisso) weiter nach Wien, dessen beschwingte Atmosphäre der Schwabe sehr genoß. Er kam mit Dorothea und Friedrich → Schlegel zusammen, lernte → Beethoven kennen und beschloß, der ganzen Reise in Gestalt einer humoristisch-poetischen Folge von zwölf «Schattenreihen» ein literarisches Denkmal zu setzen («Die Reiseschatten», 1811). Die Rückkehr nach Württemberg brachte den Einstieg ins Berufsleben und bald auch die Hochzeit mit Friederike Ehmann, dem «Rickele», die fortan als Herbergsmutter der schwäbischen Romantik fungierte.
Anfang 1819 kam der Oberamtsarzt Kerner in Weinsberg an, wo er sich unterhalb der legendären Burg Weibertreu ein Haus erbaute. Es wurde, im Lauf von mehr als drei Jahrzehnten, zu einer Stätte geistig-geselliger Gastlichkeit, vergleichbar nur noch dem Domizil Ludwig → Tiecks am Dresdner Altmarkt und dem Salon Rahel → Varnhagens in der Französischen Straße zu Berlin, nur eben, im Gegensatz zu diesen, süddeutsch-schwäbisch und von den nahen Rebenhängen temperiert.
Es kamen natürlich die Freunde aus dem engsten Kreise, Uhland, Gustav → Schwab und Eduard → Mörike, dazu der dichtende Graf Alexander von Württemberg. Es kamen Friedrich Matthisson, Ludwig Tieck, der unruhig schweifende Nikolaus → Lenau, der hier vorübergehend Ruhe fand, sowie der «reisende Waldhornist» Wilhelm → Müller, nicht zu vergessen das Fußvolk der Romantik, wie etwa der schmächtige Graf Otto von → Loeben aus Dresden, der sich als Autor Isidorus Orientalis nannte. Es kamen die jungen Sänger aus den poetischen Wäldern Deutschlands, Emanuel Geibel und Ferdinand Freiligrath, sowie Gäste, die sich kaum auf einen gemeinsamen Nenner bringen ließen: die obskure Frau von Krüdener aus dem Baltikum, die dem Zaren Alexander I. die Idee zur Heiligen Allianz eingab, und die polnischen Flüchtlinge des Jahres 1831, die auf der Flucht vor den Russen waren. Sie alle haben in

Justinus Kerner wird beim Maultrommelspiel von einer Erscheinung überrascht. Bleistiftzeichnung von Justinus Kerner.

dem Weinsberger Haus eine Heimstatt, oft für längere Zeit, und Gesprächspartner gefunden.
Justinus Kerner unterhielt sie mit dem Spiel auf der Maultrommel, das er auch zu therapeutischen Zwecken benutzte, oder mit seinen «Klecksographien»: skurrilen Tintengebilden auf Papier, die er «Hadesbilder» zu nennen pflegte. Unausweichlich waren Debatten über Geistererscheinungen oder gar die Konfrontation mit Somnambulen, was den Schriftsteller Immermann bewog, Kerners Heim das «Hauptquartier des Geisterreiches» zu taufen. Zuweilen machte sich der Hausherr über seine Neigung zu den «Nachtseiten» selbst lustig:

«Nach Weinsberg zum Kerner
Do geh ih halt net
Dort koh mer net rueha
Vor Goister im Bett
Vor Goister im Keller
Vor Goister am Tisch
Nein! unter so Gsendel
Beyleib mih net misch!»

Gleichwohl war es ihm heiliger Ernst mit dem «tierischen Magnetismus», wie ihn → Mesmer aufgebracht hatte, und mit dem zwielichtigen Feld der «Grenzwissenschaften». So nahm er Friederike Hauffe, eine somnambule Bauersfrau aus dem Dorf Prevorst, ins Haus, behandelte und beobachtete sie, entwarf für die Kranke sogar einen «Nervenstimmer». Nach ihrem Tod veröffentlichte er die Abhandlung «Die Seherin von Prevorst, Eröffnungen über das innere Leben des Menschen und über das Hereinragen einer Geisterwelt in die unsere» (1829): ein seltsames Mixtum compositum aus Krankengeschichte, abenteuerlichen Deutungs- und Therapievorschlägen, romantisch-naturphilosophischen Exkursen sowie orakelhaften «Eröffnungen». Das Werk erreichte zu Lebzeiten Kerners vier Auflagen und wurde wiederholt ins Englische übersetzt.

In immer neuen Ausgaben erschienen auch seine Dichtungen, zu denen sich zuletzt noch der besinnliche Erinnerungsband «Bilderbuch aus meiner Knabenzeit» (1849) gesellte. Daß sie, ebenso wie die Gedichte der schwäbischen Freunde, dem maliziösen Spott Heinrich → Heines verfielen, hat Kerner gekränkt, jedoch nicht irremachen können. Vielleicht ist seine größte und sympathischste Leistung der Kreis gewesen, den er, ohne Ansehen des Standes und der Überzeugung der Gäste, in einer idyllischen Landschaft um sich versammelte: die Verwirklichung romantisch-biedermeierlicher Umgänglichkeit, die selbst den Linkshegelianer David Friedrich Strauß zum Wiederkommen animierte.

Als den Greis die Sehkraft verließ und das Rickele starb, wurde es einsamer um Justinus Kerner, ohne daß dieser merkwürdige Geisterseher seinen sprichwörtlichen Humor einbüßte. Auf die letzte Ruhestätte hat er sich jedenfalls mit der ihm eigenen höheren Heiterkeit rechtzeitig vorbereitet, wie Nikolaus Lenau erfuhr, der bei seinem ersten Besuch in Weinsberg den Hausherrn ausgestreckt auf dem Fußboden liegen sah, neben ihm, ebenfalls liegend, das Rickele und die Kinder. «Willkommen, lieber Niembsch!» rief Kerner, auf der Diele verharrend, «wir probieren da eben, wie es sein wird, wenn wir so nebeneinander im Grabe liegen werden.»

Literatur: Fröschle, Hartmut: Justinus Kerner und Ludwig Uhland. Geschichte einer Dichterfreundschaft. Göppingen 1972. – Pfäfflin, Friedrich und Reinhard Tgarth (Bearb.): Justinus Kerner. Dichter und Arzt. 1786–1862. Ausstellungskatalog. Marbach a. N. 1986.

Kersting, Georg Friedrich

Güstrow 22. Oktober 1785 – 22. Oktober 1847 Meißen

Maler und Zeichner

Der geborene Mecklenburger ging, wie vor ihm Caspar David → Friedrich und Philipp Otto → Runge, durch die strenge Schule der Kopenhagener Akademie, die bei ihm deutlichere Spuren hinterließ als im Werk der beiden anderen norddeutschen Maler. 1808 kam Kersting nach Dresden, wo er Bekanntschaft mit Gerhard von → Kügelgen und Carl Gustav → Carus schloß, besonders aber ein enges Vertrauensverhältnis zu seinem Landsmann Friedrich fand. Mit ihm zog er wandernd durch die Bergwelt bei Zittau, anschließend durchs Riesengebirge.

Georg Friedrich Kersting. Selbstbildnis als Lützower Jäger, Bleistiftzeichnung, 1813.

Den Freund malte er auch in dessen spartanischer Werkstatt, womit die Reihe von Kerstings Innenraumbildern begann, die einen auf ihre Weise einzigartigen Beitrag zur romantischen Kunst lieferten. Der junge Meister konterfeite Individualitäten in den ihnen gemäßen Räumen: Friedrich in seiner gruftartigen Malerstube; Kügelgen in seinem eleganten Atelier, angefüllt mit Farbengläsern, Gipsfiguren und Büchern; die Malerin Louise Seidler als «Stickerin» in einem von Sonnenlicht durchfluteten Raum; wiederum Kügelgen am Schreibtisch im abendlichen Refugium; einen «eleganten Leser» in einem Gemach, das von Schreibsekretär, Spiegel und dekorativ drapierter Gardine beherrscht ist. Die Räume sind eng, beinahe geheimnisvoll mit den Gestalten verbunden – Spiegelungen ihrer Persönlichkeit, Gehäuse ihrer Lebensverwirklichung, Innenräume auch in einem seelischen Sinn. Fenster öffnen den inneren Kosmos hinaus zur Natur, Spiegel lassen das Antlitz einer abgewandten oder in sich versunkenen Figur aufscheinen, wie etwa auf dem Portrait der Stickerin. Es ist die Verinnerlichung des Alltäglichen, die diese Bilder beinahe in den Umkreis der Landschaften Caspar David Friedrichs rückt und sie überhaupt erst zu romantischen Kunstwerken macht.

Kersting hat eine solche subtile Qualität nie wieder erreicht, nachdem er im Frühjahr 1813 sein Atelier verließ und sich dem Lützowschen Freikorps anschloß. Dort müssen ihn Erinnerungen an die bergende Welt seiner Kunst noch immer beschäftigt haben. Das Bild «Auf Vorposten», mit dem er den Kameraden Karl Friedrich Friesen und Ferdinand Hartmann sowie dem gefallenen Theodor → Körner ein Denkmal setzte, zeigt die drei Freischärler unter eng beieinander stehenden Eichenbäumen, die sie vor Krieg und Kriegsgeschrei zu schützen scheinen: fast wie ein von der Natur geschaffener Innenraum. Dann, nach der Rückkehr aus dem Feldzug, wurde Kersting Zeichenlehrer für die Kinder der Fürstin Sapieha in Warschau, anschließend, von 1818 an, Malervorsteher der Königlich Sächsischen Porzellanmanufaktur in Meißen.

Die Bilder seiner Kinder, die er jetzt malte, beim Aufsteigen von Seifenblasen oder beim Spiel mit Katzen, schnurren zu liebenswürdigem Biedermeier zusammen und lassen an Kerstings Meißner Kollegen Ludwig → Richter denken, ohne sich mit dessen phantasievoller Vielfalt messen zu können. In die späten Arbeiten drangen zudem die literarischen Ambitionen des Peter → Cornelius ein; aus einem Mädchen vor dem Spiegel ließ der Künstler ein Gretchen werden, umgeben von allerlei historisierendem Zierat. Kersting, der ingeniöse Gestalter des Zusammenklangs von Menschen und Räumen, endete als Epigone einer Romantik aus zweiter Hand.

Literatur: Gehrig, Oskar: Georg Friedrich Kersting. In: Mecklenburgische Gesellschaft. Schwerin 1931/32. – Leonhardi, Klaus: G. F. Kersting. Bilder und Zeichnungen. Berlin 1939.

Kieser, Dietrich Georg

Harburg 24. August 1779 – 11. Oktober 1862 Jena
Mediziner und Botaniker

Als Kieser, damals noch Professor extraordinarius zu Jena, sein «System der Medizin» (1817–1819, 2 Bde.) erscheinen ließ, hatte die Geltung der romantischen Naturphilosophie in Deutschland ihren Zenit fast schon überschritten. Gleichwohl blieb Kieser ein Gefolgsmann → Schellings, dessen Ideen er dem eigenen naturphilosophischen Konzept zugrunde legte. Schon 1812 hatte er in den «Grundzügen der Pathologie und Therapie des Menschen» die Krankheit als «den zur Selbständigkeit ausgebildeten Egoismus der Natur», als «die durch Überwiegen des bösen Prinzips im Leben gestörte Einheit des Lebensprozesses» definiert. Auf allen Ebenen des Kosmos, der Natur und des Menschen sah er Analogien walten, beherrscht von Polaritäten, den treibenden Kräften alles Lebendigen. Das Leben spielt sich als «oszillierender Prozeß» zwischen dem Plus- und dem Minus-Pol ab, Krankheit ist stets durch das einseitige Hervortreten des negativen Pols bedingt. Diesen rückschreitenden Prozeß gilt es aufzuhalten und umzukehren. Der Arzt als Deuter und Wiederhersteller jener ewigen Ordnung, die durch Krankheit gestört ist: Kieser sah die wichtigste Aufgabe des Mediziners in der Wiedervereinigung der ordnenden Polarität.

Auch im «System des Tellurismus oder tierischen Magnetismus» (1822, 2 Bde.) beschrieb er das Gleichgewicht der scheinbar dualistisch einander zugekehrten Kräfte. So deutete er den Schlaf als ein von der Erde aufsteigendes und insofern «tellurisches» Phänomen, das Wachen als eine mit der Sonne verbundene und daher «solare» Erscheinung. Hier ging es ebenfalls um die Vereinigung beider Elemente: des Gefühls mit dem Bewußtsein, der Phantasie mit der Vernunft. Sein besonderes Augenmerk wandte der Professor den Geistes- und Gemütskrankheiten zu, bei denen er das harmonische Prinzip ebenso außer Kraft gesetzt sah («Elemente der Psychiatrik», 1855). Alle seine medizinischen Bestrebungen liefen darauf hinaus, die zahlreichen neuen Erkenntnisse der Heil- und Arzneikunde, der Physik, Chemie, Zoologie und Botanik in ein romantisch-philosophisch orientiertes System zu bringen.

Man hat deshalb eine gewisse Praxisferne an ihm gerügt. Dem kritischen Carl Gustav → Carus fiel, als er Kieser besuchte, die «etwas ungelenke Gestalt in ziemlich pedantischer Haltung eines modernen Professors» auf: «Es lag für mich etwas Starres, Festgewordenes in seinem Wesen, welches mir damals einigermaßen mit dem System seiner Krankheitslehre zu stimmen schien, denn die meisten Systeme gleichen ja dem Kristall, dem man zwar wohl ein organi-

Die wahnsinnige Kate. Gemälde von Johann Heinrich Füßli.

sches Leben zusprechen muß, solange er sich bildet, der aber, indem er fertig ist, auch erstarrt, erstorben vor uns liegt.»

Dabei ist Kieser, der die Harmonie der Sphären für die ihm anvertrauten Patienten wiederherstellen wollte, ein den Konflikten seiner Zeit zugewandter Mann gewesen. Als Professor machte er kein Hehl aus seinen Sympathien für die Burschenschaften, nahm 1817 am Wartburgfest teil und gehörte 1848 dem Frankfurter Vorparlament an. Auch der Wissenschaftler ließ sich von dem Vorwurf, ein weltfremder Systematiker zu sein, nicht irritieren. Während die Medizin schon andere Wege ging, leitete er die großherzogliche Irrenanstalt zu Jena nach seinen Grundsätzen und rief schließlich eine Privatanstalt für Geisteskrankheiten ins Leben, der er, ebenfalls getreu seinen Maximen, den besänftigenden Namen «Sophronisterium» gab.

Literatur: Leibbrand, Wilhelm: Die spekulative Medizin der Romantik. Hamburg 1956 (erweiterte Fassung von: Leibbrand: Romantische Medizin. Hamburg 1937).

Kind, Friedrich

Leipzig 4. März 1768 – 25. Juni 1843 Dresden

Schriftsteller, Herausgeber und Opernlibrettist

In seinem Elternhaus am Leipziger Naschmarkt waren Gottsched und Gellert aus- und eingegangen; die Literatur hatte eine Heimstatt im Domizil des Vaters, der ein geachteter Stadtrichter und Ratsherr gewesen ist. Der kleine Friedrich durchstöberte mit seinem Freund August → Apel die Magazine der Leipziger Ratsbibliothek, wo sie damals schon eine alte Fassung der Freischütz-Sage gefunden haben wollen. Die beiden Knaben deklamierten in der «dunkelsten Holzung des Rosentals» die neuesten Dichtungen, «bald in Ossianischer, bald in Shakespearischer, bald in eigener Manier», wie es Kind auch später noch gerne hörte, wenn man ihn eine «ossianische Natur» nannte. Er studierte Jura und kam als Vierundzwanzigjähriger nach Dresden, wo er die Tätigkeit des Advokaten mit einer schier uferlosen schriftstellerischen Produktion zu verbinden wußte.

Kind ging dabei wahllos vor und lieh sich sein Instrumentarium von Kotzebue und Matthisson, jedoch auch von → Fouqué, → Clauren und aus den Arsenalen der Schauerromantik. Er schrieb Gedichte (1808, 5 Bde.), die ihn als routinierten Naturlyriker auswiesen, und veröffentlichte Erzählungen, die zunächst in Taschenbüchern, später in Sammlungen mit blumenreichen Titeln

Friedrich Kind. Lithographie von M. Knädig.

ein dankbares biedermeierliches Publikum fanden: so «Malven» (1805, 2 Bde.), «Tulpen» (1806–10, 7 Bde.) oder «Lindenblüthen» (1817–19, 4 Bde.). Das Drama «Van Dycks Landleben» (1817) entrichtete dem Künstler-Kult seinen Tribut und bezog, wie es die Mode erheischte, auch «lebende Bilder» mit ein, die von Schauspielern dargestellt wurden. Aus der Begegnung mit Carl Maria von → Weber ging die Oper «Der Freischütz» (1821) hervor, für die Kind das Libretto nach der alten Geschichte schrieb, die Apel und Laun mittlerweile in ihrem «Gespensterbuch» vorgelegt hatten. Kinds später oft gescholtener Operntext ist besser als sein Ruf. Er bringt eine eminent romantische Handlung geschickt aufs Theater, läßt Figuren und Situationen weite Räume für ihre musikalische Entfaltung und verrät einen ursprünglichen Sinn für effektvolle Kontraste. Die auf Carl Maria von Weber und seinen Textdichter gemünzte Frage: «Was wäre Maria ohne Kind?» ist daher mehr als nur ein geläufiger Kalauer. Der solchermaßen, trotz manchen Tadels, glänzend ausgewiesene Opernlibrettist hat dieses Talent noch mehrfach erprobt: mit dem für Heinrich → Marschner verfaßten «Holzdieb» (1823) und dem für Conradin Kreutzer geschriebenen «Nachtlager von Granada» (1834).

Daneben spielte Kind eine geschäftige Rolle in den literarischen Kreisen Dresdens. Er war Mitbegründer der Vereinigung «Dichterthee», aus dem dann der «Dresdner Liederkreis» hervorging: eine Runde schmächtiger Poeten, die einander bei Tee und «ganz einfachem Butterbrod» die Erzeugnisse ihrer Federn vorlasen. Ludwig → Tieck machte diese Skribenten, die in der «Dresdner Abend-Zeitung» ihre publizistische Plattform besaßen, als «Räucheranstalt» lächerlich und karikierte sie in der Groteske «Die Vogelscheuche».

Immer rüstig und betriebsam, erreichte Kind immerhin ein Alter von fünfundsiebzig Jahren. Am 25. Juni 1843 aber ging es seltsam zu in seinem Hause, wie es sich für den Dichter des «Freischütz» geziemte. Erst fiel Kinds Portrait von der Wand, wie das Konterfei des Ahnherrn Cuno in der Oper. Am Abend starb der alte Barde. Es war genau neun Uhr und acht Minuten: der gleiche Augenblick, in dem, wenige Straßenzüge entfernt, der soeben berufene Hofkapellmeister Richard → Wagner nach seinem ersten Dresdner «Freischütz» den Taktstock aus der Hand legte.

Literatur: Krüger, Herm. Anders: Pseudoromantik. Friedrich Kind und der Dresdner Liederkreis. Leipzig 1904.

Kleist, Heinrich von

Frankfurt a. d. Oder 18. Oktober 1777 – 21. November 1811 am Wannsee bei Potsdam

Dichter und Publizist

Das einzige authentische Bildnis, das wir von ihm besitzen, zeigt den Vierundzwanzigjährigen mit einem rätselhaften Kindergesicht und ist im Frühjahr 1801 entstanden, als Kleists erste große Lebenskrise schon hinter ihm lag. Sie

Das einzige nachgewiesene Portrait Heinrich von Kleists. Miniatur von Peter Friedel, April 1801.

hing mit seinem Herkommen aus einer altpreußischen Offiziersfamilie zusammen, das ihn selbst zunächst dazu verurteilt hatte, die militärische Laufbahn einzuschlagen. Er beendete sie Anfang April 1799, nachdem er sein Unvermögen zu diesem Beruf entdecken mußte. Damit war jedoch die Illusion, das Leben generalstabsmäßig planen zu können, keineswegs überwunden. Der junge Mann wollte nun eine Karriere im preußischen Zivildienst anvisieren, begann ein kameralistisches Studium an der Universität seiner Vaterstadt, verlobte sich mit der Generalstochter Wilhelmine von Zenge und entwarf einen «Lebensplan», der ganz im linearen Fortschrittsglauben der Aufklärung wurzelte.

Ein Jahr genügte, um Kleist begreifen zu lassen, daß dieser Plan weder mit dem Chaos in ihm selbst noch mit den Unwägbarkeiten der Außenwelt in Übereinstimmung zu bringen war. In der später verlorengegangenen Schrift «Geschichte meiner Seele» zog er die Summe seiner Jugend, wobei ihm tiefe Zweifel an seiner irdischen Bestimmung bewußt wurden. Die Kleist-Forschung hat

dann diesen ersten schweren Zusammenbruch mit dem Wort «Kant-Krise» nur sehr unvollkommen beschrieben. Während ihm alle bisherigen Gewißheiten schwanden und allenfalls der Beruf des Schriftstellers einen vagen Ausweg zu eröffnen schien, reiste er nach Paris, wo ihn die Verlassenheit des Individuums in der großstädtischen Anonymität sowie das nichtswürdige Gebaren der neureichen Revolutionsgewinnler verstörten. Der Zivilisationsekel trieb ihn in die Schweiz, wo er am Ausfluß der Aare in den Thuner See ein Häuschen mietete. Dort entstand das Drama «Die Familie Schroffenstein» (erschienen 1803): eine mit Anklängen an Shakespeares «Romeo und Julia» versehene wilde Familiensaga, die Kleists Depressionen und Entfremdungsängste in einem grellen Szenenreigen ausbreitete. Der Plan zu dem Lustspiel «Der zerbrochne Krug» wurde, im Wettstreit mit den Schweizer Freunden Heinrich → Zschokke und Ludwig Wieland, gefaßt, jedoch erst später verwirklicht.
Kleist, der sich nun ganz als Dichter verstand, hob die Verlobung mit Wilhelmine von Zenge auf und wollte in der Tragödie «Robert Guiskard» die Geister des Sophokles und Shakespeares zusammenzwingen. Dem soeben entfesselten Schaffensrausch konnte er indessen nicht lange nachhängen. Kleist floh vor den bürgerkriegsähnlichen Zuständen in der Schweiz und erschien bei dem alten Christoph Martin Wieland auf dessen Gut im weimarischen Oßmannstedt. Aber bald war der Heimatlose wieder unterwegs, in Sachsen und abermals in der Schweiz. Schließlich zog er nach dem französischen Boulogne, um bei Bonapartes geplantem Landeunternehmen gegen England «den schönen Tod der Schlachten zu sterben». Die Vernichtung des «Guiskard»-Manuskripts besiegelte sein neuerliches Scheitern.
Nach einem weiteren Zusammenbruch tauchte Kleist, Frühsommer 1804, wieder in Preußen auf, wo er noch eine Chance für die Bewährung im Staatsdienst erhielt. An der Kriegs- und Domänenkammer im ostpreußischen Königsberg sympathisierte er mit den Bemühungen der Reformpolitiker und wandte sich erneut der Dichtung zu. Der Aufsatz «Über die allmähliche Verfertigung der Gedanken beim Reden», die Vollendung des «Zerbrochnen Krugs» (erschienen 1811) und die um Identitätskonflikte kreisende Charakterkomödie «Amphitryon» (1807) sind die Zeugnisse dieser vergleichsweise ruhigen Phase. Hingegen schien die Erzählung «Das Erdbeben in Chili» im Bild einer Naturkatastrophe den «Umsturz aller Verhältnisse» vorwegzunehmen, wie er, kurz nach Jena und Auerstedt, das Königreich Preußen und den preußischen Untertanen Heinrich von Kleist ereilte. Er verließ Königsberg und geriet, unter dem Verdacht der Spionage, in französische Gefangenschaft.
Ende August 1807 fand sich der Unbehauste in Dresden ein, wo der Publizist Adam → Müller inzwischen den «Amphitryon» veröffentlicht hatte. Wahrscheinlich sind die anderthalb Jahre, die Kleist nun in der sächsischen Residenzstadt verbrachte, die glücklichste Zeit seines Lebens gewesen. Er lernte Ludwig → Tieck und den Naturphilosophen Gotthilf Heinrich → Schubert,

Titelblatt zu Heinrich von Kleists und Adam Müllers Zeitschrift «Phöbus», Dresden 1808.

auch den Maler Caspar David → Friedrich kennen. Zusammen mit Müller gab er das Journal «Phöbus» heraus, das der romantischen Kunst ein Forum verschaffen sollte. Die Tragödie «Penthesilea» umspannte, im Schicksal der selbstzerstörerischen Amazonenkönigin, des Dichters eigenes «innerstes Wesen». «Der ganze Schmutz zugleich und Glanz meiner Seele» war darin enthalten, sehr zum Befremden Goethes, der hier eine barbarische, von blutigen Exzessen durchschauerte Antike entfacht sah. Goethes Versuch, dem «Zerbrochnen Krug» in Weimar zum Bühnendasein zu verhelfen, endete mit einem Mißerfolg. Kleist erlebte weder diese Vorstellung noch überhaupt die Aufführung eines seiner Stücke. Der größte deutsche Dramatiker der Epoche hat kein einziges seiner Stücke je auf einer Bühne gesehen.

Das Schauspiel «Das Käthchen von Heilbronn» (1810) sollte, «wie das + und – der Algebra», mit der «Penthesilea» korrespondieren. Wenn die archaische Amazone in ihrem rasenden Aktivismus den Geliebten und sich selbst vernichtet, gewinnt das scheinbar passive Käthchen den geliebten Mann und dringt, träumerisch und unbewußt, in die tiefsten Schichten ihres eigenen We-

Käthchen von Heilbronn. Gemälde von Moritz von Schwind, 1826.

sens vor. In das Stück sind romantische Gedanken über den Somnambulismus, die Kleist aus den Gesprächen mit Gotthilf Heinrich Schubert kannte, eingegangen und haben da eine wundersame Apotheose gefunden. Im Gegensatz zu diesem Traumspiel reflektierte das Drama «Die Hermannsschlacht» (postum 1821), im Spiegel des legendären germanischen Kampfes gegen die Römer, des Dichters glühenden Haß auf die napoleonische Fremdherrschaft.

«Schlagt ihn tot! Das Weltgericht
Fragt euch nach den Gründen nicht!»

Dergleichen Tiraden beherrschten jetzt Kleists Gesänge, mit denen er einen Beitrag zur Befreiung Deutschlands von den Franzosen zu leisten gedachte. Er eilte, Frühjahr 1809, nach Österreich, um seine Feder der Armee des Erzherzogs Karl zur Verfügung zu stellen und das patriotische Agitationsblatt «Germania» zu gründen. Die Niederlage der Österreicher bei Wagram machte auch diese Hoffnung zunichte. Nur eine Reihe von emphatischen Aufsätzen und emotionsgeladenen Gedichten ist erhalten geblieben, etwa ein «Katechismus der Deutschen» sowie die Ode «Germania an ihre Kinder». Sie erschienen erst lange nach Kleists Tod und entfalteten ihre nationalistische Sprengkraft in einer Zeit, die für solche Appelle immer empfänglicher werden sollte.

Wieder einmal, wie bereits mehrfach zuvor, verloren sich die Spuren des von aller Welt zurückgewiesenen Poeten und Patrioten im Dunkel, von dem kein Dokument eine Nachricht gibt. Erst Februar 1810 traf Kleist in Berlin ein, wo man ihn schon für tot gehalten hatte. Dort blieb ihm nur noch eine kurze Spanne Zeit, angefüllt mit neuen Zurückweisungen und endgültigem Scheitern. Er konnte es nicht hindern, daß die von ihm redigierte Zeitung «Berliner Abendblätter» (Oktober 1810–März 1811) zu einer Tummelstätte von Feinden des Staatskanzlers Hardenberg wurde, auch wenn darin einige seiner Erzählungen (so «Die Heilige Cäcilie oder Die Gewalt der Musik») und Aufsätze (etwa «Über das Marionettentheater») sowie seine Anekdoten zum ersten Male den Weg zu den Lesern fanden. Das Schreiben von Prosa hat Kleist als Niedergang empfunden, obwohl er im «Michael Kohlhaas», in der «Marquise von O...» und anderen Novellen das Kunststück fertigbrachte, die unmittelbare Betroffenheit des Moralisten mit der kühlen Distanz des Berichterstatters zu vereinigen.

Nur das Schauspiel «Prinz Friedrich von Homburg» (postum 1821 hrsg. von Ludwig Tieck) mag ihm zuletzt als ein Schwanengesang vorgekommen sein, allerdings auch, fast wie das «Käthchen», als ein tiefsinniges Traumspiel, denn die utopische Brandenburg-Apotheose am Schluß trägt träumerisch-unwirkliche Züge. Sicher hat sich Kleist mit dem Monolog des zum Sterben bereiten Prinzen identifiziert:

«Nun, o Unsterblichkeit, bist du ganz mein!
Du strahlst mir, durch die Binde meiner Augen,
Mit Glanz der tausendfachen Sonne zu!»

Es sind Worte von faltenloser Schönheit, bereits abgewonnen einer Lebenssituation, die für den Dichter aussichtslos geworden war. In Achim von → Arnims «Christlich-Teutscher Tischgesellschaft», der sich Kleist anschloß, konnte er für das Honorar der Buchausgabe des «Zerbrochnen Krugs» keine zwei Monate lang das Mittagessen einnehmen. Zur sozialen Perspektivlosigkeit kamen Demütigungen durch die Familie, die in ihm «ein ganz nichtsnutziges Mitglied der menschlichen Gesellschaft» erblickte. Sogar die Aussicht auf Wiedereinstellung in den Offiziersdienst erwies sich als Schimäre. Kleist scheiterte in allen nur denkbaren Lebensbereichen, menschlich, sozial und existentiell, nur nicht in seinem Dichtertum, aber das zählte für ihn kaum mehr in diesem Augenblick der übermächtig gewordenen Krise.

In Henriette Vogel, einer krebskranken Frau, fand er, wie er selbst gestand, keine Freundin zum Leben, sondern eine zum Tode, und seine «ganze jauchzende Sorge» war jetzt nur noch, «einen Abgrund tief genug zu finden, um mit ihr hinabzustürzen». Im Abschiedsbrief an die Stiefschwester Ulrike faßte

Kleist sein ganzes Dasein, wie es sich ihm jetzt darbot, lapidar zusammen: «Die Wahrheit ist, daß mir auf Erden nicht zu helfen war.» Wenige Stunden später, an einem heiteren Novembernachmittag, erschoß der Vierunddreißigjährige am Wannsee bei Potsdam erst Henriette Vogel und dann sich selbst. Rätselhaft, wie sein Kindergesicht, verwirrend, rührend und erschreckend zugleich, blieb ein beispielloses Lebenswerk zurück, entstanden in weniger als einem Jahrzehnt. Aber es brauchte fast ein Jahrhundert, um von der Nachwelt angenommen zu werden.

Literatur: Sembdner, Helmut (Hrsg.): Heinrich von Kleists Lebensspuren. Dokumente und Berichte der Zeitgenossen. Bremen 1957 (Neuausgabe Frankfurt a.M. 1977). – Siebert, Eberhard: Kleist. Leben und Werk im Bild. Frankfurt a.M. 1980. – Günzel, Klaus (Hrsg.): Kleist. Ein Lebensbild in Briefen und zeitgenössischen Berichten. Berlin 1984 sowie Stuttgart 1985.

Klingemann, August

Braunschweig 31. August 1777 – 25. Januar 1831 Braunschweig
Schriftsteller und Theaterdirektor

Der Sohn eines braven Kopisten geriet, ungefähr dreizehnjährig, in eine Aufführung von Schillers «Fiesco». Der Augenblick, in dem der Titelheld, «mit verstellter Stimme und tief in seinen Mantel gehüllt, den alten Doria, unter dem Balkon seines Palastes stehend, warnt», erfüllte den Knaben «noch die ganze Nacht darauf, bei einer heftig gereizten Phantasie, mit Fieberträumen». Seither war es um August Klingemann geschehen: das Phantastische, das ihm aus Romanen und von der Bühne so verführerisch entgegentrat, wurde sein Schicksal.

Er studierte in Jena die Juristerei, kam aber zu Füßen → Fichtes, → Schellings und August Wilhelm → Schlegels zu sitzen, deren Vorlesungen ihn faszinierten. Romane im Stil «historisch-romantischer Gemälde» und ebensolche Dramen verrieten die Einflüsse des Kreises von Jena, auch die von Klingemann herausgegebene Zeitschrift «Memnon» (1800), die dem Geist von Schlegels «Athenäum» huldigte, jedoch nicht über des ersten Bandes erstes Stück hinausgedieh. Immerhin gehörte Clemens → Brentano zu den Mitarbeitern. Als Stückeschreiber segelte Klingemann, keineswegs ohne Erfolg, im Kielwasser berühmter Zeitgenossen. So entstanden, als «historisches Seitenstück zu Schillers Wilhelm Tell», das Trauerspiel «Heinrich von Wolfenschiesen» (1807), und sogar ein «Faust» (1815). Dieses Stück wurde das meistgespielte Faust-Drama der Goethezeit, auch wenn der schwedische Reisende Atterbom darin nur «eine Art Tragödie für den Hausbedarf» sehen wollte.

Sein Verfasser war mittlerweile als Beamter ins heimische Braunschweig zurückgekehrt, wo man ihn 1813 mit der Direktion des Theaters betraute. Eine Glanzzeit dieser Bühne begann, die seit 1818 als «Braunschweiger Nationaltheater» reüssierte. Klingemann holte berühmte Mimen zu Gastspielen an sein Haus und gab einen Querschnitt durch die Weltdramatik. Am denkwürdigen 29. Januar 1829 spielte er, erstmalig in der Theatergeschiche, Goethes «Faust I» und bahnte damit dem Weltgedicht den Weg auf die Bühne. Das Wirken in Braunschweig verband er mit ausgedehnten Reisen. Er wurde in Wien gefeiert und besuchte in Berlin den großen Schauspieler Ludwig → Devrient, der ihn zu seinem Freund E. T. A. → Hoffmann führte. Dort sah Klingemann des Kammergerichtsrates sagenhafter Kater Murr im Sterben liegen, wovon er in seinen «Erinnerungsblättern» (1828) eine tragikomische Schilderung gegeben hat.

Heinrich von Wolfenschiesen.

Ein Trauerspiel

in fünf Aufzügen

von

August Klingemann.

Historisches Seitenstück

zu

Schillers Wilhelm Tell.

1807.

Titelblatt der Erstausgabe von August Klingemanns Trauerspiel «Heinrich von Wolfenschiesen. Historisches Gegenstück zu Schillers Wilhelm Tell», 1807.

August Klingemanns dramatische Werke waren längst eingesargt in verschollenen Ausgaben (1809/20, 3 Bde.) und er selbst so gut wie vergessen, als es 1973 Jost Schillemeit gelang, ihn als Autor eines der mysteriösesten Bücher der deutschen Romantik namhaft zu machen. Die makabre Phantasmagorie «Nachtwachen. Von Bonaventura» war 1804 in dem sächsischen Städtchen Penig erschienen und hatte dann, nacheinander, als ein Werk → Schellings, Caroline → Schlegel-Schellings, E. T. A. Hoffmanns, Clemens Brentanos und des aus Bautzen stammenden Schriftstellers Friedrich Gottlob Wetzel gegolten, ohne daß eine dieser Zuschreibungen schlüssig belegt werden konnte. Schillemeits plausibler Indizienbeweis machte Klingemann als Verfasser dieses Meisterwerkes des schwarzen Humors wahrscheinlich. Ein zu nihilistischer Satire aufgelegter Nachtwächter als schriller Kommentator eines aus den Fugen geratenen Welttheaters: eine so bizarre Inszenierung war nur auf der imaginären Bühne der Literatur möglich, nicht auf den Brettern des Braunschweiger Musentempels, mit denen sich Klingemann, vielleicht aus Resignation, vielleicht aus dem Schaudern vor der eigenen überbordenden Phantasie, später begnügt hat.

Literatur: Schillemeit, Jost: Bonaventura. Der Verfasser der «Nachtwachen». München 1973.

Koch, Joseph Anton

Obergiebeln im Lechtal/Tirol 27. Juli 1768 – 12. Januar 1839 Rom

Maler und Zeichner

Das zeichnerische Talent des Tirolers wurde von dem Weihbischof von Augsburg entdeckt, der seinen jungen Protegé zu einem Maler und einem Bildhauer in die Lehre schickte. Ab 1785 besuchte Koch die Hohe Karlsschule in Stuttgart, wo er sich einem revolutionär gestimmten Schülerzirkel anschloß. Die Pflanzstätte des Herzogs Karl Eugen verließ er unter ähnlichen dramatischen Umständen wie vor ihm Schiller: er floh und schickte den zur Schuluniform gehörenden Zopf an seine Peiniger zurück. Es folgten Aufenthalte in Straßburg und Basel, Fußwanderungen durch die Schweiz und schließlich, ebenfalls zu Fuß, die entscheidende Reise nach Italien, das ihm für das weitere Leben zur Heimat wurde.

Bildnis Joseph Anton Koch. Zeichnung von Friedrich Preller, 1830.

Jahrzehntelang holte er seine Post im Café Greco in der Via Condotti ab, dem Sammelpunkt der deutschen Maler in Rom. Er nutzte das Stipendium eines englischen Mäzens und etablierte sich allmählich als eine Zentralgestalt der zahlreichen deutsch-römischen Maler, die in ihm eine Art Übervater verehrten. Carl Philipp → Fohr, Franz → Horny, Julius → Schnorr von Carolsfeld, Ferdinand → Olivier und Ludwig → Richter haben durch ihn in unterschiedlicher Weise ihre Ausdrucksmöglichkeiten erweitern könnten. Koch selbst stand zunächst unter dem Einfluß des Klassizisten Jakob Asmus Carstens, schuf Zeichnungen zu biblischen sowie mythologischen Szenen und wandte sich dann der Ölmalerei zu. Seine erhabenen Landschaftsvisionen (etwa «Heroische Landschaft mit dem Regenbogen», 1805, und «Der

Schmadribachfall bei Lauterbrunn», 1811) setzten neue Maßstäbe in diesem Genre. Durch starke Kontraste und feierliche Staffelungen der Bildelemente wurden hier ideale «Weltlandschaften» geschaffen, die über herkömmliche Gemälde dieser Art weit hinausgingen. Aber nicht nur deshalb blieb Koch unter den Deutsch-Römern ein Außenseiter, so freundschaftlich er auch mit ihnen verkehrte. Nur einmal vereinigte er sich mit den Nazarenern zu einer monumentalen Gemeinschaftsproduktion, als er bei den Dante-Fresken in der Villa Massimo den Löwenanteil übernahm. Hier mag ihn die Verherrlichung des Dichters der «Göttlichen Komödie» gereizt haben, mit dem er sich auch als Zeichner lange auseinandersetzte.

Das Leben und Malen in der römischen Wahlheimat unterbrach Koch nur während der Jahre 1812 bis 1815, als er in Wien lebte und dort mit Friedrich → Schlegel disputierte, was freilich einen letzten Rest von Distanz nicht zu beseitigen vermochte. Dann war er wieder in Rom, bis ins Greisenalter vor der Staffelei sitzend, wie ihn Louise Seidler beschrieb: «Ein kleines Käppchen auf dem Kopfe, den kurzen Pfeifenstummel im Mund, ... im offenen Hemd, mit aufgekrempelten Ärmeln, herunterhängenden Strümpfen und niedergetretenen Pantoffeln ...» Noch als Patriarch blieb er eine Kraftnatur und klopfte mit seinem gewaltigen Knotenstock an die Türen der viel jüngeren Kunstgenossen: «Na, Kamerad, wemmer bald zusamme kampiere da drauße?» Daß ihm, dem alten Sympathisanten der Französischen Revolution, ausgerechnet Fürst Metternich ein Ruhegehalt verschaffte, war eine der Pointen, wie sie der Weltgeist gelegentlich hervorbringt.

Literatur: Jaffé, Ernst: Joseph Anton Koch. Sein Leben und sein Schaffen. Innsbruck 1905. – Lutterotti, Otto R. von: Joseph Anton Koch. Mit Werkverzeichnis und Briefen des Künstlers. Berlin 1940.

Koreff, David Ferdinand

seit 1816 Johann Ferdinand Koreff
Breslau 1. Februar 1783 – 15. Mai 1851 Paris
Arzt und Schriftsteller

In einem Rezept und in einem Sonett soll er nur «verschiedene Ausflüsse einer Göttlichkeit» gesehen haben, wie ihm sein Freund → Varnhagen attestierte. Grenzüberschreitungen, die, abenteuerlichen Serpentinenfahrten vergleichbar, zwischen den entgegengesetzten Polen seines Wesens unentwegt stattfanden, waren für viele Romantiker charakteristisch, aber in der Gestalt des Doktors Koreff führten sie zu den sonderbarsten Kombinationen. Er war Arzt aus Berufung und Scharlatan, orakelnder Magnetiseur und sprühender Witzbold, Günstling eines Kanzlers und Emigrant, universell gebildeter Gelehrter und frivoler Hochstapler, Jude und Christ, Deutscher und Franzose – immer bestrebt, mit Rezepten und Sonetten einen Abglanz des unsichtbaren Weltganzen herabzubeschwören.

David Ferdinand Koreff. Zeichnung von Wilhelm Hensel.

Sein Vater, ein jüdischer Arzt, hatte noch den berühmten Franz Anton → Mesmer persönlich gekannt, dessen magnetische Heilverfahren auch für Koreff beispielgebend wurden. Mit dem Beruf des Arztes und der Sensibilität des kundigen Psychologen verband er früh musische Neigungen, die ihn später zum Schreiben von Gedichten und Operntexten bewogen. Er schloß in Berlin Freundschaft mit Varnhagen, Adelbert von → Chamisso und dem literaturbegeisterten Referendar Julius Eduard → Hitzig, reüssierte als Arzt in Paris, duchreiste Italien an der Seite einer französischen Aristokratin und übersetzte, fast nebenher, die Elegien des Römers Tibull, die Goethe zu den «bedeutenden, wirksamen Büchern» des Jahres 1810 zählte. Während des Wiener Kongresses, bei dem er, allerdings versehentlich, dem russischen Zaren auf offener Straße einen Stockhieb versetzte, fand er Zugang zu dem preußischen Staatskanzler Hardenberg, dessen uneingeschränktes Vertrauen er gewann. Als Leibarzt des Kanzlers zog er nach der Schlacht von Waterloo, befördert zum preußischen Major, in Paris ein, wo er ein Bändchen «Lyrische Gedichte» drucken ließ. Es enthielt auch das «Gebet eines Magnetiseurs», mit dem Koreff sein romantisch-kosmisches Medizinverständnis kundgab:

«Hoch aus eurer sel'gen Ferne
Steiget nieder, lichte Sterne,
Senkt euch in des Menschen Bau,
Wie ihr auf der Wandrung irret
Und doch nie die Bahn verwirret,
Wogend in des Himmels Blau!»

Seine kometenhafte Karriere war freilich vom Übertritt zum Protestantismus abhängig, auf dem Hardenberg bestand. Koreff änderte seinen ersten Vornamen «David» in «Johann» um und wurde Professor an der Berliner Universität. Dort suchte er den Mesmerismus als akademisches Fach zu etablieren, hielt aber auch Kollegs über allgemeine und spezielle Physiologie, epidemische und kontagiöse Krankheiten, Vergiftungen und Gemütserkrankungen. Der Favorit Hardenbergs avancierte außerdem zum Geheimen Oberregierungsrat, setzte die Berufung August Wilhelm → Schlegels an die Universität Bonn durch, verschaffte Ludwig → Tieck und → Jean Paul stattliche Pensionen, führte den Generalmusikdirektor Spontini beim Berliner Publikum ein, verkehrte mit Rahel → Varnhagen und Heinrich → Heine, parlierte mit Hegel und Alexander von Humboldt. In E. T. A. → Hoffmann fand er einen wahlverwandten Freund, der ihn dann als ebenso witzigen wie mystisch gestimmten Causeur Vinzenz in seiner Novellensammlung «Die Serapionsbrüder» portraitierte. Koreff, für wenige Jahre ein Enfant terrible der Berliner Gesellschaft, wurde schließlich das Opfer der Hof-Kamarilla und antisemitischer Kreise sowie eigener Unvorsichtigkeiten. Kurz nach der Uraufführung der von ihm gedichteten und von dem Musikdirektor Georg Abraham Schneider vertonten Oper «Aucassin und Nicolette» (1822) mußte er sich mit seinem Sturz abfinden und Berlin verlassen.

In Paris lebte er noch fast drei Jahrzehnte dahin: als geschätzter Arzt, Salonlöwe und erfolgreicher Pionier deutsch-französischer Kulturbeziehungen. Er regte die erste französische E. T. A. Hoffmann-Ausgabe an und ging mit Stendhal, Prosper Merimée, den Brüdern Musset und Giacomo Meyerbeer um. Er behandelte die Kurtisane Marie Duplessis, die nach ihrem frühen Tod als die «Kameliendame» des jüngeren Dumas und als Verdis «La Traviata» unsterblich werden sollte. Er kurierte und amüsierte den alten Talleyrand, der dem deutschen Arzt folgendes Kompliment machte: «Der Doktor Koreff weiß alles, sogar etwas von Medizin!» Koreffs Frau, befragt nach dem Spezialgebiet ihres Mannes, antwortete: «Die verzweifelten Fälle.» Verschroben gekleidet und mit einer roten Lodenperücke grotesk bekrönt, erschien er den Franzosen als «le médecin hoffmannique». Den Magnetismus betrieb er weiterhin, träumend von den «gefahrvollen Fahrten auf dem stillen Ozean des Schlafes, auf dem uns noch der Kompaß der Wissenschaft fehlt».

Daß die Schulmedizin andere Wege ging und die erste Äthernarkose sowie bald darauf die erste Blinddarmoperation von sich reden machten, wollte er nicht zur Kenntnis nehmen. «Le docteur Koreff» verlor sein Vermögen und mußte die Pferde verschenken, da er das Futter nicht mehr bezahlen konnte. Die abenteuerliche Schicksalskurve, die er durchlaufen hatte, hielt ihn bis zuletzt in Atem. Seine Schwester setzte den inzwischen Mittellosen zum Erben von 100 000 Franken ein, vergaß aber das Testament zu unterzeichnen, so daß es nicht rechtskräftig werden konnte. Er starb bei einem Krankenbesuch, erlöst von einem Dasein, das am Ende anachronistisch geworden war.

Literatur: Oppeln-Bronikowski, Friedrich von: David Ferdinand Koreff. Serapionsbruder, Magnetiseur, Geheimrat und Dichter. Der Lebensroman eines Vergessenen. 2. Auflage. Berlin, Leipzig 1928.

Körner, Theodor

Dresden 23. September 1791 – 26. August 1813 bei Gadebusch
Dichter und Freiheitskämpfer

Selten ist ein Poet in so anspruchsvoller geistiger Atmosphäre aufgewachsen. Das Haus des Oberappellationsrates Christian Gottfried Körner zu Dresden war ein «Freihafen für Wissen und Kunst», wo Mozart spielte, Goethe, Wilhelm von Humboldt, → Tieck, die Brüder → Schlegel, → Novalis, → Arndt, der Reichsfreiherr vom → Stein, → Kleist, Adam → Müller, Gotthilf Heinrich → Schubert verkehrten und wo, wenige Jahre vor Theodors Geburt, Schiller logiert und am «Don Carlos» gearbeitet hatte. Trotz dieser auf dem deutschen Parnaß verbrachten Kindheit sprach der junge Mann auch später den singenden Dialekt seiner Heimatstadt, denn → Eichendorff, mit dem er dann in Wien zusammentraf, nannte ihn den «noch kindisch genialen und burschikosen Dresdner Theodor Körner mit dem sächsischen Maule».

Er studierte an der Bergakademie Freiberg, dann in Leipzig, nahm an Studententumulten teil, wurde von der Universität relegiert und ging nach Berlin, um Vorlesungen bei → Fichte und → Schleiermacher zu hören. Die Freundschaft mit dem Turnvater → Jahn goß noch Öl in das patriotische Feuer, das den Heißsporn verzehrte (Gedicht «Andreas → Hofers Tod», 1810).

Körner übersiedelte nach Wien und machte mit Bühnenstücken, die er in kürzester Zeit routiniert zusammenschrieb, von sich reden (Opernlibretto «Das Fischermädchen», Lustspiele «Die Braut» und «Der grüne Domino» sowie weitere Komödien und Tragödien). Dorothea → Schlegel wußte über den von der Elbe an die Donau verschlagenen Publikumsliebling zu berichten: «Er überschwemmt jetzt das Theater mit Dramen aller Art, die bei ihm wie Pilze aufschießen, in welchen, er mag nun sein Thema aus der Geschichte oder aus der Konversation, aus der Phantasie oder aus der Zeitung nehmen, ihm nichts deutlich vorschwebt als die Katastrophe, die manchmal eine wahre Explosion ist, wie in seinem ‹Zriny›, wo alles in die Luft gesprengt wird. Die drei, vier oder auch fünf Akte sind nichts als Zubereitungen zu einem solchen Feuerwerk.» Das Drama «Zriny», das im Spiegel eines Ereignisses aus der Zeit der

Theodor Körner als Lützower. Zeitgenössische Kopie nach Emma Körners Zeichnung.

Türkenkriege den antinapoleonischen Befreiungskampf beflügeln wollte, trug dem Einundzwanzigjährigen die Ernennung zum k. k. Hoftheaterdichter ein. Mit dem «Feuerwerk» sollte es bald blutiger Ernst werden, als Körner, Frühjahr 1813, ins Freikorps Lützow eintrat und zum Adjutanten des Kommandeurs avancierte. Während seine vaterländischen Gedichte («Frisch auf, mein Volk, die Flammenzeichen rauchen», «Das Volk steht auf, der Sturm bricht los», «Du Schwert an meiner Linken» und besonders die von Carl Maria von → Weber vertonte «Lützows wilde Jagd») schnell den Weg zur deutschen Jugend fanden, wurde Körner bereits Mitte Juni schwer verwundet. Zehn Wochen später fiel er unweit von Schwerin bei einem Nachtgefecht, unter nie ganz geklärten Umständen.

Seine von nationaler Emphase und schwungvoller Todesverachtung getragene Lyrik gab der Vater, der Dresdner Oberappellationsrat, 1814 unter dem Titel «Leier und Schwert» heraus. Der Titel dieser Sammlung war durch ein Büchlein zustande gekommen, das die Wiener Jüdin Henriette Pereira, geborene

Arnstein, mit einer Leier bestickt und Körner für die Niederschrift seiner Kriegslieder geschenkt hatte. Die völkischen Männergesangvereine, die dann diese teutonisch jauchzenden Verse als eisernes Repertoire benutzten, konnten oder wollten freilich nicht wissen, daß die Anregung zu «Leier und Schwert» von einer Wiener Jüdin gekommen ist...

Literatur: Peschel, Emil und Eugen Wildenow: Theodor Körner und die Seinen. 2 Bände. Leipzig 1898. – Jöst, Erhard: Der Heldentod des Dichters Theodor Körner. Der Einfluß eines Mythos auf die Rezeption einer Lyrik und ihre literarische Kritik. In: Orbis Litterarum, Bd. 32 (1977).

Kügelgen, Gerhard von

Bacherach am Rhein 6. Februar 1772 – 27. März 1820 Loschwitz bei Dresden

Maler und Zeichner

Der gebürtige Rheinländer, Sohn eines Kurkölnischen Hofkammerrates, erhielt seinen ersten Unterricht in Koblenz und Würzburg, ging dann nach Italien und entwickelte sich unter der Ägide des Klassizisten Asmus Jacob Carstens zu einem geschätzten Bildnismaler. Als Portraitist gewann Kügelgen in München, Riga, Reval und besonders in St. Petersburg hohes Ansehen. Nach einem Studienaufenthalt in Paris ließ er sich 1805 mit seiner Familie in Dresden nieder, wo er als Professor an der Akademie auch ein beliebter Lehrer wurde.

Seine Allegorien und biblischen Darstellungen standen den Klassizisten des ausgehenden 18. Jahrhunderts eigentlich näher als den Romantikern, für die er gleichwohl in die Schranken zog, wenn sterile Kunstschriftsteller über sie herfielen. So brach er öffentlich eine Lanze für seinen Freund Caspar David → Friedrich, dessen Kopf er auch für das Haupt des Saul auf seinem Gemälde «Saul und David» (1807) als Vorbild benutzte. Kügelgens Domizil im zweiten Obergeschoß des «Gottessegen»-Hauses in der Dresdner Hauptstraße war ein Treffpunkt der Gelehrten- und Künstlerwelt, ein urbaner Begegnungsort für Gäste von nah und fern. Von einem Fenster dieser Wohnung hat Goethe an einem Apriltag des Jahres 1813 auf den Einzug der Monarchen von Rußland und Preußen in Dresden und solchermaßen auf eine Haupt- und Staatsaktion der Weltgeschichte hinabgesehen. Der gefeierte Maler und Professor fand sieben Jahre später ein schreckliches Ende, als er auf dem Heimweg von seinem Loschwitzer Weinberg das Opfer eines Raubmordes wurde.

Unter den betenden Angehörigen am Sarg war sein Sohn Wilhelm (1802–1867), der dann in die Fußstapfen des Vaters trat und es zum anhaltischen Hofmaler am Duodezhof zu Ballenstedt brachte. Seine biedermeierlichen Bilder sind inzwischen fast vergessen, nicht jedoch seine «Jugenderinnerungen eines alten Mannes» (zuerst 1870), die zahlreiche Auflagen erlebten. Mit ihnen hat Wilhelm von Kügelgen ein farbiges Stück Dresdner Kulturgeschichte, reich

Gerhard von Kügelgen. Ölgemälde von Traugott Leberecht Pochmann.

an Gestalten von Caspar David Friedrich bis zu den Vorstadt-Originalen, überliefert und ein echtes Volksbuch geschrieben.

Das unweit vom Goldenen Reiter, dem Monument Augusts des Starken, zu Dresden stehende Haus, dessen Giebelseite noch immer die Inschrift «An Gottes Segen ist alles gelegen» zeigt, birgt heute das Museum zur Dresdner Frühromantik. Wohnung und Atelier Gerhard von Kügelgens sind hier, nach alten Bildvorlagen, liebevoll wiederhergestellt und darüber hinaus den Leistungen der Dresdner Romantiker einige Räume gewidmet worden: ein kleines, aber feines Memorial der einstigen Bewohner und ihrer berühmten Gäste.

Literatur: Kügelgen, Wilhelm von: Jugenderinnerungen eines alten Mannes 1802–1820. Nach dem Original-Manuskript hrsg. von Johannes Werner. Leipzig 1924. – Kügelgen, Wilhelm von: Zwischen Jugend und Reife des alten Mannes 1820–1840. Aus Briefen und Tagebüchern gestaltet von Johannes Werner. Leipzig 1925. – Kügelgen, Wilhelm von: Lebenserinnerungen des alten Mannes in Briefen an seinen Bruder Gerhard 1840–1867. Hrsg. von Paul Siegwart von Kügelgen und Johannes Werner. Leipzig 1923.

L

Lenau, Nikolaus

eigtl. Nikolaus Franz Niembsch Edler von Strehlenau
Csatád/Ungarn, jetzt Lenauheim/Rumänien 13. August 1802 –
22. August 1850 Oberdöbling bei Wien
Dichter

Der exotisch anmutende Poet mit dem Pußta-Flair muß eine romantische Erscheinung gewesen sein, wenn es je eine gab, und auch in seinem dramatisch bewegten Lebenslauf mag man die exemplarische Biographie eines Romantikers sehen. Die Neigung zur Musik, das Erlebnis der Natur, die anhaltende Auseinandersetzung mit den gefährlichen Tiefen des eigenen Ich waren Züge, die ihn menschlich und literarisch mit der Romantik verbanden. Dennoch gehört der Dichter Lenau weit mehr jener Übergangszeit an, die sich, lastend und grau, zwischen dem Ende der «Kunstperiode» und der Revolution von 1848 erstreckte. Den großen Umsturz aller Verhältnisse hat er herbeigesehnt, dann aber, als das lange erwartete Ereignis eintrat, nicht mehr registriert, da er um diese Zeit schon von Geistesumnachtung geschlagen war. Vor dem öden Gleichklang der späten Metternich-Jahre konnte sich Lenaus leidenschaftliche Stimme jedoch um so eindrucksvoller vernehmen lassen, konnte er zum Dichter des Weltschmerzes und der Zerrissenheit, zum tragischen Zigeunerprimas und österreichischen Verwandten Lord Byrons werden – wenn das nicht bereits Klischees wären, die weder seinem Schicksal noch dem Rang seines Werkes entsprechen.

Der Sohn eines ausschweifenden Beamten, der das Vermögen seiner Frau am Spieltisch durchgebracht hatte, lernte früh Unordnung und Bedürftigkeit kennen. Die Mutter heiratete nach dem Tod ihres Mannes zum zweiten Male; die Familie lebte abwechselnd in Buda, Tokaj und Pest, wo der Direktor des Gymnasiums dem Knaben eine Zukunft als Dichter prophezeite. Er durchstreifte die Landschaft und erlernte das Geigenspiel, das ihn dann bis hinein in die Nacht der letzten Jahre begleitete. Das Studium, das er teils in Wien, teils in Ungarisch-Altenburg betrieb, wechselte von der Jura zur Philosophie, von der Landwirtschaft zur Medizin. An Bertha Hauer, ein fünfzehnjähriges Wiener Mädchen, richtete der Jüngling glühende Verse, die schon den unverwechselbaren Lenau-Ton aufklingen ließen. Das Gedicht «Die Jugendträume» er-

Nikolaus Lenau. Pastellbild mit Bleistift von C. Gericke, 1839.

schien 1828 noch unter dem Namen Niembsch in einem Taschenbuch; das allegorische Poem «Glauben. Wissen. Handeln» folgte zwei Jahre später in der «Damen-Zeitung» und stellte den Autor erstmalig mit dem Namen Lenau vor. Anfang August 1831 tauchte er in Stuttgart auf und faszinierte die schwäbischen Romantiker, allen voran Gustav → Schwab, Justinus → Kerner und Ludwig → Uhland, durch die Musikalität seiner Gedichte. Besonders die Frauen konnten sich der magischen Wirkung nicht entziehen, die von dem ungestümen Weltverbesserer mit dem braungelockten Haar ausging. Er wiederum ließ sich von ihnen inspirieren, etwa von Lotte Gmelin, einer Nichte Schwabs, zu den «Schilfliedern» (1832).

Das Leiden an der Enge, das dem durchaus erfolgreichen Dichter überall im Deutschen Bund zu schaffen machte, bewog ihn zur Auswanderung nach Amerika, wo er in Ohio ein Grundstück erwarb. Die «himmelanstinkenden Krämerseelen», die er dort überall traf, trieben den inzwischen «Amerikamüden» schon 1833 zurück nach Stuttgart, während Menschen und Landschaften der Neuen Welt ihre Spuren im literarischen Werk hinterließen, so in den Gedichten «Die drei Indianer», «Der Urwald», «Niagara» und «Das Blockhaus».

Das schöpferische Jahrzehnt, das ihm noch blieb, verbrachte Lenau abwechselnd in Schwaben und in Wien, beglückt, erhoben und zermürbt von seiner Leidenschaft für Sophie Löwenthal, die Frau eines hohen österreichischen Beamten. Die unerfüllbare Passion ging in das dramatische Gedicht «Faust» (1836), in die Versepen «Savonarola» (1837) und «Die Albigenser» (1842), zuletzt noch in die Szenenfolge «Don Juan» (postum 1851) und in melancholische Gedichte ein, die eine folkloristische Romantik mit sinnlichem Raffinement vereinten. Euphorische Aufschwünge wechselten mit schmerzlichem Erwachen, rebellisches Aufbegehren wider die von Obrigkeit und Kirche verhängten Zwänge mit selbstzerstörerischer Niedergeschlagenheit. Die geplante Heirat mit der Opernsängerin Karoline Unger sollte einen Ausweg aus dem Dilemma der Liebe zu Sophie Löwenthal eröffnen, kam aber nicht zustande. «Ich möchte mich gern zu Tode arbeiten», schrieb er verzweifelt an Sophie, um dann noch einmal den Versuch einer Lösung von ihr zu unternehmen. Lenau verlobte sich, August 1844, überstürzt mit der Frankfurter Honoratiorentochter Marie Behrends, um gleich darauf mit den zutiefst verstörten Gedichten «Blick in den Strom» und «Eitel nichts» von Sophie Abschied zu nehmen:

«'s ist eitel nichts, wohin mein Aug ich hefte!
Das Leben ist ein vielbesagtes Wandern,
Ein wüstes Jagen ists von dem zum andern,
Und unterwegs verlieren wir die Kräfte.
Ja, könnte man zum letzten Erdenziele
Noch als derselbe frische Bursche kommen,
Wie man den ersten Anlauf hat genommen,
So möchte man noch lachen zu dem Spiele.
Doch trägt uns eine Macht von Stund zu Stund,
Wie's Krüglein, das am Brunnenstein zersprang,
Und dessen Inhalt sickert auf den Grund,
So weit es ging, den ganzen Weg entlang.
Nun ist es leer; wer mag daraus noch trinken?
Und zu den andern Scherben muß es sinken.»

Im September 1844 ereilte Lenau ein Schlaganfall, dem im Oktober weitere Anfälle, Wahnideen und Selbstmordversuche folgten. Die Geige gewährte ihm einen letzten, fast grimmigen Trost, wie er Sophie noch mitteilte: «Da nahm ich meinen Guarnerius heraus, spielte einen steirischen Landler, tanzte dazu selbst und stampfte wütend in den Boden, daß das Zimmer bebte.» In den Heilanstalten Winnenthal bei Stuttgart und Oberdöbling bei Wien vegetierte er fast sieben Jahre dahin. «Der arme Niembsch ist sehr unglücklich», bekannte er 1849 schluchzend dem Arzt, um von da an, das ganze letzte Lebensjahr über, kein Wort mehr zu sprechen. Er stöhnte und weinte nur noch, ohne wahrzunehmen, daß die beiden Bände seiner «Gedichte» unterdessen in mehreren Auflagen den Weg zu einem breiten Publikum gefunden hatten.

Literatur: Turócsi-Trostler, József: Lenau. Berlin 1961. – Scheffler, Walter (Bearb.): Lenau in Schwaben. Eine Dokumentation in Bildern. Marbach a. N. 1977. – Mádl, Antal: Auf Lenaus Spuren. Beiträge zur österreichischen Literatur. Budapest, Wien 1982.

Loeben, Otto Heinrich Graf von

Otto Heinrich Graf von Loeben. Zeichnung von Wilhelm Hensel.

Pseudonym: Isidorus Orientalis
Dresden 18. August 1786 – 4. April 1825 Dresden
Dichter

Die Güter seiner Familie lagen unweit vom ostsächsischen Herrnhut, dessen pietistische Brüdergemeine die Frömmigkeit des Grafen Loeben nachhaltig beeinflußte. Er war und blieb ein kindlicher Schwärmer, gerade auch dort, wo er das poetische Instrumentarium der Frühromantiker ins Manierierte, ja Affektierte übersteigerte. Schwach und von Krämpfen geplagt, kehrte er gleichwohl den «oberlausitzischen Ritter» heraus, liebte aber ebenso die Attitüde des Sarastro. Der Dichtername «Isidorus Orientalis», unter dem der Graf seine Poesien drucken ließ, verwies bereits auf das Ägyptisch-Okkulte, jedoch auch auf die Rhapsodien Jakob Böhmes, der zwei Jahrhunderte zuvor in Görlitz, nicht weit von Herrnhut, seine «Aurora oder Die Morgenröte im Aufgang» geschrieben hatte.

Der Roman «Guido» (1808), den der Graf als Heidelberger Student in wenigen Wochen ausarbeitete, sollte den «Heinrich von Ofterdingen» des → Novalis fortsetzen, verwässerte aber die Vorlage zu einem Verschnitt sentimentaler Klischees. Das «Reisebüchlein eines andächtigen Pilgers» (ebenfalls 1808) ersetzte das Vorbild des Novalis durch Ludwig → Tieck, dessen virtuose Wortmagie Isidorus hier nachzuahmen versuchte. Er wollte immer modern sein, womit es ihm erging wie anderen Autoren, die unbedingt modern sein wollten oder wollen: er wurde schon bald nicht mehr gelesen. Aus seinem Schäfer- und Ritterroman «Arkadien» (1811–12, 2 Bde.) machte die erste Zeile eines durchaus ernstgemeinten Sonetts als Witzwort die Runde, mit dem man sich bei passenden und unpassenden Gelegenheiten begrüßte: «O Minn, o Mai, o Minnemai!» In seinen mittelalterlich drapierten Erzählungen («Ritterehre und Minnedienst», 1819; «Die Irrsale Klotars und der Gräfin Sigismunda», 1821) ging es rasselnd und süßlich zu. In den «Gedichten» (1810) gab es abenteuerliche Wortschöpfungen und formale Künsteleien im Übermaß.

Daß ein so gespreizt daherkommender Dichter die Parodisten auf den Plan rief, war nicht verwunderlich. → Eichendorff, der ihn von Heidelberg her gut kannte und dann auch in Wien und Berlin traf, portraitierte Loeben als «Schmachtenden» in seinem Roman «Ahnung und Gegenwart»: «Er ist ein guter Kerl, aber er hat keinen Mannesmuskel im Leibe ... er las ein Gedicht vor, wovon ich trotz der größten Anstrengung nichts verstand ... es waren deutsche Worte, spanische Konstruktionen, welsche Bilder, altdeutsche Re-

densarten, doch alles mit überaus feinem Firnis von Sanftmut verschmiert...» Woraufhin ihm übrigens Isidorus, der sich sogleich erkannt hatte, einen noblen Brief schrieb. E. T. A. → Hoffmann und Clemens → Brentano, den Loebens Physiognomie an einen «schimmelichten Limburger Käse» erinnerte, gehörten ebenfalls zu den Spöttern.
Während der Befreiungskriege schloß sich der Graf dem «Banner der freiwilligen Sachsen» an, kam aber nicht ins Gefecht, so daß er den Marsch durch Deutschland wie eine romantische Sängerfahrt genoß. Später lebte er abwechselnd in Görlitz und Dresden, wo er zu den Paladinen seines Idols Tieck am Altmarkt zählte. Bei alledem konnte man ihm eine gewisse Tragik nicht absprechen, denn er war ein kultivierter, auch hochherziger Mann, der freilich mit seinen literarischen Gespinsten am Leben vorbeischrieb und insofern dazu beitrug, daß die Romantik von ihren Gegnern als wirklichkeitsfernes Zerrbild denunziert werden konnte. Als er mit neununddreißig Jahren starb, quittierte sein Bewunderer → Fouqué die Nachricht mit einem empfindsamen Seufzer, über den Isidorus Orientalis sich gefreut hätte: «Otto Heinrich muß eine sehr rührende Leiche gewesen sein!»
Literatur: Pissin, Raimund: Otto Heinrich von Loeben (Isidorus Orientalis). Sein Leben und seine Werke. Berlin 1905.

Lortzing, Albert

Berlin 23. Oktober 1801 – 21. Januar 1851 Berlin
Komponist, Dirigent, Sänger und Schauspieler

Der Vater, ein Berliner Lederhändler, war an einer Liebhaberbühne erfolgreich gewesen und machte die Schauspielerei zum Lebensberuf, in den der Knabe Albert von Anfang an hineinwuchs. Er spielte Kinderrollen, dann jugendliche Liebhaber in Köln und Detmold, erhielt in Leipzig ein Engagement als Tenor buffo und brachte es zum Theaterkapellmeister. Lortzing führte vom Anfang bis zum Ende ein Wanderleben, das freilich nie den romantischen Glanz der Wanderungen von → Eichendorffs Taugenichtsen besaß. Es war, von den wenigen glücklichen Jahren in Leipzig abgesehen, ein Hungerdasein, das weder ihn noch seine große Familie halbwegs zu ernähren vermochte. Selbst seine Opern, die später Erfolge wurden und noch heute eine beinahe ungebrochene Popularität genießen, waren oft nur schwer an den Mann zu bringen, obwohl Lortzing ein Praktiker war und sein biedermeierliches Publikum genau kannte. Das Handwerk des Komödianten lernte er von der Pike auf, wobei er sich manchen Tadel gefallen lassen mußte. In Detmold verriß ihn der Dichter Christian Dietrich Grabbe, der freilich zu Häme und Nörgelei neigte: «Herr Lortzing spielt, was ihm so eben vorkommt: Bauernjungen, Bonvivants, Studenten (die bei ihm aber wie herrenlose Kaufmannsburschen aussehen), tragische Liebhaber (in Hamburg den Don Carlos) und was seines Häckerlings mehr ist. Sein Organ ist schwach, seine Gebärden sind bedeutungslos, feine Mimik

Albert Lortzing. Lithographie von Schlick, 1845.

besitzt er gar nicht, indem seine Gesichtszüge ganz steif sind, aber seine kleine Figur versteht er auf dem Theater bisweilen herauszuputzen.» Lortzing hinderte diese Schelte nicht daran, kurz darauf in der Uraufführung von Grabbes «Don Juan und Faust» den Don Juan zu spielen und eine Bühnenmusik zu dem Stück zu schreiben, für die er Partien aus Mozarts «Don Giovanni» benutzte. Das routinierte Meistern des allabendlichen Theaterbetriebs wurde von ihm verlangt, keine esoterischen Experimente oder artifiziellen Selbstbefriedigungen.

Auch die ersten Bühnenkompositionen gaben dem Theater, was des Theaters ist. Für Singspiele wie «Ali Pascha von Janina» (1824), «Der Pole und sein Kind» (1828), «Der Weihnachtsabend» (1832), «Szenen aus Mozarts Leben» (1832) sowie «Andreas → Hofer» (1832) verwendete er eigene und fremde Melodien – Material, wie es ihm gerade unter die Hand kam und einigermaßen erfolgversprechend war. Erst mit den «Beiden Schützen» (1837) gelang ihm der Durchbruch zur komischen Oper, die seine Domäne werden sollte. Auf diesem Felde hat Lortzing, für mehr als ein Jahrhundert, jene Volkstümlichkeit erreicht, die Romantiker vor ihm und neben ihm, meistens vergeblich, angestrebt haben. Da sind die saftigen Buffonerien des sich eitel blähenden Bürgermeisters van Bett in «Zar und Zimmermann» (1837) und des täppisch daherdröhnenden Schulmeisters Baculus im «Wildschütz» (1842), da sind die gemütvollen Kantilenen der «Undine» (1845) und des «Waffenschmieds» (1846). Da ist immer wieder der muntere Wirbel von Tänzen, Chören und exzellent ersonnenen Ensemble-Sätzen, allen voran das mozartnahe Billard-Quintett im «Wildschütz».

Die «Undine» zeigte allerdings, daß → Fouqués rührender Märchenton nicht Lortzings Sache war; die nach der gleichen Vorlage entstandene Oper von E. T. A. → Hoffmann hat er nie kennengelernt. Hier wie auch im «Waffenschmied» stutzte der pragmatische Theatermann romantische Stoffe fürs Vorstadttheater zurecht. Mit einigen Gesängen, die seine empfindsamen Protagonisten anstimmten, bereicherte Lortzing nicht nur das Opernrepertoire, sondern auch das romantische Kunstlied. Das Zarenlied «O selig, ein Kind noch zu sein», die Weinlieder «Vater, Mutter, Schwestern, Brüder» und «Im Wein liegt Wahrheit nur allein» aus der «Undine» gehören dazu, ganz besonders jedoch Stadingers, des Waffenschmieds, entsagungsvoll-beschauliches Lied «Auch ich war ein Jüngling im lockigen Haar», dessen Refrain «Das war eine köstliche Zeit» das Publikum im Theater an der Wien leise mitsang, vielleicht um sich aus der Dürre der letzten Metternich-Jahre in ein treuherzig-heiles Mittelalter entführen zu lassen.

Die Wiener Premiere dirigierte Lortzing selbst; die Hoffnung, an der Donau für immer einen Hafen gefunden zu haben, verflüchtigte sich schnell, als der Ausbruch der Revolution das Ensemble in alle Winde zerstreute. Lortzing, mit Robert Blum befreundet, huldigte dem Geist der Revolution mit der Oper «Regina», die erst ein halbes Jahrhundert später in einer Bearbeitung auf die Bühne kam. Es folgten noch «Rolands Knappen» (1849) und «Die Opernprobe» (1851), während er wieder als Komödiant durch die Lande zog. Zuletzt war er miserabel bezahlter Vaudeville-Kapellmeister am Friedrich-Wilhelmstädter Theater zu Berlin, gezeichnet von der alltäglichen Not. Albert Lortzing ist mit noch nicht einmal fünfzig Jahren buchstäblich verhungert.

Die Mühsal dieses Lebens ist seinen Werken kaum anzumerken, die einem fröhlichen und zuweilen sentimentalen Biedermeier näherstehen mögen als der Romantik. Dennoch hat er zur Popularisierung, wenn auch gelegentlich zur Verwässerung romantischer Anliegen beigetragen, womit ihm in der Oper eine ähnliche Rolle zufiel wie dem um zwei Jahre jüngeren Ludwig → Richter in Malerei und Zeichenkunst. Mit dem schändlichen Hungertod war seine Wirkung jedenfalls nicht zu Ende: der Komponist Peter Cornelius sprach es zuerst aus, als er in einem schönen Nachruf prophezeite, daß dieser im Leben für zu klein befundene Meister «im Grabe wachsen» werde.

Literatur: Worbs, Hans Christoph: Lortzing in Selbstzeugnissen und Bilddokumenten. Reinbek bei Hamburg 1980.

Louis Ferdinand, Prinz von Preußen

Schloß Friedrichsfelde bei Berlin 18. November 1772 – 10. Oktober 1806 bei Saalfeld

General, Komponist und Pianist

Der Prinz, nach einem Gedicht Fontanes «sechs Fuß hoch aufgeschossen» und wie «ein Kriegsgott anzuschaun», galt als furchtloser General und reichbegabter Musiker. Sowohl in seine Biographie als auch in sein bruchstückhaft überliefertes musikalisches Werk, die beide nicht zu trennen sind, mischten sich romantische Elemente, die bereits von den Zeitgenossen wahrgenommen wurden. Anders als viele Persönlichkeiten, die ganz aus der Tiefe des sozialen Gefüges kamen und sich insofern ihren Platz in Leben und Gesellschaft schwer erkämpfen mußten, wurde der Prinz, ein Neffe Friedrichs des Großen, durch seine hohe Geburt ziemlich an die Spitze der Hierarchie Preußens gestellt. Aber gerade dieser exponierte Rang, in dem nur Ahnungslose einen Glücksfall sehen konnten, hat ihn an der Entfaltung seiner Gaben eher gehindert und seinen

Prinz Louis Ferdinand von Preußen. Gemälde von Josef Grassi 1806.

Untergang mitverschuldet. Er war, auch hierin manchem seiner romantischen Generationsgefährten vergleichbar, ein genialischer Dilettant, als General und als Komponist, ein Dilettant allerdings im besten Sinne dieses Wortes.

Bereits der Einundzwanzigjährige agierte während des Ersten Koalitionskrieges gegen Frankreich gleich in mehreren Rollen, die ineinander übergingen: als Märchenprinz, Schlachtenheld, Künstler und Glücksritter. Im Frankfurter Winterquartier fiel seine musikalische Begabung auf, die wenig später auch → Beethoven überraschte: Louis Ferdinand «spiele gar nicht königlich oder prinzlich, sondern wie ein tüchtiger Klavierspieler». In Hamburg gewann er dann den böhmischen Pianisten und Komponisten Jan Ladislav Dussek als Kompositionslehrer und Kammervirtuosen. Von Dussek auf die Ausdruckswelt der musikalischen Romantik bereits vorbereitet, kam der Prinz mit einigen Wortführern der literarischen Romantik in nähere Verbindung, als er an einem Maiabend des Jahres 1800 zum ersten Male das Berliner Mansardenzimmer der Jüdin Rahel Levin, der späteren Frau von → Varnhagen, betrat. Ein Hohenzollernprinz in der Behausung einer Berliner Jüdin, inmitten von schweifenden Bohemiens und unruhigen Projektemachern, vor ihnen auf dem Flügel phantasierend und sich den strengen «Dachstuben-Wahrheiten» Rahels beugend – dergleichen Neuigkeiten genügten, um ihm die Ungnade König Friedrich Wilhelms III. von Preußen, des Chefs der Dynastie, zuzuziehen.

Zwei Kinder aus der Liaison mit der Tochter eines Fabrikanten, das Verhältnis mit der Berliner Kurtisane Pauline Wiesel sowie ein gewaltiger Schuldenberg komplettierten das ungewöhnliche Bild dieses Hohenzollernsprosses. Indessen wurde im alten Schauspielhaus am Gendarmenmarkt Louis Ferdinands Klavierquintett c-Moll op. 1 aufgeführt, in dem sich das schwärmerische Melos eines Frühromantikers mit dem Geist Beethovens verband. Als er, September 1804, Wien besuchte, um die Möglichkeiten einer österreichisch-preußischen Allianz gegen Napoleon zu erkunden, traf er mit Beethoven wieder zusammen, der ihm bei dieser Gelegenheit sein 3. Klavierkonzert c-Moll op. 37 widmete. Während Preußen sich selbst isolierte und der Katastrophe entgegentrieb, vertraute der Prinz seine düsteren Erwartungen und den unaufgelösten Dualismus seiner eigenen Persönlichkeit gleichzeitig entstandenen Kompositionen an. Das Klaviertrio Es-Dur op. 3 ist noch der klassischen Sonatenform verpflichtet; jedoch reichen die ostentative Steigerung des seelischen Ausdrucks, die Verarbeitung der Themen und überhaupt die auf verschlungene Metamorphosen gerichtete geisterhafte Verwandtschaft des thematischen Materials tief hinein in romantisches Neuland. Das Klavierquartett f-Moll op. 6 steht ebenfalls im Spannungsfeld von klassischer Tradition und romantischer Neuordnung, weshalb dann Robert → Schumann in Louis Ferdinand den «Romantiker der klassischen Periode» sehen wollte. Der Klangzauber eines ausschwingenden Gefühls in diesem Werk, dem Chromatik und Modulation wichtiger sind als formale Durchgestaltung, beschäftigte noch die nächste

Komponistengeneration: zwei Themen aus dem Klavierquartett benutzte Franz Liszt über vierzig Jahre später in seiner *«Elégie sur des motifs du Prince Louis de Prusse»*.

Die Passion für die Tonkunst begleitete den Prinzen bis in die letzten Tage seines Lebens hinein, als er, Herbst 1806, das Kommando der preußisch-sächsischen Avantgarde übernahm. Den musikalischen Genossen Dussek nahm er mit nach Thüringen, um im gemeinsamen Spiel seinen hamletischen Pessimismus und die bange Gewißheit eines von vornherein aussichtslosen Waffenganges zu beschwichtigen. Wenige Stunden, bevor Prinz Louis Ferdinand von Preußen unter den Säbelhieben französischer Reiter bei Saalfeld verblutete, improvisierte er noch in der Rudolstädter Heidecksburg auf dem Flügel, während schon feindliche Biwakfeuer in der Tiefe loderten. Die Fürstin von Schwarzburg-Rudolstadt verabschiedete sich von ihrem melancholisch gestimmten Gast: «Sie haben jetzt auf einem anderen Klavier zu spielen, Prinz.» Seine Antwort war kurz: «Ja, lauter Dissonanzen.»

Literatur: Kleßmann, Eckart: Prinz Louis Ferdinand von Preußen. 1772–1806. Gestalt einer Zeitenwende. München 1972.

Ludwig I.

König von Bayern 1825–1848

Straßburg 25. August 1786 – 29. Februar 1868 Nizza

Bauherr und Mäzen

Er hätte nie die bayerische Krone getragen, wenn nicht zwei andere Linien des Hauses Wittelsbach, die altbayerische und die kurpfälzische, kurz hintereinander ohne Erben erloschen wären. So aber gelangte Ludwigs Vater, Maximilian Joseph von Wittelsbach-Zweibrücken, auf den Münchner Kurfürstenstuhl, der sich unter der Gnadensonne Napoleons in einen Königsthron verwandelte. Für den nunmehr zum Kronprinzen aufgestiegenen Ludwig stand es von Anfang an fest, daß er die bayerische Haupt- und Residenzstadt zu einem Sitz der Musen und wahren Isar-Athen umgestalten würde. Als künstlerisch ambitionierter Prinz war er schon den deutschen Malern in Rom aufgefallen, mit denen er wacker gezecht und die er generös unterstützt hatte – ganz so, wie es Franz Ludwig → Catels bekanntes Bild überliefert. Er war eine romantische Natur mit den Zügen eines Renaissance-Fürsten, «teutsch» gesinnt vom Scheitel bis zur Sohle und doch ein passionierter Italien-Fahrer, ein Schirmherr der Künste großen Stils und ein Freund der Frauen, deren Bildnisse er, von der Prinzessin bis zur Aktrice, durch seinen Hofmaler Joseph Stieler in einer Galerie weiblicher Schönheiten verewigen ließ. Frauen spielten auch eine erhebliche Rolle in seinen Gedichten, von denen Ludwig einige tausend verfaßte: meistens nicht mit glücklicher Hand und öfter, als er es wahrhaben wollte, in Selbstparodie verfallend, was Spötter vom Schlage eines Heinrich → Heine auf den Plan rief («Gedichte», 4 Bde., 1829–1847).

Kronprinz Ludwig, der spätere König Ludwig I. von Bayern, in altdeutscher Tracht. Ölgemälde von Joseph Stieler, um 1816.

Als er 1825 den Thron bestieg, begann er das architektonische Antlitz Münchens planmäßig zu verwandeln, wobei er oft genug auch in seine Privatschatulle griff. Es entstanden Alte und Neue Pinakothek, Glyptothek und Antikensammlung, die Feldherrn- und die Ruhmeshalle, das Siegestor und der Königsbau der Residenz, die Propyläen und einige Kirchen sowie, außerhalb von München, die Befreiungshalle bei Kehlheim, die Walhalla bei Regensburg und das Pompejanum in Aschaffenburg, um nur die bedeutendsten Monumente eines fürstlichen Bauwillens zu nennen, wie ihn Deutschland seit den Tagen Augusts des Starken nicht mehr gesehen hatte. In der Auswahl seiner Architekten bewies Ludwig hohe Kennerschaft. Er berief Leo von Klenze und Friedrich von Gärtner an seine Seite, dazu die Bildhauer Ludwig von Schwanthaler und Ferdinand von Miller sowie die Maler Joseph Stieler, Julius → Schnorr von Carolsfeld, Moritz von → Schwind und Peter → Cornelius, mit dem er sich später allerdings überwarf.

Wenn auch das neue Bild Münchens ein überwiegend klassizistisches Gepräge erhielt, besonders durch die Baumeister und Bildhauer, so stand doch hinter

Ludwigs Mäzenatentum eine romantische Kunstgesinnung, die sich nicht zuletzt im Ankauf der Bildersammlung von Sulpiz und Melchior → Boisserée aussprach, im Auftrag des Königs zustande gebracht von seinem «Central-Galleriedirektor» → Dillis. Der Enthusiasmus des romantischen Gräkomanen Ludwig hatte sogar Auswirkungen auf die Politik, als er die von den Türken befreiten Griechen beim Aufbau ihres Staatswesens unterstützte, wodurch sein zweitjüngster Sohn Otto zum König der Hellenen avancierte. In der Innenpolitik, die «teutsches» Nationalbewußtsein mit bayerischem Staatsbewußtsein zu verbinden trachtete, durfte Ludwig zunächst als liberaler Herrscher gelten; erst die französische Julirevolution von 1830 machte ihn zum Konservativen, der die Annäherung an den vormals gemiedenen Metternich suchte. Schließlich kam er zu Fall über der unseligen Leidenschaft, die ihn für die exzentrische Tänzerin Lola Montez ergriff: ihr Sturz ging einher mit dem Ausbruch der Märzrevolution 1848, die der Monarch zum Anlaß für seine Demissionierung nahm. Er lehnte es ab, sich den neuen Verhältnissen anzubequemen, und erlebte noch die Enthüllung der Bavaria vor der Ruhmeshalle und die Vollendung der Propyläen. Die schwärmerisch-geräuschvolle Wagnerei seines Enkels, König → Ludwigs II., blieb ihm fremd, und dies wohl nicht nur, weil er seit jeher schwerhörig gewesen war. Den Nachkommen hinterließ er die bayerische Metropole als Verwirklichung einer einzigartigen städtebaulichen Idee, wie er sie in einem kleinen Gedicht poetisch zu umschreiben versuchte:

«Münchens Kunstausstellung suche du nie in den Sälen
Der Ausstellung selbst; schaue du München dir an.»

Literatur: Corti, Egon Caesar Conte: Ludwig I. von Bayern. 7. Auflage. München 1979. – Dirrigl, Michael: Ludwig I. König von Bayern 1825–1848. München 1980. – Mann, Golo: Ludwig I. König von Bayern. Schaftlach 1989.

Ludwig II.

König von Bayern 1864–1886
Schloß Nymphenburg/München 25. August 1845 – 13. Juni 1886 Berg am Starnberger See
Mäzen, Bauherr und romantischer Schwärmer

Seine erste → Wagner-Oper hörte er mit sechzehn Jahren: den «Lohengrin», die Mär des von weichstrahlendem A-Dur-Glanz umflossenen Schwanenritters. Der Kronprinz Ludwig soll dabei vor Bewegung geweint haben, und eigentlich ist er bis zu seinem melodramatischen Ende fünfundzwanzig Jahre später nur selten aus dem Trance-Zustand erwacht, in den ihn jener Abend stürzte, zuletzt immer seltener und widerwilliger. «Wehe mir, daß ich in eine solche Zeit hineingeschneit wurde, in der mir alles vergällt wird», schrieb er im Sedan-Jahr 1870 an seinen Bruder Otto, der noch vor ihm in geistige Verstörung verfiel. Der Zeit, in die er «hineingeschneit wurde», suchte Ludwig II.

König Ludwig II. von Bayern und Richard Wagner. Zeitgenössische idealisierte Darstellung.

durch die Inszenierung künstlicher Paradiese und durch ein letztes, schon anachronistisches Aufgebot romantischen Gedankengutes zu entkommen, das freilich in seiner von der Wirklichkeit abgehobenen Phantasie zu Klischee und Kulisse, sogar zur Karikatur gerann.

Aber es wurde ihm schließlich «alles vergällt», selbst seine Leidenschaft für Richard Wagner, den er doch gleich nach der Thronbesteigung auf die höchsten Zinnen öffentlicher Geltung berief. Der Roman, den der Bayernkönig mit seinem sächsischen Günstling erlebte und erlitt, spiegelt die Auf- und Abschwünge, die Ludwig bei allen seinen Neigungen ergriffen und dann schmählich ernüchterten. Wagner gegenüber befand er sich in einem Zustand der Hörigkeit. «Wonne des Lebens! Höchstes Gut! Alles! Heiland, der mich beseligt!» stammelte der Monarch und ließ einen Goldregen über dem Favoriten niedergehen, den die Münchner bereits «Lolus» nannten: in der höhnischen Erinnerung an Lola Montez, die des Königs Großvater, → Ludwig I., um Thron und Krone gebracht hatte. «Lolus» vergalt seinem Schutzherrn die ihm erwiesene Gunst, als er ein Luxusleben zu führen begann und im Schatten des schützenden Königsmantels intime Beziehungen zu Cosima, der Frau des Dirigenten Hans von Bülow, aufnahm. Ludwig hat dem Protegé diesen Abstieg ins Menschliche-Allzumenschliche nicht verziehen, als er die Wahrheit erfuhr, und unternahm doch schon kurz darauf mit ihm eine Landpartie durch die Schweizer Berge, während man den König, auf dem Höhepunkt der politisch-militärischen Krise des Sommers 1866, in München verzweifelt suchte und nicht fand. Unvermeidliche Entfremdung und Enttäuschung hat dann die Königsfreundschaft empfindlich gestört, jedoch nie ganz zerstören können. Die Welt hat ihr vielleicht die Rettung Wagners, ganz sicher die Uraufführungen von «Tristan» und «Meistersingern» sowie die Verwirklichung der Bayreuther Festspiele zu danken, zu denen Ludwig ebenfalls mehr als nur ein Scherflein beitrug.

Wagner, der nicht nur Zukunftsmusik, sondern ebenso Zukunftspolitik treiben wollte, hat sich zeitweilig auch in die Ausübung von Ludwigs Regentenpflichten gedrängt. Hier allerdings kollidierten das Gottesgnadentum und das bayerische Unabhängigkeitsstreben des Wittelsbachers unrettbar mit Bismarcks Politik der Reichseinigung, die den Monarchen endlich seiner Souveränitätsrechte beraubte. Er konnte es nicht verhindern, genausowenig wie zuvor den Ausbruch des Deutsch-Französischen Krieges. Versailles, der ihm so teure Inbegriff eines prunkenden Absolutismus, wurde der Schauplatz der neudeutschen Kaiserproklamation und damit von Ludwigs tiefster Demütigung. Er nahm an ihr nicht teil, mußte aber unter Bismarcks eisernem Druck jenen «Kaiserbrief» unterschreiben, in dem er, namens der deutschen Fürsten, dem König von Preußen die Krone des neuen Reiches antrug. Die Millionen, die ihm der Kanzler von da an aus seinem «Reptilienfonds» regelmäßig zahlte, kamen Ludwigs Bauleidenschaft zugute, durch die der bayerische Staatshaushalt bereits heillos überfordert war.

Der Schwanenritter erbaute sich in Linderhof sein Trianon, in Neuschwanstein seine Gralsburg und in Herrenchiemsee sein Versailles, während dieses ganze romantische Feenreich hinter den Kulissen durch Elektromotoren der Firma Siemens in Gang gesetzt wurde. Er entfremdete sich seinem Volk und erst recht seinen Regierungsgeschäften, schloß Freundschaft mit dem Schauspieler Joseph Kainz und überwarf sich mit ihm, fuhr in pompösen Schlitten bei Fackelschein durch eine Geisterwelt, gab Schimären und Hypochondrien, auch seinen homoerotischen Neigungen nach, kränkelte und verfiel in Zustände, die von schweren seelischen Trübungen jedenfalls nicht weit entfernt waren. Seine Bluts- und Geistesverwandte Elisabeth, die Kaiserin von Österreich, suchte ihn zu verteidigen:

«Den Verrückten als Propheten
Ehren hoch die Orientalen;
Aber hier in diesem Lande
Müssen beide stürzen, fallen.»

Ludwig stürzte, fiel, wurde entmündigt und bei einer dramatischen Nacht- und Nebelaktion von Neuschwanstein nach Schloß Berg am Starnberger See gebracht. Dort versank er, unter mysteriösen Begleitumständen, zusammen mit seinem Arzt in den Wasserfluten. Es war erst der Beginn von Ludwigs zweiter und eigentlicher Existenz, die noch immer fortlebt: seiner Verklärung zum weißblau schimmernden Märchenkönig, dessen unglückliches irdisches Dasein und dessen phantastische Bauten zahllose Menschen als romantisches, vielleicht auch nur pseudoromantisches Faszinosum auf sich wirken lassen.

Literatur: Herre, Franz: Ludwig II. Bayerns Märchenkönig – Wahrheit und Legende. Stuttgart 1986. – Prinz, Friedrich: Ludwig II. Ein königliches Doppelleben. Berlin 1993.

M

Marcus, Adalbert Friedrich

bis 1781 Israel

Arolsen 21. November 1753 – 26. April 1816 Bamberg

Mediziner

«Marcus kam – und es ward Licht!» Diese Worte sprach am Grab des großen Bamberger Arztes einer seiner Kollegen, womit er auf emphatische Weise den wissenschaftlichen und menschlichen Rang des Dahingeschiedenen hervorheben wollte. Dabei war der Mann, der das Licht gebracht hatte, aus dem Dunkel gekommen: aus einem jüdischen Ghetto, dessen Tor sich ihm durch das Studium der Medizin in Göttingen auftat. Nach weiteren Studien in Würzburg erhielt der junge Arzt die Erlaubnis, in Bamberg zu praktizieren, wo der Dreißigjährige vom Fürstbischof Franz Ludwig von Erthal getauft wurde. Von da an verlief die Karriere des begabten Mediziners steil nach oben, ohne daß er die Domstadt im Regnitztal verlassen mußte, im Gegenteil – Bamberg wurde durch ihn zum Zentrum einer Heilkunst, deren Ziele von der Aufklärung und deren Methoden von der Romantik geprägt waren. 1789 avancierte Marcus zum Direktor des neuen allgemeinen Krankenhauses, 1794 zum fürstbischöflichen Leibarzt, 1803 zum Direktor der Medizinal- und Krankenanstalten in den fränkischen Fürstentümern. Im Jahr 1800 erschien bei ihm der junge → Schelling, der mit der Ausbildung seiner Naturphilosophie beschäftigt war, um sich an der Seite des erfahrenen Arztes mit praktischen Fragen der Heilkunde vertraut zu machen.

Marcus griff die Erregungstheorie des schottischen Arztes John Brown auf, die den menschlichen Organismus als eine seelisch-körperliche Einheit verstand. Das gestörte Gleichgewicht zwischen Reiz und Erregbarkeit sollte durch die Behandlung wiederhergestellt werden, bei der nicht nur Medikamente, sondern ebenso psychische Faktoren Anwendung fanden. Marcus experimentierte damit in einem Haus für Gemütskranke, das in der ehemaligen Propstei St. Getreu untergebracht war. Die Errichtung einer Entbindungsanstalt, einer medizinisch-chirurgischen Schule, eines Waisenhauses und einer Hebammenschule sind weitere Marksteine seines Bamberger Wirkens. Sogar über die Gründung einer Krankenkasse dachte er nach. Marcus, der seinen Beruf gleichzeitig als Kunst, Philosophie und Handwerk betrieb, war auch musisch vielseitig inter-

Hoffmann und Medizinalrat Adalbert Friedrich Marcus. Gouache von E. T. A. Hoffmann, 1809/13.

essiert: als Vorsitzender einer Aktiengesellschaft trug er zur Rettung des Bamberger Theaters bei und gründete außerdem für literarisch aufgeschlossene Mitbürger das «Neue Museum».

Der unermüdlich tätige und forschende Arzt wandte auch den sogenannten tierischen Magnetismus an, den Franz Anton → Mesmer entwickelt hatte. Angezogen von diesen faszinierenden Möglichkeiten einer Erhellung menschlich-seelischer Nachtseiten kamen zahlreiche Romantiker nach Bamberg, darunter der Mediziner Johann Christian → Reil, die Brüder → Schlegel sowie die Naturphilosophen Henrik → Steffens und Gotthilf Heinrich → Schubert. Einen besonders dankbaren und gelehrigen Jünger fand Marcus in E. T. A. →

Hoffmann, der von 1808 bis 1813 in Bamberg lebte. Der universell interessierte Dichter hat beide auf einem seltsamen Gemälde verewigt: sich selbst in antikem Gewand, Marcus in bürgerlicher Kleidung. So schreiten sie nebeneinander her, wie Dante und Vergil, in dezidiert romantischer Weise daran erinnernd, daß es der Künstler und der Arzt immer mit dem ganzen und unteilbaren Menschen zu tun haben.

Literatur: Grünbeck, Wolfgang: Der Bamberger Arzt Adalbert Friedrich Marcus. Med. Diss. Erlangen-Nürnberg 1971.

Marschner, Heinrich August

Zittau 16. August 1795 – 14. Dezember 1861 Hannover

Komponist und Dirigent

Marschner, der Horndrechslersohn, entstammte einer Kleinwelt, die ihn für immer prägte. Er kam aus dem oberlausitzischen Zittau, wo man sich dem nahen Böhmen mitsamt seiner Sagenwelt und seinem Musikantenwesen beinahe enger verbunden wußte als der kursächsischen Residenz. Carl Gottlieb Hering, ausgezeichneter Musikpädagoge in Zittau und Komponist des Weihnachtsliedes «Morgen, Kinder, wird's was geben», nahm sich des Knaben an und erteilte ihm Unterricht. Etwas von dieser liebenswürdig-harmlosen Freude am Genrehaften, von kerniger Burschikosität und unbekümmerter Liedertafelei ist Marschner auch später verblieben, als er sich der romantischen Geisterwelt zu bemächtigen suchte.

Vorläufig war daran nicht zu denken, denn die Mutter wollte in dem Sohn dereinst einen tüchtigen Juristen sehen. Heinrich ging nach Leipzig, um die Rechtswissenschaften zu studieren, trieb aber unterderhand musikalische Studien bei seinem Lausitzer Landsmann, dem Thomaskantor Schicht, der die Begabung seines Schützlings sogleich erkannte. Marschner, nun streng und glänzend geschult, trat als Musiklehrer in die Dienste des Grafen Zichy zu Preßburg; auf dem Weg dahin besuchte er in Wien → Beethoven, bei dem erst eine zweite Visite einigermaßen gnädig verlief. In Preßburg heiratete er eine Kaufmannstochter, die bereits nach einem halben Jahr starb. Die Oper «Heinrich IV. und d'Aubigné» erlebte 1820 unter der Stabführung Carl Maria von → Webers ihre verheißungsvolle Uraufführung in Dresden. Im gleichen Jahr erhielt der erst Fünfundzwanzigjährige an Dresdens deutscher Oper die Stelle eines Musikdirektors, womit er einer der engsten Mitarbeiter des Hofkapellmeisters Weber wurde.

Trotz dieses schnellen Aufstiegs schien eine gewisse Glücklosigkeit sowohl menschlich als auch künstlerisch auf ihm zu lasten: seine zweite Frau, eine Pianistin, starb wiederum nach kurzer Ehe; das Amt des Dresdner Opernchefs blieb ihm nach Webers frühem Tod vorenthalten. Durch seine dritte Frau, die Sängerin Marianne Wohlbrück, gelangte Marschner in die Messestadt Leipzig, wo er nun doch zwei anhaltende Erfolge einheimsen konnte. Die Oper

Heinrich Marschner. Ölgemälde von Gustav Reichmann, 1840.

«Der Vampyr» (1828), eine hoffmanneske Schauerballade, ließ durch ihre suggestive Melodramatik aufhorchen. Die Oper «Der Templer und die Jüdin» (1829), ein musikalisch-szenischer Bilderbogen nach Walter Scott, bot ein Stück souverän arrangierter Ritterromantik. Beide Werke hielten sich jahrzehntelang auf den deutschen Opernspielplänen und veranlaßten noch Hans Pfitzner zu Neubearbeitungen.

Der solchermaßen zu Ruhm gelangte Marschner nahm 1831 die Hofkapellmeisterstelle in Hannover an, ein Amt, das er dann 28 Jahre lang mit großer Hingabe ausüben sollte. Den Höhepunkt seiner Komponistenlaufbahn erreichte er, als sich am 24. Mai 1833 in Berlin der Vorhang zur romantischen Oper «Hans Heiling» hob. Die böhmische Mär vom Erdgeist Heiling, der vergeblich die Liebe eines irdischen Mädchens zu gewinnen sucht und am Ende

geläutert in sein unterirdisches Reich zurückkehrt, leuchtet in dämonischen und innigen, in leidenschaftlichen und lyrischen Farben, die vom «Freischütz» herkommen und zum «Fliegenden Holländer» hinlenken, womit gleichzeitig Marschners operngeschichtlicher Standort umrissen ist. Er hat diesen Erfolg, der ihn auch als gefeierten Dirigenten in die Opernmetropolen führte, nie mehr wiederholen können.
Seine späteren Opern, darunter «Das Schloß am Ätna», «Kaiser Adolph von Nassau» und ein nordisch-mythologisch aufgezäumter «König Hiarne», blieben merkwürdig blaß und gaben das im «Hans Heiling» erlangte musikdramatische Neuland wieder preis. Marschner zog sich zurück und vereinsamte, woran schließlich, nach dem Tod seiner dritten Frau, auch seine vierte Ehe nicht mehr viel ändern konnte, die er mit der Sängerin Therese Janda einging. Den Emporstieg Richard → Wagners zum lärmend umstrittenen Messias des Musikdramas beobachtete er mit Abscheu und Mißgunst. Das Desaster des «Tannhäuser» an der Pariser Oper im Jahr 1861 nahm er noch mit grimmiger Häme wahr, ohne mehr recht ermessen zu können, daß er mit dem eigenen Werk eine der wichtigsten Voraussetzungen für das Schaffen des jüngeren Antipoden, Fortsetzers und Vollenders gegeben hatte. Er starb, verbittert und vorzeitig pensioniert, auf seinem Altenteil in Hannover.
Den Meistern einer Übergangskunst weiß die Nachwelt in der Regel wenig Dank. Von Marschners vierzehn Opern würden « Der Vampyr», «Der Templer und die Jüdin» sowie «Hans Heiling» szenische Wiederbelebungsversuche verdienen. Völlig unerschlossen blieb seine weitere musikalische Hinterlassenschaft: Bühnenmusiken, Festspiele, Ouvertüren, ein Ballett und ein Klavierkonzert, Klaviersonaten, -trios und -quartette, Impromptus, an die hundert Männerchöre und über vierhundert Klavierlieder, von denen manches Stück seine Auferstehung von den Scheintoten erwartet.
Literatur: Hausswald, Günter: Heinrich Marschner. Dresden 1938. – Palmer, A. Dean: Heinrich August Marschner 1795–1861. His Life and Stage Works. Ann Arbor 1980.

Mendelssohn Bartholdy, Felix

Hamburg 3. Februar 1809 – 4. November 1847 Leipzig
Komponist, Pianist und Dirigent

«Er ist zwar ein Judensohn, aber kein Jude. Der Vater hat mit bedeutender Aufopferung seine Söhne etwas lernen lassen und erzieht sie, wie sich's gehört; es wäre wirklich einmal *eppes Rores,* wenn aus einem Judensohne ein Künstler würde.» Mit diesem Brief führte Karl Friedrich Zelter seinen Schüler Felix Mendelssohn bei Goethe ein, der dann vom knabenhaften Charme und vom stupenden pianistischen Können des Zwölfjährigen zutiefst beeindruckt war. Der antisemitische Grundton der Ankündigung ist unverkennbar, obwohl sie von einem Mann herrührte, der dem längst protestantisch getauften Wunder-

Felix Mendelssohn Bartholdy. Zeichnung von Wilhelm Schadow, 1834.

kind durchaus wohlwollend gegenüberstand. Felix, der Enkel Moses Mendelssohns, des jüdischen Philosophen und Urbildes von Lessings Nathan, konnte dem Herkommen seiner Familie nicht entrinnen: wie ein dunkler, unendlicher Raum erstreckte sich die nicht zu tilgende Vergangenheit hinter dem Glücksstern, der seine behütete Kindheit und sein von äußeren Erfolgen ausgezeichnetes Leben beglänzte.

Als er zwei Jahre alt war, verlegte der Vater sein Bankhaus nach Berlin und ließ die Kinder in einer musischen Atmosphäre aufwachsen, die ihresgleichen suchte. Lektüre, Zeichenunterricht, Hausmusik sowie der Umgang mit den Zelebritäten der Hauptstadt und illustren Gästen waren schöne Selbstverständlichkeiten der Kindheit von Felix und seiner Schwester Fanny, die später den Maler Wilhelm → Hensel heiratete. Weltläufigkeit, Eleganz, materielle Sicherheit verbürgten eine aussichtsreiche Zukunft, die durch die mannigfachen Talente des Knaben noch glückverheißender zu sein schien, denn er war auch ein begabter Zeichner und gewandter Briefschreiber. Mit fünf Jahren erhielt er den ersten Musikunterricht von der Mutter, mit sieben kam er zum ersten Male nach Paris, mit zehn wurde er Zelters Schüler, mit elf trat er in die Berliner Singakademie ein, mit zwölf bezauberte er den alternden Goethe, mit sechzehn bestätigte ihm Luigi Cherubini ausdrücklich sein musikalisches Genie, mit siebzehn schrieb er die Ouvertüre zum «Sommernachtstraum», mit zwanzig stand er am Pult der Berliner Singakademie und entriß Bachs «Matthäuspassion» der Vergessenheit.

Tatsächlich: seinen Vornamen Felix, «der Glückliche», schien er mit Recht zu tragen. Daß der Boden, auf dem er stand, bei alledem dünn und brüchig blieb, muß er, wenigstens in seltenen Augenblicken, geahnt haben, als etwa ein Hohenzollernprinz vor dem Zehnjährigen auf der Straße ausspuckte und rief: «Hep, hep, Judenjung!» Später überging man ihn bei der Wahl von Zelters Nachfolger als Leiter der Singakademie – ein Skandal, vor dem ihn sein rührend und aufrichtig praktiziertes protestantisches Christentum nicht zu bewahren vermochte.

Mendelssohns weitläufigem musikalischen Werk sind die Identitätsstörungen kaum anzumerken, die er auch als Mensch zu verdrängen und zu beschwichtigen suchte. Der assimilationsbeflissene Jude nahm die Traditionen der deutschen Musik vom Luther-Choral bis zum romantischen Lied bereitwillig auf und bändigte die innere Unrast durch die Benutzung der klassischen Sonatenform, die individuelle Konflikte eher kaschierte als offenlegte. Trotzdem gibt es in seinen sakralen Kompositionen immer wieder Partien von hoher dramatischer Kraft: in den Oratorien «Paulus» (1836) und «Elias» (1846). Auch die 2. Sinfonie in B-Dur («Lobgesang»), op. 52, sowie die 5. Sinfonie in D-Dur, die «Reformationssinfonie», op. 107, mit dem «Dresdner Amen» und dem Choral «Ein' feste Burg», gehören in diesen Zusammenhang. Vom Andante im vierten Satz der 2. Sinfonie schwärmte Mendelssohns Freund Robert → Schumann: «Es war wie ein Blick in einen Himmel Raffaelischer Madonnenaugen.» Die Äußerung rückt die Kunst dieses Meisters nicht zu Unrecht in die Nähe der nazarenischen Malerei, deren weiche, bisweilen gebrochene Farbenpracht und verborgene Labilität sie musikalisch nach- und mitvollzieht.

Nicht romantisches Fernweh, sondern die Freude an der erlebten Nähe sind aus der Sinfonie Nr. 3 in a-Moll, der «Schottischen», op 56, und aus der Sinfonie Nr. 4 in A-Dur, der «Italienischen», op. 90, zu vernehmen. Die Musik zum «Sommernachtstraum», op. 61, mit der Ouvertüre bereits 1826 begonnen, aber als Bühnenmusik für Ludwig → Tiecks Potsdamer Inszenierung des Stücks erst 1843 vollendet, beschwört alle Spielebenen von Shakespeares Komödie, vom Rüpeltreiben bis zum Elfenzauber, aus romantischem Geist.

Wie dieser Geniestreich haben sich die Ouvertüren «Die Hebriden», «Meeresstille und glückliche Fahrt» sowie «Das Märchen von der schönen Melusine» auf den Konzertprogrammen erhalten, desgleichen das virtuose Violinkonzert

Das Gewandhaus in Leipzig. Aquarell von Felix Mendelssohn Bartholdy mit handschriftlicher Widmung an die Sängerin Henriette Grabau, 23. Februar 1836.

in e-Moll, op. 64. Aus der imposanten Fülle weiterer Kompositionen sind Klavierkonzerte, Ouvertüren, geistliche Werke und der reiche Schatz der Kammermusik zu nennen. Die berühmten «Lieder ohne Worte» (48 Klavierstücke in 8 Heften mit verschiedenen Opuszahlen) galten lange als Paradestücke konventioneller Salonmusik, was den Blick dafür trübte, daß hier romantische Grenzüberschreitungen vollzogen wurden. Mit einigen seiner Sololieder, Duette und Männerquartette hat Mendelssohn beinahe Volkslieder geschrieben, was besonders auf die von ihm vertonten → Eichendorff-Texte «O Täler weit, o Höhen», «Wer hat dich, du schöner Wald» und «Wem Gott will rechte Gunst erweisen» zutrifft.

Nicht nur mit seinem eigenen Œuvre, sondern ebenso als Dirigent gehörte er zu den erfolgreichsten Musikern der Epoche. Zunächst in Düsseldorf, dann aber vor allem als Leiter der Gewandhauskonzerte in Leipzig setzte er sich selbstlos für andere Meister ein und hob Schumanns 1. Sinfonie sowie die von Schumann entdeckte große C-Dur-Sinfonie Franz → Schuberts aus der Taufe. In seinem Engagement für die Dahingegangenen, von Bach bis Schubert, und in der Adaption ihrer Kompositionsmethoden im eigenen Werk hat man schon bald die Haltung eines überwiegend retrospektiven Geistes sehen wollen. «Er liebt die Toten gar zu sehr», rief Hector Berlioz tadelnd aus. Daß seine Bemühungen jedoch auch auf die Zukunft gerichtet waren, bewies die Gründung des Leipziger Konservatoriums (1843), die er anregte. Für Schumann war er der «Mozart des neunzehnten Jahrhunderts, der hellste Musiker, der die Widersprüche der Zeit am klarsten durchschaut und zuerst versöhnt».

Im Versöhnen der Widersprüche zwischen den Zeiten, Völkern und Konfessionen haben die Gegner ein flaches Harmoniebedürfnis gesehen und seinem Schaffen gefällige Glätte und süßliche Manier angekreidet. Er galt, bestenfalls, als der von Friedrich Nietzsche recht zweideutig diagnostizierte «schöne Zwischenfall der deutschen Musik, der um seiner leichteren reineren beglückteren Seele willen schnell verehrt und ebenso schnell vergessen wurde».

In der zweiten Hälfte seiner dreißiger Jahre war Mendelssohn ein ausgebrannter Mann, vorzeitig gealtert durch hektische Arbeit, Gastspielreisen in Deutschland und England, wohl auch durch die unterschwellige Suche nach seiner Identität zwischen jüdischem Erbe und christlichem Bekenntnis. Der frühe Tod seiner Schwester Fanny, einer außerordentlich begabten Musikerin, mag dazu beigetragen haben, den eigenen Lebenswillen vor der Zeit zu brechen. Er schickte noch seinen «Elias» an König → Friedrich Wilhelm IV. von Preußen ab, der vergeblich versucht hatte, ihn wieder für Berlin zu gewinnen. Mendelssohn starb wenige Monate vor dem Ausbruch der Revolution von 1848 und drei Jahre vor dem Erscheinen von Richard → Wagners Schmähschrift «Das Judentum in der Musik», worin ihm jede «Herz und Seele ergreifende Wirkung auf uns» kurzerhand abgesprochen wurde. Die Versöhnung der «Widersprüche der Zeit», von Schumann an Mendelssohn gerühmt, ließ sich fortan nicht mehr bewerkstelligen, weder musikalisch noch sonst irgendwie.

Literatur: Worbs, Hans Christoph: Felix Mendelssohn Bartholdy in Selbstzeugnissen und Bilddokumenten. Reinbek bei Hamburg 1974. – Werner, Eric: Mendelssohn. Leben und Werk in neuer Sicht. Zürich 1980. – Kleßmann, Eckart: Die Mendelssohns. Bilder aus einer deutschen Familie. Zürich, München 1990.

Mereau, Sophie

geb. Schubert, seit 1803 Sophie Brentano

Altenburg 28. März 1770 – 31. Oktober 1806 Heidelberg

Schriftstellerin

«Es ist wahr, ein Gefühl ist in mir, ein einziges, welches nicht Dein gehört. Es ist das Gefühl der Freiheit. Was es ist, weiß ich nicht; es ist mir angeboren.» Sophie Mereau schrieb diese Worte an Clemens → Brentano, ihren späteren Mann, den sie, noch in den Stunden schwerer menschlicher Enttäuschungen, sehr geliebt hat. Dennoch war sie nie bereit, ihm das Gefühl der Freiheit aufzuopfern, wobei ihr auch die Schriftstellerei ein Ausdruck ihres Freiheitsstrebens war. Sophie, die sich schreibend verwirklichen wollte und darin ihren Lebensberuf sah, nahm die von den Romantikern postulierte Neubestimmung des Zusammenlebens der Geschlechter ernst und mochte sich nicht mit der hergebrachten Rolle der Frau abfinden. Jedoch ist diese Überzeugung, «das Gefühl der Freiheit», schon lange in ihr rege gewesen, bevor sie den Schritt aus dem Reservat der Weimarer Klassik ins Lager der Romantiker tat. Daß sie sich ausgerechnet an der Seite des Romantikers Brentano und in der Ehe mit ihm aufrieb, macht ihre besondere Tragik aus.

Sie war die Tochter eines herzoglich-sächsischen Steuerbeamten, genoß eine ausgezeichnete Erziehung, wurde als Schönheit gefeiert und heiratete, dreiundzwanzigjährig, den Bibliothekar und späteren Juraprofessor Mereau in Jena. Die Ehe, aus der zwei Kinder hervorgingen, war von Anfang an unglücklich. Dem täglichen Ehezwist suchte sie durch Beziehungen zu anderen Männern, durch mehrwöchige Ausbruchsversuche, besonders aber durch das Schreiben zu entkommen, das ihr eine Möglichkeit des Überlebens zu gewähren schien. Schiller, der schon 1791 einige Gedichte der noch unverheirateten Sophie Schubert in seiner «Thalia» veröffentlicht hatte, blieb auch weiterhin ihr Mentor, was um so bemerkenswerter ist, als er sonst nach Unabhängigkeit strebende romantische Frauen nicht tolerierte.

In ihrem ersten Roman «Das Blütenalter der Empfindung» (1794) ließ sie ein Liebespaar über die Apostel des bürgerlichen Nützlichkeitsdenkens triumphieren und am Ende nach Amerika auswandern. Dieses Buch sowie der Briefroman «Amanda und Eduard» (1803, 2 Bde.), von dem Schiller einen Auszug in den «Horen» abdruckte, sind reich an Reflexionen, die das ungebrochene Gefühl und die Befreiung des Individuums von den gesellschaftlichen Konventionen preisen. Einige von Sophies «Gedichten» (1800/02, 2 Bde.) wurden bald vertont, u. a. von Zelter und → Beethoven. Als Juli 1801 die Scheidung von dem ungeliebten Mereau erfolgte, war Sophie eine geachtete Schriftstellerin und konnte daran denken, sich durch ihre Feder zu ernähren, ohne familiäre und sonstige Sicherheiten. Das Wagnis schien zu gelingen: sie übersetzte aus dem Französischen und Spanischen, fand Verleger und gab den zweibändigen Almanach «Kalathiskos» (1801/02) heraus.

Das erste Bändchen dieser Sammlung enthielt die Erzählung eines Autors, der acht Jahre jünger als Sophie war und von nun an ihr Leben beherrschen, beflügeln und verdüstern sollte. Die poetische Begabung Clemens Brentanos hat sie früh erkannt und gefördert, sich aber seinen ungestümen Werbungen zunächst entzogen. Erst nach einem Jahr des Schweigens, das sie zwischen sich und ihn legte, widerstand sie ihm nicht mehr. «Fest drücke ich beide Augen zu, halte die Hände vor beide Ohren, und so springe ich in den Abgrund – in Deine Arme!» schrieb sie an Clemens, bevor das Paar, Ende November 1803, in Marburg getraut wurde. Die Ehe der Brentanos, von 1804 an im Kreis der Romantikerfreunde in Heidelberg verbracht, durchmaß alle Höhen und Tiefen einer großen Leidenschaft, war jedoch für beide zuletzt ein Martyrium, da der egozentrische und friedlose Clemens zu pathologischer Eifersucht neigte. Zwei Kinder starben kurz nach der Geburt, während Brentano zusammen mit → Arnim am ersten Band des «Wunderhorns» arbeitete. Die Verwirklichung ihrer eigenen literarischen Pläne mußte Sophie gegen die Widrigkeiten des Ehealltags und gegen die Launen des meistens mit sich selbst beschäftigten Brentano durchsetzen: den Roman «Sappho und Phaon oder Der Sturz von Leukate» (1806), die Übersetzungen spanischer und italienischer Novellen sowie die noch heute lebendige Übertragung von Boccaccios «Fiametta» (1806). Am Abend vor ihrem Tod unternahm die wiederum hochschwangere Frau zusammen mit Clemens einen Spaziergang auf den Heidelberger Schloßberg, wo eben alte Linden gefällt wurden. Gleich nach der Heimkehr begannen die Vorbereitungen zur Entbindung, die unmittelbar bevorstand. Wenige Stunden, bevor dann die Sechsunddreißigjährige gemeinsam mit dem Neugeborenen im Kindbett verblutete, schrieb sie noch den Anfang eines Gedichtes nieder, das sie nicht mehr zu Ende brachte:

«Sag, o! Heilige Linde, wer durfte es wagen,
legen das mordende Beil an den geheiligten Stamm,
daß dein ehrwürd'ges Haupt, dein grünes vollendetes Leben – – –»

Literatur: Gersdorff, Dagmar von: Dich zu lieben kann ich nicht verlernen. Das Leben der Sophie Brentano-Mereau, Frankfurt a. M. 1984.

Sophie Mereau. Geschnittene Silhouette eines unbekannten Künstlers, um 1795.

Mesmer, Franz Anton

Iznang am Bodensee 23. Mai 1734 – 5. März 1815 Meersburg am Bodensee

Arzt, Magnetiseur und Mäzen

«Nahe an dem stets offenen Eingange des über die beweglichen Wogen des weiten Bodensees ruhig hinschauenden Friedhofes zu Meersburg ist Franz Anton Mesmers, des Entdeckers des tierischen Magnetismus, Grab. Mit Rührung stand ich im verflossenen Sommer oftmals auf diesem Grabe, als auf dem Grabe eines Märtyrers einer von ihm zuerst erkannten Naturwahrheit.» So beschrieb, vierzig Jahre nach Mesmers Tod, der romantische Arzt und Dich-

Franz Anton Mesmer. Zeitgenössisches Portrait.

ter Justinus → Kerner einen Besuch am Grab des Mannes, in dem er nicht nur einen großen Kollegen, sondern auch einen Märtyrer der «von ihm zuerst erkannten Naturwahrheit» sah. Mesmer ist, im Gegensatz zu Kerner und seinen anderen romantischen Jüngern, selbst kein Romantiker gewesen; er entstammte der Generation, der Lessing, Wieland und Lichtenberg, freilich auch der Mystagoge Cagliostro und der Leipziger Geisterbeschwörer Schrepfer angehörten. Aber er, der Zufrühgekommene, ist der wichtigste Vorläufer der romantischen Mediziner und Naturphilosophen gewesen, die sich dann auf ihn wie auf einen Kirchenvater beriefen.

Er hat den späten Ruhm nur sehr müde und mit einer gewissen Resignation aufgenommen, heimgekehrt an den Bodensee, von dem er einst, als Sohn eines bischöflichen Jägers, zu einer ganz unvergleichlichen Weltfahrt aufgebrochen war. Mesmer studierte in Ingolstadt Theologie und Jurisprudenz, beschäftigte sich damals bereits mit Heilkunst und Musik, ging nach Wien und erwarb bei Gerhard van Swieten, dem Leibarzt Maria Theresias, auch noch das medizinische Doktordiplom. Durch die Heirat einer vermögenden Witwe reich geworden, hielt er in der Wiener Landstraße ein gastfreies Haus mit einem Rokokogarten, in dem, auf Mesmers Anregung, Spätsommer 1768 die Uraufführung von Mozarts Singspiel «Bastien und Bastienne» stattfand. Der Komponist hat sich auch später immer wieder an seinen Gönner erinnert und ihm, als der längst eine europäische Berühmtheit war, in «Così fan tutte» ein ironisches Denkmal gesetzt:

«Durch Magnetismus tu' ich die Wunder;
Herr Doktor Mesmerus hat ihn erfunden,
und viele Tausende und viele Tausende
damit kuriert.»

Dem Prinzip des Magnetismus war Mesmer bereits in seiner «Abhandlung über den Einfluß der Planeten auf den menschlichen Körper» (1766) nachgegangen. Er war davon überzeugt, daß es ein Fluidum geben müsse, das den Menschen mit den Gestirnen verbindet. Die Meinung, dieses Phänomen in der Elektrizität gefunden zu haben, verwarf er bald zugunsten des Magnetismus: er sei die wirkende Kraft, die den Menschen mit dem Weltganzen korrespondieren lasse. Mesmer bestrich den Körper des Kranken mit einem Magneten und verordnete die Berührung des Patienten mit den Metallstäben eines «Baquets», wie er die in einem Kübel untergebrachte magnetische Batterie nannte. Schließlich übertrug er den Magnetismus nur noch mit dem Auflegen seiner Hand, wodurch er sensationelle Heilerfolge erzielt haben soll.

Einer von Mesmers späteren Gefolgsleuten, der Berliner Arzt Karl Alexander Ferdinand Kluge, beschrieb den Grundgedanken der neuen Lehre folgendermaßen: «Er dehnte jetzt die magnetische Kraft über die ganze Natur aus, hielt sie für das magische Band, welches in dem Makrokosmus alle irdische Körper, besonders den menschlichen, mit den unendlichen Massen vereinigt, die sich in dem ungemessenen Himmelsraume bewegen; glaubte aber, daß die magnetische Kraft in dem Mikrokosmus anders modifiziert und gleichsam animalisiert würde, und fühlte sich demnach befugt, sie in dieser Rücksicht *animalischen* Magnetismus, zum Unterschiede von dem *mineralischen*, zu nennen.»

Mesmer hatte bei seinen Experimenten die Hypnose als Heilmittel entdeckt: eine Methode, die bald darauf durch den Straßburger Arzt Puységur fortentwickelt wurde. Daß er damit einen ersten Schritt hin zur Psychotherapie vollzogen hatte, ist ihm und noch seinen romantischen Parteigängern nicht bewußt geworden. Der «Monddoktor», wie ihn die Gegner höhnisch nannten, errang in Wien und, als ihn die Schulmediziner von dort vertrieben, in Paris wahre Triumphe. Den Ruf eines Scharlatans und abgefeimten Filous vom Schlage des Cagliostro wurde er nie los. Nach dem Ausbruch der Französischen Revolution geriet der gefeierte Wundermann in Vergessenheit; im eidgenössischen Frauenfeld führte er als Landarzt ein provinzielles Dasein.

Erst die Romantiker erinnerten sich an den Mann, der die menschliche Psyche in einen Zusammenhang mit der Harmonie der Sphären gebracht hatte. Friedrich → Schlegel, Heinrich von → Kleist, E. T. A. → Hoffmann, die Naturphilosophen von → Schelling bis zu Gotthilf Heinrich → Schubert und besonders die romantischen Ärzte von David Ferdinand → Koreff bis zu Johann Christian → Reil waren von ihm fasziniert, während er selbst vor dem «Mesmerismus» als Modeerscheinung eher warnte. Bevor der Achtzigjährige in den

letzten Schlaf verfiel, ließ er sich noch auf der Glasharmonika vorspielen, dem bevorzugten Begleitinstrument seiner magnetopathischen Therapien. «Der Schlaf ist kein negativer Zustand», hatte er einst geschrieben.
Literatur: Zweig, Stefan: Franz Anton Mesmer. In: Zweig, Stefan: Die Heilung durch den Geist. Leipzig 1931 (Neue Ausgabe Frankfurt a. M. 1982).

Mörike, Eduard

Ludwigsburg 8. September 1804 – 4. Juni 1875 Stuttgart
Dichter, Übersetzer und Zeichner

«Ist denn Kunst etwas anderes als ein Versuch, das zu ersetzen, was uns die Wirklichkeit versagte?» schrieb Mörike einmal. Das mochte nach einem romantischen Atlantis, Dschinnistan oder Utopia klingen, das jenseits der Bedürftigkeiten des irdischen Daseins lag, und erinnerte jedenfalls an die Gegenwelten romantischer Poeten. Das Land Orplid, als «traurig-schönes Denkmal vergangener Hoheit» von Mörike ersonnen, gehört ebenfalls in diese Topographie archaisch-fabelhafter Antiwelten und scheint seinen Schöpfer in eine Reihe mit Dichtern zu stellen, die, wie etwa → Novalis und E. T. A. → Hoffmann, an ihren Mythen vom Goldenen Zeitalter spannen. Indessen deutet die Trauminsel Orplid, von dem Einundzwanzigjährigen erdacht und dann in Gestalt eines «Schattenspiels» dem Roman «Maler Nolten» eingefügt, nur die Wurzeln des Poeten Mörike an. Je älter er wurde, desto überzeugter schwor er allem romantischen Schweifen ab. Stille Resignation und höhere Heiterkeit traten an die Stelle ausufernder Phantasien.

«Herr! schicke, was du willt,
Ein Liebes oder Leides;
Ich bin vergnügt, daß beides
Aus deinen Händen quillt.

Wollest mit Freuden
Und wollest mit Leiden
Mich nicht überschütten!
Doch in der Mitten
Liegt holdes Bescheiden.»

Dieses «Gebet» genannte Gedicht ist eigentlich schon ganz unromantisch; es entstand 1832, dem Jahr der Veröffentlichung des «Maler Nolten». Mörike kam von den Romantikern her, ist auch ihrer Klang- und Vorstellungswelt in vielem verpflichtet geblieben, aber im Grunde war er bereits ihr Erbe.
Er wurde als siebentes Kind eines angesehenen Ludwigsburger Oberamtsarztes geboren und entstammte der «Ehrbarkeit», einer Honoratiorenschicht, die in Altwürttemberg wichtigen Einfluß auf Staat und Kirche ausübte. Mörike hat auch später seine schwäbische Kleinwelt kaum verlassen, ist in ihr allerdings, teils aus persönlichen und teils aus beruflichen Gründen, oft umgezogen: die

Eduard Mörike. Lithographie von Bonaventura Weiß, 1851. Mit faksimiliertem Namenszug von Mörike.

Ruhelosigkeit, die ihn häufig ergriff, führte ihn doch nur, manchmal wie im Kreis, hin und her durch eine eng begrenzte und überschaubare Landschaft. Die großen Reisen, die er sich versagen mußte und wohl auch wollte, trat er durch innere Räume und entfernte Zeitalter an. Er besuchte die heimische Lateinschule, dann, nach dem frühen Tod des Vaters, das Gymnasium illustre zu Stuttgart, das Evangelische Seminar zu Urach und schließlich das Tübinger Stift, um Pfarrer zu werden. Die Begegnung mit der schönen, aber durch ihre dunkle Herkunft geheimnisvollen Maria Meyer bewog den Studenten und Pfarramtskandidaten zu seinen «Peregrina»-Liedern und prägte die Zigeunerin Elisabeth im «Maler Nolten».

Nach bestandener Prüfung vor dem Konsistorium, Mitte Oktober 1826, begann für den jungen Mann eine insgesamt achtjährige Zeit als Vikar in elf verschiedenen Stellen, die ihn kreuz und quer durch die schwäbische Provinz führten. Die Verlobung mit Luise Rau, der Tochter des verstorbenen Pfarrers zu

Plattenhardt, währte vier Jahre, um schließlich wieder gelöst zu werden: eine symptomatische Episode, die sowohl auf Mörikes miserable Berufsaussichten als auch auf sein platonisch gestimmtes, zur literarischen Stilisierung neigendes Naturell ein bezeichnendes Licht warf. Immerhin entstanden in jenen Jahren einige seiner schönsten Gedichte: «Um Mitternacht», «Besuch in Urach», «Septembermorgen», «Josephine», «Das verlassene Mägdlein». Die an Luise Rau gerichteten Sonette fanden Eingang in den Roman «Maler Nolten», der 1832 erschien und eine romantische Künstlerpersönlichkeit an den Wirrsalen ihrer Lebens- und Schaffenskrisen scheitern läßt.

Der alte Turmhahn vom Kirchturm zu Cleversulzbach. Photographie mit Beschriftung von Mörikes Hand.

Zwei Jahre später, Sommer 1834, trat Mörike seine erste und einzige Pfarrstelle an, im unweit von Heilbronn gelegenen Cleversulzbach. Er versah das Amt bald recht nachlässig, ohne Hingabe, den Gesprächen mit Justinus → Kerner im nahen Weinsberg mehr zugetan als dem Gemeindedienst. Die Mutter und die Schwester Klara, die nun nicht mehr von seiner Seite wich, versahen ihm den Haushalt. Die behaglich-humoristische Hexameter-Idylle «Der alte Turmhahn» (begonnen 1840, vollendet erst 1852) setzte der «modernen Afterwelt» den heilen Lebensraum eines menschlich noch intakten ländlichen Abseits entgegen, das für den resignierenden Dichter mehr und mehr zum Refugium der Humanität wurde. Jedoch zeigte die erste Auflage seiner «Gedichte» (1838) sowie der «Klassischen Blumenlese» (1840), einer Auswahl griechischer und römischer Dichtungen, daß Mörikes Rückzug in eine eng umhegte Natur mit Provinzialität nicht zu verwechseln war. Seine lyrischen Beschwörungen der Tages- und Jahreszeiten, der schwebenden Übergänge von Farben und Klängen, schmolzen Anregungen Goethes, der Romantiker und des Volksliedes in eine ganz und gar individuelle Sprach- und Formenwelt um, die zum Kostbarsten gehört, was deutsche Poeten je hervorgebracht haben – auch dort, wo der Dichter auf die Antike zurückgriff oder freie Rhythmen intonierte.

Das vielfach gebrochene, literarisch jedoch ergiebige Cleversulzbacher Pastoren-Idyll endete bereits 1843 mit der Pensionierung des erst Neununddreißigjährigen. Es folgten lange Jahre von ständigen Übersiedlungen zwischen schwäbischen Marktflecken und der Residenzstadt Stuttgart, wo Mörike eine Tätigkeit als Literaturprofessor am Katharinenstift aufnahm. Er heiratete, siebenundvierzigjährig, die Offizierstochter Margarethe Speeth und begründete damit eine problematische Ehe, aus der zwei Töchter hervorgingen, die aber durch die anhaltende Präsenz der Schwester Klara manchen Belastungen ausgesetzt war. Indessen begann sich der Habitus eines biedermeierlichen Kauzes an ihm auszubilden: mit melancholisch nach unten gezogenen Mundwinkeln, der wie eine Schutzwehr blinkenden Brille auf der Nase, dem altfränkischen Käppchen auf dem Haupt. Neben neuen Gedichten und dem Hexameter-Epos «Idylle vom Bodensee» (1846) entstand das Märchen vom «Stuttgarter Hutzelmännlein» (1853) mit der eingeflochtenen «Historie von der schönen Lau», der faltenlosen Verbindung von lutherdeutschem Chronik-

ton und freier Erfindung märchenhafter Elemente, die bei Lesern wie Theodor Storm und Ludwig → Uhland den Irrtum nährten, der Verfasser habe hier überlieferte Quellen benutzt.
Die Novelle «Mozart auf der Reise nach Prag» (1855) schilderte nur einen einzigen Tag aus dem Leben des «Don Giovanni»-Meisters, ließ aber darin den ganzen Mozart, wie in einem farbigen Prisma, aufleuchten – bis hin zu seinem frühen Ende, das die abschließenden Strophen («Ein Tännlein grünet wo...») poetisch vorwegnehmen. Bis zuletzt arbeitete Mörike an einer Neufassung des «Maler Nolten» (postum 1877), mit der er von den klassisch-romantischen Grundmustern der ersten Ausgabe des Romans abrücken wollte. Daß er sich, trotz solcher Akzentverschiebungen, nie ganz von der Romantik verabschieden wollte, bewies die Altersfreundschaft mit dem Maler Moritz von → Schwind, der kongeniale Zeichnungen zur «Schönen Lau» schuf. Die tiefe Verwurzelung des Dichters im romantischen Erbe hat, dreizehn Jahre nach seinem Tod, ein Komponist hörbar gemacht: Hugo Wolf, der 53 Gedichte Mörikes vertonte und zu einem unvergleichlichen poetisch-musikalischen Liederzyklus zusammenfügte.
Literatur: Holthusen, Hans Egon: Eduard Mörike in Selbstzeugnissen und Bilddokumenten. Reinbek bei Hamburg 1971. – Eduard Mörike. 1804–1875–1975. Von Bernhard Zeller u. a. Katalog der Gedenkausstellung zum 100. Todestag. Marbach a. N. 1975. – Simon, Hans-Ulrich: Mörike-Chronik. Stuttgart 1981.

Müller, Adam Heinrich

seit 1826 Müller von Nitersdorf
Berlin 30. Juni 1779 – 17. Januar 1829 Wien
Ästhetiker, Staatstheoretiker und politischer Publizist

Der Sohn eines preußischen Beamten studierte in Göttingen die Rechts- und Staatswissenschaften, die er später neu definieren und aus der Sphäre aufgeklärter Theorien ins diffuse Halbdunkel romantischer Mystik ummünzen sollte. Er war ein beweglicher, wenn auch schillernder Geist, begabt mit hoher Sprachgewalt, die freilich einem Propheten oder Poeten eher angestanden hätte als einem Gelehrten. Das Dasein eines freien Schriftstellers, das er vorübergehend führte, wäre ihm vermutlich angemessener gewesen als das eines Professors oder gar Politikers, aber er wollte, so oder anders, Einfluß auf die öffentlichen Angelegenheiten gewinnen. Bereits 1805 konvertierte er zum katholischen Glauben, übrigens zunächst geheim, weil er im protestantischen Preußen daraus Hemmnisse für seine Karriere befürchtete.
Zum ersten Male machte jedoch Adam Müller in Dresden von sich reden, wo er Heinrich von → Kleists Lustspiel «Amphitryon» veröffentlichte und damit diesen Dichter in die literarische Welt einführte. Zusammen mit Kleist gab er auch das Kunstjournal «Phöbus» heraus, die anspruchsvollste ästhetische Zeit-

Adam Heinrich Müller. Zeitgenössische Lithographie, um 1810.

schrift, die je in Dresden erschienen ist. Zum gleichen Zeitpunkt hielt Müller vielbeachtete Vorträge, die er wenig später unter dem Titel «Die Elemente der Staatskunst» (1809) drucken ließ. Der Staat, so ließ er sich darin vernehmen, sei ein in langen Jahrhunderten gewachsener Organismus und stehe insofern nicht zur individuellen oder gesellschaftlichen Disposition. Die Familie stelle den Mikroorganismus dar, der den Makroorganismus des Staates spiegele. Wie der Hausvater der Familie gebiete, so beherrsche der Monarch von Gottes Gnaden den Staat, der ein Ständestaat sein müsse. Die Französische Revolution mitsamt ihrem Freiheitsverständnis beruhe auf einem Irrtum und bedürfe der Korrektur, womöglich der Zurücknahme. «Ich weiß sehr wohl, daß die Standesunterschiede ... in einer viel reineren Gestalt wiederaufleben und in eine viel innigere Verbindung treten werden. Sie müssen es, wenn ... die Welt überhaupt noch bestehen soll.»

Die Mächte der Restauration fanden hier eine weltanschauliche Rechtfertigung, noch bevor ihnen der Sturz Napoleons Gelegenheit gab, zur Tat zu schreiten. Vorläufig muß der geltungsbedürftige Müller allerdings noch geschwankt haben, welchen politischen Kräften er seine Feder leihen sollte. Dem preußischen Staatskanzler Hardenberg bot er hinter der vorgehaltenen Hand an, «eine Ministerial- und Oppositionszeitung zugleich zu schreiben». Erst nach der Ablehnung dieses zwielichtigen Angebots schlug er sich ganz auf die Seite der märkischen Reformgegner. Er setzte für sie Eingaben auf und benutzte die Spalten der «Berliner Abendblätter», die sein Freund Kleist redigierte, zu offenen publizistischen Angriffen gegen Hardenberg und dessen Mitarbeiter.

1811 ging Müller nach Wien, wo er im Kielwasser des Staatsschiffes zu segeln gedachte, auf dessen Kommandobrücke sein Gesinnungsgefährte Friedrich von → Gentz und vor allem der Kanzler Metternich standen. Der Fürst hatte für ihn mancherlei Verwendung und schickte Müller 1813 nach Tirol, 1815 als Kriegsberichterstatter nach Frankreich sowie 1816 als Generalkonsul nach Leipzig. In jenen Jahren vertrat er zunehmend ein mystisch motiviertes Staatsverständnis, etwa in der Schrift «Von der Notwendigkeit einer theologischen Grundlage der gesamten Staatswissenschaften und der Staatswirtschaft insbesondere» (1819). Die moderne Wirtschaft und namentlich die Industrialisierung führe in eine Sackgasse, man müsse zurück zur Naturalwirtschaft, zurück auch zum mittelalterlichen Ständestaat, notfalls mit Gewalt.

Damit erregte nun aber der rückwärtsgewandte Schwärmer das Befremden seiner Brotherren und mußte sich von Gentz eine strenge Rüge gefallen lassen, der einen Anwalt des Status quo und nicht des Mittelalters benötigte. Da Müller, der Industrie- und Zivilisationsfeind, es nun sogar verschmähte, von Maschinen erzeugte Baumwollkleidung zu tragen und auch im Sommer in einem Schafwollpelz einherging, rief er den Spott des Fürsten Metternich hervor. Er wurde von Leipzig nach Wien zurückbeordert und dort, zum Trost, als «Müller von Nitersdorf» in den Adelsstand erhoben. Daß der Adelsbrief ausgerechnet seine Verdienste um die «Emporbringung der rationellen Landwirtschaft» betonte, muß ihm selbst beinahe wie ein Ausfluß wienerischer Ironie erschienen sein, wo er doch stets den Rückzug auf ein vorindustrielles Gutsherrentum gepredigt hatte. Er blieb in Erinnerung als ein Denker, den man hundert Jahre später einen konservativen Revolutionär genannt hätte, und als ein raunender Weltdeuter, der an die Stelle klarer Begrifflichkeiten die heiligen Chiffren der Poesie setzen wollte. «Dein Urteil über Adam Müller finde ich sehr gut», schrieb Jacob → Grimm einmal an seinen Bruder Wilhelm, «und es ist vollkommen wahr, daß er einen guten Satz so lange drehet, bis er die Gestalt verliert und man nicht mehr weiß, wie er war.»

Literatur: Baxa, Jakob: Adam Müller. Ein Lebensbild aus den Befreiungskriegen und aus der deutschen Restauration. 1930. – Baxa, Jakob (Hrsg.): Adam Müllers Lebenszeugnisse. 2 Bände. 1966.

Wilhelm Müller. Zeichnung von Julius Schnorr von Carolsfeld, Rom 1818.

Müller, Wilhelm

Dessau 7. Oktober 1794 – 30. September 1827 Dessau

Dichter, Reiseschriftsteller und Übersetzer

Er war ein Sänger des Wanderns und der Freiheit, der deutschen wie der griechischen, ein Dichter, dem das Reisen immer wieder neue Bilder für die Lebenswanderschaft des Menschen lieferte. Der Wanderer galt ihm als poetische Inkarnation des immer unterwegs befindlichen Erdenbürgers, und schon hierin stand Wilhelm Müller den Romantikern, besonders → Eichendorff, nahe.

Der Schusterssohn studierte in Berlin Philologie, lernte den Turnvater → Jahn kennen, focht 1813 als Freiwilliger mit und setzte nachher sein Berliner Studium fort, jetzt althochdeutsch-mittelalterlichen Interessen hingegeben, wie es sich für einen Sympathisanten der Burschenschaften geziemte. Er bemühte sich um die auch von Clemens → Brentano umworbene Pfarrerstochter Luise → Hensel, ging aber dann nach Wien, wo er Neugriechisch lernte und in einem Baron von Sack den Förderer gewann, der ihn auf Orientreise mitnahm. Müller gelangte nur bis nach Rom und Neapel, wo er Freundschaft mit Friedrich → Rückert und Julius → Schnorr von Carolsfeld schloß, auch an dem Fest teilnahm, das die deutsch-römischen Künstler zusammen mit dem bayerischen Kronprinzen, dem späteren König → Ludwig I., zum vierten Jahrestag der Leipziger Völkerschlacht am 18. Oktober 1817 veranstalteten. Bald nach der Rückkehr in die Heimat veröffentlichte er den Reisebericht «Rom, Römer und Römerinnen» (1820), eine glänzende und beschwingt geschriebene Darstellung des römischen Volkslebens.

Im heimischen Dessau wurde Müller seßhaft; er heiratete eine Enkelin des Pädagogen Basedow, brachte es zum Bibliothekar des Herzogs, reiste zu Goethes 75. Geburtstag nach Weimar, dann zu Ludwig → Tieck nach Dresden sowie zu → Schwab, → Kerner und → Uhland ins Württembergische. Dem romantischen Wandertrieb, den er hinter den Folianten der herzoglichen Bibliothek nicht zu stillen vermochte, ging Wilhelm Müller von jetzt an in seinen Versen nach, die als «Gedichte aus den hinterlassenen Papieren eines reisenden Waldhornisten» (1821/24, 2 Bde.) gesammelt erschienen. Sie enthalten die Zyklen «Die Winterreise» (darunter «Am Brunnen vor dem Tore») und «Die schöne Müllerin» (darin «Das Wandern ist des Müllers Lust», «Ich hört ein Bächlein rauschen», «Ich schnitt es gern in alle Rinden ein»): volksliedhafte, bisweilen konventionelle Verse, die aber sangbar waren und daher Raum für Musik ließen. Wenig später wurden sie durch die Vertonungen Franz → Schuberts zur Erfüllung romantischer Liedkunst, ohne daß ihr Dichter diese Kompositionen je hören konnte.

Hatte er sich hier melancholisch und frohgemut, träumerisch und burschikos gegeben, so trat er in den «Liedern der Griechen» (1821/26, 6 Hefte) als pathetischer Anwalt der hellenischen Freiheit auf, damit an die deutschen Freiheitsgesänge von 1813 anknüpfend. Der «Griechen-Müller», wie man ihn daraufhin nannte, war jedoch nicht nur ein Poet von seltener Volkstümlichkeit, sondern ebenso ein gelehrter Mann, der eine «Bibliothek der deutschen Dichter des 17. Jahrhunderts» (10 Bde.) herausgab, eine Einführung ins Studium der «Ilias» und «Odyssee» («Homerische Vorschule», 1824) verfaßte, an der Enzyklopädie von Esch und Gruber als Redakteur mitwirkte sowie eine Übersetzung von Christopher Marlowes «Doktor Faustus» veröffentlichte, zu der Achim von → Arnim die Vorrede beisteuerte. Die Lust an romantischen Grenzüberschreitungen nach vielen Seiten hin war in ihm rege; die letzte davon vollzog Wilhelm Müller, als er, erst dreiunddreißigjährig, einem Herzschlag erlag.

Literatur: Hake, B.: Wilhelm Müller, Leben und Dichten. Berlin 1908. – Lohre, H.: Wilhelm Müller als Kritiker und Erzähler. Leipzig 1927.

N

Novalis

eigtl. Georg Philipp Friedrich Freiherr von Hardenberg

Gut Oberwiederstedt bei Mansfeld 2. Mai 1772 – 25. März 1801 Weißenfels

Dichter, Naturforscher, universalistischer Denker sowie Verwaltungsbeamter

Als der junge Mann, April 1798, seine Fragmentensammlung «Blütenstaub» herausgab, stellte er sich unter dem Pseudonym «Novalis», der Neuland Bebauende, vor. «Fragmente dieser Art sind literarische Sämereien. Es mag

Novalis. Gemälde von Franz Gareis, um 1800.

manches taube Körnchen darunter sein: indessen, wenn nur einiges aufgeht!» Fragmente waren ihm stets wichtiger als fertige Kunstprodukte, das Werden interessierte ihn mehr als das Sein, und schließlich sollte seine ganze irdische Existenz, die nicht einmal drei Jahrzehnte währte, ein Fragment bleiben: mitten im vielversprechenden Werden abbrechend und nach dem frühen Tod zu den unterschiedlichsten Deutungen Anlaß gebend.
Friedrich von Hardenberg, durch den der romantische Kult des Fragments gleichsam zu einer Lebensform wurde, war der Sohn eines Gutsbesitzers und späteren kursächsischen Salinendirektors. Er wuchs im Mansfeldischen und dann in der Stadt Weißenfels heran, studierte in Jena, wo er den erkrankten Schiller pflegte, und anschließend in Leipzig, wo er den gleichaltrigen Friedrich → Schlegel als Freund gewann, der die leidenschaftlichen Bekenntnisse Hardenbergs festhielt: «... mit wildem Feuer trug er mir einen der ersten Abende seine Meinung vor – es sei gar nichts Böses in der Welt – und alles nahe sich wieder dem Goldenen Zeitalter.» Einen Vorgeschmack auf diesen utopischen Harmoniezustand glaubte der Jüngling zu empfinden, als er beim Kreisamt in Tennstedt seinen Dienst antrat und auf dem nahen Gut Grüningen die zwölfjährige Sophie von Kühn kennenlernte. «Einst wird die Menschheit sein, was Sophie mir jetzt ist – vollendet – sittliche Grazie ...» Doch die Braut, die ihm wie die erste Priesterin eines geläuterten Menschengeschlechts erschien, starb nach anderthalbjährigem Lungenleiden am 19. März 1797.
Erst durch ihr qualvolles Siechtum und frühes Ende erhielt Hardenbergs innige seelische Verbindung mit der Geliebten das Stigma einer mit fast religiöser Inbrunst erlittenen Passion. Zunächst beschloß er, der Toten, wie einst Orpheus der Eurydike, nachzusterben. Zum menschlich und poetisch bewegenden Dokument dieser «Aufopferung» wurden die «Hymnen an die Nacht», mit denen der Dichter das ihn zutiefst aufwühlende Erlebnis zu sublimieren vermochte.

Novalis' Verlobungsring. Vorderseite: Bildnis Sophie von Kühns. Rückseite: Inschrift «Sophia sey mein Schuz Geist».

Eine weitere Klärung bewirkte die Begegnung mit dem Philosophen → Fichte, dessen Begriff vom konzipierenden Ich und von der Befreiung des Subjekts zu ungeahnter Schöpferkraft sich mit der Vision eines «Tausendjährigen Reiches» der mündig gewordenen Menschheit vereinigten: «Das Wahre erhält sich immer – das Gute dringt durch – der Mensch kommt wieder empor – die Kunst bildet sich – die Wissenschaft entsteht – und nur das Zufällige, das Individuale verschwindet. Es ist der Kampf des Vergänglichen mit dem Bleibenden.» Dezember 1797, ein Dreivierteljahr nach dem Tod Sophies, bezog Hardenberg, der manche «literairische Pläne» hegte, die Bergakademie in Freiberg, um mit dem Studium der Natur- und Montanwissenschaften seinem Leben einen neuen Sinn zu geben. Er war nicht nur ein traumverlorener Phantast, sondern ebenso ein praktisch denkender, wenn auch verwegen spekulierender Individualist – immer jedoch der «Fremdling», als der er sich, Januar 1798, in einem Gedicht darstellte:

«Müde bist du und kalt, Fremdling, du scheinest nicht
Dieses Himmels gewohnt – wärmere Lüfte wehn
Deiner Heimat, und freier
Hob sich vormals die junge Brust.»

Das merkwürdige Gedicht war bereits der «Frau Bergrätin von Charpentier» zu Freiberg gewidmet, der Mutter Julie von Charpentiers, mit der sich Hardenberg nun verlobte, obwohl er die literarische Mythisierung Sophie von Kühns weiter betrieb.

In den «Blütenstaub»-Fragmenten, publiziert in Schlegels Zeitschrift «Athenäum», ging der «Neuland Bebauende» der Dialektik von Innen und Außen, von Ich und Welt, von Individuum und Gemeinschaft nach, wobei er eine Quellformel der Romantik fand: «Wir träumen von Reisen durch das Weltall: ist denn das Weltall nicht in uns? Die Tiefen unsers Geistes kennen wir nicht. – Nach Innen geht der geheimnisvolle Weg. In uns oder nirgends ist die Ewigkeit mit ihren Welten, die Vergangenheit und Zukunft.» Mit dem unvollendet gebliebenen Roman «Die Lehrlinge zu Sais», in den das Märchen von «Hyazinth und Rosenblüte» eingefügt ist, gedachte Novalis seine Ideen über die Wiedergewinnung der Einheit von Mensch und Natur zu gestalten.

Dem gleichen Bemühen diente das «Allgemeine Brouillon», eine Sammlung aphoristisch-fragmentarischer Gedankensplitter, die Analogien und geheime Entsprechungen zwischen Wissenschaften und Künsten umkreisen. In einer Zeit, in der modernes Spezialistentum die Schranken zwischen den wissenschaftlichen Disziplinen zu installieren begann, ging es hier um die «absolute Vereinigung des Basses und des Diskants», um «Systole und Diastole des göttlichen Lebens» und immer wieder um Synthesen voneinander geschiedener Wissens- und Lebensbereiche. Es waren Versuche, jenseits aller Spezialisierungen auf die Notwendigkeit der Gewinnung von Totalität hinzuweisen.

Die «Gemütserregungskunst» des romantischen Dichters, wie ihn Hardenberg in seinem Freund Ludwig → Tieck gefunden hatte, sei eine solche «geistige

Julie von Charpentier. Silberstiftzeichnung von Dora Stock.

Operation», die auf die Steigerung der Wirklichkeit hinauslaufe: «Diese Operation ist noch ganz unbekannt. Indem ich dem Gemeinen einen hohen Sinn, dem Gewöhnlichen ein geheimnisvolles Ansehn, dem Bekannten die Würde des Unbekannten, dem Endlichen einen unendlichen Schein gebe, so romantisiere ich es.» Im Vergleich zu diesen anspruchsvollen Kombinationen und Definitionen wirken die gleichzeitig entstandenen «Geistlichen Lieder» (wie die meisten anderen Dichtungen postum 1802 in der von Friedrich Schlegel und Tieck edierten Ausgabe der «Schriften» des Novalis gedruckt) schlicht und unmittelbar zu Herzen gehend. Einige davon («Was wär ich ohne dich gewesen», «Wenn ich ihn nur habe», «Wenn alle untreu werden») fanden den Weg in die evangelischen Gesangbücher und in breite Volksschichten.
Mitte November 1799 las Hardenberg den in Jena vollzählig versammelten Romantikerfreunden seinen Aufsatz «Die Christenheit oder Europa» vor, des-

sen Verherrlichung der vorreformatorischen Glaubenseinheit auf eine Erneuerung des oft beschworenen Goldenen Zeitalters gerichtet war. Erst 1826 veröffentlicht, wurde der Essay dann als prophetisches Manifest der Heilligen Allianz mißverstanden. Ebenfalls in die harmonischen Regionen eines Goldenen Zeitalters wollte Novalis den Titelhelden des Romans «Heinrich von Ofterdingen» geleiten, der als ein Gegenentwurf zu Goethes Roman «Wilhelm Meisters Lehrjahre» gedacht war. Heinrichs Suche nach der «blauen Blume», die von nun an das Symbol aller Romantik blieb, und damit der Weg des Helden zu seinem Dichtertum führt aus dem ersten Teil, in dem Roman und Märchen noch deutlich voneinander abgehoben sind, schließlich in Räume, die nur noch allegorische und mythische Dimensionen haben. Novalis hat nur den ersten Teil vollenden können; der Inhalt des zweiten ist lediglich durch einen kurzen Bericht Tiecks überliefert. Hier steht auch das schöne Gedicht, das, Tieck zufolge, den «inneren Geist» der Poesie des Novalis zusammenfaßt:

«Wenn nicht mehr Zahlen und Figuren
Sind Schlüssel aller Kreaturen,
Wenn die, so singen oder küssen,
Mehr als die Tiefgelehrten wissen,
Wenn sich die Welt ins freie Leben
Und in die Welt wird zurückbegeben,
Wenn dann sich wieder Licht und Schatten
Zu echter Klarheit werden gatten
Und man in Märchen und Gedichten
Erkennt die wahren Weltgeschichten,
Dann fliegt vor e i n e m geheimen Wort
Das ganze verkehrte Wesen fort.»

Die schwebenden Traumbilder des «Ofterdingen» und der endgültige Abschluß der «Hymnen an die Nacht» wurden kontrapunktiert von einer erstaunlichen Arbeitslast, die der zum Salinen-Assessor ernannte Hardenberg in Artern am Fuße des Kyffhäuser sowie in Weißenfels bewältigen mußte. Er inspizierte Steinbrüche, Hüttenwerke und Kohlenlagerstätten, stellte Pläne zum rentablen Betrieb der Bergwerke und zum «Gebrauch des Kohlenpulvers beim Salzsieden» auf, fertigte Protokolle von Sitzungen und Kassenrevisionen an, leistete mit geologischen Untersuchungen im Gebiet von Unstrut, Saale, Elster und Pleiße einen Beitrag zur wissenschaftlichen Kartographierung Sachsens. Inmitten dieser Betriebsamkeit, die der Suche nach der «blauen Blume» ebenso galt wie der täglichen Bewährung in einem sehr irdischen Beruf, zeigten sich die ersten Vorboten eines Lungenleidens, dessen Hoffnungslosigkeit schnell zutage trat. Hardenberg wurde noch zum «Supernumerar-Amtshauptmann im Thüringischen Kreise» berufen: eine Ernennung, die der bereits ein Vierteljahr später eintretende Tod nicht mehr wirksam werden ließ. In einem seiner letzten Fragmente hat der Sterbende über die Kunst nachgedacht, auch die Krankheiten «zu benutzen» und in den Stand von schöpferischen Anregungen zu erheben. Zuletzt ist sein kurzes, von fast hektischer Produktivität erfülltes Leben ein einziges großes romantisches Fragment geblieben, das von immer neuen Denkansätzen her die universelle Entfaltung des Menschen ins Visier zu nehmen suchte. Schon im «Allgemeinen Brouillon», dem Sammelbecken seiner Bemühungen um ein wechselseitiges Durchdringen antagonistischer Bereiche des menschlichen Denkens, hatte Novalis notiert: «Wir sind gar nicht Ich – wir können und sollen aber Ich werden. Wir sind Keime zum Ich-Werden.»

Literatur: Schulz, Gerhard: Novalis in Selbstzeugnissen und Bilddokumenten. Reinbek bei Hamburg 1969. – Schulz, Gerhard (Hrsg.): Novalis. Beiträge zu Werk und Persönlichkeit Friedrich von Hardenbergs. Darmstadt 1970. – Hesse, Hermann und Karl Isenberg (Hrsg.): Novalis. Dokumente seines Lebens und Sterbens. Frankfurt a. M. 1976.

O

Olivier, Heinrich

Dessau 1783 – 3. März 1848 Berlin

Olivier, Ferdinand

Dessau 1. April 1785 – 11. Februar 1841 München

Olivier, Friedrich

Dessau 23. April 1791 – 5. September 1859 Dessau

Maler und Zeichner

Die Brüder Olivier sind merkwürdig glücklose Gestalten unter den romantischen Malern gewesen, als Nachbildner des Geistes ihrer Zeit allerdings von hohem Interesse. Romantisches Gedankengut war ihnen früh vertraut: in Dresden lernten sie Adam → Müller und Caspar David → Friedrich kennen, erlebten auch die alten Meister in der Galerie unter dem Eindruck ihrer → Wackenroder-Lektüre. Ein Stipendium ihres Landesherrn, des Herzogs von Anhalt-Dessau, verschaffte Heinrich und Ferdinand einen Aufenthalt in Paris, wo sie gemeinsam ein Napoleon-Portrait malten, das einzige Bildnis des Empereurs von deutschen Romantikern. 1811 gingen die drei Brüder nach Wien, wo sie sich dem Kreis um Friedrich → Schlegel anschlossen.

Spätestens von jetzt an erwies sich *Ferdinand Olivier,* der mittelste, als der künstlerisch bedeutendste der drei Brüder. Er schuf eine nazarenisch ausgerichtete Landschaftsmalerei, die Natur und Naturstimmungen zu Trägern religiöser Sinngehalte erhob. Ferndinand hat italienischen Boden nie betreten, wurde aber in den Lukasbund aufgenommen. Er entdeckte Berge und Gärten, Klöster und Friedhöfe in der Umgebung Salzburgs für die Malerei und gewann diesen Motiven eigentümlich magische Wirkungen ab. Solche Bilder lassen ermessen, was der Künstler in sich verdrängte, als er quälenden Gewissenserforschungen Raum zu geben begann, die immer wieder in sendungsbewußte Frömmigkeit umschlugen. Ferdinand blieb zwar Protestant, wollte jedoch «Chorussänger einer gottgeweihten Kunstgemeinde» sein und glaubte sich zur «rechten Nachfolge Christi» berufen. Er lebte fortan in einer permanenten Krise, aus der ihn auch wohlmeinende Freunde nicht zu befreien vermochten, etwa Julius → Schnorr von Carolsfeld, der durch die Heirat mit einer Stieftoch-

Ferdinand Olivier. Zeichnung von Julius Schnorr von Carolsfeld, 1817.

ter Ferdinands zu ihm in enge Beziehungen getreten war. Von 1831 an suchte er in München, als stellvertretender Direktor der Akademie und Professor für Kunstgeschichte, sein Leben neu zu ordnen, aber auch dieser letzte Anlauf mißlang, als seine Frau starb und er dadurch die wichtigste Stütze verlor. Er ging, erst sechsundfünfzigjährig, an einem Nervenfieber zugrunde, nachdem man ihn finanzieller Unstimmigkeiten in seiner Amtsführung bezichtigt hatte. Mit ihm erlosch eine der großen Begabungen unter den romantischen Malern. Er war, wenigstens in seinen besten Werken, der sensitive Erkunder transzendenter Bezüge in der Natur, und auch ein scheinbar beiläufiges Erntebild erhielt durch ihn die Eigenart eines Gleichnisses.

Friedrich Olivier, der jüngste der Brüder, war der einzige von ihnen, der Rom gesehen hat. Er nahm an den Befreiungskriegen als Lützower Jäger teil; auch für ihn wurde Wien zum Ort zahlreicher Begegnungen mit romantischen Kunstgefährten. Später holte ihn Schnorr von Carolsfeld nach München, wo er an den Nibelungen-Fresken in der Residenz mitarbeitete. Der Tod des Bruders muß Friedrich wie ein schwerer Schlag getroffen haben, denn fortan erlahmte seine Schaffenskraft. Er ging, ohne seine Familie, zurück nach Dessau,

Die heilige Allianz. Gouachebild von Heinrich Olivier, 1815.

wo er bei seiner Schwester starb. Im Gegensatz zu Ferdinand, dem Landschaftsmaler, war Friedrich der bedeutendste Landschaftszeichner unter den Nazarenern, überhaupt ein Zeichner von hohen Graden.

Heinrich Olivier schließlich, der älteste der Brüder, lebte später als Beamter in seiner Vaterstadt Dessau. 1815, im Gründungsjahr der Heiligen Allianz, malte er ein Gouachebild, das zur Apotheose des soeben gestifteten Fürstenbundes und zu einer Inkunabel der Restauration wurde. Heinrichs Bild «Die heilige Allianz» präsentiert den Zaren von Rußland, den Kaiser von Österreich und den König von Preußen als mittelalterliche Ritter; in einer gotischen Kirche vereinigen sie ihre Hände zum feierlichen Schwur auf das restaurierte Gottesgnadentum. Der Maler, der solchermaßen die drei Monarchen als gewappnete Glaubensstreiter inmitten einer romantischen Opernkulisse verherrlicht hatte, ging 1837 nach Berlin. Dort starb er, genau vierzehn Tage vor dem Beginn der Berliner Barrikadenkämpfe von 1848, die das apologetische Anliegen von Heinrich Oliviers bekanntestem Bild ad absurdum führten.

Literatur: Grote, Ludwig: Die Brüder Olivier und die deutsche Romantik. Berlin 1938.

Overbeck, Friedrich

Lübeck 3. Juli 1789 – 12. November 1869 Rom

Maler und Zeichner

Das Zeichentalent des Knaben fiel früh auf. Dennoch ist es ihm nicht an der Wiege gesungen worden, daß er, Sohn des Bürgermeisters einer protestantischen Hansestadt im deutschen Norden, dann der Verkünder einer katholischen Bilderwelt im mediterranen Süden werden sollte. Overbeck nahm ersten Zeichenunterricht, ging nach Wien, trat in die Kunstakademie ein und schloß enge Freundschaft mit dem um ein Jahr älteren Franz → Pforr. Unter dem Eindruck der in den Schriften von → Tieck und → Wackenroder zelebrierten Kunstfrömmigkeit begründeten die beiden Gefährten, Sommer 1808, zusammen mit anderen Gleichgesinnten den «Lukasbund», benannt nach dem mittelalterlichen Schutzpatron der Maler. Es war, wie man später behauptet hat, die erste sezessionistische Gruppenbildung in der deutschen Kunst, folgenreich vor allem für die romantische Malerei, deren Avantgardismus durch die Lukasbrüder einen seltsam rückwärtsgewandten Zug erhielt. Die Freunde

Friedrich Overbeck. Selbstbildnis. Bleistiftzeichnung.

verstanden sich als eine ordensähnliche Gemeinschaft, der altdeutschen Kunst und der italienischen Renaissancemalerei ebenso verschworen wie der reinen Kontemplation und dem Studium der Bibel.

Sie verließen die Akademie und die Stadt Wien, zogen, wie Tiecks Romanheld Franz Sternbald, über die Alpen und kamen, Frühsommer 1810, in Rom an. Nach kurzem Aufenthalt in der Villa Malta fanden sie im verlassenen Kloster San Isidoro ein Domizil, um dort «in süßer Einsamkeit mit der geliebten Braut, der Kunst, zu buhlen», wie es Overbeck formulierte. Das erotische Flair dieser Aussage läßt vergessen, daß die seltsamen Klosterbrüder in strenger Abgeschiedenheit lebten und nie nach weiblichen Akten zeichneten. Da sich die jungen Männer durch die bis auf die Schulter herabfallenden Haare eine gewisse «Ähnlichkeit mit dem Haupte Christi» zu geben suchten, wurde ihnen von den Römern bald der Spitzname angeheftet, der sie bis in die Kunstgeschichte hinein begleitete: «i Nazareni» – «die Nazarener».

Peter → Cornelius, der wenig später zu der Gruppe stieß, beschrieb ihren künstlerischen Führer folgendermaßen: «Overbeck aus Lübeck ist derjenige von ihnen, der durch die Milde seiner Seele und die Kraft seines edeln Geistes die andern alle um sich versammelt und für alles Herrliche entflammt hat. Er mag wohl der größte Künstler sein, der jetzt lebt, und Du würdest erstaunen, wenn Du seine Arbeit sähest. Dabei ist er die wahre Demut und Bescheidenheit selbst.» Zu den Wandbildern im Haus des preußischen Generalkonsuls Bartholdy, die allesamt der alttestamentarischen Josephsgeschichte gewidmet waren, steuerte Overbeck den «Verkauf Josephs» und ein Bogenfeld mit den «Mageren Jahren» bei (1816/17); in der Stadtvilla des Marchese Massimo gestaltete er die Decke des Tassozimmers sowie drei Wandbilder mit Szenen aus Tassos «Befreitem Jerusalem» (1817–1829).

Nicht nur durch diese Aufträge war er in Rom seßhaft geworden. Bereits 1813 trat er, nach rigorosen Selbstprüfungen, zum katholischen Glauben über und heiratete einige Jahre später eine in Rom lebende Wienerin. Das freiwillig verlassene, aber unvergessene Land seiner Herkunft und die neugewonnene Heimat inspirierten Overbeck zu einem seiner schönsten Bilder, «Italia und Germania» (1811–1828). Zwei Mädchengestalten sitzen da in enger Vertraulichkeit und Zuneigung beieinander, die Hände verschlungen, in einem träumerischen Zustand innigen Zusammengehörens, «nicht getrennt und einander ausschließend, sondern in Harmonie gedacht und in gegenseitiger Würdigung», wie der Meister selbst diese Manifestation deutscher Italiensehnsucht gedeutet hat.

Die poetische Schlichtheit dieses Bildes ist dann dem alternden Overbeck abhanden gekommen. «Der Triumph der Religion in den Künsten» (1831–1840), gedacht als bekenntnishafte Bilanz seines ganzen Künstlerlebens, geriet zur propagandistischen Allegorie, auf der Kaiser und Papst sowie deren weltliche und geistliche Trabanten mitsamt den Künstlern unter dem Schutz der Gottesmutter und der himmlischen Heerscharen vereinigt sind: ein an zwei

Fresken Raffaels emporgeranktes malerisches Monument, auf dessen linkem Hintergrund Overbeck sich selbst sowie die Malerfreunde Cornelius und Philipp → Veit verewigt hat. Der Tod seines einzigen Sohnes und der Rückzug seiner Frau in eine fast klösterliche Klausur vertrieben aus Overbecks letzten Bildern beinahe die Farben, was ihnen einen Zug der Selbstkasteiung verlieh. Die Berufung durch König → Ludwig I. von Bayern nach München lehnte er ab, und auch als Romantiker wollte der bußfertige Greis nun nicht mehr gelten. Nach dem Ende des Achtzigjährigen rief die «Berliner Zeitung» den Namen des inzwischen beinahe Vergessenen wie ein Kuriosum in Erinnerung: «Er wurde ‹vor dem Tod den Toten gleich›, und die Kunde von seinem Ableben berührt uns befremdlich, wie die Todesnachricht von einem längst Verschollenen; und wir sind nur schwer imstande, uns die Bedeutung seines Schaffens seit den zwanziger Jahren für die Kunst deutlich zu machen.»

Literatur: Howitt, Margaret: Friedrich Overbeck. Sein Leben und sein Schaffen. Nach seinen Briefen und anderen Documenten des handschriftlichen Nachlasses geschildert. 2 Bände. Freiburg i. Br. 1886. – Heise, Carl Georg (Hrsg.): Overbeck und sein Kreis. München 1928.

P

Pforr, Franz

Frankfurt a. M. 5. April 1788 – 16. Juni 1812 Albano

Maler und Zeichner

Unter den Lukasbrüdern galt Friedrich → Overbeck als «Priester», Franz Pforr hingegen als «Meister». Wo es dem Jüngeren um die Religion ging, da ordnete sie der Ältere der Kunst unter. Die beiden Standpunkte sind freilich nicht als Gegensätze, sondern als Ergänzungen zu denken, als komplementäre Seiten derselben nazarenischen Kunstgesinnung, die in diesen beiden Malern ihre begabtesten Wortführer besaß. Während Overbeck der patrizischen Oberschicht Lübecks entstammte, war Pforr der Sohn eines Frankfurter Malers, bei dem er auch den ersten Zeichenunterricht erhielt, der dann von seinem Onkel Johann Heinrich Tischbein in Kassel vertieft wurde. So ausgerüstet ging der Jüngling 1805 nach Wien zur Kunstakademie, wo ihm der Klassizismus des berühmten Direktors Heinrich Füger bald als antiquiert erschien.

Einen Ausweg aus der akademischen Sterilität eröffneten die Bilder der alten Meister, die er zusammen mit seinem neuen Freund Overbeck im Wiener Belvedere sah. Die gemeinsam erstrebte künstlerische Neuorientierung führte im Sommer 1808 zur Gründung des Lukasbundes, dessen Bestrebungen Pforr programmatisch verkündete: «Ich möchte den, der sich der Kunst weihen will, fragen, wie man einen, der Mönch werden will, fragt: Kannst Du das Gelübde der Armut, der Keuschheit und des Gehorsams ablegen und halten, so tritt ein! – Armut! wo ist wohl ein Künstler im wahrsten Sinne des Wortes reich? Keusch in Worten und Werken ist ein Haupterfordernis zu seiner reinen Beschäftigung, und gehorsam muß er der Kunst in allem sein, sie gebietet ihm, dies zu tun, jenes zu lassen; er muß folgen und folgt gern, denn was ersetzt ihm den Genuß, den ihm die Kunst gewährt?»

Die Ausübung von Kunst als radikaler Vollzug einer Nachfolge im religiösen Sinne: Pforr machte sie zu seiner Sache, indem er zunächst Werke der Weltliteratur mit zeichnerischen Mitteln zu erfassen suchte. «Macbeth in der Hexenküche», «Der wilde Jäger» (nach Gottfried August Bürgers Ballade), Illustrationen zu Pestalozzis «Lienhard und Gertrud» sowie ganz besonders zu Goethes «Götz von Berlichingen» verrieten einen auffallenden Hang zum Literarischen, auch bereits zum Mittelalter, «wo sich die Würde des Menschen

Franz Pforr. Selbstbildnis. Gemälde, 1810.

noch in voller Kraft zeigt», wie Pforr selbst dazu anmerkte. Das Gemälde «Der Drachenkampf des heiligen Georg» (1809/10) stilisierte die mittelalterliche Legende beinahe zur frommen Ikone – ein Grundzug, der mit dem Geist der Wiener Akademie kaum noch zu vereinbaren war, die der Künstler nun eine «Pflanzschule des übelen Geschmacks» nannte. Es war nur konsequent, daß er diese Brücke hinter sich abbrach und zusammen mit den Malerfreunden Overbeck, Ludwig Vogel und Johann Hottinger im Frühsommer 1810 nach Rom übersiedelte.

Dort waren ihm, dem unbestrittenen Oberhaupt der «Nazarener», nur noch zwei Jahre beschieden, denen er, heimgesucht von der Lungenschwindsucht, ein schmales, jedoch gewichtiges Werk abgewann. Seine Neigung zur Apotheose der großen künstlerischen Leitsterne trat hervor. Zeichnungen wie etwa «Raffael, Fra Angelico und Michelangelo auf einer Wolke über Rom» oder «Dürer und Raffael vor dem Thron der Kunst» sind solche Huldigungen. Die

wenigen gleichzeitig entstandenen Gemälde zeigen Pforr als einen Erzähler von Geschichten aus der Geschichte, die er, wie das Mittelalter, zu einem legendenträchtigen Bildersaal jenseits aller Historie umschuf. Nachdem er, zum Römer geworden, Zeit und Raum zwischen sich und die Heimat gelegt hatte, entnahm er die Stoffe für diese Gemälde ausschließlich der deutschen Vergangenheit. «Die Ermordung des Königs Albrecht I. durch Johann von Schwaben», «Die Versöhnung Ottos des Großen mit seinem Bruder Heinrich» und namentlich die Verherrlichungen Rudolfs von Habsburg («Der Einzug König Rudolfs von Habsburg in Basel», 1808/10; «Der Graf von Habsburg und der Priester», 1809/10) waren noch in Wien begonnen worden, aber erst in Rom erhielten sie ihre endgültige Gestalt. Ihre raffinierte Naivität hatte weder stilistisch noch sonst irgendwie mit dem Mittelalter zu tun. Sie sollte schlackenloser Ausdruck jener idealisierten Ferne sein, in der Pforr und seine Kunstgefährten die heile Welt mit der Seele suchten.
Der deutsch-italienischen Kunstsymbiose und der Freundschaft mit Overbeck hat Pforr in seinem letzten Werk ein wundersames Denkmal gesetzt. Das auf Holz gemalte Diptychon «Sulamith und Maria» (1811) zeigt zwei Mädchengestalten: links in einer freien italienischen Landschaft Sulamith, der ein junger Mann mit den Zügen Overbecks naht; rechts in einer engen nordischen Butzenscheibenklause Maria, die allein bleibt. Das von einem Immortellenkranz umschlungene Kreuz über ihr deutet auf den Tod hin, den der kranke Pforr damals bereits kommen sah. Man brachte den erst Vierundzwanzigjährigen noch nach Albano, wo Overbeck dem Sterbenden aus dem Markus-Evangelium vorlas. Friedrich Overbeck, der den Freund um mehr als ein halbes Jahrhundert überlebte, hat ihn nie vergessen und mit seinem Bild «Italia und Germania» auch an die enge Schaffensgemeinschaft erinnert, die ihn einst mit dem Maler von «Sulamith und Maria» verband.
Literatur: Lehr, Fritz Herbert: Die Blütezeit romantischer Bildkunst. Franz Pforr, der Meister des Lukasbundes. Marburg 1924.

R

Reil, Johann Christian

Rhaude/Ostfriesland 20. Februar 1759 – 22. November 1813 Halle
Mediziner und Psychologe

Der hochgewachsene Friese mit den markanten Gesichtszügen und den blauen Augen muß eine charismatische Erscheinung gewesen sein, unvergeßlich für alle, die ihn kannten, besonders für seine Schüler. Eigentlich war er noch von der Aufklärung, namentlich von Kant, geprägt, aber die Begegnung mit → Schellings Naturphilosophie machte ihn zum Romantiker. In Halle, wo er 1787 Professor an der Universität und ein Jahr später Direktor des Klinikums wurde, durfte er geradezu als Statthalter der Romantik gelten. Reil war ein überzeugter Anhänger → Mesmers und dessen magnetischer Heilmethode. Die Grenzbereiche der menschlichen Psyche, Somnambulismus und Wahnsinn, fanden daher sein Interesse, das ihn zu einem Pionier der Heilung Geisteskranker in Deutschland werden ließ.

Seine Schriften «Erkenntnis und Kur der Fieber» (1799–1805, 4 Bde.; Bd. 5 postum 1815), «Rhapsodien über die Anwendung der psychischen Kurmethode auf Geisteszerrüttungen» (1803) sowie «Beiträge zu einer Kurmethode auf psychischem Weg» (zusammen mit Hofbauer, 1808/12, 2 Bde.) wirkten weit über den engen Kreis der Fachgelehrten hinaus und fanden ein breites Publikum. Den animalischen Magnetismus, der nicht zuletzt durch Reil den Romantikern teuer wurde, erklärte er aus einer Umkehrung der Polaritäten des Zerebral- und Gangliensystems. Das Zerebralsystem habe im Gehirn seinen Mittelpunkt und sei insofern mit der Monarchie gleichzusetzen, während das Gangliensystem aus lauter gleichwertigen Nervenknoten bestehe, deren Strahlen es zu einem unbewußten, unwillkürlichen und deshalb sozusagen republikanischen Wirken verurteile. Im Schlaf und noch mehr in der Krankheit werde die Tätigkeit des Gangliensystems erhöht, diejenige des Zerebralsystems womöglich ganz ausgeschaltet. Die Kunst des Magnetiseurs bestehe darin, sich dieser Dialektik produktiv zu bedienen und, zu Nutz und Frommen seiner Patienten, den durch Hypnose oder Suggestion herbeigeführten Schlaf als Heilmittel einzusetzen. Der Wahnsinn, der Reil hauptsächlich beschäftigte, sei folglich nicht nur eine Krankheit schlechthin, sondern ein dem fortschreiten-

Johann Christian Reil. Gemälde von F. A. Tischbein.

den Zivilisationsprozeß innewohnendes Phänomen, das für die geistige Entwicklung des Menschen bedeutsam werden könne: «Wir rücken Schritt vor Schritt dem Tollhause näher, so wie wir auf dem Wege unserer sinnlichen und intellektuellen Kultur fortschreiten. Erst muß der physische Mensch krank gemacht werden; damit beginnt die Entbindung des intellektuellen.»
Die Wirkung solcher Offenbarungen auf die Zeitgenossen kann kaum überschätzt werden. Der Kammergerichtsrat E. T. A. → Hoffmann, der Reils Schriften auch für juristische Gutachten nutzte, ließ seinen Serapionsbruder Theodor ausrufen: «Ich fing an zu lesen, das Werk zog mich unwiderstehlich an, aber wie ward mir, als ich in allem, was über fixen Wahnsinn gesagt wird, mich selbst wiederfand!» Der Rhapsode zu Halle galt den Romantikern als unbestreitbare Autorität: er war mit zahlreichen Medizinern, etwa Adalbert Friedrich → Marcus in Bamberg, befreundet; der Arzt David Ferdinand → Koreff war sein Schüler, und der Naturphilosoph Gotthilf Heinrich → Schubert zählte Reil gar unter «die größten Gestirne an unserm jetzigen medizinischen Firmament». Der berühmte Heilkünstler, der sich auch um die Hirnforschung

verdient machte («Über den Bau des kleinen Gehirns», 1808/10, 6 Hefte), wurde schließlich Professor in Berlin und im Kriegsjahr 1813 Direktor der preußischen Lazarette auf dem linken Elbufer. Er starb, erst vierundfünfzigjährig, obwohl er wiederholt erklärt hatte, daß das Sterben nicht als Notwendigkeit nachgewiesen werden könne.

Literatur: Leibbrand, Wilhelm: Die spekulative Medizin der Romantik. Hamburg 1956 (erweiterte Fassung von Leibbrand: Romantische Medizin. Hamburg 1937).

Richter, Ludwig

Dresden 28. September 1803 – 19. Juni 1884 Dresden

Maler und Illustrator

Über sein Werden und Wachsen sowie über die Epoche, der er sich zugehörig wußte, hat Richter in den «Lebenserinnerungen eines deutschen Malers» (abgeschlossen 1879) Auskunft gegeben; sie zählen zu den schönsten und zugleich bescheidensten Selbstdarstellungen deutscher Künstler. Er hat darin die sächsische Kleinwelt seiner Kindheit und Jugend beschrieben, die wie eine Bilderfolge von Ludwig Richter anmutet: das Kaleidoskop Dresdner Originale und Kunstjünger; die enge Werkstatt des Vaters, eines ständig über Papier und Kupferplatte gebeugten Kunsttagelöhners; die vom Klappern der Mühle und vom Rauschen der Weißeritz erfüllte → Eichendorff-Welt im Plauenschen Grund; die ersten Kunstübungen und die Furcht, als «elender Prospektradierer» zugrunde gehen zu müssen. Im Troß eines russischen Fürsten brach der Siebzehnjährige als Zeichner zu einer Reise nach Frankreich auf, von der er mit einem Konvolut bemerkenswert selbständiger Blätter heimkehrte. Die «An- und Aussichten zu dem Taschenbuch für den Besuch der Sächsischen Schweiz» (1823) trugen ihm das Stipendium für einen dreijährigen Aufenthalt in Rom ein.

Friedrich → Schlegels Aufsätze über die Gemälde alter Meister sowie → Tiecks und → Wackenroders frühromantische Schriften lieferten ihm, bevor er den Brenner überschritt, den Schlüssel zum Erlebnis der italienischen Kunst aus dem Geist der Romantik. In Rom reifte Ludwig Richter zum Maler, obwohl die Nazarener den Höhepunkt ihres Wirkens bereits hinter sich gelassen hatten. Die heroischen Landschaften Joseph Anton → Kochs haben sein erstes Ölbild, den «Watzmann» (1824), beeinflußt, während der «Heimkehrende Harfner» (1825) schon die südliche Berg- und Naturwelt mit der Schwermut des um die Vergänglichkeit wissenden Menschen verband. Richter schloß Freundschaft mit Julius → Schnorr von Carolsfeld, durchwanderte das alte Latium und das Volskergebirge, gelangte nach Pompeji und Herculaneum, stand vor Sonnenuntergang im Dampf des Vesuvkraters, sah die Tempel von Paestum, lernte in den Sabinerbergen den sensitiven malerischen Nachvollzug der zart und doch schwungvoll hingelagerten Berg- und Hügellinien. In der

Ludwig Richter. Fotografie von August Kotzsch, um 1880.

Sammlung seines römischen Freundes Philipp → Veit betrachtete er die Kupferstiche und Holzschnitte Albrecht Dürers, die ihm, wenn in den Abendstunden das südliche Licht erlosch, auch nordische Stunden und die Melancholie des unentrinnbar an seine Heimat gebundenen Künstlers bescherten. Dorthin kehrte er im Sommer 1826 zurück, nicht ohne auf der Heimreise die Bildersammlung Sulpiz → Boisserées zu besuchen, die sich damals in Stuttgart befand.

Das Amt eines Lehrers an der Zeichenschule der Porzellanmanufaktur zu Meißen ernährte den nunmehr in den Ehestand getretenen Richter und seine schnell wachsende Familie nur mäßig; ein bescheidenes Zubrot verschaffte ihm der Verkauf einiger Bilder an den Sächsischen Kunstverein. Die Vorlagen dazu entnahm er seinen italienischen Skizzenbüchern: «Civitella», «Ariccia», «Die Rocca di Mezzo im Sabinergebirge», «Palestrina» waren die Titel solcher Ar-

Überfahrt über die Elbe am Schreckenstein bei Aussig. Gemälde von Ludwig Richter, 1837.

beiten, mit denen er die heimischen Nebel für wenige an der Staffelei verbrachte Stunden bannen wollte. Ausflüge in die sächsische Mittelgebirgslandschaft und ins benachbarte Böhmen ließen ihn die Poesie der heimatlichen Natur und ihrer Menschen entdecken, wodurch die Romantik in seinem Werk einen Nachsommer erlebte.

Erst durch diese oft in die Bereiche des Märchens hinübergleitenden bildkünstlerischen Volksliedimprovisationen wurde Ludwig Richter zum «Maler des deutschen Volkes». Nicht die tragischen Landschaftsallegorien Caspar David → Friedrichs waren für ihn beispielgebend. Richter gestaltete eine Natur, die für die kleinen Leute des Biedermeier faßbar und bewohnbar war. Die «Überfahrt über die Elbe am Schreckenstein bei Aussig» (1837) ist trotz aller Melancholie doch von der Gewißheit einer großen Ordnung getragen, aus der die Menschen in dem Lebenskahn nicht fallen können. «Genoveva in der Waldeinsamkeit» (1841) überträgt die Waldestiefen Eichendorffs und Carl Maria von → Webers ins Malerische, ohne sich auf deren Dämonie einzulassen. Die Schnitter auf dem Gemälde «Abendläuten» (1842) knien wie im Bühnenbild einer → Lortzing-Oper, in der auch der fiedelnde «Dorfgeiger» (1845) auftreten könnte. Der «Brautzug im Frühling» (1847) erscheint als anmutig-farbenfrohe Volksliedparaphrase, während im «Regenbogen» (1859) ein Liebespaar unter einem Rosenstrauch Geborgenheit findet. Dieses Bild markierte schon Richters Abschied von der Ölmalerei, denn inzwischen hatte er ein anderes Medium aufgespürt, das ihm zu außerordentlicher Breitenwirkung verhalf.

1836 von Meißen nach Dresden zurückgekehrt und fünf Jahre später zum Professor für Landschaftsmalerei an der Akademie ernannt, begann er fast gleichzeitig Entwürfe für Holzschnitte anzufertigen, um schließlich selbst auf weißgrundierte Holzstöcke zu zeichnen. Dabei entstanden Illustrationen von höchster handwerklicher und poetischer Virtuosität, durch die Ludwig Richter zum beliebtesten deutschen Künstler seiner Zeit wurde. Er verließ gleichsam die Abgeschiedenheit des Ateliers und trat hinaus auf den öffentlichen Markt, wo er, beinahe wie ein Bänkelsänger und Geschichtenerzähler, sein Brettergerüst aufschlug.

Was für eine Gestaltenfülle ist auf diesen Blättern ausgebreitet, was für ein Reigen an menschlichen Individualitäten und Typen eröffnet sich hier! Da sind vor allem die Kinder mit ihren Katzen und Hunden, ihren Puppen, Steckenpferden und improvisierten Musikinstrumenten, ihren auf die Tummelplätze der Phantasie hinausführenden Träume und Beglückungen. Meistens ist dieses kindliche Welttheater vergoldet und verklärt, wenn die Kleinen am Johannistag tanzen, wohlgemut ihren Habermus löffeln, jauchzend aus der Schule laufen, Blindekuh spielen, sich mit Schneebällen bewerfen oder achtsam am Munde der Großmutter hängen, während gleich über dem Kachelofen eine Fee auf vogelumschwirrtem Muschelwagen durch ihr Luftreich dahinfährt. Die Großmütter und Großväter sind es denn auch, die das bunte Kindergetümmel gleichnishaft flankieren, die von alten Zeiten erzählen und das Vaterunser lehren. Am Sonntagmorgen heben sie die Enkel zum Fenster empor und lassen sie einen ersten Rundblick hinaus ins Freie tun, am Sonntagabend sitzen sie mit ihnen vor der Laube und singen: «Der Mond ist aufgegangen.» Ein Schimmer der gemütvollen Welt des Matthias Claudius liegt über Kindern und Alten, über dem ganzen Ensemble vagabundierender Handwerksburschen, tutender Nachtwächter, schnupfender Schulmeister, behender Barbiere, verlotterter Lumpensammler, gestikulierender Pferdehändler, adrett uniformierter königlich-sächsischer Briefträger und feister Schankwirte.

Richter folgte zunächst den großen Erzählern der Weltliteratur und illustrierte die deutschen Volksbücher, dazu Musäus, Johann Heinrich Campe, Johann Peter Hebel sowie die Märchenbücher der Brüder → Grimm und Ludwig → Bechsteins. Dann aber genügten ihm die Illustrationen bereits vorliegender Texte nicht mehr. In seinen «Familien-Bilderbüchern», die unter Titeln wie «Beschauliches und Erbauliches» (1851), «Fürs Haus» (1859–1864), «Der Sonntag» (1861) und «Es war einmal» (1862) erschienen, gab er lockere Folgen aus dem Alltag und Festtag der kleinen Leute, der Provinzbürger und Bauern: ein pittoreskes Panorama von heiteren Spaziergängern und behaglichen Punschabenden, deftigen Schlachtfesten und schwungvollen Erntetänzen, von herbstlichem Kartoffelfeuer und weihnachtlichem Kirchgang. Man mag auf

Der Bildermann. Holzstich nach Ludwig Richters Illustration zum «ABC-Buch für kleine und große Kinder», 1845.

diesen insgesamt über dreitausend Blättern die Wirklichkeit idealisiert und das romantische Erbe zur Sonntagswelt biedermeierlicher Landleute reduziert finden. Das einfache Volk hat Ludwig Richter die Erhebung zur Würde der Kunst nie vergessen, und es hat die von den Romantikern gesammelten Lieder und Märchen oft erst in den Einkleidungen des Dresdner «Bildermannes» aufgenommen. Als die deutsche Romantik bereits der Vergangenheit angehörte, fand sie in ihm ihren erfolgreichsten Popularisator, wenn auch um den Preis ihrer Intellektualität und Spiritualität.

So ist es kein Zufall gewesen, daß ihm in seinen späten Jahren der Maler Moritz von → Schwind besonders nahestand, dessen Bilder zu → Tiecks «Schöner Melusine» Richter einmal als das «wehmütige Ausklingen einer großen, herrlichen Kunstepoche» gepriesen hat. Wieviel mehr muß sich der sächsische Meister selbst als ihr Nachzügler und Testamentsvollstrecker empfunden haben: seine «Lebenserinnerungen eines deutschen Malers» lassen es ahnen. Die Glocken, die bei Ludwig Richters Beerdigung von allen Türmen der Stadt Dresden läuteten, gaben denn auch dem volkstümlichsten deutschen Maler des Jahrhunderts und der von ihm verabschiedeten «großen, herrlichen Kunstepoche» das letzte Geleit.

Literatur: Neidhardt, Hans Joachim: Ludwig Richter. Leipzig 1969. – Ludwig Richter und sein Kreis. Ausstellung zum 100. Todestag im Albertinum zu Dresden. Katalog. Leipzig 1984. – Richter, Ludwig: Lebenserinnerungen eines deutschen Malers. 3. Auflage der Neubearbeitung. Berlin 1985.

Riepenhausen, Franz

Göttingen 1786 – 2. Januar 1831 Rom

Riepenhausen, Johannes

Göttingen 1788 – 11. September 1860 Rom

Maler und Zeichner, Kunstschriftsteller

Die beiden Brüder erhielten ihre erste Ausbildung durch den Vater und gingen Wilhelm Tischbein beim Stechen seiner Homer-Illustrationen zur Hand. Der Unterricht, den sie anschließend bei Johann Heinrich Tischbein in Kassel genossen, mag ihren Hang zum klaren klassizistischen Umriß verfestigt haben, so romantisch-verzückt sie sich auch schon bald gebärden sollten. In Dresden, wohin sie 1804 kamen, lernten sie den Maler Ferdinand Hartmann kennen, der eine noch klassizistisch geprägte Zeichenkunst mit romantischen Inhalten verband. Von noch größerer Wirkung war die Begegnung mit Ludwig → Tieck und den Schätzen der Dresdner Galerie: die vor Raffaels «Sixtinischer Madonna» verbrachten Stunden, die religiösen Andachtsübungen glichen, gaben den letzten Anstoß zur katholischen Bekehrung.

Ganz im Bann ihres Glaubenswechsels stehend, kamen die Brüder, Sommer 1805, zusammen mit Tieck, dessen Schwester Sophie → Bernhardi-Tieck und dem Baron von → Rumohr in Rom an. Es war die erste Italienreise einer ganzen Gruppe von Romantikern, fast schon eine Pilgerfahrt. Dort fielen aber die Sterilität des steifen Umrißstils und die süßliche Manier der Brüder Riepenhausen bald auf, so daß sich der Mäzen Rumohr enttäuscht von ihnen abwandte. Gleichwohl erregten ihre Zeichnungen zu Tiecks «Genoveva» ein gewisses Aufsehen, so wenig sie in formaler Hinsicht der Musikalität der Dichtung entsprachen. Das schwärmerische Lob Clemens → Brentanos war jedoch bereits den meisten Zeitgenossen kaum nachvollziehbar: «Schöneres, Rührenderes, feiner gedacht und vollendet habe ich nie ein Kunstwerk gesehen.»

Eine für die ganze Romantik folgenreiche Auseinandersetzung beschworen die Brüder herauf, als sie 1805 die verlorenen Wandmalereien des Polygnot in Delphi, nach der Schilderung des Pausanias, zu rekonstruieren versuchten und

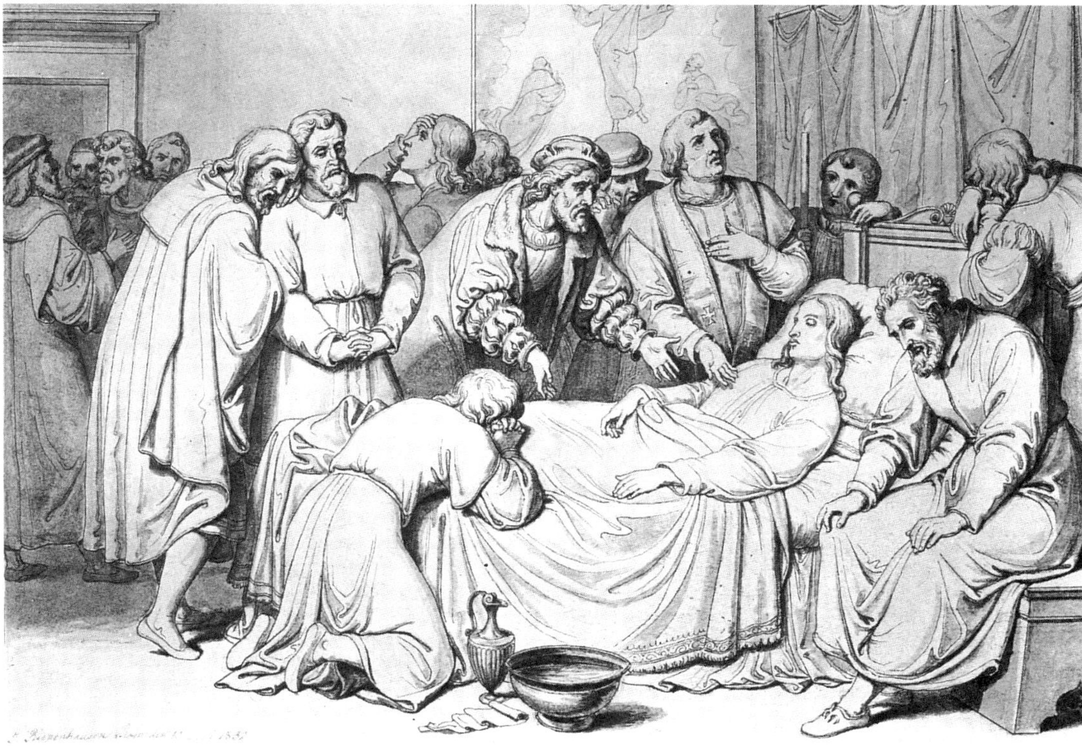

Der Tod Raffaels. Federzeichnung von Johannes Riepenhausen, 1832.

diese Publikation mit einem merkwürdigen Begleittext versahen: «Niemals war der Grieche zu der Erfindung eines solchen Kunstwerkes gelangt, in welchem sich der Geist der ganzen Welt, mit allem seinem Glanze, allen seinen Verborgenheiten und seiner entzückenden, herrlichen Hoheit offenbart; diese lag außerhalb des Umfangs seiner Möglichkeit und war späteren Zeiten vorbehalten, in welchen eine andere, göttlichere, geheimnisvollere Religion, eine andere durch sie wiedergeborene Welt mit neuer Vortrefflichkeit überströmen sollte.» Die «Weimarischen Kunstfreunde», die das Unternehmen gefördert hatten, mußten sich durch die orakelhafte, jedoch deutliche Zurücksetzung der Griechen hinter die «göttlichere, geheimnisvollere Religion» des Christentums herausgefordert sehen. In der «Jenaischen Allgemeinen Literaturzeitung» wetterte Goethe: «Wem ist in diesen Phrasen der neukatholischen Sentimentalität nicht bemerklich das klosterbrudrisierende, sternbaldisierende Unwesen, von welchem der bildenden Kunst mehr Gefahr bevorsteht als von allen Wirklichkeit fordernden Calibanen?» Nicht die schmächtigen Brüder Riepenhausen waren die Urheber des Übels der romantischen Kunst, sondern → Wackenroders «Klosterbruder» und Tiecks »Sternbald»! Die beiden Brüder hatten, ohne es zu wollen, einen nie mehr zu beschwichtigenden Streit zwischen Goethe und den romantischen Künstlern entfesselt.

Als 1810 Friedrich → Overbeck und Franz → Pforr nach Rom kamen und dort das Nazarenertum etablierten, haben sie die Brüder Riepenhausen eher gemieden, die sich doch als deren römische Vorläufer betrachten durften. Ihre gefällige, jedoch glatte und unpersönliche Malerei mögen die Lukasbrüder wie eine unfreiwillige Diskreditierung ihrer eigenen Bestrebungen empfunden haben. Mehr Einfluß gewannen die beiden Konvertiten mit einer «Geschichte der Malerei in Italien» (1810), deren Kupferstiche die Hauptvertreter der italienischen Kunst bis zu Perugino dem deutschen Publikum präsentierten. Indessen lebten die Brüder bis zuletzt in Rom, von Gästen jenseits der Alpen als wandelnde Kuriositäten besucht und betrachtet, wie man Museumsstücke in einer Vitrine besieht. Da sie stets gemeinsam arbeiteten, ist es kaum möglich, den Anteil von Franz und von Johannes an einem Bild genauer zu bestimmen. Als der Ältere 1831 starb, überlebte ihn der Jüngere noch um fast drei Jahrzehnte: eine lange Zeit, in der er keine neuen Akzente mehr zu setzen vermochte. Schon 1806, ziemlich am Anfang ihres Weges, hatte Sophie Bernhardi-Tieck über die beiden Unzertrennlichen an August Wilhelm → Schlegel geschrieben: «Ich habe geglaubt, daß diese jungen Leute erst anfingen, und nur als Anfang habe ich ihre Arbeiten so außerordentlich hoch gestellt. Ich glaube aber jetzt, daß ihre höchste Blüte schon vorüber ist und daß sie schwerlich noch etwas Großes leisten werden. Es ist traurig, daß die Jugend in so vielen Menschen die einzige Tugend ist.»

Literatur: Deneke, Otto: Die Brüder Riepenhausen. Göttingen 1936.

Ringseis, Johann Nepomuk

Schwarzhofen 16. Mai 1785 – 22. Mai 1880 München

Mediziner

«Ein Gesicht wie aus Stahl gegossen, alte Ritterphysiognomie, kleiner, scharfer Mund, schwarzer Schnauzbart, Augen, aus denen die Funken fahren, in seiner Brust hämmerts wie in einer Schmiede, will vor Begeisterung zerspringen; und da er ein feuriger Christ ist, so möchte er den Jupiter aus der Rumpelkammer der alten Gottheiten vorkriegen, um ihn zu taufen und zu bekehren.» So schrieb Bettine Brentano, die spätere Frau von → Arnim, über den gleichaltrigen Ringseis, als er noch in Landshut studierte. Dort schloß der Studiosus der Medizin die Freundschaften seines Lebens: mit Bettines Bruder Clemens → Brentano, mit → Savigny und Achim von → Arnim. An mangelndem Selbstbewußtsein litt er nicht, wie die stolzen Verse verrieten, die er in Arnims «Zeitung für Einsiedler» veröffentlichte:

«Wer will die Fehde noch mit mir wagen?
Heraus nur! Tausend an Wissenschaft
Schlag ich; werd alle alle euch schlagen
Mit des Willens allmächtiger Kraft!»

Schon damals war er von religiösem Feuereifer ergriffen, der ihn auf die spekulativen Ideen der romantischen Medizin einstimmte. In Wien, wo → Mesmer zuerst den Magnetismus praktiziert hatte, setzte er sich mit dieser Heil-

Johann Nepomuk Ringseis. Zeichnung von Moritz von Schwind.

methode auseinander und akzeptierte zunächst die Lehren Johann Christian → Reils. Später wandte er sich vom Magnetismus ab, da er darin ein unzulässiges Experimentieren mit Geheimnissen sah, die nach dem göttlichen Heilsplan wohl eher Mysterien bleiben sollten. Sein beruflicher Weg führte schnell nach oben. Ringseis ging nach München, wo er → Schelling und den Naturphilosophen Franz von → Baader behandelte sowie zum Leibarzt des bayerischen Kronprinzen, des späteren Königs → Ludwig I., aufrückte, den er mehrfach nach Italien begleitete. 1817 wurde er Arzt am Münchner Spital, dann Kreismedizinalrat und Professor an der Universität. Seit jeher einem religiösen Enthusiasmus ergeben und von missionarischen Aktivitäten getrieben, schloß er sich der katholischen Erweckungsbewegung an, die von Bayern ihren Ausgang nahm.

Sie hat ihn an der Bewährung seines ärztlichen Ethos nicht gehindert, sondern eher dazu beflügelt: Ringseis gehörte zu den tapfersten Bekämpfern der Cholera, als sie 1836 München erreichte. Sein metaphysisch-teleologisches Verständnis der Heilkunst legte er in einem umstrittenen «System der Medizin» nieder, dessen erster Band 1840 erschien. Es war nicht mehr und nicht weniger als eine naturphilosophische Konzeption mit Krankheitslehre und Therapie, erfüllt von romantischem Ganzheitsstreben, das sich in sprachlichen Entlehnungen aus Theologie und Philosophie kundgab, voll von Anklängen an die Gedanken des Paracelsus, in dem die Romantiker den «Luther der Medizin» erblickten. Ringseis suchte sogar Grauzonen menschlicher Glaubensbedürftigkeit, etwa das Gesundbeten, wissenschaftlich zu rechtfertigen, was ihm die Feindschaft der Fortschrittsfreunde auf den Hals lud.

Im Revolutionsjahr 1848 stritt er, als Mitglied der Ständekammer, für die Erhaltung der Naturalwirtschaft und gegen den Manchesterliberalismus der Industrie, woraufhin ihn die Liberalen prompt als «dekoriertes Skelett», «Bild der Sünde und Verwesung», «mystischen Gaukler», «vermodertes Phantom» und «ärztlichen Giftmischer» beschimpften. Bis zuletzt besaß er die Fähigkeit, sich zwischen alle Stühle zu setzen. Seine Rektoratsrede «Über die Notwendigkeit der Autorität in den höchsten Gebieten der Wissenschaft» (1855) erregte wieder einen Sturm der Entrüstung. Während er gegen den revolutionären Geist der Zeit zu Felde zog und allenthalben als Parteigänger der Reaktion galt, verteidigte er doch die Freiheit der Forschung und nahm die Universitäten in Schutz. Noch die Zeichnung Moritz von → Schwinds hielt auf dem Greisenantlitz eine Erinnerung an die unerschrockene «Ritterphysiognomie» seiner Frühzeit fest. Ringseis starb fünfundneunzigjährig, nachdem er die Romantik von ihrem Aufbruch bis zu ihrem Verfall erlebt hatte und als deren anachronistisches Relikt befehdet, belächelt und bewundert worden war.

Literatur: Ringseis, Johann Nepomuk: Erinnerungen. Gesammelt, ergänzt und herausgegeben von Emilie Ringseis. 4 Bde. Regensburg 1886–1892. – Leibbrand, Wilhelm: Die spekulative Medizin der Romantik. Hamburg 1956 (erweiterte Fassung von Leibbrand: Romantische Medizin. Hamburg 1937).

Johann Wilhelm Ritter. Miniatur von unbekannter Hand.

Ritter, Johann Wilhelm

Samitz/Schlesien 16. Dezember 1776 – 23. Januar 1810 München
Physiker, Begründer der Elektrochemie

«Ritter ist Ritter. Wir sind nur Knappen», schrieb → Novalis, womit er sein und seiner romantischen Freunde Verhältnis zu dem genialischen Naturforscher auf die knappste Formel brachte. Ritter war ein Mann nach dem Sinn der Frühromantiker: ein Grenzgänger zwischen Wissenschaft und Kunst, ein sprachmächtiger Verkünder verborgener Zusammenhänge, dazu ein Bohemien und Autodidakt. Der Pfarrerssohn hatte sich als Apothekerlehrling im schlesischen Liegnitz solide Kenntnisse auf den Gebieten der Pharmazie und Chemie verschafft, war dann nach Thüringen gewandert und an der Universität zu Jena Hörer chemischer, botanischer sowie mathematisch-physikalischer Vorlesungen geworden. Er brach das Studium bereits zwei Jahre später ab und hielt sich fortan lieber an seine Beobachtungsgabe und an sein Experimentiertalent, dem er mit geradezu manischer Besessenheit nachging. Der Einundzwanzigjährige erregte Aufsehen mit dem Vortrag «Über den Galvanismus; die Entdeckung eines in der ganzen lebenden und toten Natur sehr tätigen Prinzips». Hier und in seinem ersten Buch «Beweis, daß ein beständiger Galvanismus den Lebensprozeß in dem Tierreich begleite» (1798) äußerte er sich, völlig selbständig und originell, zur Theorie der Elektrizität, wie sie eben die internationale Gelehrtenwelt beschäftigte. Mit der Einsicht, daß «in jedem chemischen Prozeß notwendig auch ein elektrischer enthalten ist», wurde er, Wilhelm Ostwald zufolge, zum Begründer der Elektrochemie.

Ritter, der kein Universitätsamt bekleidete und schon hochverschuldet war, erhielt Unterstützung durch thüringische Fürsten: Carl August von Sachsen-Weimar und Ernst II. von Sachsen-Gotha richteten ihm Laboratorien ein. Hier gelangen dem ingeniösen Experimentator im Lauf weniger Jahre mehrere fundamentale Entdeckungen. Er vervollkommnete die von Volta hergestellte «Galvanische Batterie» zu einer Vorform des Akkumulators und entwickelte das Elektrolyseprinzip. Er wies die ultravioletten Strahlen nach und stand schließlich unmittelbar vor der Entdeckung des Elektromagnetismus, die er seinem Freund, dem Physiker Oersted, auf das Jahr genau (1820) voraussagte. Ritter arbeitete in Schüben, die ihn dann tage- und nächtelang in Atem hielten. Er scheute dabei keine schädlichen Selbstversuche, gab sein Geld für Bücher und Experimente, jedoch ebenso für Trinkgelage und Frauen aus, pendelte hin und her zwischen Euphorien und Depressionen. Er war exzentrisch und egozentrisch, dabei völlig außerstande, ein Leben nach halbwegs bürgerlichen Normen zu führen. Ordnung in diese Wirrsale vermochte auch die Frau nicht zu bringen, die er 1804 heiratete und mit der er vier Kinder zeugte.

Immer auf der Suche nach Analogien zwischen den Wissenschaften und nach der Ganzheit aller Lebensprozesse, fand Ritter in Jena bald Zugang zum Kreis der Frühromantiker, die in ihm einen genialen Kenner und Deuter der Natur begrüßten. Friedrich → Schlegel feierte ihn in zwei Gedichten, und eine besonders enge Wahlverwandtschaft verband ihn mit Novalis. Die Fragmente des Novalis standen Pate bei den aphorismenhaften, naturphilosophisch gestimmten Bruchstücken, die Ritter in sein Tagebuch einzutragen begann: literarische Ideenskizzen, aus denen er später seine letzte und berühmteste Veröffentlichung destillierte. In dieser Zeit gehörte auch Goethe zu den Bewunderern dieses Enfant terrible, das er Schiller gegenüber als «eine Erscheinung zum Erstaunen, einen wahren Wissenshimmel auf Erden» apostrophierte.

Herbst 1804 ging Ritter nach München, wo er sich als Mitglied der Bayerischen Akademie der Wissenschaften bessere Möglichkeiten für ein öffentliches Wirken erhoffte. Dort traten ihm der schon von Jena her bekannte → Schelling sowie die Naturphilosophen Franz von → Baader und Gotthilf Heinrich → Schubert näher. Seine Festrede «Physik als Kunst» (1806) umkreiste einen Gedanken, der ihn von nun an beherrschte: das Begreifen der Wissenschaft aus der Dynamik ihres Werdens. «Überhaupt wird es immer nötiger, den Ein-

fluß der Zeit anzuerkennen. Wir können nur durch die Geschichte eine Physik haben», hieß es dazu schon bald in den «Fragmenten». Das war, wiederum im Sinn des Novalis, eine Vorstellung, die romantischen Assoziationen angehörte, mit denen Ritter auch die Wünschelrutengängerei in Verbindung brachte. Ein italienischer Wünschelrutengänger lenkte ihn auf die Spuren magnetischer Erdströme oder, wie er sie nannte, der «unterirdischen Elektrizität». Die Erforschung dieses Phänomens faßte Ritter im Begriff des «Siderismus» zusammen, wodurch sich der zu metaphorischen Interpretationen neigende Denkspieler mit seinen Akademiekollegen überwarf.
Der Vierunddreißigjährige ging zugrunde in seinem wüsten, dunklen Zimmer, von Aggressionen getrieben, Kaffee, Wein, Bier und stärkere Getränke hinunterstürzend, «als wenn er in seinem Innern ein Feuer löschen wollte», wie einer der letzten Besucher bezeugte. Kurz vor dem Ende verschickte er die ersten Exemplare seiner «Fragmente aus dem Nachlasse eines jungen Physikers» (1810), in denen er, den Tod erwartend, die Ideenexperimente aus den Notizbüchern zu einer Art von intellektuellem Testament bündelte. Es war ein Feuerwerk, sprühend, hintersinnig und orakelhaft zugleich, das Johann Wilhelm Ritters unbegrenzte Kombinationslust noch einmal aufleuchten ließ: «Unsere irdische Hülle ist nur eine Anmerkung, die der Schöpfer zum geistigen Text gemacht hat. Man liest sie zuletzt, überschlägt sie wohl auch.»
Literatur: Schipperges, Heinrich: Nachwort zum Faksimiledruck von Johann Wilhelm Ritter: Fragmente. Heidelberg 1969. – Dietzsch, Steffen und Birgit: Nachwort zu Johann Wilhelm Ritter: Fragmente aus dem Nachlasse eines jungen Physikers. Leipzig, Weimar 1984.

Rückert, Friedrich

Schweinfurt 16. Mai 1788 – 31. Januar 1866 Neuses bei Coburg
Dichter und Nachdichter

«Mit jeder Sprache mehr
die du erlernst, befreist
du einen bis daher
in dir gefangenen Geist.»

Rückert, der diesen Spruch verfaßte, hat viele Geister in sich befreit und durch einfühlsame, oft stupende Übertragungen den Deutschen zugänglich gemacht. Ein Romantiker war er eigentlich nicht, eher ein Nachromantiker, aber wenn die Romantik einst angetreten war, die Horizonte zwischen den Nationalliteraturen abzubauen und deren Meisterwerke durch mustergültige Übersetzungen dem heimischen Publikum zu vermitteln, so sind diese Bestrebungen von Friedrich Rückert besonders erfolgreich verwirklicht worden.
Der Sohn eines Rentamtmannes studierte in Würzburg und Heidelberg, wo er Schüler des romantischen Mythologen Friedrich → Creuzer war, dann wieder in Würzburg, wo ihn der Philosoph → Schelling beeindruckte. 1811 hielt

Friedrich Rückert. Bleistiftzeichnung von Franz Horny, 1818.

er selbst in Jena Vorlesungen über griechische und orientalische Philosophie, denen ein Intermezzo als Gymnasiallehrer in Hanau folgte. In die patriotischen Fanfaren der Befreiungskriege stimmte er mit der pseudonym erschienenen Sammlung «Deutsche Gedichte» (1814) ein, die auch 74 «Geharnischte Sonette» enthielten. Der Stuttgarter Verleger Cotta, dessen «Morgenblatt» Rückert vorübergehend redigierte, spendierte ihm eine Italienreise. Auf der Rückfahrt von dort traf er in Wien mit dem berühmten Orientalisten Joseph von Hammer-Purgstall zusammen, der den sprachbegabten Poeten in die Welt der nah- und fernöstlichen Literaturen einwies. Es war eine Entdeckung, die den weiteren Weg des Dichters bestimmte.
Noch immer mit einem wallenden Lockenschopf und in altdeutscher Tracht einhergehend, was einen Augenzeugen an das Bild des Spielmannes Volker aus dem Nibelungenlied erinnerte, wurde der martialische Vaterlandsfreund nun zum poetischen Weltbürger. Er erlernte, oft in wenigen Wochen, das Persische, Arabische, Syrische, Äthiopische und das Sanskrit, später auch noch das Kurdische und Koptische sowie weitere entlegene Sprachen. Das Ausgreifen in

immer unzugänglichere Literaturen und Kulturen, daneben die unentwegte Mehrung des eigenen lyrischen Schaffens blieben fortan Rückerts Hauptgeschäft. Die schnell wachsende Familie suchte er als Redakteur des «Frauentaschenbuchs» und, von 1826 bis 1840, als Professor für orientalische Philologie in Erlangen zu ernähren. 1841 berief ihn König → Friedrich Wilhelm IV. nach Berlin, dessen Betriebsamkeit den eigenbrötlerischen Mann aus der mainfränkischen Provinz eher abstieß. Schon damals verbrachte er den größeren Teil des Jahres auf seinem Landgut Neuses bei Coburg, das er von 1848 an nur noch selten verließ.

Dort hat der Hüne mit dem Löwenhaupt, wandelnd zwischen Rosenbeeten, sein lyrisches Mammutwerk auf ungefähr zehntausend Gedichte anschwellen lassen. Nichts war ihm zu schwer, zu fern oder zu fremd. Er benutzte das klassisch-romantische Instrumentarium, jedoch ebenso den Reichtum orientalischer Strophenformen, etwa das Ghasel oder die Makame. Allein im Herbst 1832 schrieb er 72, im Jahr 1833 sogar 449 Gedichte. Im Jahr 1838 brachte er 243 Mailieder in sechs Büchern zu Papier. Gedichtsammlungen wie der «Liebesfrühling» (1844) oder «Die Weisheit des Brahmanen» (1836/39, 6 Bde.) erreichten zu Rückerts Lebzeiten hohe Auflagen. Während Niccolò Paganini auf der Geige und Franz Liszt auf dem Klavier ihr Publikum zu Beifallsstürmen hinrissen, entrichtete der in vielerlei Verkleidungen auftretende Dichter dem Virtuosenzeitalter seinen Tribut. Der deutsche Durchschnittsbürger fand hier die Gefühlswelt, die er nachzuvollziehen vermochte, in kosmopolitischer Weite und leicht eingängig präsentiert. Er hat es Rückert gedankt, als er ihm ein langes Nachleben in goldverschnittenen Poesiealben gewährte.

Indessen ist an die Stelle solcher Verehrung eine ebenso eklatante Unterschätzung getreten. Nicht eigentlich die atemberaubende Produktivität war es, die den Lyriker der Selbstinflationierung anheimfallen ließ, sondern viel eher der Umstand, daß er nahezu alle Erzeugnisse seiner Feder unkritisch der Veröffentlichung für wert befand. Unter der Masse seiner Verse, die vom Volkslied bis zum komplizierten Formexperiment reichen, ist manche Perle zu finden, wofür zuerst die Musiker ein Gespür zeigten. Rückert zählt zu den am häufigsten vertonten deutschen Dichtern, vielleicht weil einige seiner Schöpfungen trotz aller formalen Glätte doch noch Raum für Musik ließen. Franz → Schubert («Du bist die Ruh», «Lachen und Weinen», «Sei mir gegrüßt»), Robert → Schumann («Widmung», «Volksliedchen», «Schneeglöckchen», «So wahr die Sonne scheinet», «Sei mir gegrüßt»), Johannes → Brahms («Gestillte Sehnsucht»), Franz Liszt («Ich liebe dich»), Carl Loewe («Kleiner Haushalt», «Süßes Begräbnis»), Max Reger («Der Himmel hat eine Träne geweint»), Richard Strauss («Ein Obdach gegen Sturm») und nicht zuletzt Gustav Mahler («Kindertotenlieder») haben dafür noch heute bewegende Zeugnisse geboten. Hingegen blieben Rückerts dramatische Versuche bedeutungslos.

Eine Leistung, die allein ein ganzes Poetenleben ausfüllen würde, besteht in Rückerts Nachdichtungen, von denen nur wenige Titel genannt werden können. Die Sammlung «Östliche Rosen» (1819), die Liebesepisode «Nal und Damajanti» aus dem «Mahabhârata»-Epos (1828), die «Hebräischen Propheten» (1831), das chinesische Liederwerk «Schi-King» (1833), die «Morgenländischen Sagen und Geschichten» (1837, 2 Bde.), die «Brahmanischen Erzählungen» (1839), die arabische Volksliederedition «Hamasa» (1846, 2 Bde.) und, allen voran, die Nachdichtungen der persischen Klassiker Hafiz, Saadi und Firdusi haben dem deutschen Leser ganze literarische Weltprovinzen erschlossen. Daß der pausenlos tätige Übersetzer dabei Kunst und Gelehrsamkeit nicht immer miteinander ins Gleichgewicht zu bringen vermochte, wußte er selbst am besten. Auch diese Einsicht schmolz er, nicht ohne Humor, gleich wieder in Verse um:

«Auf dem Lehnstuhl der Poesie
Und dem Lehrstuhl der Philologie
Wollt' ich sitzen zugleich.

Ich habe mich – das seh' ich jetzt –
Zwischen zwei Stühle niedergesetzt
Und sitze da nicht weich.»

Neu zu entdecken bleibt die erstaunliche Ernte eines unermüdlichen Vermittlers, der sein Dichten und Trachten unter das Credo stellte:

«Daß ihr erkennt: Weltpoesie
Allein ist Weltversöhnung.»

Literatur: Schimmel, Annemarie: Weltpoesie ist Weltversöhnung. Schweinfurt 1967. – Mann, Golo: Friedrich Rückert. In: Mann, Golo: Wir alle sind, was wir gelesen. Frankfurt a. M. 1989.

Rumohr, Carl Friedrich Freiherr von

Reinhardsgrimma bei Dresden 6. Januar 1785 – 25. Juli 1843 Dresden
Zeichner, Schriftsteller, Kunsthistoriker, Mäzen und Gastrosoph

Der Baron von Rumohr gehörte zu jenen Anregern und Mäzenen, ohne deren oft verborgenes Wirken die Kultur- und Kunstgeschichte aller Epochen wesentlich ärmer wäre. Der Sohn eines sächsischen Gutsherrn studierte in Göttingen bei dem gelehrten Maler Fiorillo, der zehn Jahre zuvor → Tieck und → Wackenroder mit der Geschichte der Kunst vertraut gemacht hatte. Im heimischen Dresden trat Rumohr zum katholischen Glauben über und lernte Tieck sowie Philipp Otto → Runge kennen. 1805 reiste er zum ersten Male nach Rom, zusammen mit Tieck und den Brüdern → Riepenhausen, deren italienischen Aufenthalt er großzügig finanzierte. Es waren die ersten Maler einer stattlichen Schar von Kunstgenossen, die ihre Entdeckung und Protektion dem begüterten Kunstenthusiasten zu danken hatten.

Rumohr, der seine römischen Pilgerfahrten bis zum Beginn der vierziger Jahre mehrfach wiederholte, förderte viele Maler, darunter Franz → Horny, dessen

Carl Friedrich von Rumohr. Bleistiftzeichnung von Theodor von Rehbenitz, 1819.

Ausbildung bei Joseph Anton → Koch er bezahlte. Er entdeckte das pittoreske Olevano im Sabinergebirge, setzte sich dort beherzt mit Räubern in der Umgebung auseinander, mietete ein verfallenes Kasino und schuf damit den deutsch-römischen Malern ein begehrtes Asyl. Der modischen Mittelalterschwärmerei verfiel er nicht, wie der Baron überhaupt vor Kunstdogmen und -ideologien warnte: «Nach und nach werden die Künstler wohl abgehen von der nutzlosen Nachahmung bald dieser, bald jener anderen Kunstepoche und die Natur als ihre einzige Lehrerin anerkennen. ... Denn wer heutzutage nach Bildern sich umsieht, sucht darin eben nur Erinnerungen aus alten Bildern und mißversteht jedes eigentümlich frische Streben.»
Seit 1810 machte sich Rumohr auch literarisch bemerkbar, besonders als Kunsthistoriker. Mit seinen «Italienischen Forschungen» (1827) und anderen Beiträgen, die er für Friedrich → Schlegels «Deutsches Museum» lieferte, erschloß er neue Horizonte und öffnete den Blick für die umbrisch-toskanische Malerschule des 15. Jahrhunderts. Sein bisweilen gefürchteter, jedoch immer

treffender und sprühender Witz führte ihm bei der Niederschrift eines humoristischen Tierepos und einer Reihe von Novellen die Feder. Rumohr war ein Grandseigneur, wenn es je einen gab, immer beflügelnd und freigebig nach vielen Seiten hin, dazu mit Maßstäben begabt, die ihn gegen künstlerisches Falschmünzertum vollkommen immun machten. Er lebte abwechselnd in Italien, in Lübeck und Kopenhagen, auf seinen holsteinischen Gütern und in Dresden, wo man ihn dann täglich in der Gemäldegalerie und im Domizil seines alten Freundes Tieck am Altmarkt begegnen konnte. Der Weltmann und Kunstkenner war zudem ein Epikureer und Gourmet, auch wenn Caroline → Schlegel-Schelling es rügte, daß er über einen gesottenen Seekrebs ebenso hingerissen sprach wie über ein gemaltes Jesuskind. Folgerichtig hat er in dem Vademekum «Geist der Kochkunst» (1822) die Gastronomie zu einer regelrechten Gastrosophie sublimiert. «Der Mensch ist, was er ißt», pflegte Herr von Rumohr zu sagen und bezog die Freuden der Tafel in das romantische Gesamtkunstwerk seines Daseins mit ein.

Literatur: Schulz, H. W.: Carl Friedrich von Rumohr. Sein Leben und seine Schriften. Mit einem Nachwort von Carl Gustav Carus. Leipzig 1844. – Rehm, Walter: Rumohrs Geist der Kochkunst und der Geist der Goethezeit. In: Rehm, Walter: Späte Studien. 1964.

Runge, Philipp Otto

Wolgast/Vorpommern 23. Juli 1777 – 2. Dezember 1810 Hamburg
Maler, Zeichner und Kunsttheoretiker

Wie Caspar David → Friedrich, sein pommerscher Landsmann, war auch Runge ein genialer Einzelgänger. Viele Jahre nach seinem frühen Tod wurde sein Werk, wie dasjenige Friedrichs, zum Inbegriff romantischer Malerei. Er selbst hat sich in dem einen Jahrzehnt, das sein eigenständiges Schaffen umspannte, von jeder Parteienbildung ferngehalten und alle Bestrebungen abgelehnt, die ästhetische Orientierungspunkte in längst versunkenen Epochen suchten. Er war ein zutiefst religiöser, dazu sehr wacher Mensch und abgründiger Grübler, der in seinen theoretischen Schriften die Kunstentwicklung des kommenden Jahrhunderts gedanklich vorwegnahm.

Auch sah er die Kunst stets in größeren menschheitlichen Zusammenhängen und entdeckte dann, wie ein Apokalyptiker, in seiner von Waffenlärm erfüllten Gegenwart die Symptome einer nahenden Endzeit: «Ich dachte einmal so an einen Krieg, der die ganze Welt umkehren könnte, oder wie so einer eigentlich entstehen müßte, und sahe eben gar kein anderes Mittel – da der Krieg nun durch die ganze Welt hin zu einer Wissenschaft geworden und also gar kein rechter mehr existiert, oder da auch kein Volk mehr vorhanden ist, welches ganz Europa und die gesamte kultivierte Welt einmal massakrierte, wie die Deutschen es mit den Römern gemacht, als der Geist von diesem Volk gewichen war – ich sahe, sage ich, kein anderes Mittel als den jüngsten Tag, wo

Philipp Otto Runge. Selbstbildnis am Zeichentisch. Kreidezeichnung, 1802.

die Erde sich auftun und uns alle verschlingen könnte, das ganze menschliche Geschlecht, so daß auch gar keine Spur von allen den Vortrefflichkeiten heutigen Tages nachbliebe.»

Er war der Sohn eines Schiffsreeders und besuchte die Wolgaster Stadtschule. Bei dem in Hamburg lebenden Bruder Daniel, der dann sein verständnisvollster Partner und sogar der Herausgeber seiner hinterlassenen Schriften werden sollte, trat Runge eine kaufmännische Lehre an. Zeichnungen zu Homers «Odyssee», dazu der Unterricht bei dem Maler Heinrich Joachim Herterich bestätigten die künstlerische Begabung des jungen Mannes, die er an der Kunstakademie in Kopenhagen zu vertiefen suchte. Er las die Schriften Herders, Goethes, Schillers, vor allem aber Ludwig → Tiecks «Sternbald»- Roman, dessen Verfasser er, Frühjahr 1801, in Dresden persönlich kennenlernte. Erst der Aufenthalt in der sächsischen Residenzstadt und Kunstmetropole sowie die Debatten mit Tieck brachten Runge zu sich selbst. Die Ablehnung einer Zeich-

Der große Morgen. Ölgemälde von Philipp Otto Runge, 1809.

nung durch die Preisrichter der Weimarer Kunstfreunde förderte ebenfalls den inneren Klärungsprozeß. Die Liebe zu der fünfzehnjährigen Pauline Bassenge, der Tochter eines Dresdner Handschuhfabrikanten, stürzte Runge in eine schwere Krise, die er nur langsam, nach dreijährigem Kampf um das Mädchen, zu bewältigen vermochte. Das gleichzeitig entstandene Werk bezeugt seinen Durchbruch zu einer ganz und gar individuellen poetisch-allegorischen Bildwelt.

Das Gemälde «Die Lehrstunde der Nachtigall» (1801/03, 2. Fassung 1805) zeigt eine Psyche, die Paulines Züge trägt, dazu einen Amor und ein im schützenden Dunkel des Waldes schlafendes Kind, während sich aus der Tiefe der Landschaft die Morgenröte ankündigt. Die Gruppe wird auf dem reliefartig gemalten Rahmen variiert, wo Amor von dem aus der Lilie hervorwachsenden Genius der himmlischen Liebe und von dem aus der Rose hervortretenden Genius der irdischen Liebe flankiert ist, die beide nach der Nachtigall haschen.

Die Natur als beseelter Raum, in dem Menschen- und Pflanzengestalten einander als Spiegelungen göttlicher Wesenskräfte zugeordnet sind: Runge hat diesen Gedanken in seiner Tageszeiten-Folge immer wieder aufgegriffen, die er zunächst als einen Zyklus von vier Radierungen ausführte (1803/05).
Später, kurz vor seinem Tod, näherte er sich erneut dem großen Thema, das er nun mit den Möglichkeiten der Farbe aus der strengen Rhythmisierung der grafischen Blätter in eine schwebendere, gleichsam musikalischere Form zu überführen gedachte. Von dieser letzten Auseinandersetzung mit dem Stoff konnte er nur den «Morgen» in einer ersten kleinen Fassung vollenden (1808); eine zweite blieb Torso. Wie der «Morgen» den Anfang des Menschenlebens und den Urbeginn der Schöpfung zu einem von Pflanzen, Kindern, Genien und Lichtströmen durchwobenen Sinn-Bild zusammenschließen sollte, so sah Runge in den Tageszeiten nur Abbilder für den Kreislauf des individuellen und universellen Daseins. Tageszeiten, Jahreszeiten, Lebenszeiten, Weltzeiten enthielten jeweils Werden und Vergehen der einzelnen Existenz als auch Entstehung, Wachstum, Verfall und Untergang der Völker. Als der Maler seinem Freund Tieck die ersten Entwürfe zu dieser faszinierenden bildkünstlerischen Manifestation des romantischen Organismusgedankens zeigte, soll der Dichter, wie Runge selbst berichtet, «ganz bestürzt» gewesen sein: «... er schwieg stille, wohl eine Stunde, dann meinte er, es könne nie anders, nie deutlicher ausgesprochen werden, was er immer mit der neuen Kunst gemeint habe.» Der von → Novalis zuerst postulierte «Zusammenhang der Mathematik, Musik und Farben» sei hier «in großen Blumen, Figuren und Linien» sichtbar geworden.
Die endlich doch zustande gekommene Hochzeit mit Pauline im April 1804, die endgültige Niederlassung des Paars in Hamburg und die Geburt eines Kindes schienen einen gesicherten Lebensabschnitt zu eröffnen. Runge arbeitete jetzt an seinen beiden einzigen Bildern, die unmittelbar biblischen Motiven gewidmet waren, jedoch schließlich Fragment blieben. Wiederum war hier den Tageszeiten eine beherrschende Rolle zugedacht: die «Ruhe auf der Flucht» (1805) ist von der Morgensonne beglänzt, «Petrus auf dem Meer» (1806/07) bietet ein vom Mond beleuchtetes dramatisches Nachtstück dar. Die Rückkehr nach Hamburg und die Begründung seiner Ehe gaben dem Künstler die Möglichkeit, die ihm zum Leben notwendigen Familien-, Liebes- und Freundschaftsbeziehungen zu pflegen. Die Gruppenbildnisse der «Hülsenbeckschen Kinder» (1805), seiner Eltern (1806) und «Wir drei» (1805), auf dem er sich selbst, Pauline und den Bruder Daniel darstellte, sind großartige Zeugnisse dieses Dranges nach mitmenschlicher Kommunikation. Auch die Einzelbildnisse hielten, jenseits aller herkömmlichen Portraitmalerei, nicht nur das äußere Antlitz eines Menschen fest, sondern ebenso sein inneres Wesen und seine Verwurzelung im Spirituellen. Die Portraits Paulines und Daniels gehören hierher, besonders die Bilder von Runges eigenen und von fremden Kindern, etwa der Tochter des Buchhändlers Perthes (1805). Dreimal hat sich Runge selbst

Die Hülsenbeckschen Kinder. Ölgemälde von Philipp Otto Runge, 1805/06.

gemalt, zuletzt als «Selbstbildnis im braunen Rock» (1809/10), auf dem er, bereits von schwerer Krankheit gezeichnet, eindringlich den Bildbetrachter anschaut.

Die Erforschung der eigenen Persönlichkeit konnte sein kindliches Gemüt nicht trüben, das dem Freund Henrik → Steffens auffiel. Die von dem Künstler niedergeschriebenen plattdeutschen Märchen «Von den Machandel Bohm» und «Von den Fischer und syner Fru» wurden von → Arnim in der «Zeitung für Einsiedler» abgedruckt und fanden Eingang in die «Kinder- und Hausmärchen» der Brüder → Grimm. Die Naivität solcher Poesie schloß wiederum das beharrliche Nachdenken über das Instrumentarium der Malerei nicht aus, das Runge auch theoretisch zu begründen suchte. Vor allem hat er das Phänomen der Farben umkreist und dabei in Goethe einen ebenso kritischen wie engagierten Gesprächspartner gefunden. Die Farben waren ihm keineswegs nur optische, sondern metaphysische Erscheinungen und Symbole, die auf den

Dualismus zwischen Überirdischem und Irdischem, zwischen Licht und Finsternis verwiesen. Daß er trotz solcher Transzendierungen doch nie den Bezug zur malerischen Praxis verlor, zeigte seine Schrift, die im gleichen Jahr wie Goethes «Farbenlehre» herauskam: «Farbenkugel oder Construction des Verhältnisses aller Mischungen der Farben zueinander und ihrer vollständigen Affinität; mit angehängtem Versuch einer Ableitung der Harmonie in den Zusammenstellungen der Farben» (1810).

Es sollte Runges künstlerisches Testament sein, denn er starb im gleichen Jahr an der Tuberkulose. Kinder, die Sendboten des noch unschuldigen, immer wieder neu beginnenden Lebens, haben seine Bilder gleichnishaft bevölkert, und so mag man eine tröstliche Fügung darin sehen, daß Pauline einen Tag nach dem Tod ihres Mannes einen Sohn zur Welt brachte, der auf die Vornamen Philipp Otto getauft wurde. Runge selbst hätte darin eine Bestätigung jenes Rhythmus erblickt, der Seele und Körper, Ich und Du, Mensch und Menschheit stets aufs neue in den Ursprung zurücktauchen läßt – ganz so, wie er es in einem Brief an Pauline geschrieben hatte: «... das kann nur verbunden werden als durch den Tod; ich meine, daß sie völlig eins sind, wie sie im Paradiese gewesen.»

Literatur: Traeger, Jörg: Philipp Otto Runge und sein Werk. München 1975. – Katalog Runge in seiner Zeit. Ausstellung Kunsthalle Hamburg 1977/78. – Betthausen, Peter: Philipp Otto Runge. Leipzig 1980.

S

Sailer, Johann Michael

Aresing/Oberbayern 17. November 1751 – 20. Mai 1832 Regensburg

Theologe, Bischof von Regensburg

Der kleine Hansmichel, Sohn eines Dorfschusters, besaß Frömmigkeit, Güte und einen gesunden Menschenverstand. Daß ihm, während er das Münchner Jesuitengymnasium besuchte, seine Mutter erschien, als sie in einem weit entfernten oberbayerischen Dorf starb, hat er als ein Zeichen von Gottes sichtbarem Wirken gedeutet. Mit ebensolcher Naivität begegnete er den theologischen Spitzfindigkeiten seiner Lehrer. Auf die Frage «Was führt zur ewigen Seligkeit?» gab Sailer zur Antwort: «Der unerschütterliche Glaube an Gott.» Womit er durchgefallen war, denn man hatte von ihm hören wollen: «Die Kenntnis des katholischen Katechismus.»

Die Erwiderung des Studenten, die das Mißfallen der Mentoren erregte, war kennzeichnend für den Weg des späteren Theologen. Nach der Aufhebung des Jesuitenordens erhielt er die Priesterweihe, der theologische Lehrämter in Ingolstadt und Dillingen folgten. «Das kleinere Gebetbuch» (1784) sowie «Vollständiges Lese- und Gebetbuch für katholische Christen» (1785) wirkten als wahre, immer wieder aufgelegte Volksbücher bis weit ins protestantische Deutschland hinein, wodurch der Verfasser gleich zwischen zwei Feuer geriet. Orthodoxe Lutheraner sahen in ihm den Anstifter jesuitischer Umtriebe, ultrakonservative Katholiken bezichtigten ihn des Kryptoprotestantismus und geheimer Beziehungen zum Illuminatenorden. Auf dem Weg zum Semestergottesdienst erhielt Sailer die Nachricht von seiner Entlassung aus dem Lehrkörper der Dillinger Universität, was er mit Gleichmut quittierte: «Auch gut, mir wirds nicht langweilig, ich weiß mich zu beschäftigen.» Die reiche schriftstellerische Tätigkeit, die er daraufhin entfaltete, verschaffte ihm 1799 eine neue Professorenstelle, zunächst wieder in Ingolstadt und anschließend, nach der Verlegung der Universität, in Landshut.

Dort entstand durch den «Vater Sailer», wie ihn seine Bewunderer bald nannten, ein geistig-geistliches Zentrum von großer Ausstrahlungskraft. Obwohl in dem Professor das Erbe der Aufklärung rege war, wirkte er mit besonderem Nachdruck auf die junge romantische Generation. Der Rechtsgelehrte → Savigny sah in ihm den «herrlichsten, edelsten, kräftigsten Menschen»; Clemens

Johann Michael Sailer. Punktierstich von Johann Heinrich Lips nach Jakob Sommerhalder.

→ Brentanos Rückkehr zum Glauben der Väter ist durch Sailers stille Überzeugungskraft wesentlich begünstigt worden. Dem bayerischen Kronprinzen und späteren König → Ludwig I. vermittelte er Grundeinsichten in das wechselseitige Verhältnis von Staat und Religion. Zahllose Menschen sind durch den freundlichen und charismatischen, jedem Eifern abholden Gottesmann der katholischen Kirche gewonnen worden, darunter der spätere Kardinal Melchior von → Diepenbrock. Als Autor von 40 Büchern (etwa «Handbuch der christlichen Moral», «Grundlehren der Religion») und namentlich als Kanzelredner war er ein Sprachkünstler von hohen Graden, der Predigten, Erbauungsschriften und Aphorismen ein geradezu literarisches Formbewußtsein angedeihen ließ. Seine berühmte Übersetzung der «Nachfolge Christi» des Thomas a Kempis wurde zu einem Schlüsselwerk der katholischen Erweckungsbewegung, ja zur Modelektüre in Berliner und Wiener Salons, was ihn, wie alle äußeren Erfolge, kaum beeindruckt hat.

Die romantische Auffassung, derzufolge Künstler, Dichter und Priester geistige Anverwandte sind, fand in ihm einen beredten Anwalt. Die offizielle Anerkennung durch seine Kirche ist Sailer erst spät zuteil geworden: der Siebzigjährige wurde zum Domkapitular, erst der Achtundsiebzigjähre zum Bischof von Regensburg ernannt. Dieses Amt hat er dann nur noch drei Jahre versehen können, bis er sich mit den Worten zum Sterben niederlegte: «Wie Gott will, Herr, hier bin ich!» Aber der Vorwurf der Häresie wollte bis zuletzt und selbst später nicht verstummen.

Literatur: Schiel, Hubert: Johann Michael Sailer. Leben und Persönlichkeit in Selbstzeugnissen, Gesprächen und Erinnerungen der Zeitgenossen. 1948–1952. – Rittaler, Anton: Johann Michael Sailer. In: Bayerische Kirchenfürsten. München 1964.

Sand, Karl Ludwig

Wunsiedel/Fichtelgebirge 5. Oktober 1795 – 20. Mai 1820 Mannheim
Burschenschafter

Der Jüngling, der bis zu seinem frühen Tod ein blasses Kindergesicht behielt, war der Sohn eines beamteten Juristen, begann in Tübingen mit dem Studium der Theologie und nahm freiwillig am Feldzug 1815 teil. Indessen hatten die patriotischen Gedichte Theodor → Körners und der Furor teutonicus des Turnvaters → Jahn von ihm Besitz ergriffen. Sand schloß sich in Erlangen der Burschenschaft an, studierte in Jena weiter und nahm, Oktober 1817, am Wartburgfest teil, für das er eine Denkschrift zu Papier brachte. Unter dem Einfluß des radikalen Burschenschaftsführers Karl Follen begann er die Ermordung von Persönlichkeiten gutzuheißen, die der Einheit und Freiheit des deutschen Volkes hindernd im Weg standen.

Als ein «Lohnschreiber und feiler Spion des Zaren» galt, wenn auch fälschlich, der in Mannheim lebende Schriftsteller und russische Staatsrat August von Kotzebue. Sand beschloß, den nationalromantischen Vorstellungen seiner Idole zu blutiger Publizität zu verhelfen und jenem «Landesverräter das Schwert ins Gekröse zu stoßen». Am Nachmittag des 23. März 1819 erschien der Theologiestudent in Kotzebues Mannheimer Domizil, unter dem altdeutschen Wams das Johannesevangelium, Körners Gedichte und das zur Exekution bestimmte «Schwert». Mit dem Dolch versetzte er dem Poeten drei tödliche Stiche, suchte dann vergeblich sich selbst zu entleiben, stürzte ins Freie und fiel mit dem Ruf auf die Knie: «Ich danke dir, Gott, für diesen Sieg.» Dann wurde er von der Wache abgeführt, ohne den geringsten Fluchtversuch zu unternehmen. Nach über einjähriger Haft, während der ihn Sympathisanten und Portraitmaler besuchten, wurde er öffentlich hingerichtet. Sands spektakuläre, politisch jedoch völlig sinnlose Tat lieferte den Vorwand für die Karlsbader Beschlüsse und die sich anschließenden Demagogenverfolgungen, die

Karl Ludwig Sand ersticht den Dichter und russischen Staatsrat August von Kotzebue. Zeitgenössische Abbildung.

Professoren, Studenten und andere Fortschrittsfreunde gehässigen Maßregelungen aussetzten.

Trotzdem gab es Gesinnungsgenossen, die in dem Kotzebue-Mörder einen Märtyrer und in seinem Dolchstoß den Versuch sehen wollten, die nationalen Visionen mancher Romantiker mit Gewalt zu verwirklichen. Haarlocken des Delinquenten und blutbespritzte Splitter des Mannheimer Schafotts kursierten wie Reliquien unter den Studenten. Der Berliner Theologieprofessor Wilhelm de Wette schrieb Sands Mutter einen Trostbrief, in dem er die Mordtat um ihrer Motive willen entschuldigte. Sie habe wie ein Blitz eingeschlagen und kommen müssen, um die Dämme zu brechen, meinte Joseph → Görres in seiner Schrift «Teutschland und die Revolution» (1819). Der Publizist Ludwig Börne stilisierte das Attentat zu dem Kristallisationspunkt empor, «um den die neuere Geschichte der Deutschen ansetzt». Das Museum von Sands Heimatort Wunsiedel begann Andenken zu sammeln, die über die Zeit hinweg ihre Faszination behielten. Noch die allerersten Angehörigen der Roten Armee Fraktion sollen unter den andächtigen Gästen gewesen sein. Sie wollten wohl, bevor sie eine neue extremistische Ideologie zu vollstrecken sich anschickten, dem Ahnherrn des politischen Terrorismus in Deutschland ihre Aufwartung machen ...

Literatur: Müller, Karl Alexander von: Karl Ludwig Sand. 1925. – Günzel, Klaus: Geist, Macht und Biedermeier. Die Karlsbader Beschlüsse und ihre Folgen. In: DIE ZEIT, Hamburg, 22. Februar 1991.

Savigny, Friedrich Carl von

Frankfurt a. M. 21. Februar 1779 – 25. Oktober 1861 Berlin.

Jurist, Rechtshistoriker und preußischer Minister

Der Sproß einer Hugenottenfamilie war ein Traditionalist, der das historisch Gewachsene und Gewordene früh gegen spekulatives oder gar revolutionäres Neuerertum in Schutz nahm. Er studierte die Jurisprudenz und brachte es schon im Jahre 1800 zum Privatdozenten, 1802 zum außerordentlichen Professor an der Universität Marburg. Reisen durch Deutschland und Frankreich führten ihn auf die Spuren verschollener Rechtsquellen, die er genauso zu sammeln begann wie die mit ihm befreundeten Brüder → Grimm ihre Märchen und Sagen. Obwohl Savigny als ein stiller, fast leidenschaftsloser Beobachter und unermüdlicher Arbeiter auffiel, fand er Zugang zu den rheinhessischen Romantikern, die in ihm geradezu eine Dürer- oder Raffael-Gestalt sahen. Zwar kritisierte sein Freund und Schwager Clemens → Brentano die «Studiermaschine», die ihn ständig in Gang hielt, aber die Wertschätzung überwog bei weitem. Besonders auf Savignys zwischen Hanau und Gelnhausen gelegenem Majorats-Hofgut Trages gedieh zeitweise ein beschwingtes Romantikerleben, an dem gelegentlich auch Karoline von → Günderrode sowie Bettine Brentano, die spätere Frau von → Arnim, teilnahmen. «... der Savigny ist so anmutig und kindisch, ... und Gescheitsein ist gar nicht Mode», berichtete Bettine: eine Schilderung, die kaum auf den sonst so zurückhaltenden und vornehmen Akademiker zu passen schien. 1804 heiratete er Gunda (Kunigunde), eine Schwester des Clemens und der Bettine.

Zum gleichen Zeitpunkt rechtfertigte er mit seiner Schrift «Das Recht des Besitzes» erstmalig die Rechtsüberlieferungen der Völker als Resultate einer in Jahrhunderten vollzogenen organischen Entwicklung, die durch grobe Eingriffe nicht beschädigt werden durfte. Es war der Grundgedanke, den Savigny von nun an mit Nachdruck vertrat, zunächst, von 1808 bis 1810, als Professor im bayerischen Landshut. Zusammen mit dem Theologen Johann Michael → Sailer war er dort die Zentralgestalt eines Kreises von Persönlichkeiten, die sich zu romantischem Ideengut bekannten. Einer seiner Hörer, der spätere Arzt Johann Nepomuk → Ringseis, bestätigte, «daß sein ganzes Wesen und Walten unter den Kollegen etwas freundlich Ausgleichendes, ölartig Beschwichtigendes hatte, und dies nicht in diplomatisch berechnender Weise, sondern aus der Fülle eines liebreich edlen Gemüts. Wie unbefangen wußte er, der Nichtbayer und reformierte Protestant, die einheimischen, die katholischen Größen

Friedrich Carl von Savigny. Bleistiftzeichnung eines unbekannten Künstlers, um 1805.

zu würdigen.» Auch andere Zeugnisse heben die Ausstrahlung Savignys hervor, die über konfessionelle Horizonte hinausreichte. Seine starke Wirkung auf die Romantiker war um so bemerkenswerter, als er jede Spekulation ablehnte und die strenge Auseinandersetzung mit den Quellen, besonders den historischen, empfahl.

1810 wurde der inzwischen berühmte Rechtsgelehrte Professor an der neugegründeten Berliner Universität. Hier entwickelte er die Lehre, die als Historische Rechtsschule weit in die Zukunft wirken und zur Neubelebung der Rechtsgeschichte führen sollte. Savignys programmatische Publikation «Vom Beruf unserer Zeit für Gesetzgebung und Rechtswissenschaft» erschien 1814, dem Jahr, in dem der Wiener Kongreß begann, dessen Anliegen einer politischen Restauration sie gleichsam intellektuell legitimierte. Das Recht, so der Verfasser, sei wie die Sprache und die Dichtung ein Ausdruck des historisch gewachsenen Volksgeistes; nur seine Fortbildung bleibe der Wissenschaft überlassen. Ein ganz Deutschland normierendes Gesetzbuch, wie es soeben, angeregt durch den französischen «Code Civil», der Jurist Anton Thibaut vorgeschlagen hatte, müsse ernste Bedenken hervorrufen, weil es mit dem geschichtlich gewordenen Organismus der deutschen Verhältnisse nicht zu vereinbaren sei.

Wie Savignys Hauptwerk «Geschichte des römischen Rechts im Mittelalter» (1815–1831) allerdings zeigte, verstand er unter der von ihm verteidigten

Kampf um die große Barrikade auf dem Alexanderplatz in Berlin während der Nacht vom 18. auf den 19. März 1848. Farblithographie von A. Klaus, 1848.

Überlieferung das antike römische Recht. Dadurch zog er sich die Gegnerschaft zweier völlig konträrer Parteien zu. Die Wortführer einer Rechtsvereinheitlichung nach französischem Muster erblickten in ihm den Apologeten der deutschen Kleinstaaterei und der Restaurationspolitik Metternichs. Die Anhänger der germanischen Rechtsschule, die sich bald formierte, wandten ein, daß das römische Recht zwar eine Jurisdiktion von hohem Rang, jedoch eine fremde und somit dem deutschen Volk aufgedrungene «welsche» Rechtssprechung darstelle. Trotzdem hat sich Savigny mit seiner historischen, in der lateinischen Tradition stehenden Auffassung durchgesetzt: ein später, freilich auch problematischer Triumph der Romantik auf einem ihr zunächst eher fremden Gebiet. Er avancierte zum Ordinarius an der Berliner Universität und Mitglied des Staatsrates, zum königlich-preußischen Staatsminister mit dem Anspruch auf den Titel Exzellenz und zum Ritter des Schwarzen Adlerordens. Ein Mann der Zivilcourage war er nicht, zumal er es für angeraten hielt, die Grenzen des Machbaren und Schicklichen einzuhalten. Als die Brüder Grimm, von denen Jacob einst Savignys erster Schüler gewesen war, zusammen mit fünf ihrer Kollegen gegen den Verfassungsbruch des Königs von Hannover protestierten und entlassen wurden, glaubten sie auf die Hilfe des Begründers der Historischen Rechtsschule hoffen zu können. Der Minister verschanzte sich hinter höflich hinhaltenden Floskeln, was ihm die herbe Kritik seiner Schwägerin Bettine und aller Verfechter des Fortschritts eintrug. Die Berufung der

Grimms nach Berlin erreichte er erst, als → Friedrich Wilhelm IV. König wurde, für den Savigny eine unangreifbare Autorität war.
In den ersten Regierungsjahren des «Romantikers auf dem Thron» erlebte er den Höhepunkt öffentlicher Anerkennung, bis der Ausbruch der Revolution ihm das Scheitern seiner Ministerlaufbahn ankündigte. Er verbrachte, März 1848, einige dramatische Tage im verbarrikadierter Berliner Justizministerium, umgeben von einer zitternden Dienerschaft und im neuen preußischen Pressegesetz lesend, das er mißbilligte. Dann blieb nur noch der Rückzug ins Refugium des Gelehrten, von wo aus er die Zeitläufte kopfschüttelnd, jedoch im Innersten unbeirrt zur Kenntnis nahm. Sein ganzes politisches und wissenschaftliches Werk war darauf berechnet gewesen, im Geschichtsverlauf das Element der Dauer hervorzuheben und allenfalls einen vorsichtigen, über Generationen hinweg sich vollziehenden Wandel gelten zu lassen. Das gewaltsame Ende seiner Karriere bestärkte ihn in den Ansichten, die er immer vertreten hatte. Wie sollte er, angelangt im biblischen Alter und sich selbst historisch geworden, noch auf den Gedanken kommen, von der Geschichte widerlegt worden zu sein?
Literatur: Wolf, E.: Große Rechtsdenker. 1963.

Schadow, Wilhelm

seit 1845 von Schadow
Berlin 7. September 1788 – 19. März 1862 Düsseldorf
Maler und Akademiedirektor

Als dem Maler Peter → Cornelius der Fuß einer mythologischen Figur zu kurz geraten war, stellte ihn sein Freund Schadow erbittert zur Rede. «Wie kannst du aber einen solchen Fuß machen?» rief er aus und konnte sich lange nicht beruhigen angesichts dieses künstlerisch-anatomischen Lapsus. Da fiel dem Gescholtenen die alte Geschichte von dem Homer-Übersetzer Johann Heinrich Voß ein, der Goethe in einem Hexameter einen falschen Versfuß nachgewiesen hatte. Goethe erwiderte: «Voß hat recht, aber der Versfuß mag stehen bleiben zum Skandal der Welt.» So jetzt auch Cornelius: «Du hast recht, Schadow, so mag denn der Fuß stehen bleiben zum Skandal der Welt.» Verärgert soll Schadow den Schauplatz der Anekdote verlassen haben, die mehr über ihn verrät als eine kunsthistorische Abhandlung.
Denn er war der Sohn und Schüler des großen Johann Gottfried Schadow, des Berliner Bildhauers und Schöpfers der Quadriga auf dem Brandenburger Tor, bei dem man penibel lernte, wie Füße und andere menschliche Gliedmaßen gezeichnet werden müssen. 1811 ging der junge Mann nach Rom, schloß sich dort den Nazarenern an, fand Aufnahme in den Lukasbund und wurde, unter dem Einfluß Friedrich → Overbecks, katholisch. Er malte ein «Selbstbildnis mit dem Bruder Rudolf und Thorvaldsen» (1815–18) und beteiligte sich, zusammen mit Cornelius und anderen Gefährten, an den Fresken der Casa Bart-

Wilhelm Schadow. Zeichnung von Carl Philipp Fohr, 1818.

holdy. «Die Klage Jakobs um Joseph» sowie «Joseph deutet im Gefängnis die Träume» waren souverän komponierte Wandbilder, die effektvolles Arrangement mit solider Portraitkunst vereinigten. 1819 kehrte Schadow nach Berlin zurück, wo er als Lehrer seine pädagogischen Fähigkeiten bewies, die dann, von 1826 an, in Düsseldorf zu voller Geltung gelangten. Die dortige Akademie wurde unter seiner Leitung als «Düsseldorfer Malerschule» nicht nur zu einer bedeutenden Ausbildungsstätte, sondern zu einer stilbildenden Institution von weiter Ausstrahlung.

Schadow entwickelte ein Stufenprogramm, das von der Vorbereitungsklasse bis zu den Meisterateliers reichte: Carl Friedrich Lessing, Alfred Rethel und andere Künstler sind daraus hervorgegangen. Der Meister schien für das Amt in mehrfacher Weise prädestiniert. Als geborener Berliner war er für die preußische Regierung annehmbar; als überzeugter katholischer Konvertit konnte er den Rheinländern zugemutet werden. Er hat über dreißig Jahre lang, jedoch nicht ohne Blessuren davonzutragen, den Balanceakt vollführt, wobei ihn der

Kulturkampf zwischen preußischer Obrigkeit und katholischer Bevölkerung in schwere innere Konflikte stürzte. Diesem unaufhebbaren Dualismus konnte der Künstler nicht entkommen. Als Akademiedirektor vertrat er zunächst, im Unterschied zu den orthodoxen Nazarenern, den Anspruch auf «naturgetreue Darstellung», worin ihm der Erfolg der Düsseldorfer Malerschule recht geben sollte. Als hervorragender Portraitmaler («Die Gattin des Künstlers», 1822, «Jungfrau ein Gebetbuch lesend», 1828, «Bildnis der Kinder des Künstlers», 1832) suchte er den individuellen Ausdruck des Gesichts mit beseelter Idealität in Einklang zu bringen.
Hingegen brachten die religiösen Apotheosen der Spätzeit die Wiederkehr der nazarenischen Kunstgesinnung. «Die klugen und die törichten Jungfrauen» (1838–42) stilisierte die biblische Parabel zur pathetischen Szene auf einer überfüllten Opernbühne. Daß jede der hier agierenden Gestalten ein präzises Modellstudium erkennen ließ und natürlich auch Füße sowie andere Extremitäten nicht «zum Skandal der Welt» gerieten, verstand sich für den akkuraten Akademiedirektor aus Altpreußen von selbst. König → Friedrich Wilhelm IV., der Schirmherr der letzten Romantiker, hat ihn dann auch in den Adelsstand erhoben.
Literatur: Katalog der Ausstellung Wilhelm von Schadow. 1788–1862. Düsseldorf 1962.

Schelling, Friedrich Wilhelm Joseph

seit 1808 von Schelling
Leonberg/Württemberg 27. Januar 1775 – 20. August 1854 Bad Ragaz/Schweiz
Philosoph

Der Sohn eines schwäbischen Pfarrers besuchte das Tübinger Stift, wo er gemeinsam mit Hegel und → Hölderlin emphatisch die Französische Revolution begrüßte. «Etwas Napoleonartiges», dazu «das Schroffe und Starre, eine Härte, die schonungslos und zermalmend wirken kann» – diese Eigenschaften eines bonapartistischen Generals, wie sie der schwedische Reisende Atterbom später an dem Philosophen beobachtete, müssen bereits dem Jüngling zu eigen gewesen sein. So war es kein Wunder, daß ihm Hauslehrerstellen nicht genügten, die er in Stuttgart und Leipzig versah. In der sächsischen Universitätsstadt betrieb er naturwissenschaftliche Studien, aus denen sein Werk «Ideen zu einer Philosophie der Natur» (1797) hervorging.
Das Aufsehen, das es sogleich erregte, verschaffte dem Dreiundzwanzigjährigen einen Ruf als außerordentlichen Professor an die Universität Jena, woran Goethe maßgeblich beteiligt war. Die Entschiedenheit, mit der er dort das Katheder bestieg, ist seinem Schüler und Bewunderer Henrik → Steffens unvergeßlich geblieben: «... er hatte in der Art, wie er erschien, etwas sehr Bestimmtes, ja Trotziges, breite Backenknochen, die Schläfen traten stark aus-

Friedrich Wilhelm Joseph Schelling. Ölgemälde von Friedrich Tieck, 1801.

einander, die Stirn war hoch, das Gesicht energisch zusammengefaßt, die Nase etwas aufwärts geworfen, in den großen klaren Augen lag eine geistig gebietende Macht. Als er zu sprechen anfing, schien er nur wenige Augenblicke befangen. Der Gegenstand seiner Rede war derjenige, der damals seine ganze Seele erfüllte. Er sprach von der Idee einer Naturphilosophie, von der Notwendigkeit, die Natur aus ihrer Einheit zu fassen, von dem Licht, welches sich über alle Gegenstände werfen würde, wenn man sie aus dem Standpunkte der Einheit der Vernunft zu betrachten wagte.»

Schelling stieß in Jena auf den nahezu vollzählig versammelten Kreis der Frühromantiker: auf → Fichte, → Novalis, → Tieck sowie die Brüder Friedrich und August Wilhelm → Schlegel, dessen Frau Caroline → Schlegel ihn gleich bei der ersten Begegnung in ihren Bann schlug. Aber auch sie war fasziniert von der Souveränität, mit der er die Grundzüge seiner Philosophie ent-

Titelblatt der Erstausgabe von Friedrich Wilhelm Joseph Schellings «Ideen zu einer Philosophie der Natur», Leipzis 1797.

wickelte: «Die erste Idee ist natürlich die Vorstellung von mir selbst als einem absolut freien Wesen. Mit dem freien selbstbewußten Wesen tritt zugleich eine ganze Welt – aus dem Nichts hervor – die einzig wahre und gedenkbare Schöpfung aus dem Nichts.» Selbst beinahe so etwas wie ein Weltenschöpfer, schritt er vom Staat zur Freiheit, von der Unsterblichkeit zur Gottheit, von der Natur zur Schönheit fort, in der Wahrheit und Güte verschwistert seien. Die Poesie sei die «Lehrerin der Menschheit, denn es gibt keine Philosophie, keine Geschichte mehr»; die Dichtkunst allein würde «alle Wissenschaften und Künste überleben». «Monotheismus der Vernunft und des Herzens, Polytheismus der Einbildungskraft und der Kunst, dies ist's, was wir bedürfen.» Schelling forderte, wie die Schlegels, eine «neue Mythologie», die aber eine «Mythologie der Vernunft» werden müsse. Schließlich malte er eine Vision aus, in der ihm aufklärerisches Erbe, französische Revolutionspostulate und die Imaginationen seiner romantischen Freunde zusammenflossen: «Dann erst erwartet uns gleiche Ausbildung aller Kräfte, des einzelnen sowohl als aller Individuen. Keine Kraft wird mehr unterdrückt werden, dann herrscht allgemeine Freiheit und Gleichheit der Geister.»

Schelling hat das nach mehreren Seiten hin offene Koordinatensystem seiner Natur-, Geschichts-, Kunst- und Religionsphilosophie in vergleichsweise wenigen Hauptwerken ausgebreitet, die in nur knapp anderthalb Jahrzehnten erschienen sind. Nach den «Ideen zu einer Philosophie der Natur» waren es vor allem «Von der Weltseele» (1798), das «System des transzendentalen Idealismus» (1800) sowie «Über das Wesen der menschlichen Freiheit» (1809). Die ursprüngliche Einheit von Materie und Geist, um die es ihm immer wieder ging, sah er im Absoluten verwirklicht, aus dem die Natur, beflügelt durch Elektrizität, Magnetismus und chemische Prozesse, zu immer höheren Zuständen aufsteigt: von der dumpfen Materie über Pflanze und Tier hinauf zum Menschen. Die wirkenden Kräfte der Natur beruhen auf dualistisch verstandenen Polaritäten, die sich ebenfalls aus dem Absoluten entfalten. Sie basieren auf den dialektischen Gegensätzlichkeiten von Geist und Materie, Sauerstoff und Wasserstoff, Licht und Schwere, männlich und weiblich, Freiheit und Notwendigkeit.

Das Aufspüren von Polaritäten und Dualitäten sowie der zwischen ihnen waltenden Analogien wird zur vorrangigen Aufgabe des Philosophen erklärt. Schelling erhebt das Herstellen von «Analogieschlüssen» zum zentralen Anliegen jeder philosophischen Naturkonstruktion, denn die Natur muß (wie Religion, Geschichte und Kunst) nach den inneren Gesetzmäßigkeiten des fragenden Menschen immer wieder neu erdacht und entworfen werden. Dieses konsequent idealistische Verfahren ist begründet in der Überzeugung, daß der individuelle Organismus zugleich auch den Organismus des Weltganzen enthält. Sogar Gott ist im Grunde «nicht mehr als wir», mithin ein Wesen, das «eigentlich noch weniger ist als wir», wodurch der große Denkspieler seinen «werdenden Gott» dem «toten Gott» der Kirche entgegensetzen wollte. «Organon» und «Schlußstein» dieses zutiefst dynamischen Weltverständnisses ist die Kunst, die intellektuelle Anschauungsweisen in ästhetische und somit sinnlich wahrnehmbare Schöpfungen zu transformieren vermag.

Schelling heiratete 1803, nach ihrer Scheidung von August Wilhelm Schlegel, die um zwölf Jahre ältere Caroline. Die Jahre mit ihr brachten noch einmal einen Schub seiner Produktivität, zunächst in Würzburg, dann, von 1806 an, in München, wo er als Generalsekretär der Akademie der Künste amtierte und

Friedrich Wilhelm Joseph von Schelling. Altersbildnis. Daguerreotypie, wahrscheinlich 1848.

1808 sogar geadelt wurde. Ein Jahr darauf starb Caroline; es war ein Schicksalsschlag, von dem er sich nie wieder erholte. Schelling galt weiterhin als Autorität und als ein Denker, dessen Naturphilosophie zum geistigen Königsweg einer ganzen Generation wurde: romantische Rhapsoden wie Gotthilf Heinrich → Schubert oder Ärzte wie Adalbert Friedrich → Marcus und Dietrich Georg → Kieser sind ohne ihn kaum vorstellbar. Trotzdem begann, erst unvermerkt, dann immer sichtbarer, der Abstieg. Zunehmend mußte er sich der Gegner erwehren: die Jugendfreundschaft mit Hegel zerbrach, und bezeichnenderweise ist die letzte Arbeit, die Schelling überhaupt veröffentlichte, eine Verteidigungsschrift gegen seinen Münchner Kollegen und Rivalen Friedrich Heinrich Jacobi gewesen (1812). Im gleichen Jahr ehelichte er Pauline Gotter, die Tochter einer Freundin seiner ersten Frau. Einem wohlwollenden Besucher ist sie wie ein «weißer Dämon oder Engel des Lichts» vorgekommen, aber Schelling hat in der über vierzigjährigen Gemeinschaft mit diesem «Engel des Lichts» nichts mehr publiziert, abgesehen von einigen Belanglosigkeiten. Er hat noch vieles konzipiert, begonnen, wieder abgebrochen und zugesehen, wie draußen in der intellektuellen Welt seine Schriften manchen Mißverständnissen und Mißbräuchen ausgesetzt waren.

1827 wurde er, schon begleitet von feindseligen Zwischenrufen, Professor an der Münchner Universität, dreizehn Jahre später Inhaber von Hegels verwaistem Berliner Lehrstuhl. Schon glaubte der alte Mann, die Tage von Jena kehrten wieder, aber die Berliner Vorlesungen waren nur eine flüchtige Sensation, die bald verpuffte und schließlich zu einem regelrechten Desaster wurde. Nach der Druckerpresse hatte er nun auch das Katheder verloren; die Zeit war über ihn hinweggegangen. Er lebte noch länger als ein Jahrzehnt, während sich in seinem faltigen Greisenantlitz die Weltseele selbst zu mumifizieren schien. Als er ans Ende seines langen Nachdenkens über Gott und die Welt gekommen war, fragte ihn ein Journalist, ob er nicht wenigstens noch eine Philosophie des Christentums zu entwerfen gedenke. Darauf Schelling, müde und weise zugleich: «Es liege außer seinen Zwecken, eine christliche Philosophie zu gründen. Denn wer philosophiere, gestehe schon damit ein, am Glauben nicht genug zu haben.»

Literatur: Jaspers, Karl: Schelling. Größe und Verhängnis. München 1955. – Dietzsch, Steffen: Friedrich Wilhelm Joseph Schelling. Leipzig 1978. – Kirchhoff, Jochen: Friedrich Wilhelm Joseph von Schelling in Selbstzeugnissen und Bilddokumenten. Reinbek bei Hamburg 1982.

Schenkendorf, Max von

eigtl. Gottlob Ferdinand Max Gottfried Schenk von Schenkendorf
Tilsit/Ostpreußen 11. Dezember 1783 – 11. Dezember 1817 Koblenz
Dichter und preußischer Staatsbeamter

Max von Schenkendorf. Zeitgenössische Minatur.

Er entstammte einer eingewanderten neumärkischen Familie, war aber ein Ostpreuße von Geburt und aus Überzeugung, um schließlich ein Lobsänger mittelalterlicher Reichsherrlichkeit zu werden. Als Sohn eines preußischen Offiziers und Gutsbesitzers studierte er in Königsberg die Rechte und geriet zeitweilig unter den Einfluß der pietistischen Baronin Krüdener, die später dem russischen Zaren die Idee zur Gründung der Heiligen Allianz eingab. Religiöser Überschwang und patriotische Gesinnung sprachen aus dem anonymen Zeitungsaufsatz, mit dem der Zwanzigjährige zur Rettung der vom Verfall bedrohten Marienburg aufrief. Der Appell hatte Erfolg, weil man in Berlin den ostpreußischen Reformpolitiker Heinrich Theodor von Schön für den Verfasser hielt.

Schenkendorf, nunmehr ermutigt und als Kammerreferendar am Beginn einer preußischen Beamtenkarriere stehend, gab in Königsberg die vaterländische Zeitschrift «Vesta» heraus, für die → Arnim und → Fichte Beiträge lieferten; sie wurde auf Napoleons persönlichen Befehl hin verboten. In konspirativen Zirkeln fand der junge Mann Verbündete; eine von ihm für die verstorbene Königin Luise in der katholischen Kirche Königsbergs arrangierte Trauerfeier wurde zur antinapoleonischen Demonstration. Im gleichen Jahr, 1810, veröffentlichte er einen Band «Freiheitsgesänge», der zeigte, daß dieser

Poet von Sonetten und anderen kunstvollen Strophenformen zu immer einfacheren, leicht sangbaren Versen gelangt war, die breite Volkskreise erreichten. Obwohl er aus einem Duell die Lähmung seiner rechten Hand davongetragen hatte, zog er, wie der ihm wahlverwandte Theodor → Körner, 1813 freiwillig ins Feld, wo der gleichgestimmte → Fouqué sein enger Waffen- und Dichtergefährte wurde. Schenkendorf nahm an der Leipziger Völkerschlacht teil und gelangte, wie Ernst Moritz → Arndt und der Turnvater → Jahn, in die enge Umgebung des Reichsfreiherrn vom → Stein, dessen nationale Ziele er schwungvoll paraphrasierte. Der österreichische Außenminister Metternich sprach nur wegwerfend von den «fanatischen Freiwilligen, Literaten und Poeten» im Steinschen Hauptquartier, während Schenkendorfs Gedichte, nicht zuletzt durch ihre Vertonungen, weite Popularität gewannen, darunter «Freiheit, die ich meine», «Muttersprache» und «Wenn alle untreu werden» (nach dem geistlichen Lied des → Novalis). Gelegentlich konnte es allerdings geschehen, daß der begeisterte Barde romantische Stätten besang, die nur in seiner Phantasie existierten, wie etwa die nicht vorhandenen Trümmer der Hohenstaufenburg.
Als sich, nach Napoleons Sturz, die deutsche Zukunft mitsamt der von Schenkendorf herbeigesehnten Kaiserglorie zu einem ähnlichen Trugbild verflüchtigte, wurde er als preußischer Regierungsrat in Koblenz seßhaft. Die Ausgabe seiner «Gedichte» (1815) brachte einen Nachhall der Befreiungskriege, neue Verse waren hauptsächlich religiösen Themen gewidmet. Beide Sphären, die patriotisch-deutsche und die christlich-fromme, vereinigten sich jetzt zu seltsamen Visionen. In einem seiner letzten Gedichte verklärte Schenkendorf zwei verstorbene Herrscherinnen, Kaiserin Maria Ludovica von Österreich und Königin Luise von Preußen, zu Märtyrerinnen eines inbrünstig beschworenen deutschen Nationalbewußtseins, bevor er sich selbst niederlegte und, genau an seinem vierunddreißigsten Geburtstag, starb.
Literatur: Klein, Elsa von: Max von Schenkendorf. Wien 1908.

Schinkel, Karl Friedrich

Neuruppin/Mark Brandenburg 13. März 1781 – 9. Oktober 1841 Berlin
Baumeister, Maler, Bühnenbildner, Innenraum- und Möbelgestalter, Architekturtheoretiker

Eine spezifisch romantische Architektur und Plastik hat es nicht gegeben, da diese Künste die innersten Triebkräfte der Romantik kaum hätten umsetzen können. Gleichwohl ist romantisches Kunstverständnis in das Werk Karl Friedrich Schinkels eingedrungen, der sich den großen Strömungen seiner Zeit nicht verschloß und sie zu einzigartigen Synthesen zusammenführte. Als Maler stand er sicher der Romantik näher, als Architekt dem Klassizismus, aber beide Bereiche seines Schaffens haben einander auch durchdrungen. Der Baumeister suchte das Heidnische mit dem Christlichen, das Hellenische mit dem Vater-

Karl Friedrich Schinkel. Zeichnung von Wilhelm Hensel, 1824.

ländischen, den griechischen Tempel mit der märkischen Landschaft zu vermählen, ja er entdeckte die Stadt als eine von Menschenhand hervorgebrachte Landschaft, die ästhetische und seelische Qualitäten mit Funktionalität und Praxisbezogenheit zu überzeugenden Lösungen zu vereinen strebte. Insofern war er ein ingeniöser Geist, der in allen Epochen, vom Parthenontempel bis zur modernen englischen Eisengießerei, zu Hause war und der gleichzeitig Auffassungen nachhing, die erst im 20. Jahrhundert die Chance der Verwirklichung erhielten. Romantische Vorstellungen waren an alledem beteiligt, besonders dort, wo der Malerpinsel oder Zeichenstift des Visionärs das Reißbrett des unter den Gegebenheiten der Gegenwart arbeitenden Baumeisters ersetzen mußte.

Der Märker bekam seine erste Ausbildung in der Werkstatt von Friedrich Gilly in Berlin, besuchte die neugegründete Bauakademie, reiste, nunmehr zwei-

Dom über einer Stadt. Ölgemälde von Karl Friedrich Schinkel, 1813.

undzwanzigjährig, über Prag und Wien nach Rom, von da nach Neapel, Sizilien und Paris: zeitlebens ist Schinkel ein Reisender geblieben, der oft in Städten, Ländern und Epochen unterwegs war. 1805 war er wieder in Berlin, versehen mit zahllosen Reiseskizzen, die er nun auszuwerten begann. Ersten Ruhm erntete er mit sensationellen Panoramen und Dioramen: «perspektivisch-optischen» Schaubildern, die dem Publikum die Ansicht der Stadt Palermo, die sieben Weltwunder, den Brand von Moskau oder die Leipziger Völkerschlacht vorstellten. Die in jenen Jahren entstandenen Landschaftsbilder lassen an manche Kompositionen von Caspar David → Friedrich denken, die Schinkel von Berliner Ausstellungen kannte. Sonnenuntergangs- und Abschiedsstimmungen beherrschen gelegentlich diese Stücke, die sich freilich auch von denen des Dresdner Meisters ganz wesentlich unterscheiden. Die Anordnung des Raumes, die oft an einen Bühnenraum erinnert, und der Reichtum architektonischer Details fallen etwa an dem Bild «Dom über einer Stadt» (1813) auf, das von einem majestätisch-opernhaften, fast heroischen Flair bestimmt ist. Wenig später, mit der zunehmenden Übernahme baukünstlerischer Aufgaben, begann Schinkels malerische Arbeit zurückzutreten. Jedoch zeigt ihn ein Blatt wie das Bildnis seiner Tochter Marie (1816), das an Philipp Otto → Runges Kinderportraits erinnert, weiterhin als einen Meister beseelter Menschendarstellung.

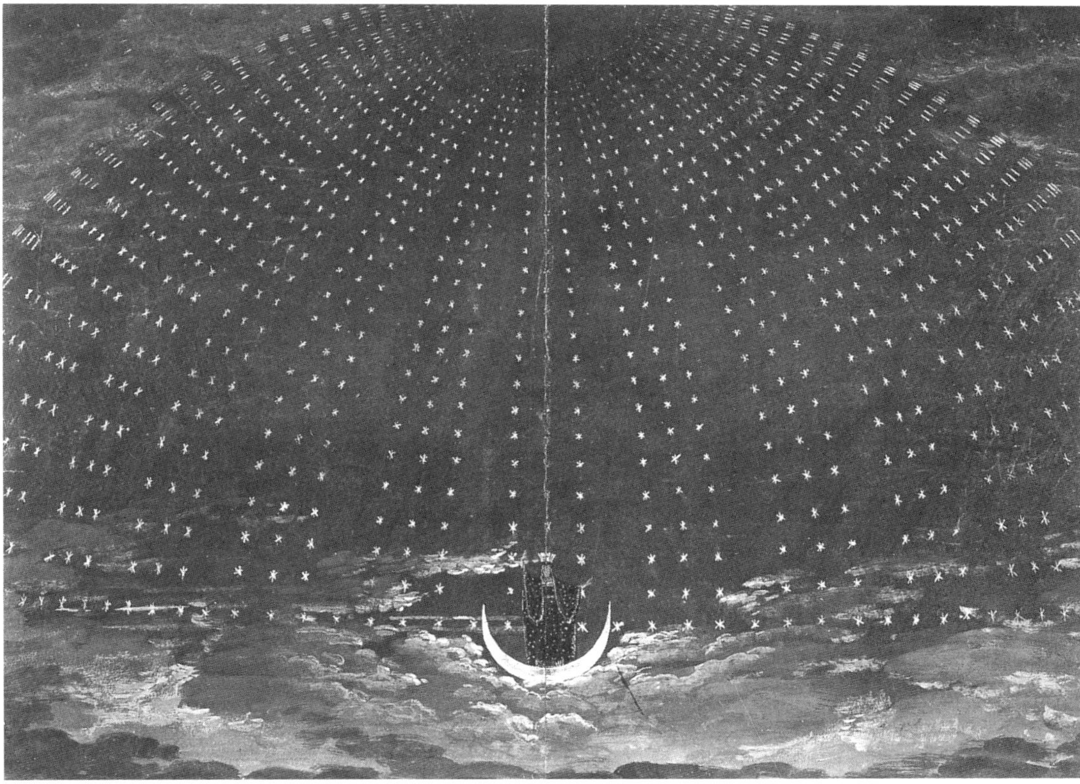

Sternenhalle der Königin der Nacht. Bühnenbildentwurf zu Mozarts «Zauberflöte» von Karl Friedrich Schinkel, 1815.

Etwa in der Mitte zwischen Malerei und Architektur stehen die Bühnenbilder, die Schinkel von 1815 an für die königlichen Schauspielhäuser fertigte, allen voran die Dekorationsentwürfe zu Mozarts «Zauberflöte». Nie hat die Sternenhalle der Königin der Nacht eine so hinreißende Gestaltung gefunden: über der auf einer Mondsichel postierten Königin wölbt sich in strenger Symmetrie der Sternendom empor, dessen tiefes Blau eine magische Wirkung entfaltet – klassizistischer Formwille und romantische Ausstrahlung in einem. Weitere Bühnenausstattungen, so zu Glucks «Alceste», zu E. T. A. → Hoffmanns Oper «Undine» und zu → Kleists Drama «Das Käthchen von Heilbronn», bezeugen immer wieder den Versuch, architektonische Prinzipien und romantische Expressivität in ein poetisches Spannungsverhältnis zu bringen.
1810 wurde Schinkel in die preußische Oberbaudirektion aufgenommen. Die Ernennungen zum Geheimen Oberbaurat (1830) und zum Oberlandesbaudirektor (1838) waren nur die äußeren Stationen einer reichen öffentlichen Tätigkeit, die sich nach vielen Seiten erstreckte. Mit drei Meisterwerken prägte der Architekt die Physiognomie der preußischen Metropole: mit der Neuen Wache Unter den Linden (1816–1818), mit dem Schauspielhaus auf dem Gendarmenmarkt (1818–1821) und mit dem Alten Museum (1822–1830). Dazu gesellten sich Kirchen und weltliche Bauten in Berlin und Potsdam, in der Mark Brandenburg, in Mecklenburg, Ostpreußen und Sachsen, deren

Fülle hier nicht einmal angedeutet werden kann. Die Berliner Schloßbrücke und die Potsdamer Nikolaikirche, dazu das Schlößchen Charlottenhof, das Gärtnerhaus und die Römischen Bäder im Park von Sanssouci waren Höhepunkte klassizistischer Baugesinnung und standen insofern, wie alle anderen architektonischen Schöpfungen Schinkels, der romantischen Kunst ferner. Hingegen waren seine Bemühungen um die Pflege historischer Denkmale, etwa der ostpreußischen Marienburg sowie des Kölner Doms und anderer Bauwerke am Rhein, von Romantik und beginnendem Historismus beeinflußt. Auch sein vergebliches Bemühen, die Gemäldesammlung der Brüder → Boisserée für Berlin zu erwerben, gehört in diesen Zusammenhang.

Der Reichtum seiner Ideen galt außerdem Öfen und Bauverzierungen, Brückengeländern, Lampenständern und Glasfenstern, Kirchenkanzeln, Kronleuchtern und Möbeln. Er experimentierte mit Porzellan, Textilien und dem Guß von Eisen. Er legte Pläne, Entwürfe und Anregungen in mehreren Publikationen nieder. Nur ein architektonisches Lehrbuch, das die Erfahrungen seines rastlosen Lebens systematisch ausbreiten sollte, blieb unvollendet. Wiederholt beschäftigten ihn Konzeptionen für Erinnerungsstätten, so zu einer Begräbniskapelle, deren lichtdurchflutete gotische Halle den Sarkophag der Königin Luise aufnehmen sollte; auch dieses Vorhaben ist nicht verwirklicht worden. Realisiert wurde, auf dem Kreuzberg in Berlin, das Denkmal mit den Genien der Schlachten von 1813 bis 1815, an dem sich mehrere Bildhauer der Hauptstadt beteiligten. Schließlich ist auch der Entwurf für das Eiserne Kreuz, den preußischen Tapferkeitsorden der Befreiungskriege, ein Ausdruck von Schinkels national-romantischen Überzeugungen, die trotzdem genügend Raum ließen für das Bewußtsein klassischer Humanität und europäischer Pluralität.

Wenn Architektur nach einem Wort Friedrich → Schlegels versteinerte, nach → Schelling erstarrte und nach Arthur Schopenhauer gefrorene Musik ist, so könnten diese Definitionen auf das Œuvre Karl Friedrich Schinkels gemünzt sein. Die Anlage seines Schauspielhauses auf dem Berliner Gendarmenmarkt, in der Mitte zwischen Deutschem und Französischem Dom, mutet wie eine geniale musikalische Komposition an, die im Augenblick ihrer höchsten Steigerung zu Stein geworden ist. Schinkel hat hier jedoch auch eine Landschaft gestaltet, nicht nur ein Bild von ihr: eine Stadtlandschaft, die für ihn immer erst durch die belebende Gegenwart des Menschen einen Sinn erhielt. Die monumentale und, wenn man so will, sinfonische Formgebung dieses Platzes fand ihr intimes und sozusagen kammermusikalisches Gegenstück in dem Landschloß Tegel, das Schinkel für seinen Gönner Wilhelm von Humboldt ausgebaut hat. Das klassizistische Haus vereinigt sich mit Park und Garten zu einem natürlichen und doch behutsam inszenierten Gesamtkunstwerk, dessen einzelne Elemente, malerisch und musikalisch zugleich, einen unteilbaren Organismus bilden. Es ist das seltene und daher denkwürdige Zusammentreffen klassizistischer und romantischer Vorstellungen im Werk eines Mannes, für den seine Bindungen an unterschiedliche Stilepochen nur Bruchstücke einer großen Konfession gewesen sind.

Literatur: Rave, Paul Ortwin: Karl Friedrich Schinkel. München, Berlin 1953. – Katalog der Ausstellung Karl Friedrich Schinkel. Berlin-Ost 1980. – Katalog der Ausstellung Karl Friedrich Schinkel. Berlin-West 1981.

Schlegel, August Wilhelm

seit 1815 von Schlegel

Hannover 8. September 1767 – 12. Mai 1845 Bonn

Ästhetiker, Kritiker, Essayist, Dichter, Sprachwissenschaftler und Übersetzer

Er stammte aus einer literarisch reich ausgewiesenen, fast schon literarisch belasteten Familie. Vater und Onkel hatten als Schriftsteller, Literaturtheoretiker und Übersetzer von sich reden gemacht. Als der achtzehnjährige August Wil-

August Wilhelm Schlegel im Jahre 1793. Gemälde von Friedrich August Tischbein.

Titania liebkost Zettel mit dem Eselskopf. Gemälde von Johann Heinrich Füßli, 1793/94.

helm, Absolvent des Ratsgymnasiums seiner Vaterstadt, eine Rede zum Lob der Dichtkunst in glänzenden Hexametern hielt, mochte dieser Auftritt wie eine Huldigung an den poetischen Genius der Dynastie Schlegel wirken. Er wurde jedoch auch zum beziehungsreichen Vorgriff auf den Lebensberuf des jugendlichen Redekünstlers, dem, wie seinem jüngeren Bruder Friedrich → Schlegel, die Literatur zum Schicksal werden sollte. August Wilhelm studierte, dem Wunsch des Vaters folgend, in Göttingen Theologie und Philosophie, fand als Schüler des Altphilologen Heyne den Zugang zur antiken Dichtung und als Mitarbeiter von Gottfried August Bürgers «Musenalmanach» den Weg zur zeitgenössischen Literatur. Die unter Bürgers Anleitung verfaßte Übersetzung von Shakespeares «Sommernachtstraum» gab zugleich die Richtung an, die er beibehielt. Schlegel, früh im Besitz einer immensen Bildung, verfügte über die Fähigkeit, sich Fremdes anzuverwandeln und es an ein modernes Publikum weiterzugeben. Insofern wurde er auf der literarischen Bühne seiner Zeit zum Conférencier, der Poeten aus Vergangenheit und Gegenwart gewandt und kenntnisreich präsentierte, ohne dabei selbst originell zu sein. Die eigene Tonlage verlor sich in dem Stimmengeflecht, das er so virtuos zu dolmetschen wußte.

Als Mitarbeiter am Wortregister der Vergil-Ausgabe seines Lehrers Heyne sowie als Verfasser von Aufsätzen über die «Geographie Homers», über Schillers Gedicht «Die Künstler» und über «Dante und die göttliche Komödie» stellte er dieses Talent unter Beweis. Während er bei einem Amsterdamer Bankier eine Hauslehrerstelle absolvierte, wurde man in Deutschland auf ihn aufmerksam. Das Jahr 1796 brachte den Durchbruch: Schlegel ging nach Jena, um an Schillers «Horen» und an der «Allgemeinen Literaturzeitung» mitzuwirken, für die er fast dreihundert Rezensionen schrieb.

Es war die Zeit, die für die Herausbildung der deutschen Romantik und für Schlegels eigenes Schaffen von weittragender Bedeutung werden sollte. Er heiratete eine der faszinierendsten Frauen des Zeitalters, der er aus den Wirren der Mainzer Jakobinerrepublik zu einem scheinbar geordneten bürgerlichen Dasein verhalf. Caroline → Schlegel hat ihm diese chevalereske Tat mit gar nicht meßbaren Anregungen vergolten, die bis in die sprachlichen Valeurs der großen Shakespeare-Übersetzung hinein reichen. «Shakespeares dramatische Werke» (1797–1810, 9 Bde.) verschafften dem Briten endgültig Heimatrecht auf deutschen Bühnen. Nie mehr hat Schlegel so beschwingte und poetische Verse geschrieben wie in seiner Übersetzung von «Romeo und Julia». War es nur der Ungunst äußerer Verhältnisse anzulasten, daß er die Übertragung nach siebzehn Stücken abbrach, gerade in dem Augenblick, in dem ihn 1803 Caroline für immer verließ? Sie blieb in seiner ganzen Literatenlaufbahn die wichtigste Anregerin, deren erotisches Flair sein zu Gelehrsamkeit und Egozentrik neigendes Naturell zu steigern und für wenige Jahre zu individueller Schöpferkraft zu befreien vermochte.

In Jena fanden sich der Bruder Friedrich, → Novalis, Henrik → Steffens, August Wilhelms späterer Nebenbuhler → Schelling und der Dichter Ludwig → Tieck ein, der dann Schlegels unvollendet gebliebene Shakespeare-Übersetzung zum Abschluß brachte. Es war der Kreis, der das literarische Establishment provokant in die Schranken forderte. Schiller wurde aus August Wilhelms Förderer zum Gegner, ganz abgesehen von den gefeierten Größen des Tages, die Schlegel, etwa in der Parodie «Ehrenpforte und Triumphbogen für den Theaterpräsidenten von Kotzebue» (1800), einem aristophanischen Gelächter preisgab. «... wir machen uns keine Feinde, sondern wir haben sie schon – die Feinde jedes Fortschritts hassen uns, weil wir eine beträchtliche Strecke voraus sind und weil das, was sie getan haben, durch das unsrige vernichtet wird», schrieb August Wilhelm ebenso fröhlich wie übermütig, nahm aber, gleich seinen Freunden, Goethe von solchen Verdikten aus. Weitab von der jenaisch-weimarischen Musenwelt, in Berlin, ließ er zusammen mit dem Bruder Friedrich die Zeitschrift «Athenäum» (1798–1800) erscheinen, die das neue romantische Kunstverständnis in programmatischen Beiträgen verkündete. Die Aufführung von August Wilhelms Schauspiel «Ion» am 2. Januar 1802 in Weimar, inszeniert von Goethe, unternahm den Versuch, einen antiken Stoff unklassisch zu verarbeiten. Trotz des Erfolges schien das Stück nicht recht einem außerordentlichen Professor zu Gesicht zu stehen, der Schlegel mittlerweile war.

An der Auflösung der Romantikerrunde von Jena waren menschlich-allzumenschliche Irritationen beteiligt, zu denen auch die Scheidung der Schlegels gehörte. In Berlin fand August Wilhelm zunächst einen neuen Kreis, vor dem er zwischen 1801 und 1804 «Vorlesungen über schöne Literatur und Kunst» hielt. Ihre auszugsweise Veröffentlichung in der Zeitschrift «Europa» des Bruders Friedrich vermochte wohl nur einen schwachen Eindruck von der Brillanz zu geben, mit der hier einer der Mitbegründer der Romantik Bögen vom Nibelungenlied zu Cervantes, von der indischen Mythologie zu Dante, von den französischen Troubadours zur Moderne schlug. Es war der Versuch, das Abendland als eine geistige Einheit zu begreifen und sogar außereuropäische Traditionen den Hörern zu vermitteln, was darauf hinauslief, die romantische Kunstlehre historisch anzuwenden. Von dem enzyklopädischen Wissen und von der beschwingt-unprofessoralen Darstellungsweise des Redners waren viele beeindruckt, auch die aus der Schweiz herbeigereiste Germaine de Staël, die einen solchen Cicerone für ihre Kreuz- und Querzüge durch die deutsche Kulturszene gerade brauchte. Schlegel unterwarf sich der herrischen Kosmopolitin mit einer an Hörigkeit grenzenden Selbstverleugnung, ging mit nach ihrem Landsitz Coppet am Genfer See, begleitete sie auf ihren Reisen in die Kulturzentren des Kontinents.

1808, bei ihrem gemeinsamen Aufenthalt in Wien, hielt er vor einem zweihundertköpfigen Auditorium Vorlesungen «Über dramatische Kunst und Literatur» (gedruckt 1809/11, 3 Bde.), die wiederum eine imponierende Bilanz romantischer Kulturdeutung gaben. Zum weltliterarischen Aspekt kam jetzt, drei Jahre nach der Schlacht bei Austerlitz und ein Jahr vor der Schlacht bei Aspern, der antinapoleonische Impuls: «In diesen Spiegel lasse uns der Dichter schauen, sei es auch zu unserm tiefen Schamerröten, was die Deutschen vor Alters waren, und was sie wieder werden sollen.» Der französische Gesandte saß mit eisiger Miene in der ersten Reihe. Daneben half Schlegel unermüdlich beim Niederreißen der nationalliterarischen Horizonte, so mit seinen Calderón-Übersetzungen («Spanisches Theater», 1803/09, 2 Bde.), so auch mit Anthologien («Blumensträuße italienischer, spanischer und portugiesischer Poesie», 1804). Ein bleibender Ertrag der mit Madame der Staël verbrachten Jahre war ihr Buch «De l'Allemagne» (1810), das auf das Deutschlandbild der französischen Romantik prägenden Einfluß ausübte und ohne Schlegels allgegenwärtige Assistenz wohl so nicht möglich geworden wäre.

Erst 1813 trennte er sich von ihr, um als Sekretär in die Dienste des schwedischen Kronprinzen zu treten. Er stilisierte nun Reden, Proklamationen und Flugblätter, wurde Ritter des Wasa-Ordens und durfte den alten Adel der Fa-

Vortrag der Madame de Staël im Coppet-Kreis. Französischer Stich nach Ph. C. Debucourt, um 1800.

milie erneuern. Es war der äußere Höhepunkt von Schlegels Laufbahn, der zu einer Diplomatenkarriere freilich alle Voraussetzungen fehlten. So kehrte er nach Deutschland zurück und wurde 1818 Professor in Bonn. Dort waren ihm noch fast drei Jahrzehnte akademischer Wirksamkeit beschieden, die nun der Begründung der deutschen Indologie galten. Er gab die «Bhagavad-Gîtâ», das erste in Deutschland gedruckte indische Buch, heraus (1823) und stellte das altindische Heldenlied «Ramayana» (1829) wieder her. Den Rückzug in weit entfernte Zeiten und Zonen kommentierte er nicht ohne grimmige Selbstironie: «Mir ist die heutige Literatur gleichgültig, mich begeistert nur noch die vorsintflutliche.» Mag sein, daß diese Resignation auch durch schwere menschliche Enttäuschungen bedingt gewesen ist. Eine zweite Eheschließung endete abrupt durch die Weigerung der kapriziösen Braut, ihm nach Bonn zu folgen. Noch spektakulärer war der Bruch mit dem in Wien lebenden Bruder Friedrich, den er, nach eigenem Geständnis, schon vor dessen Tod für immer verloren hatte. Das Erscheinen des Briefwechsels zwischen Goethe und Schiller im Jahr 1829 öffnete ihm die Augen darüber, wie kritisch ihn und seine romantischen Gefährten die Dioskuren von Weimar stets gesehen hatten.

Sein alter Hang zur Eitelkeit, der sich immer mehr verstärkte, trug ihm bei den Studenten den Spitznamen «der Pariser» ein. Mit Ringen an beiden Händen, parfümiert, affektiert und grell aufgeputzt, habe er es gleichsam «für einen Fehlgriff der Schöpfung» gehalten, «daß er nicht ein reizendes Weib geworden sei»: so schildert ein Augenzeuge den Habitus des späten August Wilhelm Schlegel. Das Zerrbild ist dann auch von Heinrich → Heine in der «Romantischen Schule» verbreitet worden, obwohl doch der Bonner Professor einst sein Lehrer gewesen war. Die Nachwelt, lange im Bann solcher Urteile stehend, hat an dem rastlosen Mittler zwischen den Literaturen der Völker und an dem Bahnbrecher der deutschen wie der europäischen Romantik einiges gutzumachen. In einer Zeit, die sich dazu anschickt, die gesamteuropäische Kulturlandschaft als Einheit in ihrer Vielfalt neu zu bedenken, gilt das Wort noch immer, das Madame de Staël, ganz am Anfang ihrer Beziehungen zu Schlegel, einer Freundin schrieb: «... aber wenn Sie vielleicht von einem Menschen in literarischen Dingen mehr Geist und Originalität verlangen, als alle anderen haben, und an ihn dieselben Ansprüche stellen wie an sich selbst, so bürge ich für ihn.»

Literatur: Pange, Pauline Gräfin de: August Wilhelm Schlegel und Frau von Staël. Eine schicksalhafte Begegnung. Nach unveröffentlichten Briefen. Hamburg 1940. – Brentano Bernard von: August Wilhelm Schlegel. Geschichte eines romantischen Geistes. 4.–10. Tsd. Stuttgart 1949. – August Wilhelm von Schlegel. Mit Beiträgen von Marianne Thalmann u. a. Bad Godesberg 1967.

Schlegel, Dorothea

geb. Mendelssohn, seit 1783 Veit, seit 1804 Schlegel

Berlin 24. Oktober 1764 – 3. August 1839 Frankfurt a. M.

Schriftstellerin und Übersetzerin, Gattin Friedrich → Schlegels

Brendel Mendelssohn, wie sie eigentlich hieß, war die älteste Tochter Moses Mendelssohns, des großen jüdischen Philosophen, der ein Freund Lessings und das Urbild von dessen Nathan gewesen war. Später wurde aus ihr die romantische «Bacchantin» und ebenfalls das Urbild einer literarischen Gestalt: der erotisch exzessiven Lucinde ihres Geliebten Friedrich Schlegel. An seiner Seite wurde sie Dorothea Schlegel und am Ende eine heilsgewisse Katholikin. Fast scheint es, als ob sie, während sie sich von Brendel Mendelssohn zu Dorothea Schlegel wandelte, eine andere Identität angenommen hätte, die an ihre ursprüngliche Existenz kaum noch erinnerte.

Dorothea Schlegel. Gemälde von Anton Graff.

Nur wenige Vertraute, etwa Henriette → Herz, vermochten zu ermessen, daß da immer die eine und unzerstörbare Frau um die rechte Sinngebung ihres Lebens rang, aufbegehrend und sich doch unterwerfend: erst dem patriarchalischen Vater, dann dem unruhig schweifenden Liebhaber und Lebensgefährten, schließlich der triumphierenden Kirche. Der Weg Brendel-Dorotheas war oft ein Leidensweg, der durch die Aufschwünge der Selbstverwirklichung und die Begegnungen mit bedeutenden Menschen von ihr dennoch als eine folgerichtige und daher glückliche Geschichte erlebt worden ist. War ihre Rivalin und zeitweilige Schwägerin Caroline → Schlegel-Schelling eine selbstbewußte Frau von hohen Graden, so darf Dorothea als selbstlose und dienende Frau gelten, die trotzdem die in ihr schlummernden Kräfte durchzusetzen wußte. Insofern war sie eine ganz eigenständige Persönlichkeit, keineswegs nur die Trabantin Friedrich Schlegels.

Moses Mendelssohn, der als Philosoph ein Herold der Aufklärung, als Familienoberhaupt jedoch ein Mann des altjüdischen Gesetzes war, hatte die Tochter zur Frau des Kaufmannes und Bankiers Simon Veit bestimmt. Aus der Ehe gingen die beiden Söhne Johannes und Philipp → Veit hervor, die später als nazarenische Maler bekannt wurden. Die Versorgungsehe mit dem noblen, aber amusischen Geschäftsmann scheiterte, als die bereits dreiunddreißigjährige Brendel im Salon der Heinriette Herz den um acht Jahre jüngeren Friedrich Schlegel kennenlernte. Hochgebildet, leidenschaftlich und zu jedem Opfer bereit, ließ sie sich von Veit scheiden und folgte dem ungeduldigen neuen Partner in eine ungewisse Zukunft. Der Skandal, den sie als Frau und als Jüdin ausgelöst hatte, wurde noch gesteigert durch das Erscheinen von Schlegels Roman «Lucinde» (1799), der die Affaire in offenherzigen Szenen und Bekenntnissen vor dem Publikum ausbreitete.

Das Paar ging nach Jena, wo es, nicht zuletzt durch die Animositäten zwischen Dorothea und Caroline, zum Zerfall des Romantikerkreises beitrug, und von da nach Paris. Als Vermieterin von Zimmern im ehemaligen Haus des Barons d'Holbach in der Rue de Clichy verdiente Dorothea für sich und Schlegel einen bescheidenen Lebensunterhalt; zu den Pensionsgästen zählten die Brüder → Boisserée aus Köln. Gleichzeitig erprobte die ins Literatendasein entlaufene Frau ihre Feder. Sie ließ den allerdings unvollendeten Roman «Florentin» (1801) sowie mehrere Übersetzungen erscheinen, darunter die «Autobiographie der Margaretha von Valois» (1803), die «Geschichte des Zauberers Merlin» (1804) und den Roman «Corinna oder Italien» von Germaine de Staël. Auf den Titelblättern war stets Friedrich Schlegel als Herausgeber genannt.

Am 6. April 1804 trat sie in der evangelischen Kapelle der schwedischen Gesandtschaft in Paris zum Protestantismus über und wurde anschließend mit Friedrich Schlegel getraut. Während der Taufe will sie an der Seitenwand des Altars das lächelnde Antlitz ihres Vaters gesehen haben. Vier Jahre später, am 16. April 1808, konvertierten die Schlegels in einer Nebenkirche des Kölner Doms zum katholischen Glauben. Die neue gemeinsame Existenz, zu der ihnen dieser Schritt verhelfen sollte, konnten sie in Wien begründen, wenn auch weiterhin begleitet von «unangenehmstem Geschwätz».

Dorothea trat nun mehr und mehr zurück, nahm teil an den abenteuerlichen Spekulationen ihres Mannes, unter dessen inquisitorischer Unduldsamkeit sie gelegentlich litt, ohne je an ihm irre zu werden. Sie war eine heitere Gastgeberin und fromme Katholikin; die Tage der «Lucinde» schienen einem anderen Leben anzugehören. «Da, wo alle Kunst herkommt, von Gott, dort soll sie auch wieder zurückströmen; jeder andre Gebrauch, zu vorübergehender Eitelkeit der Menschenleiber und -leben, ist unheilig und des göttlichen Ursprungs nicht würdig», schrieb sie nach einem Hochamt im Stephansdom. Als ihr Mann gestorben war, verbrachte sie ihre letzten zehn Jahre bei dem Sohn Philipp Veit in Frankfurt, damit beschäftigt, die Zeugnisse ihres ungewöhnlichen Bundes mit Friedrich Schlegel in den Kamin zu werfen. «Ich bin ganz unschuldigerweise berühmt geworden: bloß durch mein Leben ... Aber ich tat alles, was ich tat, ohne alle Absicht auf Ruhm oder um berüchtigt zu werden.»

Literatur: Frank, Heike: ... die Disharmonie, die mit mir geboren ward, und mich nie verlassen wird ... Das Leben der Brendel/Dorothea Mendelssohn-

Veit-Schlegel (1764–1839). Frankfurt a. M., Bern 1988. – Stern, Carola: Ich möchte mir Flügel wünschen. Das Leben der Dorothea Schlegel. Reinbek bei Hamburg 1990.

Schlegel, Friedrich

seit 1815 von Schlegel

Hannover 10. März 1772 – 11. Januar 1829 Dresden

Ästhetiker, Philosoph, Literaturkritiker, Dichter, Essayist und politischer Schriftsteller

«Wo ich hinkomme, flieht die gute Laune, und meine Nähe drückt. Am liebsten besieht man mich aus der Ferne, wie eine gefährliche Rarität», schrieb der junge Mann und lief aus der Kaufmannslehre davon, in die ihn sein Vater, ein dichtender Generalsuperintendent zu Hannover, gegeben hatte. Lieber schloß

Friedrich Schlegel im Jahre 1810. Kreidezeichnung von Philipp Veit.

Zeitgenössische Illustration zur Caroline Rehberg-Episode in Friedrich Schlegels Roman «Lucinde».

er sich seinem älteren Bruder August Wilhelm → Schlegel an, unter dessen Einfluß er eine gediegene humanistische Bildung nachholte. Friedrich lernte in kürzester Zeit die griechische Sprache, studierte in Göttingen und Leipzig, geriet in Affairen und Schulden, ging mit Projektemachern und Literaten um, von denen einer, der spätere Dichter → Novalis, ihn bereits als «Oberpriester von Eleusis» feierte. So mit dem Segen eines der kommenden romantischen Genies ausgestattet, beschloß Schlegel, freier Schriftsteller zu werden und ließ sich, Januar 1794, in Dresden nieder. Die hier entstandenen Aufsätze (gesammelt «Über das Studium der griechischen Poesie», gedruckt 1797) brachten kenntnisreiche Bestimmungen der antiken oder «objektiven» Poesie, der die moderne oder «interessante» Dichtung programmatisch entgegengesetzt war. Essays wie etwa der «Versuch über den Begriff des Republikanismus» (1796) und «Georg Forster» (1797) zeigten den Verfasser im Bann von Ideen der Französischen Revolution.

In Jena, wo er als Gast des Bruders August Wilhelm auftauchte, provozierte der streitbare Polemiker die Abneigung Schillers, dessen, wie er sagte, «stilisierten Deklamationsübungen» er die «hinreißende Beredsamkeit» des Philo-

sophen → Fichte entgegenhielt. Dergestalt schon zu einer «gefährlichen Rarität» geworden, übersiedelte Friedrich im Sommer 1797 nach Berlin, wo er als Mitarbeiter von Johann Friedrich Reichardts Zeitschrift «Lyceum der schönen Künste» die ersten jener frühromantischen Fragmente veröffentlichte, die Gedanken im Zustand ihrer Entstehung und Entfaltung ausbreiteten, in einer unaufgelösten Pointe aber das Weiter- und Zuendedenken dem Leser überließen. Er schloß Freundschaft mit dem Dichter → Tieck und dem Theologen → Schleiermacher, traf aber auch im Salon der Henriette → Herz die jüdische Bankiersgattin Brendel Veit, geborene Mendelssohn, die sich daraufhin scheiden ließ und dann, gleichsam eine neue Identität annehmend, als Dorothea → Schlegel sein Leben teilte. Literarische Frucht dieses Verhältnisses war der Roman «Lucinde» (1799), der freimütig Sinnenlust und Fleischesliebe pries, jedoch auch die Erlösung der Frau aus dem vielhundertjährigen «Ozean der Mode und häuslichen Moral» forderte.
Die zusammen mit dem Bruder herausgegebene Zeitschrift «Athenäum» (1798–1800) war ökonomisch ein Mißerfolg, verkündete aber in Fragmenten und anderen Beiträgen die romantischen Auffassungen von Kunst und Leben. In dem berühmten 116. Athenäums-Fragment gab Schlegel die Definition der romantischen Dichtung als einer «progressiven Universalpoesie», die eine verfestigte Wirklichkeit poetisieren und somit einem ständigen, nie vollendeten und die ganze Schöpfung durchwaltenden Prozeß des unendlichen Werdens unterwerfen sollte. In weiteren für das «Athenäum» verfaßten Texten hat Friedrich diese Sicht, die auf die Überwindung der Grenzen zwischen Kunst und Leben gerichtet war, nach mehreren Seiten hin entfaltet: so in dem «Gespräch über die Poesie», so auch in dem Essay «Über Goethes Meister», der den Rang des Weimaraners als weltliterarische Erscheinung und als Präzeptor großen Stils für immer festschrieb.
Die im «Athenäum» so emphatisch eingeforderte gegenseitige Durchdringung von Kunst und Wirklichkeit hielt der Lebenspraxis nicht stand, als Schlegel zusammen mit Dorothea, September 1799, wieder nach Jena kam. Im vereinten «Symphilosophieren» des Romantikerkreises wurden Menschheitshorizonte hochgemut erörtert und literarische Gegner mutwillig auf die kritische Guillotine geschleppt, aber der Alltag der Paare Friedrich und Dorothea sowie August Wilhelm und Caroline → Schlegel folgte nicht solchen Euphorien. Man stritt sich, erlag Eifersucht und kleinlichem Gezänk, während der junge → Schelling gleich in doppelter Hinsicht als Rivale agierte: als glücklicher Nebenbuhler August Wilhelms in dessen Ehe und als philosophischer Konkurrent Friedrichs, dessen Kolleg über Transzendentalphilosophie ein Fehlschlag wurde. Die Aufführung seines Schauspiels «Alarcos» unter Goethes Leitung, am 29. Mai 1802, endete mit einer Niederlage für den Autor und für Goethe. «Herr Friedrich mit der leeren Tasche», wie ihn Clemens → Brentano sarkastisch nannte, ging nun nach Paris, um dort mit Dorothea einen neuen Anfang zu finden.

Titelbild zu Friedrich Schlegels Zeitschrift «Europa». Stich von Heinrich Lips nach einem Gemälde von Raffael.

Die Zeitschrift «Europa» (1803/05), die er von Paris und dann von Köln aus redigierte, stand im Zeichen jener abendländischen Universalität, die vorher bereits Novalis in seinem Aufsatz «Die Christenheit oder Europa» als vorreformatorische Glaubens- und Kultureinheit gefeiert hatte. Neben den Okzident begann der Orient zu treten: Schlegel erlernte in Paris das Sanskrit und legte diese Studien in seinem Werk «Über Sprache und Weisheit der Indier» (1808) nieder. Er heiratete Dorothea, gab den Brüdern → Boisserée ein «hart in Gold» dotiertes Privatissimum über die Geschichte der europäischen Dichtung und wandte sich nach Köln, wo er an der geplanten Universität eine Professur zu erlangen hoffte. Er hielt Vorlesungen über die Geschichte der Literatur in der alten und neuen Zeit, über die Entwicklung der Philosophie, über Universalgeschichte, über Propädeutik und Logik, über deutsche Sprache und Literatur – eine bewunderungswürdige Arbeitsleistung, die freilich immer offener eine bedeutsame Akzentverschiebung in Schlegels Denken ankündigte. «Die Vernunft vermag auch in ihrer höchsten Verfeinerung sich nur zu einer negativen Idee des Unendlichen zu erheben», ließ er seine Hörer wissen. Er zog daraus eine ernste Konsequenz. Am 18. April 1808 trat Friedrich Schlegel zusammen mit Dorothea zum katholischen Glauben über. Der schwerwiegende Schritt rief unterschiedliche Reaktionen hervor. Er löste eine ganze Folge von Konversionen aus, wurde aber auch als Abkehr des Schriftstellers von der einst im «Athenäum» oder gar in der «Lucinde» vertretenen Haltung empfunden.

Wenig später fand Schlegel in Wien einen weitgesteckten Wirkungskreis. Als politischer Publizist vernahm er im Stab des Erzherzogs Karl den Kanonendonner auf den Schlachtfeldern des Jahres 1809. Er gründete den «Österreichischen Beobachter», das offiziöse Sprachrohr des Kabinetts Metternich. Er hielt, Frühjahr 1810, vor einem aristokratischen Publikum Vorlesungen «Über die neuere Geschichte» und, zwei Jahre darauf, im Tanzsaal des «Römischen Kaisers» Vorlesungen «Über die Geschichte der alten und neuen Literatur», deren Buchausgabe (1814) er submissest dem Fürsten Metternich widmete. Mit der Zeitschrift «Deutsches Museum» (1812/13) wollte er die nationale Erhebung gegen Napoleon vorbereiten helfen, dessen verwildertem Cäsarismus er jetzt das «wahre Kaisertum der Habsburger» entgegensetzte. Schlegels journalistische und publizistische Tätigkeit am Frankfurter Bundestag (1816/17) blieb ein unrühmliches Intermezzo, da er sich dort mehr um die Interessen politischer Klerikalisten als um die Belange der österreichischen Regierung kümmerte. Metternich zitierte ihn zurück nach Wien, wo man ihn als Staatsdiener fortan nicht mehr benötigte.

Die letzten Lebensjahre waren von der Vollendung seines philosophischen und theologischen Werkes erfüllt – soweit es überhaupt zu vollenden war. Schlegels letzte Zeitschriftengründung, die «Concordia» (1820/23), wurde zum publizistischen Sammelbecken spätromantischer Konvertiten, unter ihnen Zacharias → Werner und Adam → Müller. Daneben erging sich der vom Papst mit dem Christusorden dekorierte Legationsrat Schlegel in absonderlichen zahlenmystischen, telepathischen, natur- und geschichtsphilosophischen Kombinationen und Spekulationen, die mit den Lehrmeinungen der katholischen Kirche nicht immer in Einklang standen. Er trat in enge Beziehungen zu dem Redemptoristenpater Clemens Maria → Hofbauer. Dagegen überwarf er sich mit dem in Bonn lebenden Bruder August Wilhelm für immer, der Friedrichs Gezänk mit dem Philosophen Hegel öffentlich verspottete:

«Schlegel predigt gegen Hegel,
Für den Teufel schieb' er Kegel.
Hegel spottet über Schlegel.
Sagt, er schwatzt ohn' alle Regel.
Schlegel spannt der Mystik Segel;
Hegel faßt der Logik Flegel.
Kommt, ihr Deutschen, Kind und Kegel,
Von der Saar bis an den Pregel!
Schaut, wie Schlegel kämpft mit Hegel,
Schaut, wie Hegel kämpft mit Schlegel!»

Friedrich war von solchen humoristischen Arabesken indessen weit entfernt. Um den mit Christine von Stransky, einer leidenden und mystisch gestimmten Augsburger Arztgattin, geführten Briefwechsel wogte ein von Weihrauch, Erotik und Esoterik unauflösbar gemischter Dunst. Dennoch blieben selbst in diesen Phantasien und Doktrinen die alten Ziele erkennbar, die der Aufhebung der Grenzen zwischen Völkern und Kulturen, Geist und Natur, intellektueller und spiritueller Welterfahrung galten. Immer wieder stellte Schlegel gewonnene Lösungen und Antworten in Frage, auch wenn er dabei auf labyrinthische Abwege geriet. Noch in den letzten Wiener Vorlesungszyklen über die Philosophie des Lebens, der Geschichte, der Sprache und des Wortes entwickelte er Gedanken, die erst von den Philosophen späterer Generationen gewürdigt und ernst genommen worden sind.

Der Siebenundfünfzigjährige, dessen einstmals provokant-witzige Gesichtszüge einem Prophetenantlitz gewichen waren, trat Ende 1828 seine letzte Reise an. In Dresden hielt er Vorträge und sah den alten Freund Ludwig Tieck wieder. Beredt verkündete er ihm die Nähe des Jüngsten Tages: bald würden die Gestirne die Figur eines Kruzifixes am Himmel annehmen. Am Abend des 11. Januar 1829 arbeitete er an einem Vorlesungsmanuskript über das «ganz vollendete und vollkommene Verstehen». Mitten in einem Satz wurde er abberufen; wenige Stunden später, in der Nacht, ereilte ihn der tödliche Herzanfall. Das letzte Wort, das Friedrich Schlegel in jenem Fragment gebliebenen Satz zu Papier gebracht hat, ist das Wort «aber» gewesen.

Literatur: Behler, Ernst: Friedrich Schlegel in Selbstzeugnissen und Bilddokumenten. Reinbek bei Hamburg 1966. – Peter, Klaus: Friedrich Schlegel. Stuttgart 1978. – Behler, Ernst: Friedrich Schlegel. In: Deutsche Dichter der Romantik. Ihr Leben und Werk. Herausgegeben von Benno von Wiese. 2., überarbeitete und vermehrte Auflage. Berlin 1983.

Schlegel-Schelling, Caroline

geb. Michaelis, seit 1784 Böhmer, seit 1796 Schlegel, seit 1803 Schelling
Göttingen 2. September 1763 – 7. September 1809 Maulbronn
Briefschreiberin und Anregerin, Gattin August Wilhelm → Schlegels und Friedrich Wilhelm Joseph → Schellings

«Schön, schön ist Heldentapferkeit,
Ihr Ruhm steigt himmelhoch:
Doch nie besiegte Menschlichkeit
Unendlich höher noch!»uhland,

Diesen Vers schrieb die neunjährige Caroline mit steiler Kinderschrift ins Stammbuch eines ihrer Hauslehrer. Daß sie damit so etwas wie ein Leitwort gefunden hatte, unter das sich ihr ganzes weiteres Leben stellen ließ, konnte sie nicht wissen. Es sollte ein langer Weg der Selbstfindung sein, der vor ihr lag, ein Weg, auf dem sie kein einziges Werk schuf, das sie der Nachwelt hätte hinterlassen können. Caroline wirkte allein durch ihre menschliche Leistung, durch Anregungen und Beispiele, die sie in außergewöhnlichem Maße gab, auch durch Widersprüche und Ärgernisse, die sie erregte.

Sie war August Wilhelm Schlegels «blauäugichte Athene» und Schillers «Dame Luzifer» – Göttin und Teufelin zugleich, die entweder liebende Unterwerfung oder den Bannstrahl des Exorzisten herauszufordern schien. In beiden Gestalten tritt sie aus Briefen und Memoiren der Zeitgenossen hervor, zu denen sich ihre eigenen, nur lückenhaft erhaltenen Lebenszeugnisse gesellen. Die Briefe, die sie selbst geschrieben hat, zeigen alles andere als einen weiblichen Dämon, sondern eine mit Urteilsvermögen und Stolz, Zivilcourage und Sensibilität, Mütterlichkeit und Grazie, innerer Unabhängigkeit und erotischem Brio reichbegabte Frau, die viele Reaktionen auslöste, nur keine Gleichgültigkeit. Diese Ausstrahlungskraft war es, die Menschen verzaubert, verwirrt, abgestoßen und auch den Romantikerkreis von Jena in einer gar nicht mehr meßbaren Weise mitgeprägt hat.

Als Tochter des berühmten Göttinger Orientalisten Johann David Michaelis wuchs sie in sicheren Verhältnissen auf und wurde, wie es der Brauch war, an einen Mann verheiratet, mit dem sie kein tieferes Gefühl verband. In Clausthal, einem Städtchen im Harz, schenkte sie dem um ein Jahrzehnt älteren Berg- und Stadtmedikus Böhmer drei Kinder, von denen nur eines, die kleine Auguste, am Leben blieb, die später der Liebling der Romantiker von Jena werden sollte. Nach fünfjähriger Ehe starb Böhmer an einer Infektion, die er sich bei seiner ärztlichen Tätigkeit zugezogen hatte. Caroline, nun auf sich allein gestellt und mit strengen Gewissenserforschungen beschäftigt, nahm diese Wende als Chance für die Bewährung ihrer Persönlichkeit an, worin sie ein Lebensgesetz erkennen wollte: «Hernach wird es wieder besser – man *ist* wieder besser – bis man von Neuem sinkt und sich von Neuem erhebt.» Die Werbungen verschiedener Männer wies sie zurück, darunter eines Gothaer Superintendenten und auch schon des zweiundzwanzigjährigen August Wilhelm

Caroline Schlegel-Schelling. Gemälde von Friedrich August Tischbein, März 1798.

Schlegel. Einer Einladung ihrer Jugendfreundin Therese Heyne folgend, die mit dem Schriftsteller Georg Forster verheiratet war, ging sie mit dem Töchterchen Auguste nach Mainz.

Dort geriet die junge Witwe gleich in mehrere Wirrnisse: in die Zerrüttung von Forsters Ehe, die sich aufzulösen begann, und in die Wetterschläge der Revolution, die Herbst 1792, getragen von der französischen Rheinarmee, das Erzbistum Mainz erreichte. Als Therese Forster ihren Mann und die Stadt verließ, besorgte Caroline den Haushalt des Vereinsamten, der sich bald zu den neuen revolutionären Gewalten bekannte. In denunziatorischen Briefen wurde Forsters Hausgenossin als «das schändlichste von allen Geschöpfen» und als «Teufel von einem Weibe» beschimpft sowie jakobinischer Gesinnung verdächtigt. Dabei wußten die Tugendwächter nicht einmal, daß sich Caroline tatsächlich einem Mann hingegeben hatte, einem französischen Offizier, der Adjutant des Stadtkommandanten war. Ende März 1793 verließ sie Mainz, während die Brandkugeln der Belagerer niedergingen, fiel aber in die Hände der Preußen, die sie auf die Festung Königstein im Taunus brachten.

Nächtliche Beschießung von Mainz. Kolorierte Aquatinta-Radierung von J. F. Tielker nach einem Gemälde von J. G. Schütz, 1793.

Hier durchlitt die junge Frau verzweifelte Wochen, denn wenn ihr Zustand ans Licht kam, mußte sie nicht nur die moralische Verurteilung befürchten, zumal der Vater des Kindes, das sie erwartete, französischer Besatzungsoffizier war. Aus dieser fast hoffnungslosen Lage befreite sie August Wilhelm Schlegel, der sie nach einem Dorf in der Nähe von Leipzig begleitete. Dort brachte Caroline einen Knaben zur Welt, aber das «Kind der Glut und Nacht» starb schon nach siebzehn Monaten. War es Dankbarkeit oder Resignation, wodurch sie sich veranlaßt sah, ihren Retter nach längerer Bedenkzeit zu heiraten? Oder, wie sie später meinte, nur der Wunsch, «mir und meinem Kinde in meiner damaligen zerrütteten Lage einen Beschützer zu geben»? Eine Woche nach der Hochzeit, Juli 1796, kam das Ehepaar Schlegel mit der kleinen Auguste in Jena an.

Dort stand Caroline einem turbulenten Hauswesen vor, das durch interessante Gäste, die jungen romantischen Literaten und Künstler, einen bohemeartigen Charakter erhielt. Die Hausfrau schuf eine gesteigerte Geselligkeit, die von den Romantikern als ebenso anspruchsvolle wie zwanglose Lebensform empfunden wurde. Ihren Mann hat sie wohl zu mancher Textvariante seiner Shakespeare-Übersetzung angeregt. Sie kultivierte eine ganz neuartige Konversationskunst und wußte auch spröde Besucher aus der geistigen Reserve zu locken. Dann wiederum betrank sie sich mit dem Schwager Friedrich → Schlegel oder fuhr ins nahe Weimar, ließ sich im Haus am Frauenplan von Goethe die Speisen vorlegen und bekam nach der Premiere von «Wallensteins Lager» von → Fichte «4 Gläser Champagner aufgenötigt». Frau Schiller allerdings wollte «ein Pfund Räucherpulver» spendieren, damit, wie es sich bei einer

Teufelsaustreibung gehörte, ordentlich geräuchert werden konnte, wenn die «Dame Luzifer» irgendwo zu Gast gewesen war. Als der junge Philosoph Schelling im Romantikerzirkel erschien, bekam der Klatsch weiteren Auftrieb. Caroline bewunderte den Neuankömmling sofort und verglich ihn mit «echtem Granit». Worauf der Schwager Friedrich boshaft antwortete: «Aber wo wird Schelling, der Granit, eine Granitin finden? Wenigstens muß sie doch von Basalt sein?»

Die Ehe mit August Wilhelm, der ohnehin anderen Amouren nachhing, scheiterte nicht nur am Auftreten Schellings, sondern an Händeln und Aversionen der Himmelsstürmer, die über der Neuordnung des geistigen Universums den Takt im gegenseitigen Umgang vernachlässigten. Die Lebenskrise, in die vor allem Caroline verfiel, wurde noch vertieft durch den plötzlichen Tod der fünfzehnjährigen Auguste, des letzten der vier Kinder, die sie geboren hatte. Im Mai 1803 schied das Weimarische Oberkonsistorium die Ehe der Schlegels. Caroline vertraute dem zurückbleibenden August Wilhelm ihr Vermächtnis an, das dem Rang dieser Frau und dem Streben des Kreises von Jena das schönste Denkmal setzte: «O mein Freund, wiederhole es Dir unaufhörlich, wie kurz das Leben ist, und daß nichts so wahrhaftig existiert als ein Kunstwerk – Kritik geht unter, leibliche Geschlechter verlöschen, Systeme wechseln, aber wenn die Welt einmal aufbrennt wie ein Papierschnitzel, so werden die Kunstwerke die letzten lebendigen Funken sein, die in das Haus Gottes gehn – dann erst kommt Finsternis.»

Die Vierzigjährige, die Ende Juni 1803 ihre dritte Ehe einging, war noch immer eine faszinierende und souveräne Frau. In Würzburg und anschließend in München ist sie Schellings Schicksalsgefährtin gewesen, die er nicht mehr entbehren konnte. Tatsächlich war es, wie später Karl Jaspers hervorhob, «unter den großen Philosophen nur Schelling, für den eine Frau durch ihre Persönlichkeit von entscheidender Bedeutung» wurde, «und zwar nicht nur durch erotische Leidenschaft und menschliche Verbundenheit, sondern in eins damit ursprünglich durch ihr geistiges Wesen». Sie empfing die Gäste und Bewunderer ihres Mannes, aber ihre eigenen Zimmer richtete sie «nur ganz notdürftig» ein: «... mich dünkt, ich möchte mich nirgends mehr ansiedeln und es ganz buchstäblich nehmen, daß wir nur Pilger sind.» Sie starb, nach nur sechsjähriger Ehe mit Schelling, an einem epidemischen Nervenfieber hinter «klösterlichen Mauern» in Maulbronn, dessen evangelisches Seminar ihr Schwiegervater leitete. Am Grab gleich hinter der Klosterkirche ließ Schelling einen roten Sandsteinobelisk errichten, auf dem er der Gewißheit Ausdruck gab: «Gott hat sie mir gegeben, der Tod kann sie mir nicht rauben.» Die einzigartige Erscheinung dieser Frau, wie sie viele erlebt haben, resümierte er lapidar in einem Brief: «O etwas der Art kommt nie wieder!»

Caroline Schlegel-Schellings Grabobelisk in Maulbronn.

Literatur: Kleßmann, Eckart: Ich war kühn, aber nicht frevelhaft. Das Leben der Caroline Schlegel-Schelling. Bergisch Gladbach 1992 (Völlig überarbeitete Neuausgabe von: Kleßmann, Eckart: Caroline. Das Leben der Caroline

Michaelis-Böhmer-Schlegel-Schelling 1763–1809. München 1975). – Damm, Sigrid (Hrsg.): Begegnung mit Caroline. Briefe von Caroline Michaelis-Böhmer-Schlegel-Schelling. Leipzig 1979.

Schleiermacher, Friedrich Daniel Ernst

Breslau 21. November 1768 – 12. Februar 1834 Berlin

Protestantischer Theologe, Prediger, Philosoph und Pädagoge

Der Lehrer der Theologie verdiente «ausgelacht und von der Universität ausgeschlossen zu werden, der nicht Kraft und Lust in sich fühlte, auf dem Gebiet, es sei nun der reinen Philosophie oder der Sittenlehre oder der philosophischen Geschichtsbetrachtung oder der Philologie, etwas Eignes mit ausgezeichnetem Erfolg zu leisten». Die hier vorgetragene Maxime stammt aus Schleiermachers «Gelegentlichen Gedanken» (1808) und scheint auf die von den Romantikern immer wieder angestrebte Aufhebung der Grenzen zwischen den Wissenschaften hinzuweisen, obwohl sie eher jener Universitas litterarum galt, in der dieser Gelehrte und Gottesmann verwurzelt war.

Schleiermacher hat tatsächlich auf allen Gebieten, die er hier nannte, Hervorragendes geleistet; des romantischen Ganzheitsdenkens hätte es als Impuls dazu nicht bedurft. Die Romantik als Gruppe mit einheitlichen Zielen gab es nach seiner Überzeugung nie, womit er recht hatte. Erst durch die Attacken der Gegner sei sie zu einer «Sekte» geworden, der er sich nun allerdings, als religiöser Denker und glänzender Redner, eng verbunden fühlte. Aus romantischem Geist muß auch der Kanzelredner Schleiermacher gewirkt haben, wenn er in einer Predigt, dialektisch kunstvoll und sprachgewaltig, jedoch nie spektakulär, vor der Gemeinde einen Gedanken entwickelte und so die Hörer an dessen Zustandekommen teilnehmen ließ. Wahrscheinlich erreichte er als Rhetoriker seine stärksten Wirkungen, von denen die gedruckten Schriften nur einen mittelbaren Eindruck geben. Die Grundlage aller Religion sei «das Gefühl einer unbefriedigten Sehnsucht»: von dieser Gewißheit, die auch seine romantischen Freunde beseelte, ging er aus, und mit ihr traf er die religiöse Erwartungshaltung einer ganzen Generation.

Äußerlich fehlten ihm so gut wie alle Voraussetzungen für ein effektvolles Auftreten. Er war klein von Gestalt, leicht verwachsen und eher ein leiser und behutsamer Mensch. Der Vater, ein Feldprediger, neigte dem Pietismus des Grafen Zinzendorf zu, so daß er seine Kinder den Herrnhutern zur Erziehung übergab. Die Schulen der Brüdergemeinde in Barby und Niesky haben den Knaben geprägt; noch später betrachtete er sich als «Herrnhuter höherer Ordnung». Dem in Halle absolvierten Studium der Theologie, seiner «Lieblings-Materie», folgten Hofmeister- und Predigerstellen, obwohl er nie frei von einer gewissen Abneigung gegenüber dem spätrationalistischen «theologischen Wust» war. Daneben vertiefte die Beschäftigung mit Aristoteles und Lukian, Spinoza, Montaigne und Kant seine philosophischen Interessen. 1796 kam er

Friedrich Daniel Ernst Schleiermacher. Kupferstich von Heinrich Lips, um 1799.

als Prediger an die Charité nach Berlin, wo er bald Zugang zu dem Salon der Henriette → Herz fand. Die Begegnung mit dieser Jüdin hat Schleiermachers Dasein für lange Zeit die menschliche Mitte gegeben, obgleich Liebe oder gar Leidenschaft an dem Verhältnis kaum beteiligt waren. Es war eine psychologisch nicht ganz deutbare Seelenverwandtschaft, vielleicht auch die Konstellation einer geradezu idealen gegenseitigen Ergänzung, die den hochgebildeten, warmherzigen und beredten reformierten Prediger an die Seite der junonischen Schönheit Henriettes führte. Die Zeitungen hat es freilich nicht daran gehindert, über die ebenso seltsame wie bewegende Beziehung mit törichten Karikaturen herzuziehen.
Im Salon der Henriette Herz lernte er Friedrich → Schlegel kennen, mit dem er, in den Jahren 1797/98, sogar seine Berliner Wohnung teilte. Die Gespräche mit dem neugewonnenen Freund, die durch ihn vermittelten Kontakte mit → Novalis sowie das fortwirkende herrnhutische Erbe verdichteten sich zu dem erstaunlichen Werk «Über die Religion. Reden an die Gebildeten unter ihren

Petrus und Christus (Studie zu dem Gemälde «Petrus auf dem Meer»). Zeichnung von Philipp Otto Runge, 1806.

Verächtern» (1799), das mit dem Rationalismus, mit der Überfremdung der Religion durch die Metaphysik sowie mit der Ansicht Kants brach, die Religion sei aus der Moral hervorgegangen. In ausschwingender, poetischer Prosa verkündete Schleiermacher die freie Erhebung des Gemüts und die religiöse Anlage des Menschen aus seinem «Sinn und Geschmack für das Unendliche». In der Person und im Wirken Christi geschehe die Verbindung und Vermittlung von Göttlichem und Menschlichem, Zeitlichem und Ewigem. Das Universum sei die Summe alles Seins, aller Natur und auch aller menschlichen Geschichte. Es war die Hinwendung zum Gefühl und zu einer religiös gestimmten Geselligkeit fernab von jedem Fanatismus, auch die Neuentdeckung mystischer Elemente als geistige und geistliche Erfahrungsquellen, die diese Reden nicht nur unter den bisherigen «Verächtern» der Religion beinahe populär machten. Selbst Maler wie Caspar David → Friedrich und Philipp Otto → Runge waren davon beeinflußt.

Schleiermacher lieferte Beiträge zum «Athenäum» und trat dem in der Öffentlichkeit angegriffenen Freund mit der Schrift «Vertraute Briefe über Friedrich Schlegels Lucinde» (1800) als fast einziger Bundesgenosse zur Seite. In den «Monologen» (1800) gab der Zweiunddreißigjährige ein erstes Resümee seiner Welt- und Lebensansichten, hob auch die «Selbstanschauung» und damit das Individualitätsprinzip noch energischer hervor. Kein Wunder war es, daß der unkonventionelle Seelsorger in Differenzen mit der geistlichen Obrigkeit, etwa dem Hofprediger Sack, geriet, so daß man ihn ins pommersche Stolp versetzte. Mit der Berufung nach Halle, 1804, begann Schleiermachers akademische Karriere.

Das in Halle unter dem Eindruck eines Flötenkonzertes entstandene Gespräch «Die Weihnachtsfeier» (1806) verschaffte dem Verfasser noch einmal Gelegenheit, unterschiedliche Meinungen über die Christusgestalt in poetischer Einkleidung aufleuchten zu lassen. Dann, mit der 1806 erfolgten Rückkehr nach Berlin, trat der Gelehrte und auf Systematik bedachte Theologe mehr und mehr an die Stelle des beschwingten Schriftstellers. Auch signalisierte der Bruch mit dem katholisch gewordenen Friedrich Schlegel eine tiefe Zäsur. «Keiner ist schändlicher und giftiger als Schleiermacher; ich hatte nie rechtes Zutrauen zu diesem hochmütigen Calviner», räsonierte die undankbare Dorothea → Schlegel, die damit dem einstigen Vertrauten die ihr von ihm erwiesene Hilfe vergalt. Grund für das Zerwürfnis war die große Platon-Übersetzung, die beide Freunde als Gemeinschaftswerk beschlossen hatten. Als Schlegel das Interesse daran verlor, gab Schleiermacher «Platons Werke» (1804–1809, 6 Bde.) allein heraus: eine Leistung, die ein ganzes Gelehrtenleben rechtfertigen würde.

In Berlin fand er von 1806 an einen weiten weltlichen und geistlichen Wirkungskreis. Er gehörte zu den Gründern der Universität, deren theologischer Fakultät er als erster Dekan vorstand. Die Theologie stellte er auf ein neues Fundament. So mit der «Kurzen Darstellung des theologischen Studiums» (1811), einer Methodenlehre, die alle Bestandteile der Theologie durch ihre Beziehung auf das lebendige Gottesbewußtsein miteinander verband. So auch mit dem Werk «Der christliche Glaube nach den Grundsätzen der evangelischen Kirche» (1821/22, 2 Bde.), der sogenannten «Glaubenslehre», die als bedeutendste Dogmatik seit den Tagen Calvins gilt. Durch die von ihm praktizierte Hermeneutik hat Schleiermacher für unumstößlich gehaltene theologische Wahrheiten kritisch hinterfragt und ihnen zu neuem Verständnis verholfen.

Die von Friedrich Wilhelm III. zum 300. Jahrestag der Reformation, 1817, verfügte Kirchenunion begrüßte der Professor mit gedämpfter Zustimmung, verwarf aber die von dem König selbst bearbeitete Agende. Die Kirche sollte frei bleiben von staatlicher Einmischung oder gar Bevormundung, womit dieser «Stille im Lande», dem Theologengezänk und Kirchenkampf ein Greuel waren, weit über das in seiner Epoche Machbare und Mögliche hinausgriff.

Wenn er auf der Kanzel der Berliner Dreifaltigkeitskirche stand, um sich von ihr herab leise, aber eindringlich zu den großen Fragen von Zeit und Ewigkeit vernehmen zu lassen, saßen die Spitzel der Polizei in den Bänken, deren Zuträger auch seine Universitätsvorlesungen überwachten. Der «ärgste Hauptumtrieber», der die Jugend vergifte, sei Schleiermacher, erklärte ein Hohenzollernprinz. Jahrzehnte nach dem Tod des großen Bekenners, als auch seine «Verächter» nicht mehr lebten, kamen seine Verehrer darin überein, daß er der «Kirchenvater des 19. Jahrhunderts» gewesen war.

Literatur: Dilthey, Wilhelm: Leben Schleiermachers. Berlin 1870 (und öfter). – Kantzenbach, Friedrich W.: Friedrich Daniel Ernst Schleiermacher in Selbstzeugnissen und Bilddokumenten. Reinbek bei Hamburg 1967. – Nowak, Kurt: Schleiermacher und die Frühromantik. Eine literaturgeschichtliche Studie zum romantischen Religionsverständnis und Menschenbild am Ende des 18. Jahrhunderts in Deutschland. Weimar 1986.

Schnorr von Carolsfeld, Julius

Leipzig 26. März 1794 – 24. Mai 1872 Dresden

Maler und Zeichner, Akademieprofessor, Direktor der Dresdner Gemäldegalerie

Wie mancher seiner romantischen Kunstgenossen ist Schnorr von Carolsfeld aus der Schule des eigenen Vaters, eines Malers, hervorgegangen. Er besuchte die Kunstakademie seiner Heimatstadt und ging nach Wien, wo er Zugang zu dem Kreis um Friedrich → Schlegel erhielt. Das hier entstandene Bild «Der heilige Rochus, Almosen verteilend» (1817) verwies auf die lineare Einfachheit altdeutscher Malerei zurück, machte aber auch bereits Schnorrs besondere Meisterschaft deutlich: seine Zeichenkunst. Er fand Aufnahme in den Lukasbund und zog nach Rom, wo ihn bald eine enge Werkgemeinschaft mit den Nazarenern, namentlich mit Friedrich → Overbeck und Peter → Cornelius, verband.

Inmitten katholischer Konvertiten blieb Schnorr ein überzeugter Lutheraner, so daß nur wenige Andachtsbilder entstanden, darunter eine sehr poetische, beinahe idyllische «Verkündigung» (1820). Natur und Volksleben Italiens wurden auf zahlreichen Skizzenblättern festgehalten; der jungen Gattin seines sächsischen Wohltäters, Clara Bianca von Quandt, war 1822 eines der schönsten Frauenbildnisse der Romantik gewidmet, das allerdings unvollendet blieb. Schnorrs zeichnerisches Können und die ihm eigentümliche Fabulierfreude bewährten sich überzeugend, als er, zusammen mit seinen nazarenischen Freunden, an den Fresken im Casino Massimo arbeitete. Er übernahm den Ariost-Saal und stattete ihn mit Wandbildern nach dem Ritterepos vom «Rasenden Roland» aus, wodurch ihm die geschlossenste Raumlösung des ganzen Hauses gelang.

Julius Schnorr von Carolsfeld. Selbstbildnis. Bleistiftzeichnung.

Diese virtuose Leistung mag König → Ludwig I. von Bayern dazu bewogen haben, Schnorr nach München zu rufen und ihn mit einem Freskenzyklus zur Odyssee zu betrauen. Sehr zum Nachteil des Unternehmens und zur Enttäuschung des Künstlers hat der Monarch dann sein Vorhaben geändert. Das nordisch-düstere Nibelungenlied trat an die Stelle von Homers Epos, dessen mediterrane Welt dem Meister weit eher gelegen hätte. In fast vierzigjähriger, oft qualvoller Fron laborierte er im Königsbau der Münchner Residenz an den Wandbildern, die schließlich Not und Untergang der Nibelungen zu pathetischen Opernszenen geraten ließen: in vielen Details immer noch eindrucksvoll genug, jedoch einer starren Deklamationskunst zuneigend, von technischen Unzulänglichkeiten behindert, dem Künstler ein Anlaß zu häufigem Selbstzweifel.

Die letzten Kartons für die Nibelungen-Fresken, deren Ausführung Schülern überlassen blieb, schickte Schnorr aus Dresden, wo er von 1846 an als Akademieprofessor und Direktor der Gemäldegalerie wirkte. Sein Ordnungs- und

Sammlersinn, der nach Ludwig → Richters Beobachtung «ans Pedantische zu grenzen schien», fand hier eine Aufgabe, als der Professor das von Gottfried Semper erbaute Galeriegebäude im Zwinger einzurichten hatte. Schnorrs mit Holzschnitten ausgestattete «Bibel in Bildern», die von 1860 an immer wieder gedruckt wurde, verwirklichte einen Wunschtraum der ersten deutsch-römischen Maler. Was diese indessen längst verstorbenen romantischen Jünglinge einst als gemeinsame Bekundung einer Integration von Kunst und Christentum geplant hatten, war nun zum Alters- und Abschlußwerk eines Museumsdirektors geworden.

Literatur: Singer, Hans Wolfgang: Julius Schnorr von Carolsfeld. Bielefeld, Leipzig 1911. – Julius Schnorr von Carolsfeld. Katalog der Ausstellung im Städelschen Kunstinstitut. Frankfurt a. M. 1968.

Schubert, Franz

Wien 31. Januar 1797 – 19. November 1828 Wien

Komponist, auch Schriftsteller

Aus der Unterschätzung, ja Namenlosigkeit, in die er sogleich nach seinem frühen Tod zu verfallen drohte, retteten ihn die deutschen Gesangvereine, die in seinem Liedwerk reichliche Nahrung fanden. Dann kam Robert → Schumann nach Wien und entdeckte verschollene Schätze, darunter die Große C-Dur-Sinfonie, die anschließend → Mendelssohn in Leipzig uraufführte. Aber noch → Brahms hatte Mühe, einen Verleger für die fehlende Gesamtausgabe zu gewinnen. Daneben wucherte der Kitsch, der sich des kleinen dicklichen Mannes mit der Federbrille und den täppischen Manieren bemächtigte: «Schwammerl» immer wieder verzichtend, unter Tränen lächelnd, hoffnungslos daher- und dahinliebelnd, Wein, Weib und Gesang ergeben – der Heurigen-Genius des Spießers und wohl auch das Zerrbild eines Romantikers, wie es Banausen zu goutieren vermögen. Daß Nachruhm nur ein Scherbenhaufen von Klischees sein kann, lehrt Franz Schubert auf beinahe exemplarische Weise.

Er war das elfte Kind eines Wiener Vorstadtschulmeisters, der dem Sohn auch den ersten musikalischen Unterricht erteilte, und wuchs in einer engen Zinskaserne auf. Grundmusikalisch, wie er war, wurde er als Sängerknabe in die Hofmusikkapelle aufgenommen und erhielt weitere Unterweisung bei berühmten Lehrern, so bei Antonio Salieri. Die Sicherheiten, die ihm die Ausbildung unter kaiserlichem Privileg gewährte, schätzte er wenig. Der Sechzehnjährige verließ das Konvikt, wurde Schulgehilfe beim Vater, schlug sich mehr schlecht als recht durch seine Jugendjahre und wäre vielleicht da bereits zugrunde gegangen, wenn ihn nicht uneigennützige Freunde, etwa Franz von Schober und der Hofopernsänger Vogl, unterstützt hätten. Er war scheu, hypochondrisch und ging mit Prostituierten um, bei denen er sich schon 1822 eine venerische Krankheit holte.

Franz Lachner, Franz Schubert und Eduard von Bauernfeld beim Heurigen. Federzeichnung von Moritz von Schwind, 1862.

Der nächtliche Freier billiger Wiener Grabennymphen war nur der Schatten, den jener andere Schubert warf, der mit Freunden zu Landpartien aufbrach und in ihren Häusern biedermeierliche Geselligkeit musikalisch verbrämte. Es waren die nachmals zur Legende gewordenen «Schubertiaden», die durch Moritz von → Schwinds viel später entstandene Bilder einen Hauch von heiter-entrückter Idylle bekamen. Zweimal war Schubert als Hauslehrer bei den Esterházys auf ihrem ungarischen Schloß zu Gast; einmal kam er bis nach Salzburg, zweimal nach Steyr. Sonst blieb er in Wien, wo sich sein Schicksal erfüllte, in armseligen Quartieren, auch als «Trockenmieter» von feuchten, noch nicht bezugsbereiten Wohnungen. In die musikalische Öffentlichkeit wagte er sich nur langsam, stets von Skrupeln geplagt. Zu → Beethoven, den er verehrte, drang er erst wenige Tage vor dessen Tod zusammen mit einigen Bewunderern vor. Gelegentlich äußerte sich der Musiker auch als Literat, etwa mit der Erzählung «Mein Traum» (1822), die einen Schlüssel zu seinem Selbstverständnis enthält: «Wollte ich Liebe singen, ward sie mir zum Schmerz. Und wollte ich wieder Schmerz nur singen, ward er mir zur Liebe. So zerteilte mich die Liebe und der Schmerz.»

Ein Schubertabend bei Joseph von Spaun. Zeichnung von Moritz von Schwind, 1868.

Das musikalische Œuvre, das unter solchen inneren und äußeren Bedingungen entstand, kann hier kaum umrißhaft überschaubar gemacht werden. Schubert beerbte Haydn und Mozart, knüpfte an Beethoven an, musizierte aber auch, wenn er «Deutsche» oder Walzer schrieb, wie Lanner und der ältere Johann Strauß. Das Lied war Anfang und Ende seiner Kunst; die Melodienseligkeit, Sangbarkeit und Farbigkeit des Liedes prägten auch die Instrumentalwerke. Neun Sinfonien, von denen acht überliefert sind, zeigen den Romantiker, allen voran die 8. («Unvollendete», 1822) und die 9. Sinfonie in C-Dur (1828), zu denen noch zwei Ouvertüren im italienischen Stil und die Musik zu «Rosamunde» kommen. In die geistliche Musik (sechs Messen) führte Schubert romantische Klangvorstellungen ein.

Streichquartette, dazu Trios, Quartette und Quintette für Klavier und in unterschiedlichen Besetzungen, Klaviersonaten, «Moments musicaux» sowie Impromptus vereinen sich zum Reichtum seiner Kammermusik, von der wiederum nur einige Meisterwerke genannt werden können: etwa das Klavierquintett in A-Dur («Forellenquintett», 1819), das mit der Liedkunst des Meisters untrennbar verbunden ist; die «Wanderer-Fantasie» für Klavier in C-Dur (1822), die das Thema des Wanderns und der Suche nach dem Glück «dort, wo du nicht bist», packend und wehmütig zugleich ausführt; endlich das Streichquartett Nr. 14 in d-Moll («Der Tod und das Mädchen», 1826), das Schuberts gleichnamiges Lied zu einem ebenso melancholischen wie dramatischen Nachtstück erweitert. Von seinem fast tausend Nummern umfassenden Werkverzeichnis bestehen zwei Drittel aus Liedern, die zusammen ein gesungenes Welttheater ergeben: vom «Erlkönig» (1815), mit dem der Achtzehn-

jährige sich bereits im Vollbesitz seiner Mittel zeigte, bis hin zu den großen Liederzyklen «Die schöne Müllerin» (1823) und «Die Winterreise» (1827) sowie dem postum zusammengestellten «Schwanengesang».
In dem Liederkreis «Die Winterreise», entstanden nach Gedichten des Dessauer Poeten Wilhelm → Müller, fand die Romantik in ihrer wienerischen Ausprägung ihre großartigste Gestaltung, nicht in den Spekulationen der zugereisten Konvertiten Friedrich → Schlegel oder Zacharias → Werner. Noch der Sterbende war mit den Korrekturen dieser Lieder beschäftigt, als er in einer kalten Kammer des Hauses «Zur Stadt Ronsberg» in der Wiener Kettenbrückengasse mit dem Tode rang. «Fremd bin ich eingezogen, fremd zieh ich wieder aus.» Ein Wanderer – schon bei Wilhelm Müller und → Eichendorff die Verkörperung des stets unterwegs befindlichen Menschen – zieht über die gefrorene Erde eines ganzen Zeitalters, sich an den Lindenbaum am Brunnen vor dem Tore wehmütig erinnernd. Dem Wanderer, der ein Greis sein möchte, graut's vor seiner eigenen Jugend; die drei Sonnen seines Daseins sind ihm untergegangen; als Begleiter seines Lebens und seiner Lieder vermag er sich nur noch jenen armen Leierkastenmann vorzustellen, in dessen leer kreisender Drehorgelweise die Lebenswanderschaft trostlos endet. Es war das Fazit, das ein romantischer Musikant zog, bevor er, angetan mit der Kutte eines Einsiedlers und das Kreuz in den gefalteten Händen, an der Mauer des Währinger Friedhofes zu Wien, nur drei Grabhügel von Beethoven entfernt, bestattet wurde.
Literatur: Paumgartner, Bernhard: Franz Schubert. Zürich 1974. – Fröhlich, H. J.: Schubert. München 1978. – Schneider, Marcel: Franz Schubert in Selbstzeugnissen und Bilddokumenten. Reinbek bei Hamburg 1980.

Schubert, Gotthilf Heinrich

seit 1853 von Schubert
Hohenstein/Sachsen 26. April 1780 – 1. Juli 1860 München
Naturphilosoph, Psychologe und Schriftsteller

«Er sieht aus wie das Hühnchen ..., das das Ei ausgepickt und zur höchsten Verwunderung nichts als Tageslicht vor sich sieht.» So Clemens → Brentano über den «jungfräulichsten, mildesten, rührend kindlichen Philosophen Schubert», der achtzig Jahre lang nicht müde wurde, sich über das Tageslicht ringsumher zu wundern, vielleicht, weil er es meistens mit der Nachtseite der Natur zu tun hatte.
Der Knabe fand in Gesprächen mit heimischen Bergleuten erste Anregungen für seine naturwissenschaftlichen Neigungen und sammelte Steine, denen dann in seinen Schriften oft eine magische Rolle zufiel. Dem Besuch von Schulen in verschiedenen Städten folgte das Gymnasium zu Weimar; der Aufsatz des Abiturienten trug den umständlichen, aber für seinen künftigen Weg aufschlußreichen Titel «Die lebende Natur ist ein in sich verbundenes Ganzes,

Gotthilf Heinrich Schubert. Zeitgenössisches Portrait.

wie der lebendige Menschenleib es ist». Die anschließend in Leipzig verbrachte Zeit galt dem bald wieder abgebrochenen Studium der Theologie, von der er zur Medizin wechselte, ohne seinen Hang zu einem mystisch gestimmten Christentum aufzugeben. Die enge Verbindung von Religion und Naturforschung erhielt bald darauf ein tragendes Fundament, als der junge Mann in Jena zu Füßen des Professors Friedrich Wilhelm Joseph → Schelling zu sitzen kam. Von da an machte er Schellings Deutung der Natur als einer «Odyssee des Geistes» zu seiner Sache: zunächst in dem Roman «Die Kirche und die Götter», den er hauptsächlich des Broterwerbs halber niederschrieb. Die hier farbig und lebhaft angeschlagenen theosophischen und natur- sowie geschichtsphilosophischen Ideen führte Schubert weiter aus in den «Ahndungen einer allgemeinen Geschichte des Lebens», nachdem ihn in Freiberg der Mineraloge Abraham Gottlob Werner in die Gesteinskunde eingeführt hatte.

Im Herbst 1806 übersiedelte der Sechsundzwanzigjährige mit Frau und Töchterchen nach Dresden, wo er den Maler Caspar David → Friedrich sowie Heinrich von → Kleist und den Publizisten Adam → Müller kennenlernte, an deren Zeitschrift «Phöbus» er mitarbeitete. In Dresden hielt Schubert aufsehenerregende Vorlesungen, die 1808 unter dem Titel «Ansichten von der Nachtseite der Naturwissenschaft» als Buch erschienen. Hier wie auch in der sechs Jahre später veröffentlichten «Symbolik des Traumes» (1814) griff der sächsische Rhapsode Gedanken Schellings auf und illustrierte sie mit originellen Anekdoten und Historien. Der Abfall des Menschengeschlechts vom ursprünglichen Zustand des paradiesischen Eins-Seins mit der Natur interessierte ihn besonders. Die Zurückgewinnung der gestörten Einheit von Mensch und Natur projizierte er in eine ferne Zukunft, in ein dereinst, am Ende aller Geschichte, zu erwartendes Goldenes Zeitalter. Jetzt aber, während der Mensch das Schicksal der «Individuation» und Entfremdung durchschreite, gäbe es doch seltene Augenblicke, in denen der einzelne Erdenbürger mit der Weltseele zu korrespondieren vermöge: das seien die «kosmischen Momente», wie sie sich im Schlaf, im Traum, in Trancezuständen oder in der Meditation einstellen würden.
Diesen Grenzphänomenen galt recht eigentlich Schuberts Aufmerksamkeit. Sie dienten ihm auch als experimentell herstellbare Beweise für die von Schelling und von Franz von → Baader entworfenen Konzeptionen. Infolgedessen bemühte Schubert den tierischen Magnetismus, der seit Franz Anton → Mesmer die Gemüter beunruhigte, und ebenso den hypnotischen Somnambulismus, Telepathie, Wach-, Wahr- und Alptraum, Parapsychologie und Okkultismus, auch die wiederholt hervorgehobenen Zusammenhänge zwischen psychischen oder physischen Leiden und schöpferischer Imagination. Sie alle seien Möglichkeiten, die Beschränkungen der individuellen menschlichen Existenz aufzuheben, um sie dadurch an der Harmonie der Schöpfung teilhaben zu lassen.
Die Wirkung dieser beiden in einer bilderreichen, bisweilen hymnischen Sprache vorgetragenen Bücher war außerordentlich; von E.T.A. → Hoffmann bis zu Richard → Wagner lassen sich ihre Spuren nachweisen. Der äußere Lebensweg Schuberts stand in einem bemerkenswerten Gegensatz zu den verwegenen Spekulationen, denen er als Schriftsteller huldigte, wie er überhaupt ausschließlich im Schreiben seinen Daseinsinhalt fand. Er heiratete ein Mädchen aus dem Erzgebirge und, nach dessen frühem Tod, eine Nichte seiner ersten Frau, adoptierte übrigens auch ein Kind seines verstorbenen Freundes, des Physikers Johann Wilhelm → Ritter. Schon 1809 ging Schubert als Direktor der Polytechnischen Schule nach Nürnberg, wo er neben dem ihm suspekten Hegel wirkte. In Ludwigslust erzog er mecklenburgische Prinzen, in Erlangen fand er als Professor für Naturgeschichte ein umlagertes Katheder.
1827 begann der über dreißigjährige Münchner Abgesang, reich an Ehrungen, so durch die Erhebung in den Adelsstand, verbittert aber auch durch Que-

relen mit der respektlosen Presse. Über alledem verließ Herr von Schubert kaum seinen Schreibtisch: er verfaßte das psychologische Opus «Die Geschichte der Seele», dazu erbauliche Traktate, Reisebeschreibungen, sogar Jugenderzählungen und laborierte an den Neuauflagen seiner älteren Bücher. Kurz vor dem Ende entstand noch die dreibändige Autobiographie «Der Erwerb aus einem vergangenen und die Erwartungen von einem zukünftigen Leben» (1854/56), in der er seine Laufbahn auf eintausendsiebenhundert Seiten beschrieb, ebenso verschwenderisch wie ermüdend durchwoben mit tiefsinnigen Allegorien und frommen Reflexionen. Und da der Tod, Schubert zufolge, die Geburt zu einem neuen Dasein und die Wiedervereinigung des Menschen mit der Weltseele bedeutet, war ihm dieses herrliche Erwachen, kurz nach der Vollendung des achtzigsten Lebensjahres, auf dem Münchner Sommersitz seines Enkels beschieden.

Literatur: Merkel, Franz R.: Der Naturphilosoph Gotthilf Heinrich Schubert und die deutsche Romantik. München 1913. – Steude, Rudolf: Gotthilf Heinrich Schubert. In: Sächsische Heimat, Heft April 1980.

Schumann, Clara

geb. Wieck

Leipzig 13. September 1819 – 20. Mai 1896 Frankfurt a. M.

Pianistin, Klavierpädagogin und Komponistin, Gattin Robert → Schumanns

Der Wiener Musikkritiker Eduard Hanslick schrieb, als er die blutjunge Clara Wieck zum ersten Male hörte, sie sei «kein Wunderkind – und doch noch ein Kind und schon ein Wunder». Später wurde aus dem Kind die Frau Robert Schumanns und aus dieser die «Priesterin» der Musikkultur eines ganzen Jahrhunderts, womit sie das Wunder ihrer Erscheinung immer wieder neu bestätigte. Das Idol der Frau als Kultfigur romantischer Enthusiasten schien in Clara Schumann vollständig verkörpert zu sein, allerdings nur im Raum der Kunst, denn an aktuellen Fragen der Frauenbewegung war sie nie interessiert. Das hat ihr, fast ein Jahrhundert nach ihrem Tod, die Gegnerschaft von Leuten eingetragen, die Galionsfiguren für neuere Ideologien suchen und eine solche in Clara Schumann nicht finden können, sowie auch den Tadel anderer Geschichtsverwalter, die das Intimleben bedeutender Gestalten, beispielsweise die Ehe der Schumanns, mit dem indezenten Spähen durch Schlüssellöcher erkunden möchten. Das Leben der Pianistin war schon für die Zeitgenossen ein abgründiger, bewunderter und geschmähter Frauen- und Künstlerroman – und ist es ebenso für spätere Generationen geblieben, was erstaunlich genug ist, denn die Nachwelt flicht nicht nur dem Mimen, sondern auch dem musikalischen Interpreten und der Interpretin keine Kränze.

Friedrich Wieck, Klavierpädagoge in Leipzig, gedachte seine Tochter zu einem pianistischen Wunderkind à la Mozart abzurichten und begann mit dem Un-

Clara Schumann im Alter von 38 Jahren. Photographie von Hanfstängl, 1857.

terricht gleich nach ihrem fünften Geburtstag. Die Achtjährige trat in privaten Zirkeln auf, die Neunjährige in einem öffentlichen Konzert. Die Dreizehnjährige reüssierte in Paris, die Siebzehnjährige in Wien, wo der ansonsten eher grämliche Franz Grillparzer mit seinem Gedicht «Clara Wieck und Beethoven» in den Jubel des Publikums einstimmte: ihr Vortrag der «Appassionata» riß den mürrischen Poeten zu wahrer Verehrung hin. Eigentlich stand Clara damals schon auf der Höhe des Könnens der berühmtesten Virtuosen ihrer Zeit, so daß man den Grimm fast verstehen kann, mit dem der Vater Wieck die Beziehungen seiner Tochter zu dem um neun Jahre älteren Robert Schumann hintertreiben wollte, den er für einen Psychopathen, Säufer und Hungerleider hielt. Die Auf- und Abschwünge dieses Liebesbundes, dazu die Ränke und Störversuche des alten Wieck füllen in Claras Lebensroman ein ganzes Kapitel: es endete erst 1840 vor den Schranken eines Leipziger Gerichts, das den Einspruch des Vaters abwies.

Die Ehe der beiden gleichgestimmten und doch ganz gegensätzlichen Menschen ist einzigartig in der menschlichen und künstlerischen Verbundenheit, die sie zusammengeführt hatte, freilich auch in den Irritationen und Gefährdungen, die unausbleiblich waren. Beide waren markante Individualitäten und nicht frei von exzentrischen Zügen, Robert zudem von Melancholien heimgesucht und unter den pianistischen Erfolgen seiner Frau leidend. Er vergaß denn auch nicht, Clara auf ihren «Hauptberuf als Mutter» hinzuweisen, was sie wiederum in «unbeschreiblichen Trübsinn» stürzte. Sie brachte acht Kinder zur Welt, von denen sie einige überlebte, immer rührend bemüht, die Mutterpflichten mit der künstlerischen Arbeit in Einklang zu bringen, die auch dazu diente, die schnell wachsende Familie samt Hauspersonal zu ernähren. Es war eine gewaltige psychische und oft auch physische Leistung, die Clara in Leipzig, Dresden und Düsseldorf sowie auf Konzertreisen vollbrachte – erhellt durch das Erscheinen des jungen Johannes → Brahms und verdunkelt durch die Einweisung Schumanns in die Pflegeanstalt. Während er dort dahinsiechte und langsam erlosch, war Clara in Holland, Österreich, Ungarn, England und Dänemark unterwegs, von einem Konzertpodium zum anderen, um den Klinikaufenthalt ihres Mannes und das Leben der Kinder zu sichern. Nach Schumanns Tod ließ sie sich in Berlin, später in Baden-Baden nieder; erst 1878 erfolgte die Berufung als Professorin ans Hoch'sche Konservatorium in Frankfurt.
Zu Hause ist sie bis zum Ende ihrer Pianistenlaufbahn im Jahr 1888 vor allem in Hotelzimmern und in den Konzertsälen des Kontinents gewesen. Ihre Kunst, deren Brillanz schon früh als vollendet galt, erhielt erst jetzt, nach den durchstandenen Leiden und Schicksalsschlägen, allmählich auch durch das fortschreitende Alter jene menschliche Reife und Tiefe, die Clara Schumanns Konzerte unvergeßlich werden ließen. Mit einer Disziplin, die an die Willenskraft des alten Wieck erinnerte, bewältigte sie die Strapazen der Reisen von London nach St. Petersburg, von Paris nach Wien, von Kopenhagen nach Zürich. Sie begründete eine völlig neue Programmkultur, die nicht mehr beliebte Opernparaphrasen ins Zentrum rückte, sondern die Konzentration auf einen Komponisten, etwa auf → Beethoven oder Schumann. Daß sich die musikalische Hinterlassenschaft ihres Mannes schnell im internationalen Konzertbetrieb durchsetzte, war nicht zuletzt ihrem Einsatz zu verdanken. Als Lehrerin am Frankfurter Konservatorium gab sie die von ihr begründete Tradition an zahlreiche Schüler weiter, die sie bis weit ins 20. Jahrhundert hinein pflegten. Daneben fand die Künstlerin noch Zeit, die «Kritische Gesamtausgabe der Werke Robert Schumanns» (1879–1893) zu edieren. Ihre eigenen Kompositionen, namentlich Klavierwerke und Lieder, finden als eigenständige Schöpfungen erst neuerdings das Interesse von Musikhistorikern und Interpreten.
Bis zuletzt wurde sie bewundert, vergöttert, gelegentlich auch wohl gehaßt, wie es jeder Frau widerfährt, die sich mit so unbedingtem Anspruch in eine

Öffentlichkeit begibt. Sie selbst hat mit ihren Sympathien und Antipathien nie hinterm Berg gehalten, nicht einmal Franz Liszt gegenüber, als er zum Paladin Richard → Wagners wurde, den sie geradezu leidenschaftlich verachtete. Die tiefe Zuneigung, die sie für Brahms empfand, ihren «freundlichsten, besten Genius», leugnete sie ebensowenig. Wie weit dieses Verhältnis gegangen ist, das von biographischen Voyeurs mit Fleiß durchgehechelt wird, und ob es die Grenzen einer platonischen Beziehung überschritt, bleibt infolge der in den erhaltenen Dokumenten gewahrten Verschwiegenheit unklar, auf die indessen beide, Clara Schumann und Johannes Brahms, auch postum ein Anrecht haben. Nach Claras Beerdigung gestand der Freund: «Der einzige Mensch, den ich wirklich geliebt habe, den habe ich heute begraben.» Als «eigentliches Totenopfer», wie er selbst bekannte, brachte er ihr seine «Vier ernsten Gesänge» dar, die in dem paulinischen Hymnus gipfeln: «Wenn ich mit Menschen- und mit Engelszungen redete und hätte der Liebe nicht, so wäre ich ein tönend Erz oder eine klingende Schelle.» Es sind gleichsam die letzten Klänge, die aus Clara Schumanns Welt herübertönen; die Schallplatte kam zu spät, um ihre zur Legende gewordene pianistische Kunst der Nachwelt zu überliefern.

Literatur: Weisweiler, Eva: Clara Schumann. Eine Biographie. Hamburg 1990. – Borachard, Beatrix: Clara Schumann. Ihr Leben. Berlin 1991. – Reich, Nancy B.: Clara Schumann. Romantik als Schicksal. Eine Biographie. Reinbek bei Hamburg 1991.

Schumann, Robert

Zwickau 8. Juni 1810 – 29. Juli 1856 Endenich bei Bonn

Komponist, Dirigent und Musikschriftsteller

Das von E. T. A. → Hoffmann ausgerufene «Geisterreich der Romantik», das in Tönen noch am ehesten zu fassen war, ist auch die Welt Robert Schumanns gewesen. Wie der dichtende und komponierende Berliner Kammergerichtsrat, den er sehr verehrte, war Schumann eine Doppelbegabung, hochmusikalisch und der Worte mächtig, vielleicht überhaupt der literarisch versierteste und kenntnisreichste aller deutschen Komponisten. Der Vater, ein sächsischer Verlagsbuchhändler, hatte die deutschen Gesamtausgaben Walter Scotts und Lord Byrons auf den Markt gebracht. Zu diesen unverlierbaren Anregungen kamen Hoffmann, → Eichendorff, → Heine und → Jean Paul, dessen Witwe der Jüngling später in Bayreuth besuchte. Gleichzeitig genoß er den ersten musikalischen Unterricht bei dem Zwickauer Kantor Kuntsch; bereits der Elfjährige komponierte den «150. Psalm» für Sopran, Alt, Klavier und Orchester. Der Plan, den Sohn durch Carl Maria von → Weber unterrichten zu lassen, zerschlug sich, als der Vater starb und Robert in Leipzig das Studium der Rechtswissenschaften antreten mußte. Dort lernte er Heinrich → Marschner sowie den Klavier- und Gesangslehrer Friedrich Wieck kennen, wodurch die

Robert Schumann im 29. Lebensjahr. Steinzeichnung von Joseph Kriehuber.

Musik endgültig zu dominieren begann. Die Fortsetzung des Jurastudiums in Heidelberg fand ein schnelles Ende, als die Mutter die Rückkehr des Sohnes nach Leipzig zu Friedrich Wieck genehmigte.

Eine Fingerlähmung an der rechten Hand, verursacht durch ein Experiment beim Üben, zwang Schumann zur Aufgabe der angestrebten Pianistenlaufbahn. In der «Allgemeinen Musikalischen Zeitung» erschienen seine ersten Kritiken, eigentlich beschwingte Feuilletons, unter den Pseudonymen Florestan und Eusebius: hoffmanneske Doppelgänger, denen der Verfasser seine bisweilen poetisch, bisweilen auch polemisch daherkommenden Kunstansichten übertrug. Das gegensätzliche Zwillingspaar stammte aus seiner Novelle «Die Davidsbündler», die einem fingierten «Verein von Künstlern und Kunstfreunden» den Namen gab, gerichtet gegen die Philister und Banausen. Von 1835 an redigierte er die «Neue Zeitschrift für Musik», die seiner glänzenden Essayistik eine publizistische Heimstatt bot. Zu Wieck, einem der Mitbegründer dieser Zeitschrift, verdüsterten sich die Beziehungen, als Schumann dessen Tochter Clara heiraten wollte, die der Vater mit Geschick und Drill auf die Karriere einer Klaviervirtuosin vorbereitet hatte. Die Hochzeit wurde erst nach langen und peinlichen Auseinandersetzungen durch den Beschluß eines Gerichts ermöglicht, womit die an Schwankungen reiche Ehe der Schumanns

Der Moskauer Kreml. Federzeichnung von Robert Schumann, 1844.

ihren Anfang nahm. Robert war damals bereits ein seelisch labiler, von Depressionen geplagter Mann, neben dem sich Clara → Schumann sowohl als Frau wie auch als Künstlerin behaupten mußte.

Um 1840, dem Jahr seiner Eheschließung mit Clara, hatte Schumann bereits die erste Periode seines kompositorischen Schaffens abgeschlossen. Sie stand ganz und gar im Zeichen des Klaviers, dem die Opusnummern 1 bis 23 allein vorbehalten waren. Die drei Klaviersonaten in fis-Moll, op. 11 (1833), in g-Moll, op. 22 (1835), in f-Moll, op. 14 (1835), weiterhin die «Davidsbündlertänze», op. 6 (1837), der «Carnaval», op. 9 (1834/35), die «Kinderszenen», op. 15 (mit der berühmten «Träumerei» als Nr. 7; 1838), sowie die von E. T. A. Hoffmann inspirierten «Kreisleriana», op. 16 (1838), zeigten Schumanns Hang zum exzentrischen, pointierten, bizarr-witzigen oder auch schwärmerischen Intermezzo. Später, nach seinem von Clara veranlaßten Durchbruch zur Orchestermusik, hat er den Rang dieser frühen, in sich vollendeten Kostbarkeiten nicht mehr oft erreicht.

Die zweite Schaffensphase, die etwa das Jahrzehnt von 1840 bis 1850 ausfüllte, war nur vordergründig von Erfolgen begünstigt, hinter denen sich ein wachsendes Krisenbewußtsein ankündigte. → Mendelssohn, sein großer Förderer, holte ihn 1843 als Lehrer ans Leipziger Konservatorium, das er bereits im nächsten Jahr verließ, um in Dresden die Liedertafel zu leiten und privaten Unterricht zu erteilen. Die triumphalen Konzertreisen seiner Frau absolvierte er mit als Begleiter, der unter den Zurücksetzungen des Publikums litt, das ihn nicht kannte. Von der umjubelten Rußland-Tournee Claras brachte er gerade einige fast karikaturenhaft anmutende Zeichnungen mit nach Hause, und von einem niederländischen Prinzen mußte er sich fragen lassen, ob er «auch musikalisch» sei. Niedergeschlagenheit, Furcht vor Dämonen waren die Folgen, zu denen noch ein immer qualvolleres Gehörleiden kam.

In den gleichzeitig entstandenen Kompositionen sind die psychischen Bedrängnisse nur schwer auszumachen, so in den Sinfonien Nr. 1 in B-Dur op. 36 (der «Frühlingssinfonie», 1841) und Nr. 2 in C-Dur op. 61 (1845), dem Klavierkonzert in a-Moll op. 54 (1845), den drei Streichquartetten in a-Moll, F-Dur und A-Dur op. 41 (1842/43) oder in den «Phantasiestücken» op. 88 (1842) sowie in dem Oratorium «Das Paradies und die Peri» op. 50 (1843). Die Oper «Genoveva» (1850) gewann dem Legendenspiel Ludwig → Tiecks eine in vielen Farben glühende Partitur, jedoch keine dramatische Spannung ab. Hingegen geriet die Musik zu Lord Byrons dramatischem Gedicht «Manfred» (1849) zum fesselnden Seelengemälde einer innerlich zerrissenen Gestalt, die Schumanns eigene gestörte Befindlichkeit spiegelte.

Eine ganze Welt tut sich in den fast 270 Sololiedern auf, die den Klavierpart als Stimmungs- oder Gefühlsträger gleichberechtigt neben die Singstimme rücken. Schumann vertonte Gedichte von → Heine, → Goethe, → Mörike, → Uhland, → Lenau und Justinus → Kerner, dazu → Chamissos «Frauenliebe und -leben» sowie Friedrich → Rückerts «Liebesfrühling». Die kongenialste Vereinigung von Wort und Musik, von romantischer Dichtung und romantischen Klangvorstellungen erreichte er sicher mit dem «Liederkreis» op. 39 (1839), der zwölf Gedichte Joseph von Eichendorffs zu schlackenlos schwebenden Natur-, Traum- und Seelenbildern werden ließ: darunter «Mondnacht» («Es war, als hätt' der Himmel die Erde still geküßt»), «Wehmut» («Ich kann wohl manchmal singen, als ob ich fröhlich sei») und «Zwielicht» («Dämm'rung will die Flügel spreiten»).

1850 übernahm Schumann das Amt des Städtischen Musikdirektors von Düsseldorf, nun immer mehr gepeinigt von der durch eine Lues-Infektion ausgelösten progressiven Paralyse. Es entstanden noch die Sinfonie Nr. 3 in Es-Dur op. 97 (die «Rheinische», 1850) und die aus einer früheren Fassung hervorgegangene Sinfonie Nr. 4 in d-Moll op. 120 (1852), das Oratorium «Der Rose Pilgerfahrt» (1851), das Cellokonzert in a-Moll op. 129 (1850) sowie das von den Erben lange zurückgehaltene Violinkonzert in d-Moll, daneben Klavier-, Vokal- und kammermusikalische Werke, die nicht mehr frei von Ermüdung und Kraftlosigkeit waren. Herbst 1853, wenige Wochen nach einem Schlaganfall, lernte Schumann den jungen Johannes → Brahms kennen, für den er in der «Neuen Zeitschrift für Musik» eine Lanze brach. Inwieweit die Begegnung mit dem «Auserwählten» sowie Claras Begeisterung für ihn dem

Nervenheilanstalt Endenich bei Bonn. Zeitgenössische Darstellung.

bereits kranken Meister das Scheitern seiner Ehe blitzartig zu Bewußtsein brachte, ist überhaupt nicht belegbar, wird aber von phantasiebegabten und geschäftigen Biographinnen weidlich ausgemünzt. Am Rosenmontag 1854 stürzte sich Schumann, verfolgt von unerträglichen Stimmen und anderen Phantomen, in den eiskalten Rhein. Man rettete ihn und brachte den heillos Zerrütteten, auf seine eigene ausdrückliche Bitte hin, in die Irrenanstalt Endenich bei Bonn. Dort lebte er noch über zwei Jahre, zuweilen mit Fesseln am Bett festgebunden und mit Klistieren zwangsernährt.

Clara hat ihn in der Anstalt, dem Rat der Ärzte folgend, erst zwei Tage vor seinem Tod besucht. Dafür kamen Brahms, der Geiger Joseph Joachim und die betriebsame Bettine von → Arnim, der Schumann noch kurz zuvor die «Gesänge der Frühe» op. 133, sein letztes Werk für Klavier, gewidmet hatte. Allmählich wurde er ruhiger und schwächer, sprach oft mit Geistern, wie es schien, und führte vielleicht den Tod durch Nahrungsverweigerung freiwillig herbei. Es hielt ihn hier nichts mehr, als er, allein und verlassen in seinem Krankenzimmer, sich an einem Julinachmittag des Jahres 1856 den Schlußversen von Eichendorffs «Mondnacht» anzuvertrauen schien, die Robert Schumann ihren zauberischen Klang verdanken:

«Und meine Seele spannte
Weit ihre Flügel aus,
Flog durch die stillen Lande,
Als flöge sie nach Haus.»

Literatur: Eismann, Georg: Robert Schumann. Ein Quellenwerk über sein Leben und Schaffen. 2 Bde. Leipzig 1956. – Boucourechliev, André: Robert Schumann in Selbstzeugnissen und Bilddokumenten. 4. Auflage. Reinbek bei Hamburg 1970. – Laux, Karl: Robert Schumann. Leipzig 1972. – Fischer-Dieskau, Dietrich: Robert Schumann. Singen und Verstummen. Stuttgart 1981.

Schütz, Wilhelm von

Berlin 13. April 1776 – 9. August 1847 Leipzig

Dichter, Übersetzer und Literaturkritiker

Alles, was von Schütz stammte oder mit ihm zusammenhing, kam aus zweiter Hand und lief auf geborgten Glanz hinaus. Seine Dramen, allen voran das von August Wilhelm → Schlegel herausgegebene Schauspiel «Lacrimas» (1803), waren manierierte, gespreizt daherkommende Gebilde, was auch auf die Tragödien «Niobe» (1807) sowie «Der Graf und die Gräfin von Gleichen» (1807) und die Sammlung «Romantische Wälder» (1808) zutrifft, die allesamt anonym erschienen. Eine zeitgenössische Karikatur zeigt Schütz, den Bogen des Ulysses spannend, inmitten anderer Romantiker beim «Versuch auf den Parnaß zu gelangen»: neben ihm treten der mit Pistolen und Kruzifix bewaffnete August Wilhelm Schlegel, der kleine verwachsene → Schleiermacher sowie der auf dem gestiefelten Kater reitende Ludwig → Tieck zum Sturm an, um den Dichtersitz zu erobern. Obwohl Schütz hier als Mitstreiter einer Phalanx von Romantikern satirisch dargestellt war, haben sich manche der romantischen Freunde später vorsichtig von ihm distanziert, da sie in seinen poetischen Produktionen unfreiwillige Parodien auf die eigenen Schöpfungen und Zielstellungen sahen.

Schließlich war Wilhelm von Schütz kein Adliger und ist auch nie geadelt worden. Erst nachträglich wurde sein Vater in den Erbadel erhoben, damit der Sohn als Edelmann gelten und die Tochter eines märkischen Grafen standesgemäß heiraten konnte, die übrigens eine Schwester von Ludwig Tiecks lebenslanger Freundin Henriette von Finckenstein war.

Mit der Berliner Romantik war Schütz durch zahlreiche Aktivitäten verbunden. Er half bei der Organisation von August Wilhelm Schlegels Berliner Vorlesungen im Winter 1801 und suchte, wenn auch erfolglos, im Ehestreit der Sophie → Bernhardi zu vermitteln. Er diskutierte mit Goethe über naturwissenschaftliche Fragen und unterstützte Ludwig Tieck bei der Herausgabe der «Hinterlassenen Schriften» Heinrich von → Kleists (1821). Schütz war zunächst königlich preußischer Kriegs- und Domänenrat, dann Landrat im neumärkischen Ziebingen. Als Mitglied der von → Arnim gegründeten «Christlich-Teutschen Tischgesellschaft» zählte er zu den Gegnern der Reformpolitik des preußischen Staatskanzlers Hardenberg.

August Wilhelm Schlegel, Friedrich Daniel Ernst Schleiermacher, Wilhelm von Schütz und Ludwig Tieck (auf dem gestiefelten Kater reitend) beim «Versuch auf den Parnaß zu gelangen». Ausschnitt aus einer zeitgenössischen Karikatur.

Später ging er nach Dresden, wo er katholisch wurde und nun die Frömmigkeit mit dem gleichen Furor betrieb wie zuvor die Standesvertretung der neumärkischen Ritterschaft. Die Übersetzung der Memoiren Casanovas (1822/24) fand bereits mit dem 5. Band ein vorzeitiges Ende, da sich der Umgang mit dem frivolen Libertin aus dem Rokoko nicht mehr mit dem Eifer des Konvertiten Schütz zu vereinbaren schien. Er vertrat jetzt ähnliche Ziele wie sein Freund Adam → Müller, huldigte einer abstrusen Agrarmystik und sah den Ackerbau durch die moderne Landwirtschaft «dereligionisiert». Dergleichen Schimären breitete der Erweckte in der Schrift «Goethes Faust und der Protestantismus» (1844) und ähnlichen Traktaten aus, so daß selbst die offizielle katholische Zensur mehrfach dagegen vorging. Wilhelm von Schütz hat die literarische Romantik von ihrer Glanzzeit bis zu ihrem Niedergang begleitet: erst als werbender Publizist und farbloser Mitläufer, später als schrullenhafter und fanatischer Apologet. Die Hoffnung seines Sympathisanten → Fouqué, Anerkennung werde ihm wenigstens über dem «Grabeshügel» erwachsen, hat sich nicht erfüllt.

Literatur: Sembdner, Helmut: Schütz-Lacrimas. Das Leben des Romantikerfreundes, Poeten und Literaturkritikers Wilhelm von Schütz (1776–1847). Berlin 1974.

Schwab, Gustav

Stuttgart 19. Juni 1792 – 4. November 1850 Stuttgart

Dichter, Kritiker, Übersetzer, Sagensammler und Herausgeber

Der Schwabe Schwab kam aus der Stuttgarter «Frau Basen- und Vetternwirtschaft»: jener Honoratiorenschicht, die das geistige Leben der Residenzstadt und des Landes prägte. Sein Vater war an der Hohen Karlsschule einer der Lehrer Schillers gewesen, dem Schwab später eine Biographie widmete; sein Onkel war der Bildhauer Dannecker. Als Student der Theologie, Philologie und Philosophie an dem berühmten Tübinger Stift gründete der junge Mann eine Burschenschaft mit dem programmatischen Namen «Romantika», womit die Richtung seines Strebens angedeutet war. Die Freundschaft mit Ludwig → Uhland, als dessen «ält'ster Schüler» und «Schatten» er sich dankbar empfand, blieb ihm für das ganze weitere Leben. 1814, nach einer halbjährigen Vikarszeit, trat Schwab eine Bildungsreise zu Stätten und Persönlichkeiten an, die ihn vielfältig anregten. In Nürnberg besuchte er Gotthilf Heinrich → Schubert, in Weimar Goethe sowie Schillers Witwe. Er war von Jena bezaubert, sah in Leipzig die von der Völkerschlacht hinterlassenen Trümmer, kam schließlich nach Berlin, wo er Karl August → Varnhagen, Clemens → Brentano, Friedrich Carl von → Savigny, Adelbert von → Chamisso, Julius Eduard → Hitzig, E. T. A. → Hoffmann, Friedrich Ludwig → Jahn kennenlernte und Vorlesungen bei dem Theologen → Schleiermacher hörte.

Dergestalt versehen mit den Ermunterungen zahlreicher Persönlichkeiten, denen er auch weiterhin verbunden blieb, begann Schwab als Professor der «klassischen Literatur und Antiquitäten» am Oberen Gymnasium zu Stuttgart sowie als Mitarbeiter am «Morgenblatt» des Verlegers Cotta eine Betriebsamkeit zu entfalten, die in einer kaum überschaubaren Fülle von Publikationen, Begegnungen, Anregungen, Reisen und anderen Unternehmungen ihren Ausdruck fand. Er schrieb Rezensionen, landeskundliche Essays und Biographien, kümmerte sich um den literarischen Nachwuchs, gab Almanache und Zeitschriften heraus, stellte Anthologien zusammen, vermittelte als Ratgeber und Förderer, geriet auch gelegentlich zwischen die Fronten, woraufhin er von einem «ordentlichen Ekel vor dem ganzen Literaturwesen» erfaßt wurde, ohne sich ihm auf die Dauer entziehen zu können und zu wollen.

Denkwürdig bleibt seine zusammen mit Uhland veranstaltete Ausgabe von Friedrich → Hölderlins «Gedichten» (1826). Obwohl die Achse, um die sich seine literarische Welt drehte, von Stuttgart über Tübingen und die Schwäbische Alb bis an den Bodensee verlief, blieb er doch frei von jedem Provinzialismus, wie Schwabs Übersetzungen des Franzosen Lamartine und des Polen Mickiewicz erweisen. Seine eigenen Gedichte stimmten in Uhlands volkstümlichen Balladenton ein, jedoch fand er auch hier eigene Töne, etwa in den Gedichten «Der Reiter und der Bodensee» sowie «Das Gewitter» («Urahne, Großmutter, Mutter und Kind / In dumpfer Stube beisammen sind ...»). Heinrich → Heine, dessen «Buch der Lieder» von Schwab allerdings un-

Gustav Schwab. Kopie nach einem Ölgemälde von Karl Jakob Theodor Leybold.

freundlich behandelt worden war, wollte ihn immerhin als «Hering» gelten lassen, wo doch die anderen württembergischen Poeten nur «Sardellen, versteht sich, Sardellen ohne Salz» seien.
Unberührt von solchem Literatengeplänkel bleiben zwei Leistungen Schwabs, die sein Fabuliertalent bis heute lebendig erhalten haben. Im «Buch der schönsten Geschichten und Sagen» (1836/37, 2 Bde.), seit der 2. Auflage (1843) unter dem Titel «Die deutschen Volksbücher», erzählte er «für Alt und Jung» die überlieferten Mären vom Kaiser Oktavianus, der schönen Melusina, dem Herzog Ernst, dem Doktor Faustus, dem gehörnten Siegfried, der Genoveva, den Schildbürgern, den vier Haimonskindern neu und gewann sie, auf den Spuren von Joseph → Görres und der Brüder → Grimm wandelnd, erst jetzt für breite Leserschichten. Noch erfolgreicher waren die «Schönsten Sagen des klassischen Altertums» (1838/40, 3 Bde.), die das bei den antiken Dichtern verstreute Bildungsgut zu lesbaren und in sich geschlossenen Erzählungen verschmolzen. Mit diesem Vorrat an lebhaft vorgetragenen Mythen, Sagen und Geschichten hat Schwab mehr für die Verbreitung von Kenntnissen über die griechisch-römische Mythologie unter den Deutschen getan als alle Homer-

Übersetzer zusammen. Daß er dabei die erotische Unbekümmertheit seiner Vorlagen abschwächte, um die Jugend «weder zum Ausspinnen unedler Bilder noch zum Grübeln der Neugier» zu verführen, wird man dem braven Pietisten und Professor nachsehen müssen.
Die Reihe von Schwabs literarischen Aktivitäten ist noch lang. Zu ihnen zählten auch der «Deutsche Musenalmanach» (1833 bis 1838), den er gemeinsam mit Chamisso herausgab; die Werkausgaben seiner verstorbenen Freunde Wilhelm → Hauff (1830, 12 Bde.) und Wilhelm → Müller (1830, 5 Bde.), die er mit biographischen Vorworten versah; sein Engagement für Eduard → Mörike; seine Rede zur Einweihung des Stuttgarter Schillerdenkmals (1839). Der Rückzug in die Idylle einer Landpfarrerstelle deutete auch die beginnende Abwendung vom Literaturbetrieb und die Hinwendung zum geistlichen Wirken an, das ihm nun immer wichtiger wurde. Sommer 1841 wurde er Stadtpfarrer in Stuttgart, drei Jahre später Oberkonsistorialrat. Er veröffentlichte fast nur noch theologische Studien und Rezensionen, sein schriftstellerisches Schaffen betrachtete er als abgeschlossen. Aber es entbehrt nicht einer tieferen Bedeutung, daß sich Gustav Schwab, freilich unbeabsichtigt, mit einem Gedicht von der Öffentlichkeit verabschiedete. Er sprach es mit fester Stimme als Prolog bei einem Benefizkonzert, das anläßlich der Erhebung Schleswig-Holsteins in Stuttgart stattfand. Für ihn wurde der Prolog zum Epilog, denn einen Tag darauf erlag der Achtundfünfzigjährige einem Schlaganfall.
Literatur: Zeller, Bernhard: Gustav Schwab im literarischen Leben seiner Zeit. In: Zeitschrift für württembergische Landesgeschichte 20. Stuttgart 1961. – Schillbach, Brigitte und Eva Dammbacher (Bearb.): Gustav Schwab 1792–1850. Aus seinem Leben und Schaffen. Marbach a. N. 1992.

Schwind, Moritz von

Wien 21. Januar 1804 – 8. Februar 1871 München

Maler, Zeichner und Illustrator

«Für mich ist die romantische Welt die, wo man seine Feinde niederhaut, für seine Freunde ins Feuer geht und einer verehrten Frau die Füße küßt. Dazu ein Hintergrund von gesunder und lebendiger Natur statt unserm Kanzleitisch.» Diese Definition, die sicher norddeutsch-strengen oder gar akademischen Bestimmungen der Romantik nicht genügt, enthält den ganzen Schwind: den Maler von wacker dreinhauenden Rittern, die jedoch auch zu träumen vermögen, von schönen Mädchen und Frauen, die er bisweilen zu Nixen oder Madonnen stilisierte, und schließlich ist bei dieser Deutung der romantischen Welt ein humoristischer Grundton nicht zu überhören. Schwind, der Wiener, verdankte dem Theater und der Musik einen wesentlichen Teil seiner künstlerischen Bildung. Er war mit Musikern eng befreundet und suchte sein Verständnis der Tonkunst mit malerischen Mitteln umzusetzen. Zugleich war er literarisch interessiert und selbst ein großer Poet, wenn auch wiederum als Maler und Zeichner. Er war, hierin ebenfalls ein Sproß der österreichischen Kaiserstadt, ein Kavalier, der als Mensch und Künstler weiblicher Anmut huldigte, und ein heiterer Märchenerzähler, dessen Humor oft nostalgisch-verklärend, häufig burlesk, zuweilen wienerisch-grantlerisch daherkam.

Schwind auf dem Baugerüst. Lavierte Bleistiftzeichnung von Moritz von Schwind, um 1839.

Er stammte aus dem Schwindhof am Wiener Fleischmarkt und studierte an der heimischen Universität zehn Semester Philosophie. Erst nach dem Tod des Vaters vermochte er den Besuch der Kunstakademie durchzusetzen. Mehrere zeichnerische Zyklen, die er in dieser Zeit veröffentlichte, zeigen ihn bereits als genauen, einfallsreichen und frischen Beobachter biedermeierlicher Bürgertypen (u. a. «Verlegenheiten», 1824; «Landpartie auf dem Leopoldsberg», 1825; «Krähwinkeliaden», 1826; «Kinderbelustigungen», 1827). Unverlierbar blieben die Begegnungen mit Franz → Schubert, Franz Grillparzer und anderen Freunden, die er Jahrzehnte später künstlerisch verewigte. Der Schatten von Metternichs Spitzeln und Schnüfflern fiel gleichwohl auf diese «Schubertiaden» und melodiengesättigten Geselligkeiten. Schwind habe «viel des Zarten, Weichen, beinahe Weiblichen» besessen, er sei «immer bewegt, unruhig, eine Art Selbstquäler, von seinem eigenen Tun und Lassen unbefriedigt» gewesen, protokollierte der Dichter Eduard von Bauernfeld. Die Neigung zur Hypochondrie rumorte in dem jungen Künstler, der mit dem Bild «Spaziergang vor dem Stadttor» (um 1827) von alledem nichts zu erkennen gab und lediglich ein Stück behaglicher Bürgerlichkeit zu geben schien. 1828 übersiedelte er nach München, wo er von Peter → Cornelius die Freskomalerei erlernte.

Die «göttliche Größe» dieses Meisters, gegen die er sich zunächst «wie ein Wurm» empfand, war allerdings auf die Dauer seiner Eigenart nicht gemäß. Die Ausgestaltung der Fresken im → Tieck-Saal der Münchner Residenz (1832/34) zeigten Schwind bereits im Vollbesitz seiner Kunst überschäumender Bildphantasien, die, im Unterschied zur kühlen Monumentalität von Cornelius, für den Betrachter emotional nachzuvollziehen waren. Obwohl ständig von Schulden belastet, gönnte er sich 1835 einen Aufenthalt in Rom, der jedoch kaum mehr von der Andacht nazarenischer Schwärmer berührt war. Schwind malte auch in der Ewigen Stadt an dem Bild «Ritter Kurts Brautfahrt» (1835/39), nach Goethes gleichnamiger Ballade. «Ich ging in die Sixtina, schaute mir den Michel-Angelo an und wanderte nach Hause, um am Ritter Kurt zu arbeiten.» Die literarische Vorlage ist hier gleichsam auf eine Opernbühne geholt, deren buntes Gewimmel beinahe mehrere Bilder zu einem anekdotisch belebten Tableau bündelt. Schwind hat dann das Prinzip, in einem bühnenartig aufgebauten Raum mit den Mitteln von Farbe und Zeichnung eine poetische Geschichte zu erzählen, immer wieder variiert und verdichtet, besonders glücklich auf dem Bild «Ritter Kuno von Falkensteins Ritt» (1843/44): aus einer höhlenartigen Tiefe, bevölkert von Zwergen und gno-

Des Knaben Wunderhorn. Zeichnung (Entwurf) von Moritz von Schwind zu dem Bild in der Münchner Schackgalerie (erste Fassung), 1850.

menhaftem Wurzelwerk, reitet ein Geharnischter hinauf zur Burg, wo die von Licht umflossene Geliebte ihn erwartet.

Die Jahre von 1840 bis 1847 brachten längere Aufenthalte in Karlsruhe (Fresken im Treppenhaus der Kunsthalle) und in Frankfurt, wo Schwind mit einer Professorenstelle und größeren Aufträgen rechnete. Als diese Hoffnungen enttäuscht wurden, wandte er sich zurück nach München, wo ihm die Professur Julius → Schnorr von Carolsfelds zufiel, der nach Dresden ging. Das Unterrichten der Schüler an der Münchner Akademie hat er mit einer gewissen Nonchalance betrieben, das Ausbleiben öffentlicher Aufträge beklagt, das Illustrieren von Kinderbüchern und «ähnlichem Lumpenzeug» verwünscht. Immerhin befanden sich unter dem «Lumpenzeug» die teils karikierenden, teils volkstümlichen Zeichnungen, die in den «Fliegenden Blättern» und als «Münchner Bilderbögen» erschienen. Blätter wie «Herr Winter mit einem Tannen-

Der gestiefelte Kater. Holzschnitt von Moritz von Schwind. Münchner Bilderbogen Nr. 48, 1850.

bäumchen» (1847), der zum Urbild des deutschen Weihnachtsmannes wurde, oder «Der gestiefelte Kater» (1850) brachten Schwind überall in Deutschland eine außerordentliche Popularität ein, die sich nur mit der Beliebtheit seines Freundes Ludwig → Richter vergleichen ließ. Daneben entstanden zyklische Märchenbilder (etwa «Aschenbrödel» und «Die Sieben Raben») sowie volksliedhafte Kompositionen (etwa «Des Knaben Wunderhorn»), die das Bild von der deutschen Romantik im Bewußtsein breiter Publikumskreise geprägt haben.

Bevorzugte Trost- und Freudenspenderin blieb die Musik, die zu verherrlichen Schwind nicht müde wurde. Das Triptychon «Eine Symphonie» (1852) besteht aus drei simultanen Bühnenebenen, von denen die beiden oberen die Liebesgeschichte einer gefeierten Münchner Sängerin zeigen; auf der unteren zelebrieren alte und neue Gefährten, an der Spitze der längst verblichene Franz

Schubert, → Beethovens Chorfantasie. Eine Hommage ganz eigener Art war die sogenannte «Lachner-Rolle», die der Malerpoet seinem treuen Jugendfreund, dem Generalmusikdirektor und Komponisten Franz Lachner, zum Weihnachtsfest 1862 schenkte. Der fortlaufende Zyklus von zweiundvierzig Federzeichnungen, auf einer Rolle von 12,5 Metern Länge, erzählt Lachners Biographie von der Wiege bis zu seinen Münchner Triumphen inmitten eines ergötzlichen Figurenensembles, das von Beethoven über Schubert bis zu Schwind selbst reicht. Aus seiner Sicht war das humoristische Heldengedicht in Bildern nur eine Nebenarbeit, und doch ist einem Kapellmeister nie eine originellere Huldigung dargebracht worden.

Es waren auch Apotheosen der Romantik aus biedermeierlichem Geist, die der Meister mit seinen späten Fresken schuf, den Höhe- und Endpunkten seiner Lebensarbeit. Auf der Wartburg bei Eisenach malte er Stationen aus dem Leben der heiligen Elisabeth und den legendären Sängerkrieg (1854/55). Die zwei Stoffkreise hatte kurz zuvor Richard → Wagner in seinem «Tannhäuser» miteinander verschränkt, dessen Musik für den Schubertianer Schwind allerdings nur auf «höheren Blödsinn» hinauslief. Durch die Wartburg-Fresken weht ein letzter Abglanz nazarenischer Frömmigkeit, eingefügt in die Architektur des Ortes, die wiederum mit landschaftlichen Nah- und Fernblicken korrespondiert. Die Hervorhebung der einzelnen Gestalten als auch die souverän inszenierten Massenszenen lassen hier Schwinds Lust am Detail zurücktreten und geben dem Ganzen einen festlich-feierlichen, beinahe opernhaften Charakter. Beides, die Freude an der heiteren Episode und an der festlichen Verklärung des Daseins durch Musik, konnte der alternde Maler miteinander in Einklang bringen, als er das neue Opernhaus seiner Heimatstadt Wien mit Fresken versah (1864/67). In der Loggia der Oper vereinigen sie sich, nach Motiven aus Mozarts «Zauberflöte», zu einem anmutigen Welttheater voll Grazie und tieferer Bedeutung. Mit diesem Zyklus, zu dem vierzehn weitere auf Leinwand gemalte Opernszenen im Foyer des Hauses am Wiener Ring kamen, zog Schwind vor der Öffentlichkeit die Summe seines Lebenswerkes.

Nicht für das Publikum bestimmt waren die «Reisebilder»: lyrische oder auch humoristische Momentaufnahmen einer Kleinwelt, der er ebenfalls eine liebevolle Romantisierung angedeihen ließ. Der Künstler nannte sie «eine rechte Alte-Herren-Arbeit», und doch darf etwa «Die Morgenstunde» (1858) ein Meisterwerk genannt werden. Ein Mädchen steht da am Fenster, zugewendet der Morgensonne, die das bescheidene Interieur des Zimmers in ihren Goldglanz taucht. Das Mädchen ist keine ekstatische Rückenfigur, wie sie Caspar David → Friedrich gemalt hat, sondern ein schlichtes Bürger- und Bauernkind, das auf selbstverständliche Weise eingesponnen ist in den Reiz der Morgenstimmung, schon nicht mehr ganz fern dem Farbenzauber der Impressionisten. Aber die Poesie romantischer Lieder liegt darüber, wie sie → Eichendorff gedichtet und Schubert in Töne gesetzt hat.

Literatur: Kalkschmidt, E.: Moritz von Schwind. Der Mann und das Werk. München 1943. – Moritz von Schwind und seine Vaterstadt Wien. Katalog der Ausstellung des Historischen Museums der Stadt Wien. 1954. – Pommeranz-Liedtke, Gerhard: Moritz von Schwind. Leipzig 1974.

Sontag, Henriette

eigtl. Gertrud Walburga Sontag; seit 1828 Gräfin Rossi
Koblenz 3. Januar 1806 – 17. Juni 1854 Mexiko City
Sängerin

Die mädchenhafte Primadonna, die in der Uraufführung von → Beethovens 9. Sinfonie den Sopranpart sang und Carl Maria von → Webers erste Euryanthe war, ist das Idol einer Epoche gewesen. Wenn, nicht nur für E. T. A. → Hoffmann, die Musik die romantischste aller Künste war und in ihr dem menschlichen Gesang die Krone zukam, so darf Henriette Sontag als umjubelte Repräsentantin einer Zeit gelten, die sich zu solchen Auffassungen bekannte. Allerdings vereinte die Sängerin, wie viele ihrer Generationsgefährten, romantische mit biedermeierlichen Zügen.

Henriette Sontag. Kreidezeichnung von Franz Krüger, um 1825.

Einige von Henriettes Bewunderern meinten, daß die geschäftstüchtige Mutter, selbst Sängerin, das Geburtsjahr der Tochter fälschte, um sie dem Publikum als Wunderkind offerieren zu können, was auch gelungen sein soll. Eine Wahrsagerin, so jedenfalls die Mutter, habe ihr geweissagt: «Des Kindes Ruhm wird einst durch die ganze Welt schallen – weit über Länder und Meere!» Die Sechsjährige trat in Darmstadt auf und nahm Unterricht in Prag, wo sie ihre ersten Triumphe feierte. Im Wiener Kärntnertortheater wurde sie zum Star und bald auch zum «Teufelsmädchen» Beethovens. Sie besaß keine große Stimmfülle, wohl aber eine vollendete Grazie und sang die Koloraturen mit halber Stimme, jedoch mit außerordentlicher Präzision. Als Euryanthe in der Uraufführung dieser Oper schrieb sie, unter Webers persönlicher Stabführung, ein Stück Musikgeschichte mit; später war sie auch eine gefeierte Agathe im «Freischütz».

Das «Sontag-Fieber» erreichte einen Siedepunkt, als die Sängerin 1825 ans Königstädtische Theater in Berlin engagiert wurde. Wahre Fuder von Blumen, einige hundert Gedichte, ganze Flaschen Eau de Cologne regneten auf sie herab. Duelle wurden ihretwegen ausgefochten, ihre Schmink-Rezepturen und Bade-Essenzen kopiert, die Pferde ihrer Droschke ausgespannt, die dann Verehrer unter lauten «Vivat!»-Rufen durch die Stadt zogen. Sogar der nüchterne Friedrich Wilhelm III., der nur in militärischen Infinitiven sprach, sah sich durch den Liebreiz der Künstlerin an die längst verstorbene Königin Luise erinnert und ernannte sie zur Kammersängerin. Der Kritiker Ludwig Rellstab, der Henriette nicht etwa verrissen, sondern nur den entfesselten Kult um sie vorsichtig moniert hatte, wurde zu einer halbjährigen Festungshaft verurteilt. Der Abschied der «jöttlichen Jette», wie sie die Berliner zärtlich nannten, steigerte den epidemischen Rausch zur gewaltigen «Sontagstrauer», bei der drei Militärkapellen auf dem Alexanderplatz spielten. Zu den wenigen Augen- und Ohrenzeugen, deren Abschiedskummer sich in Grenzen hielt, gehörte Rahel → Varnhagen, die an der Kolorateuse den «tiefbelebenden Herzimpuls» vermißte; die Engländer würden wohl nächstens eine Maschine erfinden, «die so vortrefflich singt».

Goethe hingegen, von seinem Berliner Gewährsmann Zelter auf das Stimmwunder vorbereitet, empfing Henriette zweimal, war zunächst mehr «verwirrt» als «ergötzt», pries sie dann aber doch als «neue Sirene». Spektakulär ging es dann wieder in Göttingen her: begeisterte Studenten warfen den von der Diva benutzten Postwagen in die Leine, damit kein Sterblicher ihn hinfort mehr entweihen konnte. Die Woge des Erfolgs trug die Sängerin weiter nach Paris, wo sie als Donna Anna im «Don Giovanni», als Susanna im «Figaro» sowie in mehreren Rossini-Partien brillierte. Auch in London übertrumpfte sie italienische und französische Primadonnen, was einer deutschen Sängerin bisher kaum geglückt war. 1828, nach einer kurzen, aber atemberaubenden Karriere, heiratete sie den Grafen Rossi, einen sardinischen Diplomaten.

Von nun an ließ sich die Gräfin nur noch selten in Konzerten vernehmen, bis der finanzielle Ruin ihres Mannes sie abermals auf die Opernbühne nötigte. Von 1848 an absolvierte sie neue Triumphzüge, die ebenso glanzvoll wie die früheren waren, von einer Opernmetropole des Kontinents zur anderen. Henriette besuchte ihre Vaterstadt Koblenz, die sie mit einem von Hoffmann von Fallersleben gedichteten Männerchor ehrte, und brach 1853, um der Prophezeiung jener Wahrsagerin endlich Genüge zu tun, über den Ozean nach Amerika auf. Auch in Mexiko waren die Ovationen «förmlich tropisch», wie sie in ihrem letzten Brief nach Hause schrieb. Dann wurde sie binnen weniger Tage ein Opfer der Cholera, womit die «flatternde Nachtigall» jedoch noch nicht die allerletzte Station erreicht hatte. Man überführte die Tote nach Deutschland: ins Kloster St. Marienthal in der sächsischen Oberlausitz, wo ihre Schwester als Zisterzienserin lebte. Dort, in der Kreuz- und Michaeliskapelle, wurde sie beigesetzt, während ihre Verehrer noch lange schwärmten von der versunkenen «sontäglichen Zeit».

Literatur: Sontag, Karl (Bruder von Henriette Sontag): Vom Nachtwächter zum türkischen Kaiser. Selbstbiographie. 3. Auflage. Hannover 1876. – Bauer, Karoline: Aus dem Leben einer Verstorbenen. Nachgelassene Memoiren. Bd. 2. Berlin 1880.

Spohr, Louis (Ludewig)

Braunschweig 5. April 1784 – 22. Oktober 1859 Kassel

Komponist, Geiger, Dirigent und Musikpädagoge

Seine hünenhafte Gestalt stand in einem bemerkenswerten Gegensatz zu den weichen Valeurs seiner Kompositionen, die Dämmer- und Schwebezustände so einfühlsam in Töne zu fassen vermochten. Auch waren die Zeitgenossen hingerissen, wenn dieser Riese zur Geige griff und ihr Passagen abzugewinnen wußte, die von virtuosen Trillern bis zum zartesten lyrischen Schmelz reichten. Spohr galt nächst Paganini als der größte Violinkünstler der Epoche, später auch als bedeutender Dirigent, der übrigens als erster einen Taktstock benutzte. Er war über Jahrzehnte hinweg eine der glanzvollsten und erfolgreichsten Erscheinungen im europäischen Musikleben. Wollte man die Persönlichkeiten nennen, die ihn als Interpreten eigener und fremder Werke bewundert haben, so müßte man einen Bogen von Napoleon über die Königin Luise bis zur Königin Victoria, von Goethe und Wieland über → Jean Paul und die Brüder → Grimm bis zu Robert → Schumann und Richard → Wagner schlagen. Sie alle konnten und wollten den Virtuosen Spohr nicht vom Komponisten gleichen Namens trennen, was für die Beurteilung seiner eigenen Werke manche Folgen hatte.

Der Knabe, der mit fünf Jahren den ersten Geigenunterricht erhielt, wurde von dem musikbeflissenen Herzog Karl Wilhelm Ferdinand von Braunschweig entdeckt, der später in der Schlacht bei Jena fiel. Er engagierte den Fünfzehnjährigen als Kammermusikus und gab ihn in die strenge Schule des berühm-

Louis Spohr. Ölskizze zu einem Bildnis Spohrs von einem unbekannten Künstler, um 1825.

ten Geigers Friedrich Eck. 1804 trat Spohr seine erste Tournee durch Deutschland an, der zahlreiche weitere folgten. Die rege Gastspieltätigkeit mußte mit den Pflichten eines Konzertmeisters in Gotha abgestimmt werden. 1813 wurde er, längst ein gefeierter Star auf den Konzertpodien und auch als Komponist ausgewiesen, Orchesterdirektor am Theater an der Wien in der österreichischen Metropole. Bereits vorher hatte Spohr die Oper umworben und auf musikdramatischem Gebiet mit «Alruna die Eulenkönigin» (1808) eine erste Talentprobe vorgelegt. Seinen inzwischen erreichten Rang bestätigte kein Geringerer als Carl Maria von → Weber, der in Prag Spohrs Oper «Faust» (1816) aus der Taufe hob. Dem Abschied von Wien folgten ein Intermezzo als Musikdirektor an der Frankfurter Oper und immer wieder Konzertreisen, die ihn in viele Städte, bis nach St. Petersburg, führten. Unterwegs traf er mit zahlreichen Künstlerpersönlichkeiten zusammen, die ihm wichtig wurden, etwa in Berlin mit E. T. A. → Hoffmann, der bereits einige Jahre zuvor Spohrs 1. Sinfonie einfühlsam rezensiert hatte.
1822 vertauschte er die internationale Virtuosenkarriere mit der Lebensstellung des Hofkapellmeisters in Kassel, das er während der nächsten dreieinhalb

Jahrzehnte zu einem Zentrum des europäischen Musikgeschehens erhob. Auch künftig ging er gelegentlich noch auf Reisen, besonders als Dirigent, aber Kassel wurde ihm endgültig zur Heimat. Hier starb seine erste Frau, eine Harfenistin. Hier heiratete er zum zweitenmal, die Pianistin Marianne Pfeiffer. Und hier entstand sein Spätwerk, das in fast allen musikalischen Genres vielfältige Spuren hinterließ.

Von Spohr sind über zweihundert Kompositionen überliefert, darunter zehn Sinfonien, vier Oratorien («Die letzten Dinge», «Des Heilands letzte Stunde», «Das Jüngste Gericht», «Der Fall Babylons»), eine Reihe von Konzerten für verschiedene Soloinstrumente und Orchester, Ouvertüren, Schauspielmusiken, Chöre und Lieder, zahlreiche kammermusikalische Stücke sowie fünfzehn Violinkonzerte, mit denen sich der Geiger Spohr ein Denkmal setzte. Sie alle schlugen Brücken von der Wiener Klassik, namentlich von Mozart, zur Romantik, der er zu neuen musikalischen Ausdrucksmöglichkeiten verhalf. Virtuose Elemente und Ausflüge in die Bereiche einer modischen Programmmusik sind ebensowenig zu überhören wie eine romantisch empfundene Chromatik. So vollzog die Sinfonie Nr. 4 in F-Dur, op. 86 («Die Weihe der Töne», 1832), den Übergang zum musikalischen Programm, wie schon die Titel der einzelnen Sätze verraten: etwa «Starres Schweigen der Natur vor der Erschaffung des Tones» oder «Kriegsmusik, Fortziehen in die Schlacht, Gefühl der Zurückbleibenden, Rückkehr der Sieger, Dankgebet». Die Sinfonie Nr. 6 in G-Dur, op. 116 («Historische Sinfonie im Stile und Geschmack vier verschiedener Zeitalter», 1839), gab Nachahmungen von Bach, Mozart und → Beethoven sowie einen Ausblick auf die «Zukunftsmusik», womit Spohr auch seinen Sinn für das ironische Spiel mit musikalischen Formen bewies. Die Violinkonzerte eröffneten dem Virtuosen viele Chancen, waren aber auch dem Experiment nicht abgeneigt. So steht das Violinkonzert Nr. 8 in a-Moll, op. 47 («in Form einer Gesangsszene», 1816), einer brillanten Opernarie à la Rossini näher als der klassischen Konzert- oder Sonatenform.

Auf die Oper und überhaupt auf die dramatische Aussage von Musik war schließlich Spohrs ganzer Ehrgeiz gerichtet. Die Oper aller Opern war für ihn, wie für die meisten Romantiker, Mozarts «Don Giovanni». Mit seinen Kompositionen für die Bühne drang der Kasseler Meister in künstlerisches Neuland vor. Er knüpfte Fäden, die von Weber zu Richard → Wagner verliefen, worin man ihn mit seinem Zeitgenossen und Antipoden Heinrich → Marschner vergleichen kann. Der «Faust», der nicht auf Goethe, sondern auf das alte Volksschauspiel zurückging, nahm, etwa in der Blocksbergszene des zweiten Aktes, Webers Farbenpalette vorweg, wies sogar durch die neuartige Chromatik auf den «Tristan» voraus. Für die Londoner Aufführung des «Faust» (1852) komponierte Spohr auf Wunsch der Königin Victoria Rezitative nach, die an die Stelle der gesprochenen Dialoge traten. Die erste vollständig durchkomponierte deutsche Oper schuf er mit «Jessonda» (1823), die unmittelbar vor Webers «Euryanthe» herauskam. Entstanden nach einer französischen Stoffvorlage, vereinigte diese Oper ein Ritterspektakel mit indischem Ambiente. Sie ist bis ins 20. Jahrhundert hinein auf den Spielplänen geblieben und war noch für Richard Strauss ein Schlüsselwerk. Spohr schrieb insgesamt zehn Opern, als letzte «Die Kreuzfahrer» (1845), die, ähnlich wie die späten Opern Marschners, bereits ein Opfer von Wagners beginnendem Siegeslauf wurden. In «Jessonda» war, wie auch in Spohrs Oper «Der Alchimist» (1830), schon der Tristan-Akkord vorgekommen, und so lag es nahe, daß sich der jedem Neuen aufgeschlossene Meister auch mit Wagner auseinandergesetzt hat, wie seine Aufführung des «Fliegenden Holländers» in Kassel bewies. Er hat sich mit solchen Taten keineswegs nur Freunde erworben, auch nicht mit seinem Besuch der Frankfurter Nationalversammlung anno 1848 und schon gar nicht mit dem Prozeß, den er gegen seinen Landesherrn führte. Die Zwangspensionierung beschloß sein öffentliches Wirken in Kassel, zu dem auch eine reiche pädagogische Tätigkeit gehörte. Dabei war Spohr im Grunde ein Konservativer, den Göttern seiner Jugend stets dankbar verbunden. Bei einem Besuch Berlins wurde er von → Friedrich Wilhelm IV. nach Potsdam, ins Schloß Sanssouci, zur Tafel geladen, wo er an der Seite von mehreren Veteranen der Romantik, unter ihnen der alte → Tieck und der alte → Savigny, zu sitzen kam. Das war genau der Platz, über den er sich auch bei einem Diner auf dem deutschen Olymp gefreut hätte.

Literatur: Spohr, Louis: Lebenserinnerungen. Hrsg. von Folker Göthel. 2 Bde. Tutzing 1968. – Homburg, Herfried: Louis Spohr. Bilder und Dokumente seiner Zeit. Kassel 1968. – Becker, Hartmut und Rainer Krempien (Hrsg.): Louis Spohr. Festschrift und Ausstellungskatalog zum 200. Geburtstag. Kassel 1984.

Henrik Steffens. Gemälde von Chr. A. Lorentzen, 1804.

Steffens, Henrik (Henrich)

Stavanger/Norwegen 2. Mai 1773 – 13. Februar 1845 Berlin

Naturphilosoph und Naturforscher, Schriftsteller und politischer Publizist

«Kinder, ... ihr seid zu beneiden, welch eine glückliche schöne Zeit liegt vor euch! ... Alle einengenden Verhältnisse des Standes, der Armut werden verschwinden, der Geringste wird mit dem bisher Mächtigsten den gleichen Kampf... beginnen. Daß ich jung wäre wie ihr!» Mit diesen Worten teilte der Vater von Henrik Steffens, ein deutsche Arzt, im fernen Norwegen seinen Söhnen den Ausbruch der Französischen Revolution mit. Der Vater habe, «heftig weinend», einige Zeit gebraucht, sich zu fassen, und auch er selbst, der Knabe Steffens, sei von einer «grenzenlosen Hoffnung» ergriffen worden. Diese Reminiszenz, die Steffens ein halbes Jahrhundert später in seiner Autobiographie festhielt, mutet fast wie ein Stück romantischer Ironie an, wenn man den Fortgang der Ereignisse und die Laufbahn des Verfassers kennt. Ein Schwärmer muß er, der dann als naturphilosophischer Rhapsode bekannt wurde, schon damals gewesen sein: immer von «grenzenlosen Hoffnungen» bewegt, die ihn am Ende auch nicht enttäuschten. Denn er modelte sich die Welt so lange nach den eigenen inneren Bildern zurecht, bis die Welt stimmte, wenigstens für ihn stimmte, und so zur Projektion seiner harmoniebedürftigen Seele geworden war.

Dieser für das irdische und himmlische Glück gleichermaßen prädestinierte Mensch absolvierte in Kopenhagen ein naturwissenschaftliches Studium, nahm an einer Forschungsreise an der Westküste Norwegens teil und kam 1795 nach Hamburg. Die Verbindung zur Heimat blieb auch später eng; Steffens wurde zu einem der wichtigsten Vermittler der deutschen Romantik an skandinavische Autoren. Mitten ins Zentrum des frühromantischen Kreises geriet er, als er 1798 in Jena die Vorlesungen → Schellings hörte. Wieder einmal ergriff ihn eine «wunderbare Rührung». «Tränen der heiligen Begeisterung stürzten aus meinen Augen, und ich versank in die unendliche Fülle der göttlichen Erscheinung.» So schrieb er an Schelling, mit dem ihn fortan unwandelbare Freundschaft verband. Auch → Novalis beeindruckte ihn sehr; er habe «wie aus einer tiefen Vergangenheit des Geistes heraus» gesprochen. Später urteilte er distanzierter über den «geistigen Babelsturm» von Jena, dessen «Sprachverwirrung» dieses «Werk des Hochmuts unter seinen eigenen Trümmern» begraben habe. Der kühle Rückblick stammt aus einem erst 1814 geschriebenen Brief an → Tieck, mit dem Steffens ebenso in engen Beziehungen blieb wie mit Goethe und Schelling.

Das anschließende Studium der Mineralogie bei dem berühmten Abraham Gottlob Werner an der Bergakademie Freiberg führte ihn in eine unterirdische Welt ein, die sich mit den naturphilosophischen Ideen Schellings faszinierend in Einklang bringen ließ. Begegnungen mit den Ärzten → Reil und → Marcus sowie mit dem Theologen → Schleiermacher festigten das poetisch-religiös gestimmte Weltbild, das Steffens von 1804 an als Professor für Naturgeschichte in Halle vertrat, wo er auch der Schwiegersohn des Kapellmeisters Johann Friedrich Reichardt wurde. Die Schließung der Universität durch Napoleon verurteilte ihn zu einem neuen Wanderdasein und weckte die patriotische Gesinnung, die er von nun an in die Tat umzusetzen gedachte. 1811 erhielt er einen Ruf als Professor für Naturgeschichte und Physik an die Universität Breslau.

Dort schlug seine historische Stunde, als er im März 1813, unmittelbar nach der Proklamation des Aufrufs «An mein Volk» durch Friedrich Wilhelm III., vor die Studenten trat und in einer mehrstündigen enragierten Rede, wie er später selbst angab, Frankreich den Krieg erklärte. Der vom Furor teutonicus ergriffene Professor brach wieder einmal in Tränen aus, bewirkte mit seiner Ansprache eine ungeheure Bewegung, stellte dem König die ersten fünfzig equipierten Freiwilligen vor, lernte selbst exerzieren und zog ins Feld, obwohl er den ganzen Krieg über keine vollständige Uniform besaß. Der vom Reichsfreiherrn vom → Stein und preußischen Generalfeldmarschällen belobigte Vaterlandsfreund setzte danach seine Vorlesungstätigkeit in Breslau fort. Die

Einsegnung von Lützows Freiwilligen. Ölgemälde von Arthur Kampf, 1891.

Konversion zur katholischen Kirche blieb ein flüchtiges Intermezzo, denn Steffens kehrte schnell zum lutherischen Glauben zurück. Erst 1832 bekam der fast Sechzigjährige einen Lehrstuhl für Naturphilosophie an der Berliner Universität eingeräumt.

Seinen ganzen akademischen Weg hat Steffens mit einer Vielzahl von Publikationen begleitet, teils um in die Zeitläufte einzugreifen (etwa «Denkmal dem Jahr 1813 gesetzt», 1814; «Über Kotzebues Ermordung», 1819), teils auch mit an Walter Scott emporgerankten historischen Novellen und Romanen (etwa «Die Familien Walseth und Leith», 1826/27, 3 Bde.; «Die vier Norweger», 1828, 6 Tle.). Weite Berühmtheit erlangte er mit seinen naturphilosophischen Schriften, die romantisches Lebensgefühl aus einem schwärmerischen Naturverständnis entwickelten, wie bereits der poetische Schluß der «Beiträge zur inneren Naturgeschichte der Erde» (1801) verriet: «Wem die Natur vergönnte, in sich ihre Harmonie zu finden, der trägt eine ganze unendliche Welt in seinem Innern – er ist die individuellste Schöpfung – und der geheiligte Priester der Natur.» In den «Grundzügen der philosophischen Naturwissenschaft» (1806), aber auch in einem Beitrag, den er für die «Farbenkugel» seines Freundes Philipp Otto → Runge lieferte, suchte er den Schlaf, den Traum sowie andere Dämmer- und Schwebezustände als zentrale Erfahrungen der menschlichen Existenz zu beschreiben. Die Schlußfolgerungen, die er daraus zog, sowie die mehr künstlerische als wissenschaftlich exakte Darstellungsweise provozierten allerdings die erbitterte Feindschaft der Fachgelehrten. Nach einem der zahlreichen Auftritte des Naturapostels berichtete der Chemiker Wöhler einem Kollegen: «Bei der einen Partei hat er Gestank hinterlassen, bei der andern, den Weibern, Kindern und geistig Besoffenen, Unsterblichkeit.» Dergleichen oft ostentativ geäußerte Einwände haben Steffens an dem Weg nicht irremachen können, den er, immer mit sich im reinen, gleichmütig weiterzog. Auch seine monumentale Autobiographie «Was ich erlebte» (1840/44, 10 Bde.) ist nicht frei von dem naturphilosophischen Prägedruck, dem er alles, auch das eigene Dasein, unterwarf. Hier aber war der redliche Chronist stärker als der ideologische Systematiker, der leidenschaftliche Menschenfreund und Zeitzeuge obsiegte endlich über den Weltweisen und tiefsinnigen Sterndeuter. Er gab in dem Werk eine unendliche Fülle von Erinnerungen an die Gefährten von einst, breitete Anekdoten und Momentaufnahmen aus, die Gestalten wie → Fichte, → Jean Paul, → Goethe, die Brüder → Grimm, den Turnvater → Jahn und viele andere lebendig werden ließen. Er schlug Bögen von der norwegischen Heimat bis zu den deutschen Universitäten, von den Popularphilosophen der Aufklärung bis zu den Generalen der Befreiungskriege, von der Traumwelt seiner Frühzeit, in die der Strahl der Französischen Revolution gedrungen war, bis in die späten Jahre, die ihm die Gunst → Friedrich Wilhelms IV. erhellte. Gesinnungsverwandte wie der Physiker → Ritter, der Theosoph Franz von → Baader und der schmächtige Epigone Graf → Loeben bekamen Denksteine gesetzt, während den romantischen Urfreunden gleichsam die Leitmotive in der Lebenspartitur des Verfassers zugewiesen waren: den Schelling, Novalis, Tieck und Runge. Mit seiner großen Selbstdarstellung hat Steffens der deutschen Romantik viel von ihrer ursprünglichen Farbigkeit und Frische bewahrt, und noch jetzt ist sie eine wahre Fundgrube für jeden, der sich mit dieser Epoche beschäftigt – eines jener Bücher, die man nicht auslesen kann.

Literatur: Steffens, Henrik: Was ich erlebte. 10 Bände. Breslau 1840–1844. – Spätere Ausgaben dieses Werkes: In Auswahl hrsg. von Friedrich Gundelfinger. Jena 1908. – Neu hrsg. von W. A. Koch. München 1956.

Stein, Heinrich Friedrich Karl Reichsfreiherr vom und zum

Nassau an der Lahn 26. Oktober 1757 – 29. Juni 1831 Schloß Cappenberg/Westfalen

Preußischer Staatsmann, später Anreger zur Sammlung deutscher Geschichtsquellen

Der Reichsfreiherr, der noch der Generation Goethes und Schillers angehörte, hatte mit den Anschauungen der Romantiker wenig im Sinn. «Eure Konstruktionen *a priori* sind leere Worte, armseliges Schulgeschwätz und recht eigentlich dazu gemacht, alle Taten zu lähmen.» Auch die deutsche Jugend sei «von dieser leeren spekulativen Krankheit angesteckt», sagte er zu dem Natur-

Heinrich Friedrich Karl Reichsfreiherr vom und zum Stein. Zeichnung von Friedrich Olivier, 1821.

philosophen → Steffens, der ihm daraufhin widersprochen haben will. Als der romantische Publizist Adam → Müller in den von → Kleist herausgegebenen «Berliner Abendblättern» den Königsberger Aufklärer Christian Jakob Kraus öffentlich herabsetzte, reagierte Stein darauf ebenfalls grimmig: «Der Mann hat mehr getan, als diese Herren je vernichten werden.» Er wurzelte viel zu tief im Gedankengut der Aufklärung und auch des englischen Liberalismus, als daß er bereit gewesen wäre, romantisches Unendlichkeitsstreben dafür einzutauschen. Andererseits war in dem Mann, der einem reichsunmittelbaren nassauischen Rittergeschlecht entstammte, die mittelalterliche Reichsidee lebendig, so daß es doch manche Berührungspunkte gab. Wie Luther, mit dem man ihn oft verglichen hat, ruhte er in einer Zeit, die vergangen war, und bereitete gleichwohl eine ganz andere Zeit vor, die in der deutschen Wirklichkeit beinahe noch die Züge einer Utopie trug.

Nach dem Jurastudium in Göttingen und einer Tätigkeit am Reichskammergericht trat Stein 1780 in preußische Dienste und legte, vom Verwaltungsbeamten der Westfälischen Bergämter bis zum Minister, eine imponierende Karriere zurück. Aus seinem Ministeramt wurde er ungnädig entlassen, als er nach der Katastrophe von Jena und Auerstedt gegen die unfähige Kabinettsregierung protestierte und das Außenministerium zurückwies. In seiner berühmten Nassauer Denkschrift legte Stein, Juni 1807, seine Reformideen dar und forderte die Einbeziehung breiter Bevölkerungsschichten: «Soll die Nation veredelt werden, so muß man dem unterdrückten Teile derselben Freiheit, Selbständigkeit und Eigentum geben und ihm den Schutz der Gesetze angedeihen lassen.» Wenige Monate später trat er als leitender Minister an die Spitze der preußischen Administration und begann, unterstützt von einer kleinen Schar tüchtiger Mitarbeiter, das Reformwerk, das die Modernisierung des preußischen Staates sogleich als ein Modell für das ganze kommende Deutschland betrieb.

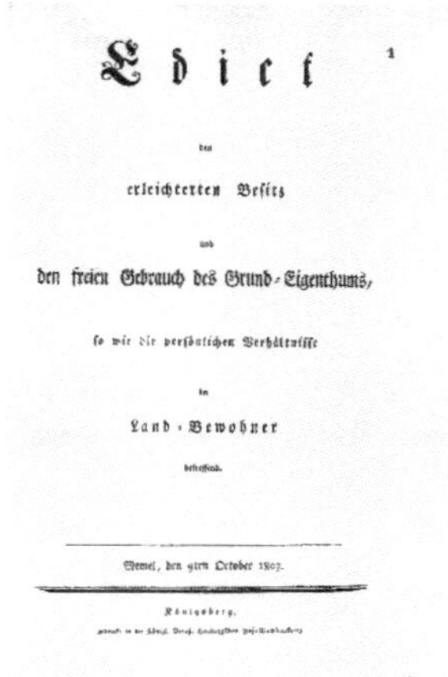

Edict

den

erleichterten Besitz

und

den freien Gebrauch des Grund-Eigenthums,

so wie die persönlichen Verhältnisse

der

Land-Bewohner

betreffend.

Memel, den 9ten October 1807.

Königsberg,

Die Aufhebung der Leibeigenschaft in Preußen: Edikt vom 9. Oktober 1807, Titelblatt.

In dem einen Jahr vom Herbst 1807 bis zum Herbst 1808 vollbrachte Stein mehr, als sonst kaum in Dezennien erreicht worden ist. Am 9. Oktober 1807 wurde die Beseitigung der bäuerlichen Gutsuntertänigkeit, neun Tage später die Aufhebung der Leibeigenschaft verfügt. Beinahe noch folgenreicher war die Städteordnung vom 19. November 1808, welche die Selbstverwaltung der Kommunen gleichsam von unten her organisierte. Obwohl das Wahlrecht der Bürger an persönliches Vermögen gebunden blieb, wurde hier doch ein Prozeß in Gang gesetzt, der für den Obrigkeitsstaat beispiellos war. Die Bildung eines modernen Staatsministeriums mit fünf Fachressorts, dekretiert am 24. November 1808, sollte die antiquierte Kabinettsregierung abschaffen und dem König sachkundige Berater an die Seite stellen. Mit diesen einschneidenden Maßnahmen gingen die Reform des Heeres, verwirklicht vor allem von Scharnhorst und Gneisenau, und bald auch die Erneuerung des gesamten Bildungswesens einher, das in Wilhelm von Humboldt den genialen Anwalt erhielt.

Steins erstaunliches Wirken, das der deutschen Geschichte angehört, fand ein jähes Ende, als ein unvorsichtiger Brief, in dem er von der allgemeinen Erbitterung gegen Napoleon gesprochen hatte, in die Hände französischer Postspitzel fiel. Der König von Preußen mußte seinen Minister entlassen, der außerdem von Napoleon regelrecht geächtet wurde und alle Besitztümer verlor. In einer kalten Januarnacht des Jahres 1809 floh er, auf den vielleicht schon die Gewehre eines französischen Exekutionskommandos warteten, ins habsburgische Böhmen. Während in Preußen der diplomatischere Hardenberg sein Reformwerk fortzusetzen suchte, ging Stein, Mai 1812, als Berater von Zar Alexander I. nach Rußland. Dort bereitete er, publizistisch unterstützt von dem Dichter Ernst Moritz → Arndt, die antinapoleonische Wende in Deutschland vor.

Jedoch sollte der bedeutendste Staatsmann, den die Deutschen damals besaßen, nie wieder einen nennenswerten Einfluß auf die deutschen Geschicke erlangen. Zwar war er an der Einberufung des ostpreußischen Landtags und am preußisch-russischen Bündnisvertrag von Kalisch Ende Februar 1813 hervorragend beteiligt, aber eine größere Aufgabe, mit der er gerechnet hatte, blieb ihm vorenthalten. Als Chef des «Zentralverwaltungsdepartements» für die befreiten deutschen Gebiete zog er, zu propagandistischen Zwecken, immerhin romantische Literaten heran: außer Arndt noch Max von → Schenkendorf und Friedrich Ludwig → Jahn, obwohl er den Turnvater als «fratzenhaften Kerl» persönlich ablehnte. Auch am «Rheinischen Merkur» von Joseph → Görres arbeitete Stein mit. Beim Wiener Kongreß erschien der Reichsfreiherr bezeichnenderweise im Gefolge des Zaren, nicht in einer deutschen Mission. Sein Auftritt auf dem flimmernden Kongreß-Parkett, wo er sich ausgenommen haben mag wie der Steinerne Gast beim Festmahl des Don Giovanni, beendete die politische Wirksamkeit des unbeugsamen Mannes für immer. Tief enttäuscht von den öffentlichen Angelegenheiten und ohne die von ihm angestrebte deutsche Einheit erreicht zu haben, ging Stein in die innere Emigration: auf seine westfälischen Güter, wo er hinfort der Geschichte den Vorrang vor der Gegenwart gab.

Auf diesem neuen Feld, dem von nun an seine Aktivitäten galten, berührte er ganz unmittelbar die Intentionen der Romantiker. Er gründete, Januar 1819, die «Gesellschaft für ältere deutsche Geschichtskunde», zur «Erhaltung der Liebe zum gemeinsamen Vaterland und des Gedächtnisses unserer Vorfahren». Wie die Brüder → Grimm alte Märchen und Sagen, → Arnim und → Brentano verschollene Volkslieder, → Savigny überlieferte Rechtsaltertümer, die Brüder → Boisserée spätmittelalterliche Bilder gesammelt haben, so hob jetzt Stein die «Monumenta Germaniae Historica» aus der Taufe, jene mächtige Sammlung deutscher Geschichtsquellen, an der seither, bis auf den heutigen Tag, Generationen von Historikern arbeiten. Daß es ihm mit diesem Vermächtnis keineswegs nur um Geschichte, sondern ebenso um die Ermutigung der Mitlebenden und Nachgeborenen ging, begriff kein anderer besser als sein Paladin Arndt, der den alten Stein noch oft auf langen Wanderungen begleitete. Der von den Kräften der Restauration ebenfalls beiseite geschobene Dichter hat an das fortzeugende Beispiel des Freiherrn mit geradezu lutherischer Inbrunst geglaubt: «Aber Stein und sein erhabener Gedanke soll leben und wird leben in den Enkeln und Urenkeln, und sie werden seinen Gedanken festhalten, und sie werden vollbringen und einigen und zusammenbinden, was als ein stolzer politischer Traum vor dem Geiste des treuesten, tapfersten, unüberwindlichsten deutschen Ritters gestanden hat. Amen! Amen!»

Literatur: Ritter, Gerhard: Freiherr vom Stein. Eine politische Biographie. 3. Auflage. Stuttgart 1958 (Taschenbuchausgabe Frankfurt a. M. 1983). – Herre, Franz: Freiherr vom Stein. Sein Leben, seine Zeit. Köln 1973.

Steinle, Eduard (Edward) von

Wien 2. Juli 1810 – 18. September 1886 Frankfurt a. M.
Maler und Zeichner

Er war, wenn das Wortspiel erlaubt ist, ein frühreifer Spätnazarener. Steinle kam erst in dem Jahr zur Welt, in dem Philipp Otto → Runge starb. In Wien, seiner Geburtsstadt, war bereits der Lukasbund gegründet, aus dem dann bald

Eduard von Steinle. Selbstbildnis. Lavierte Bleistiftzeichnung, 1853.

die Nazarener hervorgingen. Steinle war ein Nachzügler der romantischen Kunst und stieß demzufolge zum Nazarenertum, als es sich selbst historisch zu werden begann. Andererseits hat er als ein noch sehr junger Mann das Instrumentarium und die Sinnesart der Nazarener sich zu eigen gemacht, so daß er schon als Neunzehnjähriger dem Maler Friedrich → Overbeck bei der Ausgestaltung der Portinuncula-Kapelle in Assisi zur Hand ging und als Dreiundzwanzigjähriger die Kapelle der Burg Rheineck bei Andernach mit einem Wandbild versah. Erst nachher erlernte er bei → Cornelius in München die Freskomalerei. So brachte es Steinle zu früher Virtuosität bei der Ausübung einer Kunst, der bereits der Hautgout des Überlebten oder wenigstens des Sterilen anhaftete. Overbeck blieb bei alledem sein hochverehrter Meister, dem er bis zuletzt nacheiferte, so daß Cornelius, gewiß ein unverdächtiger Zeuge, ausrief: «Der Steinle ist ihm so nachgetreten, und was ist daraus geworden? Ich habe schon damals gesagt, als er anfing: Der will's dem Overbeck nachmachen, aber wir haben an einem Overbeck genug.»

Trotz dieses harschen Urteils kann das Talent Steinles nicht bezweifelt werden, obwohl er in der Vaterstadt Wien das Terrain seinem Freund Joseph → Führich überlassen mußte. Er ging 1839 nach Frankfurt, wo ihm ein anderer Freund, Philipp → Veit, im Städelschen Kunstinstitut ein eigenes Atelier und eine Professur für Historienmalerei verschaffte. Der Künstler hat von da an ein weitgefächertes Werk geschaffen: biblische Darstellungen («Die Apokalyptischen Reiter», 1838), heroische oder empfindsame Kostümbilder («Der Türmer», 1859), Andachtsbilder und Allegorien, Zeichnungen und Druckgrafik, Entwürfe für Devotionalien und anderes sakrales Gerät, sogar Fresken im Wallraf-Richartz-Museum zu Köln und im Straßburger Münster. Mag sein, daß er dabei das Weihrauchgefäß allzu ostentativ schwenkte und Wohlgerüche daraus aufsteigen ließ, die von modischen Parfümdüften nicht leicht zu unterscheiden waren. Manche dieser Bilder vereinen sentimentale Idealität mit dem naturalistischen Kostümkult der Meininger, was freilich auch den Erfolg erklärt, den Steinle erntete. Seine Kreationen fanden als Öldrucke weite Verbreitung und haben, wie die Bilder Joseph Führichs, das Erbe der Nazarener gleichzeitig in Umlauf gesetzt und inflationiert.

1837 lernte er den alternden Clemens → Brentano kennen, mit dem es für einige Jahre zu einer engen Schaffensgemeinschaft kam. Steinle illustrierte mehrere Werke des Dichters und regte mit seinen Blättern auch einige von dessen letzten Schöpfungen an, etwa die «Legende von der heiligen Marina». Dennoch blieb die Beziehung nicht frei von Spannungen, als der von strenger Frömmigkeit umgetriebene Maler, wegen schwerer moralischer Bedenken, es für richtig hielt, den viel Älteren vor dessen Schwester Bettine von → Arnim zu warnen. «Ich bin nicht so grün, als Sie glauben!» wies ihn Brentano zurecht. Der alte Clemens war eben immer noch ein unabhängiger Geist und ein Zeuge der Romantik aus ihren großen Tagen, Eduard von Steinle hingegen ein Epigone.

Literatur: Brentano, Clemens und Edward von Steinle: Dichtungen und Bilder. Hrsg. von Alexander von Bernus und Alfons M. von Steinle. Kempten, München 1909. – Steinle, Alfons M. von: Edward von Steinle. Des Meisters Gesamtwerk in Abbildungen. Kempten, München 1910.

T

Theremin, Franz

Gramzow/Uckermark 19. März 1780 – 26. September 1846 Berlin
Protestantischer Kanzelredner

Unter den Berliner Romantikern spielten auffallend viele ungetaufte und getaufte Juden, Franzosen und Halbfranzosen eine Rolle. Rahel → Varnhagen, David Ferdinand → Koreff, Julius Eduard → Hitzig haben wie Adelbert von → Chamisso dazu beigetragen, daß die preußische Metropole einen weltläufigen Zug erhielt. So auch Franz Theremin, dessen Urgroßvater noch Pfarrer im französischen Nîmes gewesen und dann ein Opfer der Hugenottenvertreibung geworden war. Vielleicht hat der Urenkel, der wie der Ahnherr reformierter Geistlicher wurde, aus diesem Erbe sein «jedem Schulstaub entrücktes, feines und vornehmes Wesen» bezogen, das der Jugendfreund Karl August → Varnhagen an ihm rühmte. In seinen Predigten, die er zuweilen französisch hielt, waren rhetorische Effekte stärker als fromme Anregungen, ja er soll sich sogar, wie ebenfalls Varnhagen berichtet, «Gebärden und Intonationen» von dem großen Pariser Mimen Talma angeeignet haben, bei dem auch Napoleon das theatralische Posieren erlernt hatte.

Daß ihn, den Schöngeist mit dem sonoren Timbre, in der Jugend literarische Ambitionen antrieben, wird demnach kaum verwundern. Er schloß sich dem Nordsternbund um Koreff, Chamisso und Varnhagen an und lieferte für deren Musenalmanache lyrische Beiträge. Bevor er in den Hafen der Ehe einlief, war er der Galan schöner Frauen: so der Buchhändlersgattin Sophie Sander, so auch der Henriette Vogel, mit der einige Jahre später Heinrich von → Kleist in den Freitod ging. Der Krieg von 1806 sei überhaupt nur ausgebrochen, um die Aufmerksamkeit des hauptstädtischen Publikums von seiner Liaison mit Madame Sander abzulenken, erklärte er, nicht ohne Selbstkoketterie, dem Vertrauten Varnhagen. Dann aber absolvierte Theremin eine erstaunliche Karriere. 1810 wurde er Prediger der französischen Gemeinde in Berlin, vier Jahre darauf Hof- und Domprediger, 1824 Oberkonsistorialrat und vortragender Rat im Kultusministerium, endlich Professor an der Berliner Universität. Seine poetisch zurechtgeschliffenen Predigten erschienen im Druck (1829–1841, 9 Bde.), und da er die Redekunst für eine besondere Gottesgabe hielt, hat er auch davon mehrfach öffentliche Kunde gegeben («Die Beredsamkeit, eine

Franz Theremin. Lithographie.

Tugend», 1814, sowie «Demosthenes und Massillon, ein Beitrag zur Geschichte der Beredsamkeit», 1845). Mehrere dieser Publikate und andere Erbauungsschriften sind bis zum Ende des 19. Jahrhunderts immer wieder aufgelegt worden.

Je höher freilich Theremin auf der königlich-preußischen Jakobsleiter stieg, desto schmerzlicher müssen ihm Witz und Laune aus der Zeit des Nordsternbundes abhanden gekommen sein. «Und Theremin und Konsorten wollen Religionen, Überzeugungen usw., alles nur so herbeiempfindlen!» rügte Rahel Varnhagen. Dem Gesinnungsgenossen → Fouqué eröffnete er, Schiller gehöre «einem großen Teil seiner Gesinnung nach zum göttlichen Reiche», Goethe aber nicht, was den geharnischten Protest der Frühromantiker hervorgerufen hätte. 1845, ein Jahr vor seinem Tod, traf er sich noch einmal mit den alten Jugendgefährten Koreff und Varnhagen, der im Tagebuch protokollierte: «Von uns dreien war er entschieden der am meisten vom Alter Gedrückte, Gebrochene. Dazu kam das geistliche Bewußtsein, das er doch stets bewahrte und in welchem schon früh die geistige Frische ihm untergegangen war.» Daß eine Romanheldin der George Sand nicht zum Christentum gelangt ist, hat Theremin in dem Gespräch lebhaft bedauert. Nachdem er gegangen war, sagte der alte Koreff nachsichtig: «Es ist sein Metier, man muß es ihm lassen und darüber hinwegsehen.»

Literatur: Nebe: Zur Geschichte der Predigt. Bd. 3. Wiesbaden 1878. – Varnhagen von Ense, Karl August: Denkwürdigkeiten des eignen Lebens. Hrsg. und eingeleitet von Joachim Kühn. 2 Bde. Berlin 1922/23 (sowie alle anderen vollständigen Ausgaben dieses Werkes).

Tieck, Ludwig

Berlin 31. Mai 1773 – 28. April 1853 Berlin

Dichter, Kritiker und Literaturtheoretiker, Übersetzer und Herausgeber, Dramaturg, Deklamator und vielseitiger Anreger

Der Sohn eines Berliner Seilermeisters will sich schon als Vierjähriger in der Bibel die magische Welt der Wörter zusammengesucht haben. Als Gymnasiast ging er zwei Lehrern bei der Ausarbeitung von Trivialromanen zur Hand, was seine erzählerische Begabung und sein Gespür für die Erfordernisse des litera-

Ludwig Tieck, Gemälde von Robert Schneider.

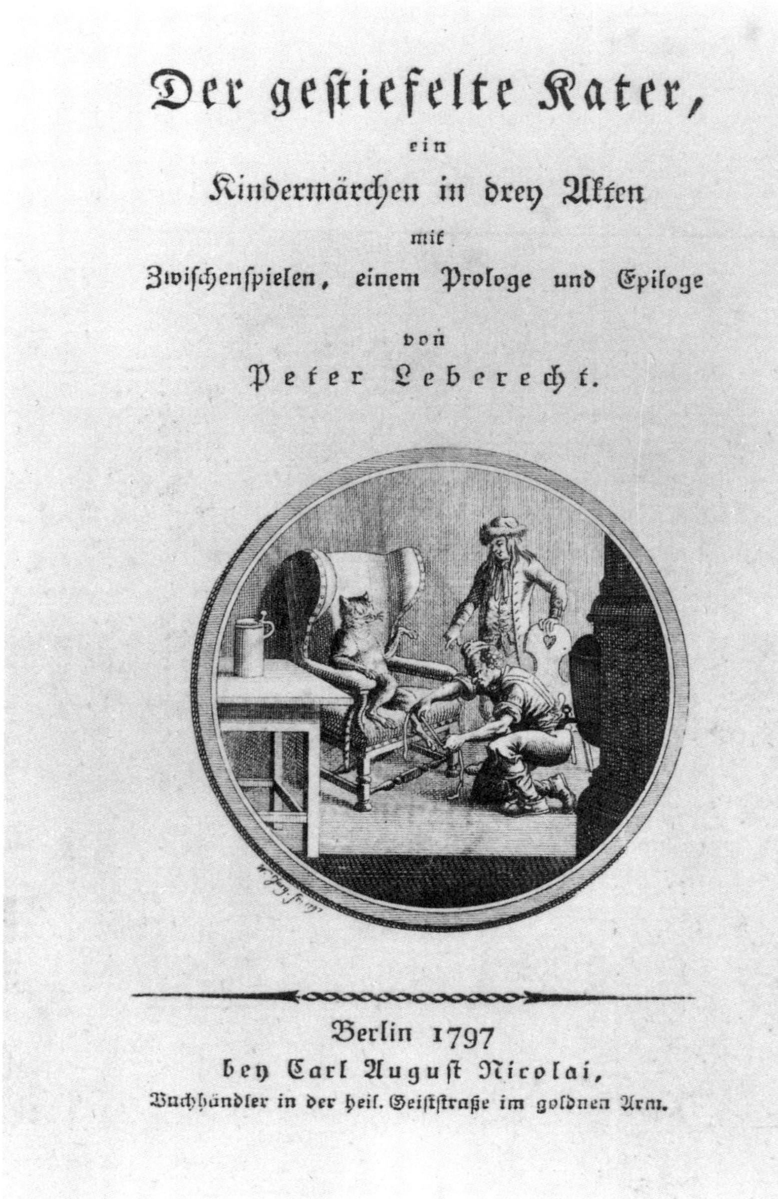

Der gestiefelte Kater,

ein

Kindermärchen in drey Akten

mit

Zwischenspielen, einem Prologe und Epiloge

von

Peter Leberecht.

Berlin 1797

bey Carl August Nicolai,

Buchhändler in der heil. Geiststraße im goldnen Arm.

Titelblatt der unter einem Pseudonym (Peter Leberecht) erschienenen Erstausgabe des «Gestiefelten Katers» von Ludwig Tieck, Berlin 1797.

rischen Marktes geschult haben mag. Als Theologiestudent saß er in Halle und Erlangen kaum zu Füßen der Gottesgelehrten, sondern wanderte mit seinem Freund → Wackenroder über die Straßen des Frankenlandes. Dort trafen sie, Sommer 1793, verarmte Bauern und obdachlose Bettler, aber sie entdeckten auch, zwischen Regnitz und Rotem Main, die stummen Zeugen einer großen, seit langem vergessenen nationalen Geschichte: in Nürnberg die Kunst der Sachs- und Dürerzeit, in Bamberg das «deutsche Rom» Kaiser Heinrichs II. und die Gotik des Veit Stoss, im Schloß Pommersfelden das Barock der Fürstbischöfe von Schönborn. Dazu kam das Erlebnis der Landschaft, als Tieck etwa in der Mondnacht eines fränkischen Dorfes die «schwebenden Töne eines Waldhorns» zu sich herüberschwingen hörte. Aus dem Dreiklang von Kunst, Geschichte und Landschaft begann sich der Geist der deutschen Romantik zu entfalten, ausgelöst und gesteigert durch die Erfahrung einer Gegenwart, die den beiden Jünglingen als abgründige Misere entgegentrat. Vor diesem ambivalenten Hintergrund wurden sie zu romantischen Schriftstellern.

Nach einem Intermezzo in Göttingen, das bereits einer gründlichen Beschäftigung mit Shakespeare gewidmet war, brach Tieck das Studium ab und ließ sich, Mai 1794, als freier Literat in Berlin nieder. Für den Verleger Nicolai, den Patriarchen der in die Jahre gekommenen Berliner Aufklärung, gab er unter dem Titel «Straußfedern» (1795–1798) eine mehrbändige Novellensammlung heraus, an der auch seine Schwester Sophie → Bernhardi mitarbeitete. Tiecks eigene Beiträge (u.a. «Fermer der Geniale», «Die beiden merkwürdigsten Tage aus Siegmunds Leben», «Ein Tagebuch», «Merkwürdige Lebensgeschichte Sr. Majestät Abraham Tonelli») zeigten immer unverhohlener den Einbruch des Provokanten und Wunderbaren in die eindimensionale Welt honetter Bürger – zur wachsenden Erbitterung Nicolais, mit dem es schließlich zum spektakulären Bruch kam. Tiecks erster Roman, «Die Geschichte des Herrn William Lovell» (1795/96, 3 Bde.), war vom Krisenbewußtsein der jungen romantischen Generation beherrscht. Mit zwei ihrer exemplarischen Vertreter, den Brüdern → Schlegel, schloß er bald darauf enge Freundschaft.

Von den beiden «Dioskuren der Kritik» wurde er mit Vehemenz als poetischer Kronzeuge der neuen Bewegung auf den Schild gehoben. Während er eben noch, wenn auch unter fortwährendem Grimassenschneiden, mit der einen Hand den Leuchter der Berliner Rationalisten präsentiert hatte, stellte er jetzt mit der anderen schon die Laterna magica der Romantiker auf. Die satirische Märchenkomödie «Der gestiefelte Kater» (1797), erschienen unter dem Pseudonym «Peter Leberecht», gab die Ratlosigkeit bürgerlicher Literaturhüter dem Gelächter des Publikums preis und galt sofort als ein Paradebeispiel für das Phänomen, das die Schlegels «romantische Ironie» nannten. Die «Volksmärchen» (1797, 3Bde.) enthielten, neben den «Heymonskindern» und der «Schönen Magelone», die Märchenparabel vom «Blonden Eckbert»: eine Allegorie der Entfremdung des Menschen von der Natur, deren «Waldeinsamkeit» er frevlerisch gestört hat. Der unvollendet gebliebene Roman «Franz Sternbalds Wanderungen» (1798, 2Bde.) wurde durch die Verklärung Alt-Nürnbergs und seiner Meister, aber auch durch die Schilderung der Romfahrt des Helden zum Bekenntnisbuch der romantischen Maler. Zu ähnlicher Bedeutung gelangten Wackenroders «Herzensergießungen eines kunstliebenden Klosterbruders» (1797), deren Texte von Tieck mit eigenen Beiträgen vermehrt wurden. Als der Freund ein Jahr später starb, gab der Betriebsame aus dem Nachlaß die «Phantasien über die Kunst» (1799) heraus, in denen er den Tonfall des Dahingeschiedenen so einfühlsam traf, daß Tiecks und Wackenroders Anteile kaum zu unterscheiden waren – erste Dokumente von Tiecks «dialogischer Natur», die es ihm erlaubte, sich auf andere schöpferische Persönlichkeiten produktiv einzustellen.

Herbst 1799 kam er, mit seiner jungen Frau und dem Töchterchen Dorothea, nach Jena, lebhaft begrüßt von den Brüdern Schlegel, von → Novalis, → Schelling, → Steffens, → Fichte und dem Physiker → Ritter. Seine Kunst des Vorlesens von Dramen gedieh hier zu höchster Meisterschaft. Clemens → Brentano rühmte ihn als das «größte mimische Talent, das jemals die Bühne *nicht* betreten». Im Jenaer Schloß las Tieck dem verehrten → Goethe sein Drama «Leben und Tod der heiligen Genoveva» (1800) vor, das die Simplizität des alten Volksbuches mit dem Raffinement romantischer Verskunst und Psychologie verschränkte. Daneben arbeitete er an essayistischen «Briefen über Shakespeare» und an der Übersetzung des «Don Quijote» von Cervantes (1799–1801, 4 Bde.), in der Thomas Mann später «unsere Sprache auf ihrer glücklichsten Stufe» sah. Gleichwohl endete der Aufenthalt in Jena für den Siebenundzwanzigjährigen mit einer doppelten Krise. Der Ausbruch der Gicht machte ihn für immer zu einem kränkelnden Mann; die Zwistigkeiten der frühromantischen Freunde haben ihn außerdem desillusioniert. Zwar fand Tieck in dem Lustspiel «Kaiser Octavianus» (1804) so etwas wie eine Quellformel für die romantische Poesie:

«Mondbeglänzte Zaubernacht,
Die den Sinn gefangenhält,
Wundervolle Märchenwelt,
Steig auf in der alten Pracht.»

Aber das Stocken von Tiecks Produktivität zeigte an, daß er diesen Kreis ausgeschritten hatte. Es folgten zwei Jahrzehnte innerer und äußerer Ruhelosigkeit, während denen er immer wieder auf das Landgut Ziebingen in der Neumark zurückkehrte. Dort war er Gast des Grafen Finckenstein, eines hochherzigen Gönners, wie denn Tieck überhaupt als Prototyp eines romantischen Pumpgenies galt.

«Wie ein blinder Passagier
Fahr ich auf des Lebens Posten,
Einer Freundschaft ohne Kosten
Rühmt sich keiner je mit mir.»

Dieser Vers von Caroline → Schlegel-Schelling war auf keinen anderen als auf den stets verschuldeten Lebens- und Überlebenskünstler Tieck gemünzt. In Ziebingen genoß er nicht nur die Gastfreundschaft des Grafen Finckenstein, sondern knüpfte auch vertrauliche Bande zu dessen Tochter Henriette, die von nun an mit der Tieck-Karawane zu den Stätten seiner Triumphe und Niederlagen zog, ohne daß diese Beziehung je bürgerlich legitimiert worden ist. Aus dem Ziebinger Asyl drängte es ihn oft in die Ferne: so nach Rom, wohin er seinem Romanhelden Franz Sternbald folgte, so auch nach Dresden, Wien und München, wo er überall Gläubiger, bei denen er heillos in der Kreide stand,

mit der brillanten Deklamation von Shakespeare-Dramen zu entschädigen suchte. Ausschließlich des großen Briten wegen unternahm Tieck eine Reise nach England, der sich ein Aufenthalt in Paris anschloß.
Indessen hatte er sich wieder auf seine «dialogische Natur» besonnen, die ihn zunehmend eine Mittlerrolle zwischen Epochen und Nationen spielen ließ. Die «Minnelieder aus dem schwäbischen Zeitalter» (1803) bewirkten den allgemeinen Durchbruch zur Erforschung alt- und mittelhochdeutscher Literatur; daneben trat die Herausgabe der «Schriften» des Novalis (1802, zusammen mit Friedrich Schlegel) sowie die Veröffentlichung altenglischer und altdeutscher Theaterstücke. Die Sammlung «Phantasus» (1812–1816, 3 Bde.) breitete Tiecks eigene bisherige Dichtungen in einer Rahmenerzählung aus und gab damit eine Bilanz seiner ersten Schaffenshälfte.
Die zweite begann recht eigentlich, als der Dichter, zusammen mit seiner Frau, zwei Töchtern und der treuen Henriette, vom Juli 1819 an in Dresden seßhaft wurde. Das Domizil am Altmarkt, Kreuzgasse 521, großzügig finanziert aus der Schatulle der Gräfin Finckenstein, gedieh bald zu einem geistigen Zentrum Deutschlands, das die Zeitgenossen mit Goethes Haus am Weimarer Frauenplan und mit Rahel → Varnhagens Salon in Berlin verglichen. Tiecks Dramenvorlesungen, seine Verwandlungen in immer neue Rollen der Weltdramatik, gelangten zu europäischem Ruhm. «Das beste Theater in Deutschland ist jetzt in Ihrem Zimmer, an Ihrem runden Tische, bei 2 Lichtern, das dritte ist noch zuviel», schrieb ihm der berühmte Schauspieler Pius Alexander Wolff. Unter den Gästen waren der Fürst Shukowski aus Rußland, der Historiker Thomas Carlyle aus England, der Märchenerzähler Andersen aus Dänemark, der «Lederstrumpf»-Cooper aus Amerika, gar nicht zu reden von → Jean Paul, Carl Maria von → Weber, Wilhelm → Hauff, Wilhelm → Müller, Karl Leberecht Immermann, Christian Dietrich Grabbe, Franz Grillparzer und dem Philosophen Hegel.
Als der französische Bildhauer David d'Angers nach Dresden kam und von Tieck eine monumentale Büste modellierte, hielt der Maler Vogel von Vogelstein die Szene auf einem Bild fest. Der Dichter sitzt da, inmitten von Festbeleuchtung und umgeben von Trabanten, auf einem Stuhl, fast wie auf einem Thron, von dem aus er die durch Goethes Tod herrenlos gewordene deutsche Literaturlandschaft zu regieren scheint. Mit Grandezza und nicht ohne Selbstironie spielte der Theatrarch nun auch diese Rolle. Sie zog ihm allerdings den Protest streitbarer junger Geister zu, unter ihnen Heinrich → Heine, gegen die der Dresdner Jupiter vergeblich seine Blitze schleuderte.
Sein eigenes literarisches Schaffen stand jetzt ganz im Zeichen der Prosa. Tieck formulierte eine Novellentheorie und exemplifizierte sie mit zahlreichen Beispielen. Erzählungen wie «Die Gesellschaft auf dem Lande» (1825) oder «Der Alte vom Berge» (1828) waren in der dünnen Höhenluft einer Oberschicht angesiedelt, die sich der Befriedung durch die Polizei Metternichs erfreute. Andere Novellen wie der Fragment gebliebene «Aufruhr in der Cevennen»

Der Bildhauer David d'Angers portraitiert Ludwig Tieck. Gemälde von Carl Christian Vogel von Vogelstein, 1834.

(1826) oder «Der Hexensabbath» (1832) griffen historische Themen auf. In dem Shakespeare gewidmeten Novellenzyklus «Dichterleben» (1826–1830, 2 Tle.) sowie in der Camões-Erzählung «Der Tod des Dichters» (1834) sann Tieck dem Verhältnis bedeutender Poeten zu ihrer Nation nach. Die Märchen-Clownerie «Die Vogelscheuche» (1835) zeigte das gespreizte Treiben der Dresdner Trivialromantiker vom Schlage eines Friedrich → Kind in seiner unfreiwilligen Komik. Das heitere Capriccio «Des Lebens Überfluß» (1837) entwarf eine durch die Außenwelt stets gefährdete menschliche Idylle. Der historische Roman «Vittoria Accorombona» (1840) wandte sich, vor dem farbigen Prospekt einer ganz unromantisch gesehenen italienischen Renaissance, dem vieldiskutierten Feld der Frauenemanzipation zu.

Noch folgenreicher waren die Aktivitäten, durch die sich Tiecks auf Vermittlung bedachtes Naturell bei der Erschließung von Werten und Werken der Weltliteratur bewährte. Er gab Heinrich von → Kleists «Hinterlassene Schriften» (1821), Johann Gottfried Schnabels vergessenen Roman «Die Insel Fel-

Der gichtleidende Ludwig Tieck verbeugt sich vor Friedrich Wilhelm IV. Karikatur von Alexander von Ungern-Sternberg zu seinem satirischen Roman «Tutu», 1846.

senburg» (1828) und die «Gesammelten Schriften» des Sturm-und-Drang-Dichters Jakob Michael Reinhold Lenz (1828, 3 Bde.) heraus, führte literarische Debütanten beim Publikum ein und setzte, als Dramaturg des Dresdner Hoftheaters, die Inszenierungen des «Prinzen von Homburg» sowie des «Faust I» durch. Diese Intentionen krönte er mit der Vollendung der großen Shakespeare-Übersetzung, die August Wilhelm Schlegel einst unfertig abgebrochen hatte. Unter Tiecks ingeniöser Redaktion schlossen die Tochter Dorothea und Graf Baudissin das Werk ab, das gleichzeitig die Bemühungen der Romantik um das Überschreiten nationalliterarischer Horizonte auf den Gipfelpunkt führte (1825–1833, 9 Bde.).

Es war König → Friedrich Wilhelm IV., der 1842 den Berliner Ludwig Tieck zurück in die Vaterstadt rief. Gebeugt von der Gicht, verstört durch den Kunstbetrieb, in dem er nur noch als eine historische Größe figurierte, hat der Greis in der alten Heimat nichts Nennenswertes mehr schaffen können. Er inszenierte noch die «Antigone» des Sophokles und Shakespeares «Sommernachtstraum» mit der Musik von → Mendelssohn in streng stilisierten Bühnenbildern, las auch gelegentlich Komödien vor, bis ihm Kraft und Stimme versagten. Der Schriftsteller zog sich ins Schweigen zurück, während der gebrechliche alte Mann, frierend und in Tücher eingehüllt, auf der Terrasse von Sanssouci die Großmut seines königlichen Schutzherrn genoß. Als in der Nacht vom 18. auf den 19. März 1848 unter seinen Fenstern in der Berliner Friedrichstraße die ersten Schüsse der Revolution fielen, war er, gebückt über alte Bücher, entschlossen, das Getümmel zu überhören.

Bei seiner Beerdigung auf dem Friedhof der Dreifaltigkeits-Gemeinde zu Berlin-Kreuzberg folgten dem Sarg des «Königs der Romantik» der Wagen des Königs von Preußen sowie die letzten Zeugen der Epoche, die da zu Grabe getragen wurde, darunter → Varnhagen von Ense, die Brüder → Grimm und der uralte Alexander von Humboldt. Friedrich Hebbel sah in seinem schönen Nachruf noch andere, wenn auch imaginäre Gestalten feierlich dahinziehen: des toten Dichters eigene Geschöpfe, etwa den blonden Eckbert und den gestiefelten Kater, schließlich die längst abgeschiedenen Romantiker von Novalis bis zu Clemens Brentano, die nicht fehlen durften in dieser Apotheose. Dem Komödianten und Festordner Tieck hätte sie wahrscheinlich gefallen.

Literatur: Thalmann, Marianne: Ludwig Tieck. Der romantische Weltmann aus Berlin. Bern 1955. – Günzel, Klaus (Hrsg.): König der Romantik. Das Leben des Dichters Ludwig Tieck in Briefen, Selbstzeugnissen und Berichten. Berlin sowie Tübingen 1981. – Paulin, Roger: Ludwig Tieck. Stuttgart 1987. – Paulin, Roger: Ludwig Tieck. Eine literarische Biographie. München 1988.

U

Uhland, Ludwig

Tübingen 26. April 1787 – 13. November 1862 Tübingen

Dichter, Literaturhistoriker und Herausgeber, politischer Publizist und Parlamentarier

«Wo je bei altem, gutem Wein
Der Württemberger zecht,
Da soll der erste Trinkspruch sein:
Das alte gute Recht!»

Mit diesem Vers, niedergeschrieben zu Beginn der Restaurationszeit, wollte Uhland an die altwürttembergische Verfassung erinnern, die der König sus-

Ludwig Uhland. Ölgemälde von Gottlob Wilhelm Morff, 1818.

pendiert hatte. Sie regele, so Uhland in einer fast gleichzeitig entstandenen Flugschrift, «das Vertragsverhältnis zwischen Regenten und Volk», sie habe mit «keiner bourbonischen Legitimität» etwas zu schaffen und begründe daher «ein Gesellschaftsverhältnis freier, vernünftiger Wesen». Der Mensch, der hier sprach, ließ zweifellos eine konservative Gesinnung erkennen, die aber gerade nicht darauf angelegt war, der politischen Restauration ein Alibi zu geben oder gar Fürstenwillkür zu rechtfertigen. Das überlieferte Recht wurde gepriesen, weil es nicht nur alt, sondern auch gut und jedenfalls besser war als das neue Unrecht. Für diese Überzeugung ist Uhland sein Leben lang eingestanden, als Dichter und Politiker, ja über weite Wegstrecken hinweg schien ihm die Arena des Volksvertreters wichtiger zu sein als die Klause des Poeten oder des Gelehrten. Das Humane war für ihn das in langer Zeit organisch Gewachsene und der Ausdruck des ewig wirkenden Volksgeistes: eine Vorstellung, die er aus romantischem Gedankengut bezog.

Der Sohn eines Universitätssekretärs kam damit bereits als Student der Rechte und der Philologie in Berührung. Zusammen mit seinem Kommilitonen Justinus → Kerner und anderen Gesinnungsgenossen gab er das «Sonntagsblatt für gebildete Stände» (1807) heraus, das nur in wenigen handgeschriebenen Exemplaren existierte und als ein romantisches Manifest gegen das in Stuttgart erscheinende «Morgenblatt» des Verlegers Cotta gerichtet war. Darin sowie in der von Achim von → Arnim redigierten «Zeitung für Einsiedler» und in einem «Musenalmanach für das Jahr 1807» wurden Uhlands erste Gedichte gedruckt, darunter «Die Kapelle» und «Schäfers Sonntagslied», die bereits den für diesen Dichter so charakteristischen sangbaren Ton besaßen. Daß einige davon unter dem Pseudonym «Florens» erschienen, nach einer Gestalt aus Ludwig → Tiecks «Kaiser Octavianus», zeigte deutlich an, woher der Debütant sein literarisches Handwerkszeug bezog. Tiecks «Minnelieder aus dem schwäbischen Zeitalter» verwiesen ihn auch auf das andere weite Feld, dem er einen Teil seiner Lebensarbeit widmen sollte: auf die Erforschung und Erschließung altdeutscher Dichtung.

Der Promotion zum Dr. iur. folgte 1810 eine Bildungsreise nach Paris, wo er in der Bibliothèque Nationale mittelalterliche Handschriften studierte; eine Ballade wie «Graf Richard Ohnefurcht» war das Resultat solcher Bemühungen. Die Rückkehr in die Heimat trug ihm die Lebensfreundschaft mit Gustav → Schwab und, durch häufige Veröffentlichungen in Almanachen und ähnlichen Anthologien, bald wachsende Berühmtheit ein. Hingegen stand seine Karriere im bürgerlichen Brotberuf unter keinem guten Stern. Als zweiter Sekretär im Stuttgarter Justizministerium fiel der streng rechtlich denkende junge Mann unangenehm auf, weil er sich weigerte, amtliche Berichte an den König schönzufärben. Die anschließende Tätigkeit als freier Advokat vermehrte nur seine finanziellen Schwierigkeiten. 1815 erschienen bei Cotta zum ersten Male Uhlands «Gedichte», die es, in immer wieder erweiterten Ausgaben, bis zum Tod des Verfassers auf nahezu 60 Auflagen brachten und daher, neben Hein-

rich → Heines «Buch der Lieder», zum erfolgreichsten deutschen Gedichtband des 19. Jahrhunderts wurden. Um so frappanter war das Erlahmen von Uhlands lyrischer Produktivität, das fast gleichzeitig mit dem Erscheinen der Erstausgabe seiner Gedichte einsetzte. Nur in den wenigen Jahren von 1829 bis 1834 hat er einen zweiten Schub seiner poetischen Schöpferkraft erlebt, der dann ebenso unvermittelt abbrach wie fast zwei Jahrzehnte zuvor der erste. Daß er schon bald mit öffentlichen Aufgaben beschäftigt war, vermag sein Verstummen kaum zu erklären, ebensowenig das Stocken seiner Phantasie, wie es ihm Kritiker unterstellen wollten.
Indessen gelangten Uhlands Liebes- und Naturgedichte und ganz besonders seine Balladen zu außerordentlicher Popularität. Einige von ihnen, etwa «Der alte Kamerad» («Ich hatt' einen Kameraden») oder «Frühlingsglaube» («Die linden Lüfte sind erwacht»), wurden schnell zu wahren Volksliedern, woran

Illustration zu Ludwig Uhlands Ballade «Des Sängers Fluch» von Adolf Cloß. Holzstich nach einer Grisaille von Gabriel Max.

auch die Vertonungen durch → Mendelssohn, → Schubert, → Brahms, Carl Loewe, Friedrich Silcher und andere Komponisten beteiligt waren. Die Ballade mit ihren Möglichkeiten der Verschmelzung lyrischer, dramatischer und epischer Elemente interessierte Uhland besonders. Die württembergische Geschichte sowie alte Sagen und Volksbücher boten ihm dazu einen ergiebigen Vorrat an Stoffen, die oft erst durch Uhlands Balladen volkstümlich wurden (etwa «Des Sängers Fluch», «Die Ulme von Hirsau», «Schwäbische Kunde», «König Karls Meerfahrt», «Graf Eberhard der Rauschebart»). In den Balladen der zweiten Schaffensphase traten bedeutsame Menschheitsfragen in den Vordergrund. Im «Glück von Edenhall» (1834) ist ein zersplitterndes kostbares Trinkgefäß der Vorbote des Verhängnisses von dessen Besitzer und dieses wiederum ein Symbol für das Ende der Zeiten:

«In Splitter fällt der Erdenball
Einst, gleich dem Glücke von Edenhall.»

Als Abgeordneter in der verfassunggebenden Versammlung der württembergischen Landstände hat sich Uhland, unter Hintansetzung seiner literarischen Arbeit, um eine demokratische Konstitution des Landes bemüht, deren Annahme, Ende Oktober 1819, mit einer Festaufführung seines Schauspiels «Ernst, Herzog von Schwaben» begangen wurde. Sein Mandat im neuen Landtag nahm er so pflichtbewußt wahr, daß er selbst am Tag seiner Hochzeit noch vor dem Mittagessen in eine Sitzung eilte. Die geräuschvollen Debatten in der Kammer müssen jedoch eine Tortur für den von Natur aus Schweigsamen gewesen sein, der nur selten sprach und mit verschränkten Armen auf seinem Platz saß. Das Wort habe sich «ihm schwer von der Lippe gerungen», und er sei überhaupt «kein Fintenkämpfer» gewesen, berichtet sein Freund Berthold Auerbach. Ein Äquivalent zu diesen Strapazen, die er sich gleichwohl als notwendiges Übel auferlegte, schuf die Beschäftigung mit der Literatur des deutschen Mittelalters. Die Monographie «Walther von der Vogelweide, ein altdeutscher Dichter» (1822) war nicht nur ein Meilenstein für die Erkenntnis dieser bis dahin kaum erschlossenen Persönlichkeit, sondern fast ein Selbstportrait des Verfassers aus dem Geist tiefer innerer Wahlverwandtschaft.

In dem knappen Zeitraum von 1830 bis 1833, der mit dem kurzen Wiederaufleben seiner poetischen Produktion nahezu zusammenfiel, konnte er als außerordentlicher Professor für deutsche Sprache und Literatur an der Universität Tübingen diesen Neigungen auch von Berufs wegen nachgehen. Dann glaubte er sich noch einmal, fünf Jahre lang, als Abgeordneter im Stuttgarter Landtag zur Verfügung stellen zu müssen. Später bekannte er, daß das «zähe Ringen» in den Parlamenten seine besten Jahre verbraucht und ihm Spannkraft und Stimmung für das eigene Werk geraubt habe. Nachher erwarb Uhland, schon resignierend, ein Haus an der Neckarbrücke zu Tübingen, um dort volkskundliche Forschungen zu betreiben. Bleibende Frucht der stillen Arbeit in der inneren Emigration war die Sammlung «Alte hoch- und niederdeutsche Volkslieder» (1844/45, 2 Bde., Abhandlung und Anmerkungen erst

Die Beerdigung Uhland's. Das Senken der Fahnen über seinem Sarge. Originalzeichnungen von Kleemann.

Ludwig Uhlands Beisetzung auf dem Tübinger Stadtfriedhof: «Das Senken der Fahnen über dem Sarge». Zeitgenössischer Holzstich.

postum erschienen), die, im Gegensatz zu Arnims und → Brentanos «Wunderhorn», auch wissenschaftlichen Ansprüchen standhielt. Weite Reisen, die Uhland nach Wien und durch ganz Deutschland, nach Belgien und der Schweiz führten, konfrontierten ihn mit seiner Popularität, auf die er gerührt, aber unbeholfen und manchmal scheinbar abweisend reagierte.

Noch einmal mischte sich der ergraute Volksmann in die Zeitläufte ein, als 1848 die Revolution ausbrach. Endlich schien ihm die Stunde für tiefgreifende Veränderungen gekommen zu sein, deren Herbeiführung er sich nicht entziehen wollte. Als Abgeordneter des Wahlkreises Rottenburg-Tübingen zog er ins Frankfurter Paulskirchen-Parlament ein, wo der schwäbische Konservative vehement für eine demokratische Regierungsform und gegen den Ausschluß Österreichs aus dem deutschen Staats- und Kulturverband kämpfte. Daß er dort oft mit der Linken stimmte, bewahrte ihn nicht vor der Schelte der extremen Linken. So hat ihn noch zehn Jahre später Karl Marx jener «Bande» zugezählt, «die Patriotismus und Demokratismus verbinden will»: ein Verdikt, das Uhland wohl eher als Lob empfunden hätte, wenn es ihm je zu Ohren gekommen wäre. Auch dem Stuttgarter Rumpfparlament, dem linken Relikt der gescheiterten Frankfurter Nationalversammlung, gehörte er an, trotz schwerer Bedenken. Als am 18. Juni 1849 Militär anrückte, um die Abgeordneten gewaltsam auseinanderzutreiben, stand Ludwig Uhland in der ersten Reihe.

Diese Haltung hat er sich bis zuletzt erhalten. Die Aufnahme in den preußischen Orden «Pour le Mérite», immerhin auf den Ehrenplatz des verstorbenen

Ludwig Tieck, lehnte er ebenso ab wie die Entgegennahme des bayerischen Maximiliansordens. Weiterhin wußte er sich denen verbunden, die nach der Revolution «dem Verluste der Heimat, Freiheit und bürgerlichen Ehre, selbst dem Todesurteil verfallen sind», wie Uhland an Alexander von Humboldt schrieb. Einen gewissen Trost bezog er aus alledem, was den Herabsetzungen der Meinungsmacher und Kunstrichter enthoben war, weil es sie ohnehin nicht interessierte. Seine letzten Arbeiten, «Zur schwäbischen Sagenkunde» und «Zur deutschen Heldensage», veröffentlichte er in der Zeitschrift «Germania»; eine Abhandlung über die deutschen Volkslieder blieb unvollendet. Uhlands Beerdigung auf dem Stadtfriedhof von Tübingen geriet zur Demonstration von fast tausend Vaterlandsfreunden und Demokraten, die in einem Sonderzug aus Stuttgart herbeigereist waren. Ein Vertreter der königlich-württembergischen Regierung war nicht darunter.

Literatur: Schneider, Hermann: Uhland. Leben, Dichtung, Forschung. Berlin 1920. – Fröschle, Hartmut: Ludwig Uhland und die Romantik. Köln, Wien 1973. – Scheffler, Walter und Albrecht Bergold (Bearb.): Ludwig Uhland 1787–1862. Dichter, Germanist, Politiker. Marbacher Magazin 42 (1987).

V

Varnhagen von Ense, Karl August

Düsseldorf 21. Februar 1785 – 10. Oktober 1858 Berlin

Kritiker, Biograph und Essayist, Politiker und politischer Schriftsteller

Mit der Romantik wußte sich der Arztsohn aus dem Rheinland eigentlich nur in seiner Jugend verbunden, später rückte er von ihr ab und wurde zum Kritiker ehemaliger Gesinnungsfreunde, als er sie im Sumpf der Restauration versinken sah. Für das Verständnis der ganzen Epoche, ihrer Protagonisten sowie ihres wimmelnden Fußvolkes sind die Niederschriften dieses emsigen, brillanten und brisanten Beobachters unerläßlich. Jedenfalls war er weit mehr als nur der literarische Schleppträger seiner berühmten Frau Rahel → Varnhagen, als den man ihn lange belächelte und anfeindete. Er war einer der wenigen Zeitgenossen, die gleichermaßen tiefe Blicke warfen in die Labyrinthe der Politiker und in die Runenberge der Dichter. Er kannte sich aus an Konferenztischen und auf Schlachtfeldern, in Redaktionsstuben und auf dem glatten Gesellschaftsparkett, wo er sich allerdings lieber am Rande aufhielt und auch dort nur in der zweiten Reihe der Zaungäste: dem Vordermann über die Schulter spähend, immer neugierig, höflich und beflissen, die eine Hand am Augenglas, die andere am Ohr, wenn er sie nicht schon am Bleistift hatte, um die Verlautbarungen und Verrenkungen derer festzuhalten, die da so bombastisch agierten. Aus ihm wäre ein fulminanter Geheimdienstchef geworden, wenn er nicht das Spitzelunwesen gründlich verachtet hätte; auch waren in ihm Züge eines bestimmten Journalistentyps vorgeprägt, der erst im nächsten Jahrhundert für Beunruhigungen sorgen sollte. Von allen Pressionen des Metternich-Regimes hat ihn denn auch die Zensur am meisten geärgert.

Varnhagen studierte Medizin in Berlin, wo er → Chamisso kennenlernte, weiter in Halle, wo ihm Achim von → Arnim nähertrat, schließlich in Tübingen, wo ihm Justinus → Kerner auffiel. In Berlin gründete er zusammen mit Chamisso, David Ferdinand → Koreff, Julius Eduard → Hitzig und anderen jungen Leuten den romantisch gestimmten «Nordsternbund» und war auch an dessen «Grünen Musenalmanachen» (1804–1806) beteiligt. Gemeinsam mit → Fouqué, einem Buchhandlungsgehilfen namens Wilhelm Neumann und August Ferdinand Bernhardi, dem Gatten der Sophie → Bernhardi-Tieck, verfaßte er den satirischen Roman «Die Versuche und Hindernisse Karls» (1808),

Karl August Varnhagen von Ense. Bleistiftzeichnung von Wilhelm Hensel, 1822.

einen kuriosen Literaturspaß, dessen angekündigter zweiter Band nie erschien. Vor allem aber war Varnhagen dort anzutreffen, wo die Gegensätze der Zeit, geistig oder gar militärisch, aufeinanderprallten. So saß er, als Hörer der «Reden an die deutsche Nation», zu Füßen → Fichtes; so focht er, als k. k. Fähnrich, in der Schlacht bei Wagram mit, wo er verwundet wurde. An der Seite eines österreichischen Obersten kam er nach Paris, war immer unterwegs, machte → Goethe, → Jean Paul und → Beethoven seine Aufwartung, sah Napoleon und Metternich, schloß sich endlich, gleich zu Beginn der Befreiungskriege, als Adjutant dem russischen General Tettenborn an, in dessen Stab er 1813 durch Norddeutschland zog.

Indessen hatte er seine Beziehungen zu der um vierzehn Jahre älteren Rahel Levin festigen können, die ihm, gleich «Iphigenien unter den Barbaren», schon 1808 in Berlin vertraut geworden war. Die Verbindung mit der ihm eher mütterlich gesinnten Jüdin blieb Schwankungen unterworfen, führte dann aber doch, Herbst 1814, zur Heirat, nachdem Rahel die christliche Taufe erhalten hatte. Darauf ging Varnhagen, im Troß des preußischen Staatskanzlers Hardenberg, zum Wiener Kongreß ab, dem er später in seinen «Denkwürdigkeiten» eines der glänzendsten Kapitel gewidmet hat. In Wien war er mit diplomatischen und publizistischen Aufgaben beschäftigt, genoß die Atmosphäre des Weltspektakels und tat manchen Blick ins Räderwerk der Mächtigen. Er veröffentlichte noch «Deutsche Erzählungen» (1815) und «Vermischte Gedichte» (1816), womit seine Teilnahme am romantischen Literaturbetrieb ein für allemal endete. Er sei jetzt mit «den Jugendlichkeiten in der Literatur fertig und fürder auf Staat und Geschichte angewiesen», schrieb der Dreißigjährige an den Verleger Cotta. Der Erfüllung seiner Hoffnungen auf eine Karriere im Staatsdienst stand der liberale Varnhagen allerdings selbst im Wege. Man schickte ihn als preußischen Geschäftsträger nach Karlsruhe, wo er sich in die Debatten um die badische Verfassung einmischte und den Großherzog zur Entlassung der Minister überreden wollte. Er fiel, wohl als eines der ersten Opfer der Karlsbader Beschlüsse, und wurde 1819 abberufen. Seine Kaltstellung auf dem Posten eines preußischen Gesandten in Washington schlug er aus. Dem Wartestand folgte 1824 die Überführung des erst Neununddreißigjährigen in den endgültigen Ruhestand.

In der Französischen Straße, später in der Mauerstraße zu Berlin hat Varnhagen von da an unentwegt publiziert, protokolliert und kommentiert – als Prophet Rahels («Rahel. Ein Buch des Andenkens für ihre Freunde», 1833, 3 Bde.), als Herold Goethes, als Protektor Heinrich→ Heines, dessen Bedeutung er zuerst erkannte. Er schrieb einige hundert Rezensionen, für die Augsburger «Allgemeine Zeitung» und andere Blätter, er verfaßte biographische Essays über seine Zeitgenossen, von denen er die meisten mehr oder weniger gut gekannt hatte: vom Prinzen → Louis Ferdinand bis zu Adam → Müller, von Friedrich von → Gentz bis zu Franz von → Baader, von Ludwig → Tieck bis zu Bettine von → Arnim, von dem Revolutionsveteranen Schlabrendorf bis zu der Wiener Salonherrin Fanny von Arnstein. Unsere Kenntnis des Zeitalters und damit auch der Romantik wäre weitaus geringer ohne diese Psychogramme und Silhouetten, ohne diese zuweilen hymnischen und zuweilen boshaften, aber fast stets genauen Momentaufnahmen, die das Welttheater nicht nur von den Logenplätzen und vom Parterre her, sondern auch von den Seitenbühnen und vom Hintergrund, manchmal sogar von den Versenkungen und vom Schnürboden aus mit Schlaglichtern versehen. Das eigene Dasein beschrieb Varnhagen in seinen «Denkwürdigkeiten» (seit 1837), obwohl er damit nicht bis zur Darstellung der späteren Lebensabschnitte kam. Er beobachtete noch, neugierig wie immer, den Verlauf der Revolution von 1848.

Doch damit nicht genug. In seinem stillen Arbeitszimmer legte er, seit der 1819 erfolgten Zwangsbeurlaubung, ein Privatarchiv mit mehr als hunderttausend Blättern an, die Nachrichten über etwa neuntausend Persönlichkeiten enthielten. Varnhagen war bis zuletzt ein Mann mit ausgezeichneten Verbindungen, die von den Verliesen der Trivialliteraten bis auf den Olymp, von der politischen Opposition bis zur Regierung und zum Hof reichten. Alles, was man ihm hinter der vorgehaltenen Hand zuflüsterte, hat er notiert, Vertraulichkeiten, Indiskretionen, Konspirationen, Rivalitäten.

Nachdem Varnhagen gestorben war, publizierte seine Nichte, die unerschrockene Ludmilla Assing, eine Auswahl aus diesen Blättern («Tagebücher», 1861–1870, 14 Bde.), wobei sie den Empfindlichkeiten der Oberen mit Kürzungen und Weglassungen durchaus Rechnung trug. Dennoch war die Wirkung sensationell. Ein Publikum, das noch keine freie Presse kannte, erhielt einen ersten Vorgeschmack von ihr durch dieses zeitgeschichtliche Kaleidoskop. Die «Neue Preußische Zeitung» sah «von einer ruchlosen, wie zum Grabe herausgewachsenen Hand» Hof und Vaterland mit einem «großen Tintenklecks» beschmutzt, der «zum Ausspeien» sei. Ein Berliner Gericht sprach gar von einer «Gefährdung des öffentlichen Friedens» und verurteilte die Herausgeberin zu acht Monaten, später dann noch einmal zu zwei Jahren Gefängnis sowie zur Aberkennung der bürgerlichen Rechte. Die Missetäterin floh ins Ausland und ließ die nächsten Bände in der Schweiz erscheinen. Daß sich unter den Verleumdern, die das Werk verrissen, auch der Professor Rudolf Haym befand, der selbst ein ehemaliger Achtundvierziger war und sich gerade dazu anschickte, mit seiner «Romantischen Schule» die Frühromantik dem allgemein gültigen Bildungskanon einzufügen, verrät deutlich, wie weit man davon entfernt war, die von Varnhagen angelegte Fundgrube zu nutzen und sie eher für eine Fallgrube hielt. Das sollte noch lange so gehen.

Literatur: Da noch immer eine Varnhagen-Biographie fehlt, sei hier auf seine eigenen Schriften hingewiesen, die neuerdings in gut kommentierten Ausgaben vorliegen: Varnhagen von Ense, Karl August: Werke in fünf Bänden. Hrsg. von Konrad Feilchenfeldt. Frankfurt a. M. 1987 ff. – Varnhagen von Ense, Karl August: Schriften und Briefe. Hrsg. von Werner Fuld. Stuttgart 1991.

Varnhagen von Ense, Rahel

geb. Levin

Berlin 19. Mai 1771 – 7. März 1833 Berlin

Briefschreiberin und Anregerin, Repräsentantin der Berliner Salonkultur

In vielleicht keiner einzigen anderen Gestalt hat sich das Erbe der Berliner Aufklärung mit dem neuen Lebensgefühl der Romantik so eng verbunden wie in Rahel Levin, die später den preußischen Legationsrat → Varnhagen heiratete. Dabei hat sie sich, eigentlich bis zuletzt, überall als unbehauste Fremde empfunden: als Jüdin in einer nichtjüdischen Umwelt, als Frau in einer Männergesellschaft. Nicht einmal in die deutsche Sprache, der sie später ganz neue und bisher unerhörte Schwingungen abgewann, ist sie hineingeboren worden, denn in ihrem Elternhaus hörte sie ein archaisches Judendeutsch.

Rahel Varnhagen. Stahlstich von C. E. Weber nach einem Gemälde von Daffinger, 1817.

Die Kunst des Briefschreibens entwickelte und steigerte sie dann zu ausdrucksvoller Prosa, zu Reden und Rufen, zu Klagen und Rühmungen und immer wieder zu beseligt, exaltiert oder stammelnd vorgetragenen Selbstbekenntnissen, die nicht ihresgleichen haben bei den zahllosen Brief- und Tagebuchschreibern dieser mitteilungsfreudigen Epoche. Trotzdem ging es Rahel nie ums Monologisieren, sondern um das Gespräch mit dem einen, unverwechselbaren Partner. «Gespräche zu schreiben, wie sie lebendig im Menschen vorgehn», war ihre Absicht. Sie wollte sich dem Empfänger bis in die verborgensten Nischen ihres eigenen Seins verständlich machen, aber auch ihn aus seinen innersten Bastionen locken, zum Einbekennen seiner Geheimnisse und zur Beichte verführen. Wie Ludwig → Tieck war Rahel eine «dialogische Natur», aber wo Tiecks stupender Kunst der Anverwandlung stets noch eine Spur artistischen Spiels innewohnte, da ging es der Berliner Jüdin, gleichsam auf Leben und Tod, immer um die ganze Existenz: entweder um die eigene oder um die eines anderen Menschen.

Sie litt unter der jüdischen Herkunft und unter dem unterprivilegierten Status der Frau, auch unter ihrer äußeren Erscheinung, die sie als wenig ansprechend empfand, und unter dem Hamlet-Naturell, für das sie den Vater, einen Berliner Kaufmann, verantwortlich machte. Er habe ihr «jedes Talent zur Tat» zerbrochen, ohne doch ihren «Charakter schwächen zu können». Erst nach seinem Tod und nach dem Umzug der Familie in die Berliner Jägerstraße, 1793, tat Rahel ihren bescheidenen «Salon» auf, in dem nicht jeden Abend Tee gereicht wurde.

Aber es versammelten sich hier Menschen aus ganz verschiedenen Gesellschaftskreisen, die woanders keinen Umgang miteinander hatten: die Kinder des verstorbenen jüdischen Philosophen Moses Mendelssohn, unter ihnen die spätere Dorothea → Schlegel, die Brüder Humboldt, der Theologe → Schleiermacher, der nonchalant disputierende Kriegsrat Friedrich → Gentz, der Dichter → Fouqué, der unruhige Projektemacher Friedrich → Schlegel, sogar der genialische Prinz → Louis Ferdinand von Preußen, der, wie alle anderen Gäste auch, von der kleinen Jüdin «Dachstubenwahrheiten» zu hören bekam. Der bereits berühmte → Jean Paul las hier aus seinen Romanen und traf in Rahel «die einzige Frau, bei der ich ächten Humor gefunden». Man sprach, frei von allen Vorurteilen, über ein neues Menschenbild und über eine neue Ästhetik, über → Goethe und → Fichte, über die Entdeckung der indischen Kultur und des deutschen Mittelalters, über Aufklärung und Romantik, über weite geistige Landschaften, die an den Grenzpfählen des Königreiches Preußen nicht endeten. Mit dem alten Preußen erlosch jedoch, Ende 1806, Rahels erster Salon, dessen Gäste in alle Winde zerstoben.

Die Frau, die sich bereits der Vierzig näherte, erlebte eine schwere, auch sozial unsichere Zeit. In dem um vierzehn Jahre jüngeren Karl August Varnhagen von Ense lernte sie einen noch ganz unfertigen, aber hoffnungsvollen und in ihrem Sinne bildsamen Menschen kennen, den sie einige Jahre später heiratete. Er veröffentlichte in Cottas «Morgenblatt für gebildete Stände» anonym Bruchstücke aus Briefen Rahels, die sich mit Goethe beschäftigten (1812). Zum ersten Male wirkten Äußerungen von ihr in die Breite und Weite: mit diesem Druck setzte die überpersönliche Ausstrahlung einer Schriftstellerin ein, die den Brief in den Rang eines Kunstwerkes erhob. Kurz darauf, gleich nach dem Beginn der Befreiungskriege, organisierte sie in Prag eine karitative Bewegung, die verwundeten Preußen, Österreichern und Russen ebenso galt wie internierten Franzosen.

Als sie sich am 27. September 1814 in Berlin evangelisch taufen ließ, die christlichen Vornamen Antonie Friederike annahm und mit Varnhagen vor den Traualtar trat, stürzte sie dieser Schritt nur um so tiefer in die seit Jahren schwelende Identitätskrise. Frau von Varnhagen, wie sie nun hieß, sollte bis zuletzt das Stigma der «Falschgeborenen» an der Stirn tragen. Auf dem Wiener Kongreß, zu dem sie ihren Mann begleitete, konnte sie das Treiben der Staatsmänner, auch ihres alten Freundes Gentz, aus unmittelbarer Nähe beobach-

Abendgesellschaft in einem Berliner Bürgerhaus. Gemälde von Julius Schoppe, 1825.

ten. «Pfui Christen!» rief sie angewidert aus, fühlte sich durch die Taufe weder verändert noch erneuert und unterschrieb ihre Briefe weiterhin mit «Rahel». Auch am Sturz Varnhagens als preußischer Geschäftsträger in Karlsruhe waren wohl nicht nur seine liberalen Ambitionen beteiligt, sondern ebenso antisemitische Ressentiments, die sich gegen seine Frau richteten.

Herbst 1819 kehrte das Paar nach Berlin zurück, wo Rahel mit ihrem zweiten Salon ein neues Begegnungszentrum schuf, zunächst im Haus Französische Straße 20, später im Domizil Mauerstraße 36. Unter dem Goethewort «Freunde, Gleichgesinnte nur herein!» ließ Frau von Varnhagen die Tage des Dachstübchens in der Jägerstraße wieder aufleben, an die nur noch die Brüder Humboldt und Henriette → Herz, die andere Ahnherrin der Berliner Salonkultur, erinnerten. Aber es kamen die Angehörigen einer neuen Generation, die allesamt der Ausstrahlungskraft Rahels erlagen. Sogar die Müdigkeit des mürrischen Franz Grillparzer verflog im Gespräch mit der alternden, «von Krankheit zusammengekrümmten, etwas einer Fee, um nicht zu sagen Hexe ähnlichen Frau». Es kamen der Fürst Pückler, der junge jüdische Rechtsphilosoph Eduard Gans, der noch ganz unbekannte Historiker Leopold Ranke und die temperamentvolle Bettine von → Arnim, deren Verhältnis zu den Varnhagens heikel blieb, die aber Rahel noch besuchte, als diese auf dem Sterbebett lag. Und es kamen zu Dutzenden durchreisende Fremde, die vom Faszinosum der schon sagenhaften «Beichtmutter» hingerissen waren.

Was tat es, wenn der geschäftige Varnhagen allabendlich hinter Rahels Stuhl stand, in ein hervorgezogenes Taschenbuch ihre Sentenzen eintrug, als handle es sich um die Weissagungen einer Prophetin, und damit das gedämpfte Gewitzel der Augenzeugen heraufbeschwor? Mit dem Rahel-Kult, den er begründete, verhalf er den Wortführern des Jungen Deutschland zum Leitstern für ihre Idee der Frauenemanzipation. Auszüge aus Rahels Briefen und «Denkblättern» publizierte er zu ihren Lebzeiten in Almanachen und anderen Sammlungen. Später, nach dem Tod seiner Frau, folgten «Rahel. Ein Buch des Andenkens für ihre Freunde» (Privatdruck 1833, 3 Tle.; öffentliche Ausgabe 1834, 3 Bde.) sowie weitere Nachlaßveröffentlichungen.

Mit denen, die sie liebte, ging die «Patronin» am strengsten ins Gericht, so mit dem Studiosus Heinrich → Heine, den sie in ihre Schule nahm, als wäre er ihr eigener Sohn: «Heine muß wesentlich werden, und sollte er Prügel haben.» Der Dichter hat der «geistreichsten Frau des Universums» die mütterliche Zuneigung und konsequente Zucht nie vergessen. Für ihn blieb noch im Pariser Exil Rahels Salon «das Vaterland». In den späten Jahren steigerte sie die Sprache ihrer Selbst- und Zwiegespräche zu hoher poetischer Kraft und oft bestürzender Spontaneität. Die Leser, die ihre Botschaften untereinander austauschten und weitergaben, begriffen, was dann für ein ganzes Jahrhundert wieder vergessen wurde: diese äußerlich unscheinbare Frau war eine der großen deutschen Schriftstellerinnen. Mehr denn je waren ihre Briefe und Tagebücher «Lichtstreifen und Glutwege», existentielle Bekundungen, die immer von der Schreiberin sprachen, auch wenn sie anderen Menschen galten. Aus den

Blick in die Berliner Mauerstraße, wo Rahel Varnhagen in ihren letzten Lebensjahren wohnte. Stich von W. Hegermann nach einer Zeichnung von J. G. Rosenberg.

Trauergesängen und Gedenkreden, die 1832 Goethes Tod hervorrief, könnte man Anthologien zusammenstellen. Das schönste Epitaph jedoch setzte ihm Rahel in ihrem Tagebuch: «Milder als Mairegen sind Kinderküsse. Rosenduft, Nachtigallton, Lerchenwirbel. – Goethe hört's nicht mehr. Ein großer Zeuge fehlt.»

Auch den eigenen Nekrolog hat sie sich, anderthalb Jahre vor dem Ende, mit dem ihr eigenen abgründigen Humor geschrieben: «Wenn ich sterben muß, denke: sie hat alles gewußt: weil sie alles kannte; nie etwas war, nichts beabsichtigte, und alles durch Nachdenken siebte, und in Zusammenhang brachte; sie verstand Fichte; liebte Grünes, Kinder; verstand Künste, der Menschen Behelf. Wollte Gott helfen in seinen *Kreaturen.* Immerdar; ununterbrochen; und dankt ihm für diese ihre Beschaffenheit. ‹Das war dem alten Drachen seine gute Seite.›»

Literatur: Arendt, Hannah: Rahel Varnhagen. Lebensgeschichte einer deutschen Jüdin aus der Romantik. München 1959. – Scurla, Herbert: Begegnungen mit Rahel. Der Salon der Rahel Levin. 5. Auflage. Berlin 1971. – Stern, Carola: Der Text meines Herzens. Das Leben der Rahel Varnhagen. Reinbek bei Hamburg 1994.

Veit, Philipp

Berlin 13. Februar 1793 – 18. Dezember 1877 Mainz

Maler und Zeichner, Dichter und Kunsttheoretiker

Er war der zweitgeborene Sohn der späteren Dorothea → Schlegel, die damals noch mit dem jüdischen Kaufmann Simon Veit verheiratet war. Philipps älterer Bruder Jonas (1790–1854), der sich dann Johannes nannte, galt zunächst als der künstlerisch begabtere Knabe und hat ebenfalls die Malerei zum Lebensberuf gewählt. Bei Dorothea und Simon Veits Ehescheidung wurde Johannes dem Vater, Philipp der Mutter zugesprochen, jedoch unter der Bedingung, daß sie nicht mehr heiratete. Als sie schließlich doch die Frau Friedrich → Schlegels und sogar katholisch wurde, mußte der Kleine zum Vater nach Berlin zurückkehren, ohne in dessen Haus und im jüdischen Glauben noch einmal heimisch werden zu können. In Dresden, wo Philipp das Töchterchen des Naturphilosophen Gotthilf Heinrich → Schubert an einem Weihnachtsabend vor dem Flammentod rettete, erhielt er ersten Zeichenunterricht, den er anschließend in Wien vervollständigte. In der Kaiserstadt gesellte sich zum Einfluß des Stiefvaters Friedrich Schlegel der Glaubenseifer des Redemptoristenpaters Clemens Maria → Hofbauer, der die Brüder Veit auf die Taufe vorbereitete. Am 9. Juli 1810 traten Johannes und Philipp zur römischen Kirche über, vernachlässigten aber auch nicht ihre künstlerischen Studien bei Joseph Anton → Koch und den Brüdern → Olivier.

Nach der Teilnahme an den Befreiungskriegen, die Philipp zusammen mit Joseph von → Eichendorff als Lützower Jäger erlebte, erschien er, Sommer

Philipp Veit. Selbstbildnis. Bleistiftzeichnung.

1815, in Rom, wo ihn die nazarenischen Maler zum Mitglied des Lukasbundes machten. Gemeinsam mit Wilhelm → Schadow und Friedrich → Overbeck arbeitete er an den Fresken in der Casa Bartholdy («Joseph und das Weib des Potiphar», «Allegorie der sieben fetten Jahre»), später auch, als Nachfolger von Peter → Cornelius, an den Fresken in der Villa Massimo (Szenen aus Dantes «Göttlicher Komödie»). Von dem jungen Veit muß damals eine besondere Ausstrahlung ausgegangen sein, an die sich die weimarische Malerin Louise Seidler noch in der Rückschau erinnerte: «Er war eine schlanke, hohe, orientalische Schönheit, sein Wesen ernst, aber nicht finster. Geist und Witz belebten seine Unterhaltung, und wo er erschien, beherrschte er unwillkürlich die Umgebung, ohne es zu wollen.» Daneben dilettierte der Künstler auch als Lyriker; seine religiösen Sonette wurden von dem Freund → Fouqué im «Frauentaschenbuch» unter dem Pseudonym «Sebastian» gedruckt.
Die Leitung des Städelschen Kunstinstituts zu Frankfurt und der damit verbundenen Kunstschule markierten von 1830 bis 1843 den äußeren Höhe-

Johannes Veit. Bleistiftzeichnung seines Bruders Philipp Veit, 1820.

punkt von Veits Laufbahn. Daß er die Portraitmalerei exzellent verstand, zeigt etwa das «Bildnis der Freifrau von Bernus» (1838). Jedoch hat er, ähnlich wie sein Gesinnungsgefährte Eduard von → Steinle und andere Spätnazarener, seine größeren Kompositionen allegorisch überfrachtet und um jede malerische Wirkung gebracht. Ein Fresko wie «Die Einführung der Künste durch das Christentum in Deutschland» (1834–1836), geschaffen für das Frankfurter Städel, huldigt einer steifen Monumentalität, die dem blutleeren Neoklassizismus nähersteht als der Romantik. Im Wettbewerb mit Steinle und Cornelius fertigte Veit den Entwurf für ein Fresko an, bei dem man fast bedauern mag, daß er es nicht ausgeführt hat. Die «Erwartung des Jüngsten Gerichts durch → Friedrich Wilhelm IV. und sein Haus» zeigt den König von Preußen mitsamt seiner Gemahlin auf dem Thron, umspielt von den himmlischen Heerscharen, umgeben von den Ständen und vom braven Volk, unter dem auch einige Pickelhauben nicht fehlen: ein exorbitantes Tableau, dessen unüberbietbarer Byzantinismus mehr über den Geist der Zeit auszusagen vermag als eine historische Studie. Welten liegen zwischen dieser rauschenden Apotheose und den romantischen Seelenlandschaften eines Caspar David → Friedrich, den Veit einst in Dresden noch kennengelernt hatte, und selbst die stille Frömmigkeit der ersten Nazarener ist hier völlig verflogen.

Der Ankauf eines Gemäldes, das der Konvertit Veit als antikatholisch empfand, führte zu seinem Rücktritt vom Frankfurter Amt. Er ging nach Mainz, wo er, von 1854 an, die Städtische Galerie ehrenamtlich leitete. Gelegentlich vertauschte er jetzt den Pinsel des Malers mit der Feder des Kunstschriftstellers («Zehn Vorlesungen über Kunst», postum 1891). Von den pulsierenden Strömen der Gegenwart blieb er abgeschnitten, was ihn geschmerzt, aber nicht beirrt hat. Die Summe seines Lebens und Strebens faßte der Achtzigjährige in Versen zusammen, denen er keine neuen Bilder mehr folgen ließ:

«Die Jugend bringt in auserles'nen Farben
Viel duft'ge Blüten Gott zum Opfer dar;
Des Mannes Weihgeschenk sind reife Garben,
Geordnet steh'n sie rings um den Altar;
Strohblumen reicht das Alter, ihn zu schmücken,
Um, wie es kann, die Ehrfurcht auszudrücken.
Verschiedne Gaben zu des Höchsten Preis,
Ein gleiches Ziel für Jüngling, Mann und Greis.»

Literatur: Raich, J. M. (Hrsg.): Dorothea von Schlegel geb. Mendelssohn und deren Söhne Johannes und Philipp Veit. Briefwechsel. 2 Bde. Mainz 1881. – Spahn, Martin: Philipp Veit. Bielefeld, Leipzig 1901.

W

Wackenroder, Wilhelm Heinrich

Berlin 13. Juli 1773 – 13. Februar 1798 Berlin

Dichter und Wegbereiter der Frühromantik

Der junge Mann, den dann sein Freund Ludwig → Tieck zu einer romantischen Legendengestalt stilisieren sollte, wuchs in einem Elternhaus auf, in dem Zeit und Ewigkeit mit preußischen Uhren gemessen wurden. Der Vater, Geheimer Kriegsrat und Justizbürgermeister zu Berlin, hatte während des Siebenjährigen Krieges mit den Generalen der russischen Besatzungsmacht verhandeln müssen und hielt daher nichts von Traumtänzereien. Daß er den einzigen Sohn sorgfältig erziehen und auf eine Karriere im Staatsdienst vorbereiten ließ, war geradezu eine Selbstverständlichkeit. In der zweiten Klasse des

Wilhelm Heinrich Wackenroder. Marmorrelief von Friedrich Tieck, 1798.

berühmten Friedrichwerderschen Gymnasiums lernte der Knabe den gleichaltrigen Tieck kennen. Die enge Freundschaft, die beide Kameraden sogleich verband, eröffnete eine neue Ära in der deutschen Literaturgeschichte.

Wackenroders Persönlichkeit, seine seelische Individualität und sogar seine äußere Erscheinung sind ganz unzulänglich dokumentiert. Die Nachwelt kennt sie nur aus Tiecks literarisch getönten Überlieferungen und aus Wackenroders Dichtungen sowie aus seinen wenigen Briefen, die freilich immer auch auf deren Empfänger berechnet waren. Aus den Briefen, die der Student seinen Eltern schrieb, sprechen gelegentlich Berliner Witz und eine genaue Beobachtungsgabe, die beide nicht recht zu dem andächtigen Kunstschwärmer passen wollen. Die Geständnisse, die nur dem intimen Freund zugedacht waren, verrieten allerdings eine frühe Zerbrechlichkeit und Labilität, die auf wenig entwickelte Lebenskräfte schließen lassen. Selbst der Genuß der Tonkunst, die Wackenroder am meisten geliebt hat, schien ihn auf die Dauer mehr zu erschöpfen als zu erquicken, wie er Tieck bekannte: «Eben daher glaub' ich behaupten zu können, daß man höchstens eine Stunde lang Musik mit Teilnehmung empfinden vermöge, und daher Konzerte und Opern und Operetten das Maß der Natur überschreiten». Diesen sensiblen Jüngling, der die Wonnen der Musik kaum länger als eine Stunde auszuhalten vermochte, suchte nun der Vater in die Laufbahn eines preußischen Juristen zu nötigen. Die Vorlesungen, die er noch in Berlin bei dem Gelehrten Erduin Julius Koch zur Geschichte der deutschen Literatur hörte, waren ihm wichtiger als das vom Vater vorgeschriebene Ziel.

Ostern 1793 ging er zusammen mit Tieck zum Studium nach Erlangen, von wo aus die beiden Gefährten ihre Wanderungen durchs Frankenland antraten, die später zur Legende wurden. In den Briefen an die Eltern hat Wackenroder auch Eisenhämmer, Glashütten und Kattunfabriken beschrieben, womit er wohl das väterliche Nützlichkeitsdenken befriedigen wollte. Unverlierbar blieben die Ausflüge ins Nürnberg Albrecht Dürers, ins Bamberg Kaiser Heinrichs II., zum Barockschloß Pommersfelden sowie durchs Fichtelgebirge.

Das Erlebnis eines Hochamtes im Dom zu Bamberg muß den empfänglichen Jüngling, der in den glanzlosen Traditionen des Berliner Rationalismus aufgewachsen war, wie eine geistig-geistliche Erweckung getroffen haben. Der Zusammenklang von Musik und Gottesdienst, ja ihre geheime Identität ist ihm von da an nur Überzeugung geworden und prägte bald die Kunstfrömmigkeit seiner Schriften. Der Dreiklang von Kunst, Geschichte und Landschaft auf diesen Entdeckungsfahrten durch Räume und Zeiten bewirkte die Konstitution des Lebensgefühls der deutschen Romantik, wie es beide Freunde in ihren Dichtungen zu vertreten begannen. Die Wiederentdeckung des Mittelalters und ebenso der Malerei Albrecht Dürers waren Taten, die den Romantikern unvergeßlich blieben: noch 1828, an Dürers dreihundertstem Todestag, haben Sulpiz → Boisserée und Peter → Cornelius ausdrücklich diese Leistung Tiecks und Wackenroders gewürdigt. Zur Altnürnberger Meisterherrlichkeit gesellte

Der Künstler mit seinen beiden Söhnen vor der Büste Dürers. Gemälde von Matthäus Christoph Hartmann, 1828.

sich das Erlebnis Raffaels. In der Galerie des Schlosses Pommersfelden sahen die Freunde ein Madonnenbild, das man damals für ein Gemälde Raffaels hielt; Wackenroder erschien es als «die Hülle eines Wesens höherer Regionen». Der Enthusiasmus für den italienischen Renaissancemaler ist dann noch einmal gesteigert worden, als Wackenroder drei Jahre später, wiederum zusammen mit Tieck, in Dresden Raffaels «Sixtinische Madonna» auf sich wirken ließ. Von der Verarbeitung dieser Eindrücke führte ein unmittelbarer Weg zu den Madonnengedichten des → Novalis und zum Raffael-Kult der nazarenischen Maler.

Die von Erlangen aus unternommenen Wanderungen haben beide Freunde verwandelt und zur Erkenntnis ihrer Bestimmung gebracht. In Göttingen, wo sie ihre Studien fortsetzten, war ihnen die Beschäftigung mit Kunst- und Literaturgeschichte sowie das Austragen von literarischen Plänen schon wesentlicher als der Besuch der Vorlesungen. Während aber Tieck entschlossen war, das Dasein eines freien Literaten zu seinem Lebensberuf zu machen, sah sich

Wackenroder durch den Vater in die verhaßte Existenz eines Juristen gedrängt. Von Herbst 1794 an war er in Berlin als preußischer Staatsdiener tätig, bis zum physisch empfundenen Widerwillen unter einem Schicksal leidend, das ihn binnen weniger Jahre aufgerieben hat. Nur die Pilgerfahrt zu Raffael in die Dresdner Galerie, Sommer 1796, mit einem anschließenden Aufenthalt bei dem Kapellmeister Johann Friedrich Reichardt in Giebichenstein bei Halle brachte eine Unterbrechung, die das Berliner Martyrium nachher um so schmerzlicher erscheinen ließ.

Die Verklärung der Reminiszenzen an den unauslöschlichen fränkischen Sommer und die Drangsale des bürgerlichen Brotberufs vereinigten sich zu dem melancholischen Grundakkord, aus dem die «Herzensergießungen eines kunstliebenden Klosterbruders» hervorgingen, eine Sammlung von rhapsodischen Prosastücken Wackenroders, die Tieck 1797 anonym herausgab. Jede echte Kunst, nicht nur die sakrale, sei «heilig» und «göttlich», verkündet der Klosterbruder, wofür er Michelangelo und Leonardo, ganz besonders aber Raffael und Dürer als Zeugen aufruft. Um das historische Verständnis dieser Künstler ging es Wackenroder nicht, wohl aber um Triumph und Gefährdung schöpferischer Persönlichkeiten inmitten einer feindseligen Umwelt, mit der jene großen Gestalten wirkungsvoll kontrastiert sind. Höhepunkt dieser ebenso feierlich wie naiv vorgetragenen Texte ist die Lebens- und Leidensgeschichte des Tonkünstlers Joseph Berglinger, der, wie sein Autor, Ideal und Wirklichkeit nicht in Einklang zu bringen vermag. Mit Berglinger begann der Reigen unbehauster, mit sich und der Welt im Hader liegender deutscher Musikergestalten, der von ihm über E. T. A. → Hoffmanns Kapellmeister Kreisler bis zu Thomas Manns Tonsetzer Adrian Leverkühn reicht.

Aus Wackenroders Nachlaß hat Tieck noch «Phantasien über die Kunst für Freunde der Kunst» (1799), vermehrt um eigene Beiträge, zum Druck befördert: wiederum literarische Paraphrasen, die um Dürer, Raffael und Michelangelo, um die Peterskirche und um die Magie der Farben kreisen. Im Anhang werden «einige musikalische Schriften Joseph Berglingers» mitgeteilt, darunter das «Wunderbare morgenländische Märchen von einem nackten Heiligen». Es ist die Geschichte eines Eremiten, der vom dissonanten Geräusch der Zeit, vom «Rad der Zeit» und seinem «sausenden Umschwung» gefoltert wird. Erst der Klang von Musik rettet ihn aus seiner Pein: nur sie vermag zu erlösen und das absurde Chaos der Zeit in eine harmonische Ordnung aufzulösen.

Diese dithyrambischen Parabeln, Evokationen und Meditationen sind von Wackenroder heimlich zu Papier gebracht worden, jenseits der täglichen Kanzleifron. Daß sie bald als Bekenntnisschriften einer ganzen Generation und als Inkunabeln der Romantik aufgenommen wurden, hat er nicht mehr erlebt. Er verzehrte sich in den ständigen Spannungen, die er allenfalls künstlerisch, jedoch nicht im Leben auszutragen vermochte. Tieck versuchte, den Vater umzustimmen und auf die musikalische Begabung des Freundes hinzulenken. «Sie meinen wohl gar, mein Sohn soll so ein Musikant werden, der zu Hochzeiten aufspielt?» entgegnete der Kriegsrat schneidend, der freilich die besten Absichten hegte, als er auf einer bürgerlichen Berufswahl für den Sohn insistierte. Wie Tieck sich noch nach einem halben Jahrhundert erinnerte, starb der kaum Fünfundzwanzigjährige «endlich am Nervenfieber, eigentlicher fast an der Angst vor dem Examen, so sehr hatten ihn die Vorarbeiten dazu aufgeregt, weil er von den Rechten gar nichts verstand». Vielleicht hat der Erfinder des Tonsetzers Berglinger auch im Innersten nicht daran glauben können, daß sich die Dissonanzen der Wirklichkeit durch den religiösen Anspruch der Kunst überspielen ließen.

Literatur: Tecchi, Bonaventura: Wilhelm Heinrich Wackenroder. Bad Homburg v. d. H. 1962. – Sudhof, Siegfried: Wilhelm Heinrich Wackenroder. In: Wiese, Benno von (Hrsg.): Deutsche Dichter der Romantik. Ihr Leben und Werk. 2., überarbeitete und vermehrte Auflage. Berlin 1983. – Littlejohns, Richard: Wackenroder-Studien. Gesammelte Aufsätze zur Biographie und Rezeption des Romantikers. Frankfurt a. M., Bern, New York, Paris 1987.

Wagner, Richard

Leipzig 22. Mai 1813 – 13. Februar 1883 Venedig

Komponist, besonders Musikdramatiker, Musiktheoretiker, Essayist und Erzähler, Dirigent und Inszenator

Am 17. Juni 1813 notierte E. T. A. → Hoffmann, damals Musikdirektor einer in Leipzig spielenden Operntruppe, in seinem Tagebuch: «Abends in der ‹Grünen Linde›, Actuarius Wagner – ein exotischer Mensch, der Opitz, Iffland pp copiert und zwar mit Geist – er scheint auch der besseren Schule anzuhängen – *un poco exaltato* durch den Genuß vielen Rummes.» Der «exotische», bekannte Schauspieler parodierende Aktuarius war kein anderer als der Vater des noch keine vier Wochen zählenden Richard Wagner, der einige Straßenzüge von der «Grünen Linde» entfernt in seiner Wiege lag. Vermutlich hat Wagner später nie von diesem Zusammentreffen erfahren, da sein Vater bald starb und Hoffmanns Tagebücher erst nach einem Jahrhundert veröffentlicht wurden. Hätte er aber davon gewußt, so würde er nicht angestanden haben, den feuchtfröhlichen Abend eine besondere Fügung zu nennen, denn in Hoffmann sah er später einen seiner künstlerischen Ahnherren.

«Eine wahrhafte Oper scheint mir nur die zu sein, in welcher Musik unmittelbar aus der Dichtung als notwendiges Erzeugnis derselben entspringt.» Diese Maxime Hoffmanns, niedergeschrieben in dem Dialog «Der Dichter und der Komponist», könnte fast wörtlich auch in Wagners Schrift «Oper und Drama» stehen. Den Gedanken des Gesamtkunstwerkes, das Dämonische als höchste Steigerung des Phantastischen, die Vereinigung eines liebenden Paares im «Liebestod», dazu zahlreiche stoffliche Bezüge und Anregungen: das alles hat Wagner, bis in Details vorformuliert, vom Dichter des Kapellmeisters

Richard Wagner am Vorabend seines Todes. Gezeichnet von Paul von Joukowsky, 12. Februar 1883.

Kreisler und von anderen Romantikern übernehmen können, ganz abgesehen von der musikalischen Vorläuferschaft Carl Maria von → Webers und Heinrich → Marschners, die er ebenso beerbte. Natürlich ist Wagners weitläufiges Werk aus vielen Quellen gespeist: von der griechischen Tragödie, von Shakespeare und Calderón, von der Weimarer und von der Wiener Klassik, allen voran von → Beethoven, von den sozialistischen Postulaten Proudhons und vom Anarchismus Bakunins, von den philosophischen Lehren Ludwig Feuerbachs und später Arthur Schopenhauers, zuletzt vom Rassismus des Grafen Gobineau. Dennoch sind, vom Anfang bis zum Ende, romantische Überlieferungen in Wagners künstlerischem und theoretischem Schaffen gegenwärtig geblieben, so daß es von einem neueren Exegeten als «Vollendung und Tragik der deutschen Romantik» beschrieben werden konnte. Erst durch Wagners schillerndes Werk ist die deutsche Romantik zum europäischen Ereignis und von der Welt wahrgenommen worden – eine faszinierende, wenn auch vielfach gebrochene Wirkung, die etwa über E. T. A. Hoffmanns französischen und russischen Nachruhm weit hinausging.

Die Dichtungen der Romantiker lernte der Knabe bereits durch seinen Leipziger Onkel Adolph Wagner, den gelehrten Philologen und Polyhistor, kennen, der mit Hoffmann befreundet war und den ersten Lexikonartikel über Heinrich von → Kleist schrieb. Dergleichen Lektüre stürzte den heranwachsenden Wagner in Exaltationen, die auf den «Genuß vielen Rummes» nicht angewiesen waren. Sie begleitete ihn zu den ersten Stationen seiner Kapellmeisterlaufbahn, nach Magdeburg, Königsberg, Riga, und auch die ersten Opern, «Die Feen» und «Das Liebesverbot», waren davon gespeist. In Paris, wo der von da an stets verschuldete Flüchtling zusammen mit seiner jungen Frau Minna und einem abgemagerten Neufundländer ein karges Dasein fristete, regte sich die romantisch gestimmte Seele besonders mächtig in ihm. Der «Fliegende Holländer» war von Heinrich → Heine angeregt; an E. T. A. Hoffmann emporgerankte Erzählungen («Eine Pilgerfahrt zu Beethoven», «Ein Ende in Paris») dienten dem kümmerlichen Broterwerb des Verfassers, verrieten aber auch die Sehnsucht nach einer Sphäre, die ihm gerade in der Fremde die Heimat bedeutete.

Der geräuschvolle Erfolg der Oper «Rienzi, der letzte der Tribunen» (1842) trug Wagner die Hofkapellmeisterstelle und mit ihr den ehemaligen Platz Carl Maria von Webers in Dresden ein. Die Wahlverwandtschaft mit dem romantischen Meister wurde offenkundig, als Wagner dort den «Freischütz» dirigierte und ihm ein alter Cellist zuflüsterte: «Ja, so hat es Weber auch genommen, ich höre es jetzt zum ersten Male wieder richtig!» Der «Fliegende Holländer» stand in dieser Tradition und führte sie zugleich weiter: sowohl musikalisch als auch im balladesken Zusammenstoß von Menschenwelt und Geisterwelt. «Tannhäuser oder Der Sängerkrieg auf Wartburg» (1845) war stofflich Hoffmann und Ludwig → Tieck verpflichtet, feierte darüber hinaus den zwischen Sinnlichkeit und Askese unstet schweifenden romantischen Künstler. Der ebenfalls noch in Dresden entstandene «Lohengrin» (Uraufführung 1850 unter Franz Liszt in Weimar) imaginierte, inmitten der Gebrechlichkeiten des Menschlich-Allzumenschlichen, die Glorie des romantischen Genies, das frageloses Vertrauen und unbedingte Gefolgschaft für sich beansprucht. Sogar der alte Tieck, den Wagner in Berlin besuchte, bekundete sein Interesse an dem Werk, obwohl er den exzentrischen Selbstinszenator sonst nicht mochte. Kurz darauf beendete des Hofkapellmeisters Teilnahme an der Dresdner Revolution, Mai 1849, sein Wirken in Sachsen.

Als steckbrieflich gesuchter Exulant war er nun auf den Landstraßen Westeuropas unterwegs, immer getrieben von Gläubigern und Polizisten, jedoch auch von den eigenen Obsessionen und Pressionen, von Erlösungsbedürftigkeit und einem künstlerischen Neuerertum, das er zunächst in theoretischen Schriften dem Publikum ankündigte («Kunst und Volk», 1849; «Die Kunst

Uraufführung von Richard Wagners «Tannhäuser» am 19. Oktober 1845 in Dresden: Joseph Tichatschek als Tannhäuser und Wilhelmine Schröder-Devrient als Venus. Sepiazeichnung von F. Tischbein.

und die Revolution», 1849; «Das Kunstwerk der Zukunft», 1850; «Oper und Drama», 1852, 3 Bde.). Daß er sich dabei auch lästige Konkurrenten vom Hals schaffen wollte und, wie leider oft, die inquisitorische Pose des Weltenrichters anmaßte, bewies das rassistische Pamphlet «Das Judentum in der Musik» (1850).

Zum Gericht über die Welt, zunächst über die bürgerlich-kapitalistische, dann über die ganze, sollte vor allem die Dramatisierung des Nibelungen-Stoffes werden, den zuerst der Romantiker → Fouqué auf die Bühne gebracht hatte. In Zürich beendete der Emigrant 1852 die Dichtung der Tetralogie «Der Ring des Nibelungen», für deren Vertonung er dann, mit Unterbrechungen, fast ein Vierteljahrhundert benötigte. An vier Abenden («Das Rheingold», Uraufführung 1869 München; «Die Walküre», Uraufführung 1870 München; «Siegfried», Uraufführung 1876 Bayreuth; «Götterdämmerung», Uraufführung 1876 Bayreuth) sollten Werden und Vergehen einer ganzen Welt als mythisch-szenischer Koloß am Zuschauer vorüberziehen. Wagner entwickelte dazu ein hochkompliziertes System von Leitmotiven, die symbolische und psychologische Vorgänge zu einem erinnerungsmächtigen Geflecht bündeln sollten. Sie waren den Singstimmen und dem sinfonischen Großorchester zugewiesen, dessen instrumentale Klangfarben, Klangmischungen und Klangkombinationen die kommentierende Rolle des Chors in der griechischen Tragödie übernahmen.

In die tönende Kosmogonie gingen viele Einflüsse ein: frühsozialistische Utopien und modische Endzeiterwartungen, Feuerbach- und Schopenhauer-Konglomerate, Wagners Privat-Theologie sowie, nicht zuletzt, romantisches Gedankengut, darunter Vorstellungen des Naturphilosophen Gotthilf Heinrich → Schubert. Dieser sächsische Landsmann Wagners hatte bereits vor Jahrzehnten den Ring Odins als ein Symbol für den ewigen Kreislauf von Zeugung und Tod hervorgehoben. Bei ihm fand der Musikdramatiker das Wasser als das «anfängliche Element» dargestellt, «in welchem die Dinge beginnen und enden». Von hier aus, dem flüssigen Zustand der Natur, konnte er jenen Es-Dur-Dreiklang aufsteigen lassen, die Keimzelle der «Ring»-Musik, um die Welt, nach ihrer Verstrickung in Gold- und Machtwahn, wieder dem «anfänglichen Element» zu überantworten.

Schuberts «kosmische Momente», unter denen er eine äußerste Steigerung der Lebenskräfte verstanden hatte, sind in den Ekstasen des Musikdramas «Tristan und Isolde» entfesselt, mit dem Wagner die «Ring»-Komposition unterbrach (Uraufführung 1865 München). Mehr noch verweist Tristans und Isoldes Liebestod auf den Nichtvollzug der irdischen Liebe von E. T. A. Hoffmanns Künstlergestalten, auf die «Hymnen an die Nacht» des → Novalis und

Bühnenmodell von Angelo Quaglio zum 3. Aufzug der Uraufführung von Richard Wagners «Tristan und Isolde» am 10. Juni 1865 in München.

auf die erotischen Phantasien von Friedrich → Schlegels Roman «Lucinde». Hingegen sind die «Meistersinger von Nürnberg» (Uraufführung 1868 München) nicht ohne die Wiederentdeckung der alten Reichsstadt durch Tieck und → Wackenroder vorstellbar, auch nicht ohne die stofflichen Impulse, die wiederum Hoffmann beisteuerte. Alle diese Überlieferungen und Anregungen hat Wagner aufgegriffen, verwandelt und eingeschmolzen in ein Œuvre, das so nur ihm angehört und das *sui generis* ist.

Es war, wenn man die äußeren und inneren Umstände seiner Entstehung hinzunimmt, teuer genug erkauft. Wagner, wie Tieck und andere Romantiker ein «Pumpgenie» und «blinder Passagier auf des Lebens Posten», diente mit monomanischer Besessenheit seiner Aufgabe und sah auch in anderen Menschen nur willkommene Erfüllungsgehilfen. Die einzelnen Stationen seiner exzentrischen Lebenskurve, die alle Züge einer romantischen Künstlerbiographie aufweist, können nur angedeutet werden: das Appassionato seiner Liebe zu Mathilde Wesendonck und der Weggang aus dem Zürcher «Asyl»; der Pariser «Tannhäuser»-Skandal und die Flucht aus dem erborgten Wiener Luxusleben; der drohende Sturz in den existentiellen Abgrund und die unverhoffte Erhöhung zum Günstling → Ludwigs II.; die ebenso romantische wie peinliche Geschichte dieser Königsfreundschaft und die Münchner «Tristan»-Premiere; das beginnende Verhältnis mit Cosima, der Frau des musikalischen Paladins Hans von Bülow, und Wagners Dreinreden in die

Der Gralstempel in der Uraufführung von Richard Wagners Bühnenweihfestspiel «Parsifal» in Bayreuth. Entwurf von Paul von Joukowsky, 1882.

Konfusionen der bayerischen Politik; das Idyll im Haus Tribschen am Vierwaldstätter See und der Triumph der «Meistersinger» in München; die künftige Sicherung der Dynastie Wagner durch die Geburt des Stammhalters Siegfried und die Hochzeit mit Cosima; die Jüngerschaft und der Abfall des Professors Friedrich Nietzsche; schließlich die endgültige Niederlassung im Haus «Wahnfried» zu Bayreuth.

Hier, inmitten von Plüsch und gründerzeitlichem Prunk, vollendete Wagner am 21. November 1874 die «Ring»-Partitur, von hier aus ließ er, mit dem Eifer eines Missionars in eigener Sache, immer neue Reformschriften und Traktate ergehen, welche die Mißverständnisse um sein künstlerisches Werk eher vermehrt als beseitigt haben. Hier bereitete er die ersten Bayreuther Festspiele vor, die, mit der ersten vollständigen Aufführung des «Ring», vom 13. August 1876 an stattfanden. In dem provisorischen Bühnenhaus auf dem Grünen Hügel setzten sie ganz neue Maßstäbe, endeten aber mit einem finanziellen Fiasko, so daß die nächsten Festspiele erst 1882 abgehalten werden konnten. Sie zelebrierten zum ersten Male Wagners «Weltabschiedswerk», das Bühnenweihfestspiel «Parsifal», das auch noch einmal Stimulanzien aus den Wundergärten der Romantik enthielt. Sie haben nicht nur Gralswelt und Karfreitagszauber mit einem gleichsam nazarenischen Flair ausgestattet, sondern ebenso die gespaltenen Figuren, Amfortas und Kundry, mit abgründiger Psychologie versehen. Gotthilf Heinrich Schubert, der Kenner und Deuter des Somnambulismus, hatte einst seine Aufmerksamkeit dem «Menschen, gerissen nach zwei Seiten», zugewendet und ihn eine «zweileibige Mißgeburt» genannt, «davon ein Leib dem anderen zur Last ist». Jetzt erhielt dieser Typus in Kundry, der «Gralsbotin und Höllenrose», eine neue, höchst ambivalente Inkarnation.

Die künstlichen Paradiese des Phantastischen haben Wagner immer beschäftigt und beunruhigt, noch als er, Februar 1883, das Treiben venezianischer Karnevalsmasken beobachtete. Ob er dabei an E. T. A. Hoffmanns Faschings-Capriccio «Prinzessin Brambilla» dachte, wissen wir nicht, aber am Vorabend seines Todes las er, im Palazzo Vendramin zu Venedig, einem kleinen Kreis die «Undine» des romantischen Ritters Fouqué vor. Während er las, zeichnete Paul von Joukowsky, der Bühnenbildner des Bayreuther «Parsifal», Richard Wagners Physiognomie: konzentriert, abweisend, hochmütig, streng, doch auch traumverloren, resignierend, verschlossen, und noch vibriert ein letztes Wetterleuchten kreislerianischer Zwiespältigkeit auf diesem Greisengesicht.

Literatur: Loos, Paul Arthur: Richard Wagner. Vollendung und Tragik der deutschen Romantik. Bern, München 1952. – Mayer, Hans: Richard Wagner in Selbstzeugnissen und Bilddokumenten. Reinbek bei Hamburg 1959. – Gregor-Dellin, Martin: Richard Wagner. Sein Leben, sein Werk, sein Jahrhundert. München 1980. – Bauer, Hans-Joachim: Richard-Wagner-Lexikon. Bergisch Gladbach 1988.

Waiblinger, Wilhelm

Heilbronn 21. November 1804 – 17. Januar 1830 Rom

Dichter, Essayist und Reiseschriftsteller

Er war ein Bürgerschreck, ein Bohemien und Vagabund, der gerne in der altteutschen Tracht des Kotzebue-Mörders Karl Ludwig → Sand einherging. Die Feder stand ihm schon früh zu Gebote, um mit Shakespeare zu wetteifern, und wenn er sich gerade in der rechten Stimmung befand und ein Messer zur Hand war, so führte er es gegen die eigene Brust, um einer jungen Stuttgarter Dame das Schaudern zu lehren. Er war aus dem Sturm und Drang ins Biedermeier verschlagen worden, noch dazu ins schwäbische. Daß er es darin und überhaupt hienieden nicht lange aushielt, wird ihn selbst am allerwenigsten gewundert haben. «Sie werden ein großer Herr werden, Eure Heiligkeit!» sagte der wahnsinnige → Hölderlin zu Waiblinger, als er ihn in dessen Tübinger Turmzimmer besuchte. Es war der Ritterschlag für einen genialischen jungen Mann, der seinerseits gestand: «Ich kann nicht leben, wenn ich keinen Wahnsinnigen schildre.» Das Bedürfnis nach furiosen Grenzüberschreitungen, das

Wilhelm Waiblinger. Selbstportrait. Handzeichnung.

ihn dann schnell ins soziale Abseits beförderte, rückte Waiblinger in die Nähe romantischer Exzentriker, mit deren ästhetischen Überzeugungen ihn sonst wenig verband.
Er war vielseitig begabt und beherrschte zeitig das poetische Instrumentarium der Stuttgarter Klassizisten. Der Hang zum Gigantischen, ja Monströsen gab sich in literarischen Plänen zu erkennen, die Theoderich dem Großen, Raffael, Franz von Sickingen, den Hohenstaufen galten. Unter seinen Stuttgarter Lehrern fand er einflußreiche Förderer, etwa Gustav → Schwab, mit dem er sich jedoch überwarf. Er schloß enge Freundschaft mit dem jungen Eduard → Mörike, der später wieder von ihm abrückte. Er ging bei den Brüdern → Boisserée ein und aus, deren «romanhafte» altdeutsche Bildersammlung «schwärmerische Gedanken» auslöste. Der Freiheitskampf der Hellenen regte ihn zu «Liedern der Griechen» (1823), erotische Wirrsal zu zahlreichen Liebesgedichten an. Dergleichen Eskapaden ließen die Zeit im Tübinger Stift zum Fiasko werden, wo das «Enfant terrible» weiterhin durch Randale, Trunkenheit, Ungehorsam und demzufolge durch häufige Aufenthalte im Karzer ein Ärgernis war. Unverlierbar blieben lediglich die Besuche bei dem kranken Hölderlin, den Waiblinger mit der akribischen Neugier eines Arztes beobachtete («Hölderlins Leben, Dichtung und Wahnsinn», postum 1831). Vor seinem Briefroman «Phaëton» (1823), der Hölderlins «Hyperion» nachgebildet war, stand der junge Autor selbst ganz fassungslos: «Er ist mein Schöpfer, nicht ich der seine.» Indessen mußte er einsehen, daß seine Stellung in Schwaben unhaltbar geworden war. Er schickte «Vier Erzählungen aus der Geschichte des jetzigen Griechenlandes» (1825) an Ludwig → Tieck, hinterließ seinen Landsleuten noch die Literatursatire «Drei Tage in der Unterwelt» (1826), versehen mit dem ironischen Motto «Nichts für ungut!», und ging nach Italien.
Dort lebte Waiblinger in tiefer Bedürftigkeit dahin, die er durch Veröffentlichungen in deutschen Blättern und Almanachen vergeblich zu beheben suchte. Mit den deutsch-römischen Malern, besonders den Nazarenern, geriet er bald in Streit; jedoch hat ihm Joseph → Führich mehrere Illustrationen zu seinen «Taschenbüchern» (1829/30) geliefert. Seine «Wanderungen in Italien», die 1827/28 in der Dresdner «Abendzeitung» erschienen, waren glänzende Reise-Feuilletons, die den sicheren Blick des Autors für das pittoreske Volksleben verrieten, das er weit höher schätzte als das penetrant zur Schau gestellte Interesse der Bildungsreisenden aus dem Norden. Mit Nena Carlenzo, einer Römerin, lebte er in wilder Ehe, während ihn die deutschen Maler mit bösen Karikaturen verächtlich machten. Er lernte den Dichter Platen und den Historiker Ranke kennen, war unterwegs in Süditalien und auf Sizilien, bestieg den Ätna, sammelte neapolitanische Volkslieder, immer getrieben von Unrast und Not, die ihn zum unausgesetzten Produzieren zwang, obwohl er schon an der Schwindsucht darniederlag. Waiblinger starb völlig verarmt, bis zuletzt gepflegt von seiner römischen Geliebten, und wurde auf dem protestantischen deutschen Friedhof an der Pyramide des Cestius begraben. Sein kaleidoskopi-

sches Werk, das vom schlichten Lied bis zur sapphischen Ode, vom Trauerspiel bis zur Farce, von der pseudoromantischen Räubergeschichte bis zur poetischen Landschafts-Impression reicht, stand lange im Schatten der Biographie, die als ein Greuel in Erinnerung blieb. Zu Hause schrieb Eduard Mörike, vier Wochen nach dem Tod des ehemaligen Freundes, in einem Brief: «Man fällt im Vaterlande so grausam und mit so gemeinem Haß über seine Leiche her, daß es mich erquickt hätte, von solchen, die ihn besser kannten, eine versöhnende Stimme zu vernehmen.»

Literatur: Behne, Hermann: Wilhelm Waiblinger. Berlin, Leipzig 1939. – Simon, Hans-Ulrich (Bearb.): Wilhelm Waiblinger 1804–1830. Marbacher Magazin 14 (1979).

Weber, Carl Maria von

Eutin 18. oder 19. November 1786 – 5. Juni 1826 London

Komponist, Dirigent und Schriftsteller

Weber war eine jener künstlerischen Doppelbegabungen, wie sie unter den Romantikern häufig anzutreffen sind. Schon als Knabe malte er in Öl und Pastell und wußte «auch die Radiernadel zu führen». Sein literarisches Talent ließ ihn gelegentlich darüber nachdenken, ob er nicht überhaupt Schriftsteller werden sollte. Mit Rezensionen und Feuilletons setzte er sich für andere Meister und eigene Werke ein. Das Romanfragment «Tonkünstlers Leben», das sogar den berühmten Verleger Cotta interessierte, hat er im Lauf von zehn Jahren immer wieder vorgenommen und sich damit als ein Verwandter → Jean Pauls und besonders E. T. A. → Hoffmanns zu erkennen gegeben. Den Vater, eine abenteuerliche Cagliostro-Natur, begleitete Weber auf dessen Kreuz- und Querzügen über deutsche Schauspielbühnen, auf denen er als dubioses Wunderkind in Erscheinung treten mußte. Mit zwölf Jahren schrieb er die erste Oper («Die Macht der Liebe und des Weins»), mit vierzehn die zweite («Das Waldmädchen»), mit fünfzehn die dritte («Peter Schmoll und seine Nachbarn»), die in Augsburg das Licht der Bühne erblickte. Die Oper «Silvana», dazu eine Große Messe in Es-Dur, Sinfonien, Klavierkonzerte sowie weitere Kompositionen waren weit mehr als Talentproben.

Es dauerte freilich einige Zeit, bis sich der junge Mann aus seinen Verstrickungen in die dunklen Geschäfte des Vaters herausgearbeitet hatte. In Stuttgart, wo ein Klavierquartett, eine Ouvertüre zu Schillers «Turandot», Kammermusik, Chorwerke und Lieder entstanden, wurde er verhaftet, weil man ihn der Hinterziehung herzoglicher Gelder und des fürstlichen Tafelsilbers bezichtigte. Die anschließenden Konzertreisen sollten die zahlreichen Gläubiger befriedigen, deren bizarren Chorus Weber gleich zu Beginn seines Singspiels «Abu Hassan» (1811) parodierte. Endlich, 1813, begann sein Stern zu steigen. Als Operndirektor des Ständischen Theaters Prag unternahm er den Versuch einer Opernreform, die in der ersten Aufführung von → Beethovens

Carl Maria von Weber. Lithographie von C. A. Schwerdgeburth, 1826, nach dem Gemälde von Carl Christian Vogel von Vogelstein, 1823.

«Fidelio» außerhalb Wiens gipfelte. E. T. A. Hoffmanns Oper «Undine» hat Weber gleich nach der Berliner Uraufführung in Prag dirigiert. Indessen war er durch die Vertonung von Theodor → Körners Lützow-Lied und ähnliche patriotische Gesänge der meistgesungene Komponist Deutschlands geworden. Den harschen Tadel seiner Braut, der Sängerin Caroline Brandt, einer Verehrerin Napoleons, nahm er dabei nicht ohne Humor hin.

Die Hochzeit mit Caroline fand bereits in Dresden statt, wo Weber von 1817 an als Königlich-Sächsischer Hofkapellmeister den Aufbau der deutschen Oper betrieb. Er dirigierte den «Fidelio», daneben Opern von Louis → Spohr und Heinrich → Marschner, besonders die Bühnenwerke Mozarts. In der Wohnung am Altmarkt, unweit des Domizils von Ludwig → Tieck, und in dem Sommerhäuschen zu Hosterwitz arbeitete Weber am «Freischütz», zu dem ihm der Dresdner Literat Friedrich → Kind, nach der Vorlage in Johann

Das Landhaus Carl Maria von Webers in Hosterwitz bei Dresden, Dresdner Straße 22. Zeitgenössischer Stich.

August → Apels und Friedrich Launs «Gespensterbuch», ein vorzügliches Libretto schrieb.

Schon in den ersten Takten der Ouvertüre, mit der feierlich aufsteigenden Kantilene des Hornquartetts, gelang Weber eine einzigartige Verdichtung romantischen Naturempfindens, das aus dieser Partitur spricht wie aus den Gedichten Joseph von → Eichendorffs und aus den Bildern Caspar David → Friedrichs. Von der derben Breughel-Humoristik der walzenden Bauern bis zur psychologisch vertieften Folkloristik des Jägerburschen Max, von den dämonischen Rache-Proklamationen seines zurückgesetzten Kontrahenten Kaspar bis zur schelmischen Burschikosität Ännchens, von der berückenden Klangsinnlichkeit der «frommen Weise» Agathes bis zum pastosen Eintritt des Eremiten, vom glänzenden Hörnerbrio des Jägerchores bis zur volksliedhaften Anmut des «schönen, grünen Jungfernkranzes», von den gaukelnden Schattenbildern und der Entfesselung der Elemente in der Wolfsschlucht bis zum erhabenen Largo maestoso und der jauchzenden Stretta des Finales hat Weber das Menschen- und Naturbild der deutschen Romantik in eine hoch-inspirierte, unmittelbar eingängige und doch nie simple Partitur gefaßt. Die Uraufführung am 18. Juni 1821, einem emblematischen Datum der deutschen Operngeschichte, in → Schinkels neuem Schauspielhaus am Berliner Gendarmenmarkt wurde zum Triumph, an dem auch E. T. A. Hoffmann, Heinrich → Heine und der zwölfjährige Felix → Mendelssohn Bartholdy enthusiastisch teilnahmen. «Soli Deo Gloria!» schrieb der erschöpfte Weber nachher in sein Tagebuch.

Wolfsschluchtspuk. Radierung von George Cruikshank zu einer Londoner «Freischütz»-Parodie, 1826.

Ein Jahr nach der Uraufführung brachte er in Dresden eine Musterinszenierung des «Freischütz» heraus, während er sich mit Kind, dem Librettisten, für immer überwarf. So bezog er das Textbuch für die nächste Oper von der Schriftstellerin Helmina von Chézy, die vor zwanzig Jahren für Friedrich → Schlegels «Sammlung von Memoiren und romantischen Dichtungen des Mittelalters» die «Geschichte der tugendsamen Euryanthe von Savoyen» bearbeitet hatte. Das aus jener alten Mär destillierte Libretto versah die Schicksale der treuen Braut Euryanthe und ihres Geliebten Adolar, des finsteren Grafen Lysiart und der Intrigantin Eglantine mit allen Attributen einer modischen Ritter- und Schauerromantik, so daß Franz Grillparzer nach der Wiener Uraufführung zu dem vernichtenden Resümee gelangte: «Diese Oper kann nur Narren gefallen oder Blödsinnigen oder Gelehrten oder Straßenräubern und Meuchelmördern!»
Mit der Musik, die Grillparzer freilich auch nicht gefiel, betrat Weber gerade hier Neuland, auf dem später das Musikdrama Richard → Wagners gedeihen sollte. Er verzichtete, erstmalig überhaupt, auf gesprochene Dialoge und komponierte das ganze Werk durch. Konsequent unterwarf er die Partitur einer bis dahin nicht gekannten Psychologisierung, wenn er etwa den Hochzeitsmarsch für Lysiart und Eglantine, die Träger allen Unheils, nicht zum schmetternden Opernspektakel aufpolierte, sondern durch chromatische Überleitungen den festlichen Charakter gleichsam zersetzte und ins Nächtige verkehrte. Die lyrischen Passagen Euryanthes, der heroische Glanz Adolars, besonders das kühne Racheduett Eglantines und Lysiarts sowie die im Dienst einer großartigen see-

lischen Vertiefung stehende Orchesterbehandlung nahmen, mehr als zwanzig Jahre vor «Tannhäuser» und «Lohengrin», die Erfüllung der romantischen Oper vorweg. Der Erfolg der Premiere am Kärntnertheater zu Wien am 25. Oktober 1823, mit der siebzehnjährigen Henriette → Sontag in der Titelpartie, stand den Berliner «Freischütz»-Ovationen kaum nach.

Weber, noch keine vierzig Jahre alt, war damals schon von schwerer Krankheit, einem Halsleiden und der Schwindsucht, gezeichnet. In Dresden, wo er weiterhin als Hofkapellmeister amtierte, arbeitete er an einem Auftragswerk für das Opernhaus Covent Garden in London. Der englische Archäologe James Robinson Planché schrieb ihm das Libretto nach Christoph Martin Wielands Versmärchen «Oberon». Die pittoreske Revue, die Erinnerungen an Wielands Epos und an Shakespeares «Sommernachtstraum», an Tausendundeine Nacht sowie an den altfranzösischen Sagenkreis um Karl den Großen recht unbedenklich durcheinandermischte, wollte Weber zu einem wundersamen musikalisch-szenischen Bilderbogen mit tieferer Bedeutung erheben, auch wenn ihm dabei die viel zu breiten gesprochenen Dialoge im Wege waren. Weit holte er aus und verschmolz Reminiszenzen an orientalische Klangwelten mit dem Schimmer eines romantisch gesehenen Rittertums, Anklänge an den eigenen «Abu Hassan» und an Mozarts «Zauberflöte» mit der Opulenz des großen Balletts, die verschnörkelte Pracht der Barockarie mit dem Vorausgriff auf die strahlende Hymnik von Wagners Brünnhilden-Monologen. «Oberon» wurde, vorwärtsweisende Züge mit traditionellen verbindend, zum Schwellenwerk der Operngeschichte des 19. Jahrhunderts.

Als der Todkranke, Februar 1826, Abschied von der Familie und von Dresden nahm, um nach London zu reisen, war die Partitur noch nicht fertig: ihr wandte er in der Fremde die schwindenden Kräfte zu. Während er in den Nächten von der «grauenhaften Agonie des Erstickens» bedroht war, bereitete Weber die Uraufführung vor. Als er am 12. April 1826 ans Pult von Covent Garden trat, erhoben sich die zweieinhalbtausend Zuschauer, um den sterbenskranken Gast aus Deutschland zu ehren. Dann trat tiefe Stille ein. Oberons magischer Hornruf, mit dem die Ouvertüre beginnt, mag ihm in dieser denkwürdigen Stunde zur musikalischen Chiffre seiner Sehnsucht nach Hause geworden sein. Weber starb in London, kurz vor seiner geplanten Rückkehr, nach elf «Oberon»-Vorstellungen und nachdem er noch am 30. Mai die «Freischütz»-Ouvertüre dirigiert hatte. Er wurde zunächst in der Kapelle St. Marty zu Moorfields bestattet. Indessen gelangten seine Werke, keineswegs nur der «Freischütz», zu ungeheurer Popularität, etwa die Walzerfolge «Aufforderung zum Tanz», die dann Hector Berlioz instrumentierte, oder die «Jubel-Ouvertüre». Erst achtzehn Jahre nach seinem Tod wurden Webers sterbliche Überreste, auf Betreiben Richard Wagners und anderer Verehrer, in die von Gottfried Semper entworfene Gruft nach Dresden gebracht. Wagner, der Fortsetzer und Nachfolger, sprach am Grab auf dem Alten Katholischen Friedhof Worte des Gedenkens: «Wohin dich auch dein Genius trug, in welches ferne bodenlose

Reich der Phantasie, immer doch blieb er mit jenen tausend Fasern an dieses deutsche Volksherz gekettet, mit dem er weinte und lachte wie ein gläubiges Kind, wenn es den Sagen und Märchen der Heimat lauscht.»

Literatur: Schnoor, Hans: Weber auf dem Welttheater. Ein Freischützbuch. Dresden 1942. – Schnoor, Hans: Weber – Gestalt und Schöpfung. Dresden 1953. – Warrack, John: Carl Maria von Weber. Eine Biographie. Hamburg 1972. – Leinert, Michael: Carl Maria von Weber mit Selbstzeugnissen und Bilddokumenten. Reinbek bei Hamburg 1978.

Werner, Friedrich Ludwig Zacharias

Königsberg 18. November 1768 – 17. Januar 1823 Wien

Dichter und Kanzelredner

Der Vater, Professor für Geschichte und Beredsamkeit, starb früh. Die Mutter, an und für sich eine gebildete Frau, verfiel dem Wahn, die Jungfrau Maria zu sein und mit dem Sohn den Heiland geboren zu haben. Der um acht Jahre jüngere E. T. A. → Hoffmann, der im gleichen Haus seine Kindheit verbrachte, hörte die Klagerufe der unglücklichen Frau durch Wohnung und Garten gellen; engere Beziehungen zu Zacharias Werner hat er allerdings erst viel später aufgenommen. Mag sein, daß die Bindung an die verwirrte Mutter verhängnisvolle Spuren im Gemüt des Sohnes hinterließ, seine Bindungsunfähigkeit gegenüber anderen Frauen sowie seinen Hang zu religiöser Phantastik nährte. Er studierte Jura und Philosophie an der berühmten Universität, hörte auch bei Immanuel Kant, veröffentlichte schließlich Aufsätze und Gedichte, in denen er sich als Sympathisant der Französischen Revolution zu erkennen gab. Werner trat in den preußischen Staatsdienst ein, fand aber an den Amtsstuben wenig Gefallen, die ihn in der von Preußen annektierten polnischen Provinz zu einem öden Kanzleidasein verurteilten. Zwischen 1792 und 1801 heiratete er dreimal, zuletzt eine Polin, die er vorher nur einmal gesehen hatte. Alle diese Ehen endeten durch Scheidung, was ihn später, nach seiner Wende zum katholischen Priestertum, um päpstlichen Dispens nachsuchen ließ. Eine tiefe Zäsur schuf der 24. Februar 1805, an dem Werners umnachtete Mutter starb und er außerdem die Nachricht vom Tod seines besten Freundes erhielt: der Unglückstag wurde dann zum Angelpunkt seines bekanntesten Theaterstücks. In Warschau, wo er eine Beamtenstelle bekam sowie näheren Umgang mit seinen Kollegen E. T. A. Hoffmann und Julius Eduard → Hitzig pflegte, entstanden erste dramatische Versuche, die ihn sogleich als eine Begabung für große theatralische Kompositionen auswiesen.

Das zweiteilige dramatische Gedicht «Die Söhne des Tals» («Die Templer auf Zypern», «Die Kreuzbrüder», anonym 1803/04) brachte mit viel Sinn für szenische Wirkungen den Untergang des Templerordens auf die Bühne. Werner, ein verhinderter Komödiant, war sicher das bedeutendste dramatische Talent unter den Romantikern, wenn man von dem zu Lebzeiten völlig erfolglosen

Zacharias Werner, aus seinem Drama «Die Söhne des Tals» vorlesend. Radierung nach einer Zeichnung von E. T. A. Hoffmann.

Heinrich von → Kleist absieht: ein Mann der ausgeklügelten Effekte, der geschickten Arrangements, der genau kalkulierten Auf- und Abschwünge, auch der wirkungsvoll plazierten poetischen Höhepunkte und rhetorischen Glanzlichter. Diese Fähigkeiten bestätigte er mit dem zweiten Drama, dem «Kreuz an der Ostsee» (1806), von dessen geplanten zwei Teilen allerdings nur der erste, «Die Brautnacht», erschien. Die Ausrottung des altpruzzischen Heidentums durch die Ritter des Deutschen Ordens war hier dargestellt, ein für den Bildungsbürger der Goethezeit freilich recht exotisches Sujet. E. T. A. Hoffmann hat eine Vorlesung des Stückes durch den Autor beschrieben – wie er, das Manuskript aus dem Busen ziehend und in einen krächzenden Ton verfallend, mit der dreimaligen Anrufung einer Heidengottheit begann: «Bankputtis! Bankputtis! Bankputtis!» Woraufhin ein freundlicher, jedoch der altpruzzischen Mythologie unkundiger Zuhörer höflich um eine Übersetzung bat.

Werner trieb es fort von solchen Banausen und hin nach Berlin, wo er bei dem Schauspieldirektor Iffland antichambrierte. Mit diesem Virtuosen in der Titelrolle erlebte das Schauspiel «Martin Luther oder die Weihe der Kraft» (1806) seine Uraufführung: ein kolossaler Bilderbogen, der die Befreiung vom Joch der römischen Kirche mit der Mobilisierung des deutschen Nationalbewußtseins gegen Napoleon recht durchsichtig in Beziehung setzte. Um nationale Befindlichkeiten kreisten auch die nächsten Stücke, so «Attila, König der Hunnen» (1808) und «Wanda, Königin der Sarmaten» (1810). Werner hatte sich mit diesen genialischen Rückgriffen in die Rüstkammern der Geschichte das Publikum erobert, so daß ihn die anspruchsvolle Madame de Staël in die Schweiz einlud. Sogar der Theaterdirektor → Goethe, der solchen exzentrischen Naturen keineswegs gnädig gesinnt war, bekundete sein Interesse, vielleicht weil er in dem Königsberger den dramatischen Atem Schillers zu verspüren meinte. Werners von da an berühmtestes Stück, das Trauerspiel «Der vierundzwanzigste Februar», hob Goethe am Weimarer Theater aus der Taufe, wie billig am 24. Februar 1810.

Das einaktige Drama ist trotz der Abstrusitäten, die es vorführt, glänzend gebaut und wahrt streng die Einheit des Ortes, der Handlung und der Zeit. In einer einsamen Schweizer Berghütte hat an einem 24. Februar der Wirt Kunz nach seinem Vater ein Messer geworfen. Das Messer wird zum Requisit des Fluches, den der Vater seinen Kindern entgegenschleuderte: «Des Mörders Mörder zu sein.» Mit ihm hat, natürlich an einem 24. Februar, der Sohn jenes Kunz seinem Schwesterchen den Hals abgeschnitten. Dies ist die Vorgeschichte, die in dem Drama enthüllt wird, als der nach der Mordtat geflohene Sohn nach vielen Jahren in die heimatliche Hütte zurückkehrt, wo ihn, wieder an einem 24. Februar, Kunz mit dem fatalen Messer ersticht und zu spät erkennt. Das Stück traf genau die seelische Disposition eines Publikums, das sich von undurchschaubaren Schrecknissen umstellt glaubte. Es löste eine ganze Welle von Schicksalstragödien aus, darunter Adolf Müllners «Die Schuld», denen bald auch Parodien folgten, etwa August von Platens «Die verhängnisvolle Gabel» und «Der romantische Ödipus». Goethes Geduld war allerdings erschöpft, als der seltsame Protegé in einem Sonett den Vollmond mit einer Hostie verglich und sich auch sonst ungebührlich im Haus am Frauenplan betrug.

Die prophetische Attitüde, die den Augenzeugen Henrik → Steffens schon in Weimar verstimmte, führte Zacharias Werner schließlich nach Rom, wo er 1810 katholisch wurde. Nach der Annullierung seiner drei geschiedenen Ehen durch den Papst empfing er in Aschaffenburg die Priesterweihe, nicht ohne sein Luther-Drama und überhaupt sein früheres literarisches Werk mit der «Weihe der Unkraft» (1814) zu widerrufen. Seine komödiantische Begabung kam freilich erst jetzt voll zur Entfaltung: der «Liebesapostel» ging nach Wien, wo er während des Kongreßwinters 1814/15 aufsehenerregende Predigten hielt. Er soll dort, wie ein Augenzeuge berichtet, sogar «abgelebte Ungläubige, Wüstlinge und Witzbolde» in die Gotteshäuser gelockt haben, die sie «mit zerknirschten Herzen und rothgeweinten Augen» wieder verließen. Werner zog alle Register seiner barocken Rhetorik, Anekdoten aus der eigenen abenteuer-

Friedrich Ludwig Zacharias Werner in Ordenstracht. Radierung von Johann Ender.

lichen Biographie mit geistlichen Vermahnungen drastisch verknüpfend. Sein Drama «Kunegunde die Heilige» (1815) las er im Schloß Schönbrunn der von Napoleon getrennten Ex-Kaiserin Marie Luise vor, was einen Minister zu dem Kommentar veranlaßte: «Ich begreife nicht, daß der Kaiser (Marie Luises Vater) ihr erlaubt, daß dieser Komödiant ihr mit seinem Romanen-Geist den Kopf verrückt. Aus allen seinen Reden und Axiomen, die er aufstellt, blickt der gefährliche Sektierer-Geist hervor. Unter Napoleon hätte er nicht wagen dürfen, zu ihr zu kommen.»

Die religiöse Tragödie «Die Mutter der Makkabäer» war Werners letztes Stück. Er trat, unter dem Einfluß des charismatischen Clemens Maria → Hofbauer, in den Redemptoristenorden ein, den er nach Hofbauers Tod wieder verließ. Seine letzten Jahre verbrachte er im Wiener Augustinerkloster, gleich neben der Hofburg, weil er in dem seit über zweihundert Jahren verstorbenen Augustinerprediger Abraham a Sancta Clara einen Ahnherrn sah. Bevor der Seelenhirte Werner starb, sandte er noch die goldene Schreibfeder, die ihm einst ein hochmögender Gönner geschenkt hatte, in die Wallfahrtskirche Mariazell: «Weil ich mit der Feder am meisten gegen die heilige Kirche gesündigt habe, so opfere ich zur Sühne meine Feder der Mutter Gottes.»

Literatur: Koziełek, Gerard: Friedrich Ludwig Zacharias Werner. Sein Weg zur Romantik. Wrocław 1953. – Koziełek, Gerard: Das dramatische Werk Zacharias Werners. Wrocław 1967. – Koziełek, Gerard: Friedrich Ludwig Zacharias Werner. In: Wiese, Benno von (Hrsg.): Deutsche Dichter der Romantik. Ihr Leben und ihr Werk. 2., überarbeitete und vermehrte Auflage. Berlin 1983.

Z

Zschokke, Heinrich

Magdeburg 22. März 1771 – 27. Juni 1848 Aarau/Schweiz

Schriftsteller, Herausgeber und Historiker, Pädagoge und Politiker

Bei Heinrich Zschokke, dem Preußen von Geburt und Schweizer aus Überzeugung, vollzog sich der Wandel von der Trivialromantik des späten 18. Jahrhunderts zum liberalen Fortschrittsdenken des 19. Jahrhunderts besonders augenfällig. Eigentlich wurzelte er, der Volksmann und Volksbildner, in der Aufklärung, die jene geistige Wende zweifellos begünstigte und zu der er sich auch später immer wieder bekannte. Er war der früh verwaiste Sohn eines Tuchmachermeisters, besuchte die Schulen der Vaterstadt, brannte seinem Vormund durch und wollte Schauspieler werden. Als Theaterdichter zog er mit wandernden Komödianten vom uckermärkischen Prenzlau bis nach Landsberg an der Warthe, «stutzte», wie er selbst erzählte, «heroischen Tragödien die Schleppe des Talars kürzer, gab altväterischen Dramen modigern Schnitt, setzte in abgebrauchte Stücke neue Flicken, wie es eben das Bedürfnis des Theaterpersonals forderte, schrieb selber ein paar Saus- und Grausstücke, reimte Prologen und Epilogen». Anschließend studierte er in Frankfurt an der Oder Theologie, Philosophie und Geschichte.

Eines jener «Saus- und Grausstücke» war das Trauerspiel «Graf Monaldeschi oder Männerbund und Weiberwut» (1790), dem, bis 1804, weitere sieben Dramen folgten. Einen sensationellen Erfolg konnte Zschokke mit dem Räuberroman «Abällino, der große Bandit» (1793) einheimsen, den er dann selbst dramatisierte (1795). → Goethe notierte immerhin in den «Tag- und Jahresheften 1795»: «‹Abällino› ward den Schillerschen Stücken ziemlich gleichgestellt.» Das erfolgreiche Schürfen in den Schreckenskammern der Schauerromantik, aus denen er auch Romane wie «Die schwarzen Brüder» (1791–1795, 3 Bde.) und «Die Männer der Finsternis» (1795) zutage förderte, machte ihn der Obrigkeit eher suspekt. Als Privatdozent an der Universität zu Frankfurt an der Oder fiel er außerdem durch Opposition gegen das berüchtigte Wöllnersche Religionsedikt unangenehm auf, so daß man seinen Antrag auf eine Professur für Geschichte abschlägig beschied. Er beschloß, den Staub der Heimat von seinen Schuhen zu schütteln, zumal er begierig war, «im Lande Wilhelm Tells die Segensfrüchte der Freiheit kennenzulernen».

Heinrich Zschokke. Titelportrait in Zschokkes Autobiographie «Eine Selbstschau». Aarau 1842.

Zschokkes Übertritt in die Schweiz, Herbst 1795, war endgültig, ja es scheint fast, als habe er mit dem Wechsel seines Lebens- und Wirkungsraumes eine ganz neue Identität angenommen. Aus dem verdrossenen preußischen Untertanen und unbedenklichen Pseudoromantiker wurde der freie Schweizer Bürger und engagierte Volksschriftsteller. Schon in Zürich, wo er sich zunächst aufhielt, lernte er verwandte Geister kennen: den Pädagogen Johann Heinrich Pestalozzi und den Dichter Johann Martin Usteri, der gerade das Lied «Freut euch des Lebens» geschrieben hatte. Von Bern aus unternahm Zschokke noch einen Abstecher nach Paris, wo ihn das Treiben der Revolutionsgewinnler, wie dann auch Joseph → Görres und Heinrich von → Kleist, zutiefst abstieß. Juli 1796 war er wieder in der Schweiz, erst in Bern, dann im Kanton Graubünden. Als Leiter einer Erziehungsanstalt auf Schloß Reichenau suchte er seine philanthropischen Grundsätze zu verwirklichen, aber bald wurde er in die chaotischen, fast bürgerkriegsähnlichen Zustände verstrickt, die von einem Kanton auf den anderen übergriffen. Die Helvetische Zentralregierung, für die er Partei nahm, ernannte ihn zum Direktor eines Büros für Nationalkultur, dann zum Regierungskommissär, wodurch er die Unruhen an ihren Brennpunkten aus unmittelbarer Nähe beobachten konnte. Insofern darf seine «Geschichte vom Kampf und Untergang der schweizerischen Berg- und Waldkantone» (1801) als der Bericht eines Augenzeugen gelten.

Mitten in das Getümmel fiel eine Episode, die ihn gleichsam zum literarischen Geburtshelfer eines großen deutschen Dichters werden ließ. Heinrich von Kleist, damals mit dem Gedanken eines Daseins als freier Schweizer Bauer beschäftigt, schloß Freundschaft mit Zschokke sowie mit Ludwig Wieland, dem Sohn des Weimarer Schriftstellers, und mit Heinrich Geßner, dem Sohn des Zürcher Idyllendichters. Der kleinen Literatenrunde las Kleist sein Erstlingsdrama «Die Familie Schroffenstein» vor, dessen grausige Verworren- und Verworfenheiten allerdings das Gelächter der Zuhörer erregten. Der Kupferstich «La cruche cassée» («Der zerbrochene Krug»), der Zschokkes Zimmer in der Berner Gerechtigkeitsgasse schmückte, stimulierte die Freunde gar zu einem poetischen Wettbewerb, aus dem dann Kleists Lustspiel und Zschokkes gleichnamige Erzählung (1813) hervorgingen. Kleist hat sich von da an für immer der Literatur zugewendet und die Bilderflut seiner Briefe nun den Dichtungen anvertraut. Andererseits schuf Zschokke mit der Figur des Poeten Roderich in seinem Roman «Alamontade, der Galeerensklave» (1803, 2 Bde.) das erste literarische Kleist-Portrait.

Ausflüge in die Labyrinthe exzentrischer Romantiker waren von da an seine Sache nicht mehr. Er übersiedelte 1804 in den Kanton Aargau, dessen Staatsbürgerrecht man ihm verlieh, lebte in Aarau und widmete sich vehement der Wohlfahrt seiner neuen Landsleute. Zschokke brachte es zum Mitglied des Großen Rates, zum Oberforst- und Bergrat, war Mitbegründer der «Gesellschaft für vaterländische Kultur im Kanton Aargau», versah ein Dutzend Staats- und parlamentarische Ämter, gab Zeitungen heraus, darunter den «Schweizerboten» in hoher Auflage. Als ihn, 1829, die Zensur zwingen wollte, den Verfasser eines anonymen Artikels anzugeben, trat er von allen Staatsämtern zurück, nur nicht von seinem Mandat in der Volksvertretung, das ihm das Volk durch Wahl übertragen hatte.

Er war Kirchen-und Bezirksschulrat, kümmerte sich um Taubstummen-, Sonntags- und Handwerksschulen sowie um die Staatsbibliothek – und schrieb doch unermüdlich Erzählungen, Romane, Traktate, Miszellen und historische Werke, deren detaillierte Bibliographie mehrere Seiten füllen würde. Der biedere Glaube an den Fortschritt, der Wille zur Aufklärung breiter Volkskreise, das Bekenntnis zu Tugend und Recht führten ihm dabei die Feder. Allenfalls konnte es geschehen, daß in einer Erzählung wie «Die Walpurgisnacht» (1812) ein ferner Abglanz der phantastischen Kunst E. T. A. → Hoffmanns aufleuchtete, jedoch überwog auch in diesem Werk der Kampf gegen Aberglauben und Dunkelmännertum. Der literarische Ehrgeiz des Autors blieb dem missionarischen Eifer des Menschenfreundes, Volksbildners und Staatsbürgers streng untergeordnet. Und da ihm das Wohl des selbstgewählten Vaterlandes stets wichtiger gewesen war als das eigene Gedeihen, hielt das Schicksal für den helvetischen Patrioten Zschokke noch ganz zuletzt eine besondere Fügung bereit: an dem Tag, an dem er starb, stimmte die «Tagsatzung», die zentrale Versammlung der Eidgenossen, der neuen Schweizer Bundesverfassung zu.

Literatur: Schneidereit, M.: Heinrich Zschokke. Seine Weltanschauung und Lebensweisheit. Berlin 1904. – Albrecht, Günter: Einleitung zu: Heinrich Zschokke. Die Walpurgisnacht und andere Erzählungen. Berlin 1975.

Nachbemerkung

Das vorliegende Buch unternimmt den Versuch, weit über hundert Gestalten vorzustellen, die in der unterschiedlichsten Art mit der deutschen Romantik zu tun haben. Das Buch bedient sich dabei der auf alphabetische Ordnung bedachten Verfahrensweise eines Lexikons, obwohl ich diesen Begriff nur mit Vorbehalt benutzen und eigentlich in Anführungszeichen setzen möchte. Den Leser erwarten hier nicht nur Informationen und Definitionen auf engstem Raum, wie sie ein Lexikon in der Regel auszeichnen, sondern kleine Aufsätze oder Essays, um nicht zu sagen Feuilletons, die in möglichst gegenständlicher und farbiger Weise erste Eindrücke von den Gestalten der deutschen Romantik vermitteln wollen. Es ging mir, wie bereits in meinen früheren Veröffentlichungen, um lebendige, beschwingt vorgetragene biographische Skizzen, fast schon um die Inszenierung eines Gestaltenreigens aus der deutschen Kultur- und Geistesgeschichte, keineswegs um Beiträge zur Romantikforschung. Ich habe auch in diesem Buch wieder viel Wert auf das biographische Detail und auf die Beschreibung der Atmosphäre gelegt, in der die Persönlichkeiten jener Epoche lebten und wirkten. Dazu habe ich auch aus den unmittelbaren Quellen, aus Briefen und Memoirenwerken, geschöpft und gelegentlich sogar Anekdoten einbezogen, wenn sie geeignet schienen, besonders signifikante Züge einer Persönlichkeit aufleuchten zu lassen. Nie ging es mir um eine Gesamtdarstellung oder gar um eine neue «Standortbestimmung» der Romantik, wie sie oft vorgenommen worden sind, sondern stets um den farbigen Zug der Figuren, deren reich abgestuftes Ensemble den Reiz und die Vielstimmigkeit der Romantik ausmacht.

Zahlreiche Romantiker haben mit oft geradezu programmatischem Eifer die Entfaltung der eigenen Individualität betrieben. Insofern entspricht die Hervorhebung der individuellen Biographie und Lebensleistung einem Grundanliegen der Romantik. Jeder einzelne Beitrag möchte eine Art Steckbrief oder Schattenbild der betreffenden Persönlichkeit geben – mit der Absicht, die Neugier des Lesers auf weitere Beschäftigung mit ihr zu beflügeln. Das Buch wendet sich daher auch nicht in erster Linie an den Fachgelehrten, sondern an kulturgeschichtlich interessierte Leser, eigentlich an Enthusiasten, falls es davon noch einige geben sollte. Mit dem Blick auf diesen Adressatenkreis habe ich die Schar der deutschen Romantiker sowie der Personen, die ihnen nahestanden, bewußt sehr weit gefaßt und Gestalten wie etwa den Bayernkönig Ludwig II. mit aufgenommen, was vielleicht das Kopfschütteln oder gar den Protest des Spezialisten herausfordern wird. Wer aber wollte leugnen, daß ein Schwärmer wie Ludwig II. zu weitverbreiteten Vorstellungen über die Romantik beigetragen hat, auch wenn es sich dabei um Klischees handelt? In ähnliche Zusammenhänge gehören Figuren wie der Tiroler Freiheitskämpfer Andreas Hofer, der Burschenschafter Karl Ludwig Sand, die Sängerin Henriette Sontag oder auch manche Trivialromantiker. Sie haben an der Konstituierung der Romantik nicht unmittelbar mitgewirkt, aber sie standen in ihrem historischen oder kulturellen Umfeld, waren davon geprägt oder wirkten darauf zurück und illustrieren daher jenen geschichtlichen Hintergrund, den Leute, die des Neudeutschen mächtig sind, den «Background» nennen.

So agiert vor dem Leser ein weitgefächertes, buntes, heterogenes, ja gegensätzliches Personal, das ganz gewiß nicht auf einen gemeinsamen Nenner zu bringen ist: Hof- und Kammergerichtsräte, Patrioten und Kosmopoliten, Märchen- und Kunstsammler, Primadonnen und Romantiker auf dem Thron, Beichtväter und Beichtmütter, Komödianten und Konvertiten, strenge Denker und Okkultisten, Spötter und Gesundbeter, Potentaten und Diplomaten, Homöopathen und «Magnetopathen», selbstbewußte Frauen und früh dem Leiden an sich selbst verfallene Weltfremdlinge, und immer wieder natürlich Maler, Tonsetzer und Poeten, deren Silhouettenbilder manchmal ins Ungefähre verschwimmen. Auch war ich bestrebt, möglichst viele heute weitgehend unbekannte Gestalten zu berücksichtigen, deren Namen nur noch dem Kenner geläufig sind: etwa den Übersetzer Johann Diederich Gries, den skurrilen Erzähler Carl Wilhelm Salice Contessa und den Arzt Johann Nepomuk Ringseis. Wenn solchermaßen ein perspektivenreiches und mehrdimensionales, sogar schillerndes und verwirrendes Kaleidoskop entstanden sein sollte, so habe ich dagegen nichts einzuwenden. Die deutsche Romantik war keine homogene Bewegung; eine «romantische Schule» im Sinne dieses früher oft benutzten Begriffes hat es nie gegeben. Hier erwies sich die alphabetische Reihenfolge der Beiträge als ein Vorteil, da sie jede Systematisierung nach inhaltlichen oder historischen Gesichtspunkten von vornherein ausschloß. Denn alle Systematik, ohne die Forschung freilich nicht auszukommen vermag, leistet bereits der Abstraktion Vorschub.

Ich habe versucht, jeder einzelnen Gestalt ein wenig von ihrer ursprünglichen Frische zurückzugeben. Das Erzählen war mir wichtiger als das Rubrizieren und Interpretieren. Ich halte die große, inzwischen nahezu hundert Jahre alte Romantik-Darstellung Ricarda Huchs noch immer für eine imponierende Erzählleistung, so überholt sie in zahlreichen Details auch ist. Für das Verständnis der Romantik bei den Menschen unseres Jahrhunderts hat sie mehr getan als fast alle anderen Versuche, die später unternommen wurden. Andererseits war es natürlich unerläßlich, die hier gebotenen biographischen, psychologischen und kulturgeschichtlichen Skizzen mit einem hohen Maß an Informationen zu verbinden, wie man sie eben in einem Lexikon zu finden wünscht. Die angemessene Balance zwischen einer zum Plaudern aufgelegten Darbietung und einer faktenreichen Informationsfülle war bei jedem einzelnen Artikel neu zu leisten und grenzte oft an die Quadratur des Kreises. Sie war naturgemäß dort am schwersten herzustellen, wo es sich um die Präsentation von besonders komplexen Persönlichkeiten mit einem umfänglichen Lebenswerk handelte. Immer war es mir darum zu tun, etwa die Mitte zwischen Lesebuch und Nachschlagewerk zu treffen. In einigen Fällen, in denen aus unterschiedlichen Gründen diese Mitte kaum erreichbar schien, habe ich allerdings dem Lesebuch den Vorzug gegeben. Die Schwierigkeiten, die es bei jedem Beitrag zu lösen galt, resultierten bereits aus der Tatsache, daß stets nur wenige Seiten zur Verfügung standen. Im übrigen muß ich auch hier wieder, wie schon bei früheren Gelegenheiten, an das scherzhafte Wort des Schubert-Forschers Otto Erich Deutsch erinnern, demzufolge Bücher dieser Art eigentlich nur in zweiter und verbesserter Auflage erscheinen dürften.

Auf einen zusammenfassenden Überblick über die deutsche Romantik habe ich aus gutem Grund verzichtet. In fast jedem Artikel gibt es jedoch zahlreiche Verweise (→) auf Gestalten, denen an anderen Stellen des Buches eigene Beiträge gewidmet sind. Dadurch werden viele Bezüge und Querverbindungen geschaffen, die schließlich ein ganzes Geflecht entstehen lassen sollen. Diesen Verästelungen kann der Leser, ganz seiner Neugierde folgend, nachgehen und eigene Einsichten gewinnen, die ihn vielleicht überraschen. Er wird dabei schnell bemerken, daß die Romantik keineswegs nur in der Literatur und in den Künsten, sondern auch in Naturwissenschaften, Medizin und Staatsauffassungen sowie in der politischen Geschichte ihre prägende Spur hinterlassen hat. Die Romantik stieg aus tiefen seelischen und historischen Schichten auf, so daß künstlerische Leistungen zu ihrem Verständnis nicht genügen. Das Bedürfnis nach Grenzüberschreitungen war in allen ihren bedeutenden Repräsentanten rege. Wenn Novalis geistige Kombinationen wie etwa eine «poetische Physiologie» und eine «physikalische Geschichte» umkreiste oder der dichtende Arzt David Ferdinand Koreff in einem Sonett und in einem Rezept «nur verschiedene Ausflüsse derselben Göttlichkeit» sah, so berühren solche Äußerungen ein zentrales Anliegen aller Romantik. Jedenfalls sollte der Leser eigene Erkundungsgänge zwischen den verschiedenen Portraits unserer Bildergalerie und damit auf seine Weise «Grenzüberschreitungen» vollziehen. Die Verweise von einem Beitrag zum anderen wollen ihn dazu ermuntern.

Als weiterführende Hilfe sind auch die Literaturhinweise am Ende eines jeden Artikels gedacht. Hier habe ich, wiederum im Hinblick auf den Adressatenkreis des Buches, ganz bewußt neuere Titel ausgewählt, die außerdem breitere Leserschichten anzusprechen vermögen. Gut lesbare Biographien oder Essays wurden bevorzugt, besonders dann, wenn sie durch Buchhandel und Bibliotheken relativ leicht zugänglich sind. Nur in Fällen, in denen solche Arbeiten nicht nachweisbar waren, habe ich fachwissenschaftliche Studien, Dissertationen oder ältere Veröffentlichungen berücksichtigt. Das Literaturverzeichnis im Anhang enthält eine Reihe von Überblicks- und Epochendarstellungen, die über die Würdigung einzelner Persönlichkeiten hinausgehen. Die zahlreichen zeitgenössischen Quellen, die ich während der Arbeit dankbar benutzt habe, konnten freilich allein aus Platzgründen meistens nicht genannt werden. Ansonsten sei auch an dieser Stelle auf das vorzügliche, von Michael Schanze herausgegebene «Romantik-Handbuch», Stuttgart 1994, hingewiesen, das als ein enzyklopädisches Kompendium über den Forschungsstand auf allen Gebieten referiert, die irgendwie mit der Romantik zu tun hatten.

Das vorliegende Buch erscheint in einer Zeit, in der die Auseinandersetzungen um die deutsche Romantik neu entflammt sind. Denunziatorische Zerrbilder gehen wieder um. Von «präfaschistischem Ideengut», «elitärer Innerlichkeit» und «dampfendem Blut» ist im Zusammenhang mit der deutschen Romantik wieder die Rede: Verdikte aus vulgärmarxistischen und anderen Mottenkisten, die man längst für erledigt hielt. Die faszinierende Münchner Ausstellung «Ernste Spiele – Der Geist der Romantik in der deutschen Kunst 1790 bis 1990» mitsamt ihrem ausgezeichneten Katalog hat dazu ein klärendes Wort sprechen sowie «eine Genealogie zwischen Friedrich und Runge auf der einen und dem dunkelsten Kapitel der deutschen Kunst auf der anderen Seite» gerade ad absurdum führen wollen. Dennoch ist die Exposition von selbsternannten Geschichts- und Kulturverwaltern zum Anlaß für polemische Attacken auf eine geistige Welt benutzt worden, aus der sie Munition für ideologische Grabenkämpfe destillieren möchten. Wohin verkrampfte Aktualisierungen führen können, zeigen solche Scharmützel sehr deutlich, zumal es deren Wortführern zuallerletzt um die fundierte Erkenntnis der Romantik geht.

An diesen Gefechten und Scheingefechten will ich mich nicht weiter beteiligen. Voller Gelassenheit möchte ich darauf vertrauen, daß der vorliegende Band die Zeitgebundenheiten und den überzeitlichen Rang der deutschen Romantik differenziert zur Geltung bringt. Jedenfalls habe ich mich um derartige Schattierungen nach Kräften bemüht. Schließlich muß auch hier wieder daran erinnert werden, daß die Romantik keine einheitliche Bewegung gewesen ist: während der Kammergerichtsrat E. T. A. Hoffmann gefangene Patrioten und Demokraten verteidigte, erging sich der Hofrat Adam Müller in derartig reaktionären Phantasien, daß sie sogar dem Fürsten Metternich zuviel wurden. Zwischen beiden Haltungen eröffnet sich eine weite, sehr zerklüftete Landschaft voller Höhen und Tiefen, die wie alles, was einmal lebendig war und noch immer lebt, jede vorschnelle Wertung verbietet.

Ohne daß ich zunächst diese Absicht verfolgt habe, ist der Band zu einem vorläufigen Resümee meiner eigenen vieljährigen Bemühungen um die Erschließung von Gestalten, Werken und Werten der deutschen Romantik geworden, wie sie in einer Reihe von Veröffentlichungen vorliegen. Die erste Anregung zu dem Unternehmen sowie viel freundschaftliche Hilfe und Ermutigung dazu hat Herr Dr. Martin Müller vom Verlag Artemis & Winkler gegeben, dem dafür mein herzlicher Dank gebührt. Ich danke weiterhin dem zuständigen Lektor, Herrn Andres Betschart, der vorbildlich und jederzeit aufmerksam die Drucklegung des Buches begleitet und zu seiner Sache gemacht hat. Sehr verpflichtet bin ich dem Ministerium für Wissenschaft und Kunst des Freistaates Sachsen, das durch die großzügige Gewährung eines Stipendiums eine nicht zu unterschätzende Voraussetzung für das Zustandekommen des Buches schuf. In meinen Dank schließe ich ganz ausdrücklich die zahllosen Forscher und Autoren mit ein, auf deren Werke ich angewiesen war. Stellvertretend für sie alle nenne ich hier Eckart Kleßmann, der selbst mit einer Reihe von wichtigen Büchern zum Verständnis der deutschen Romantik beigetragen hat und dem ich für ein seit zwanzig Jahren anhaltendes produktives Gespräch immer verbunden bleiben werde.

Klaus Günzel

Literaturhinweise in Auswahl

Das Verzeichnis enthält nur eine kleine Auslese von Titeln aus der kaum noch überschaubaren Fülle von Literatur zur deutschen Romantik. Erfaßt wurden einige Gesamtdarstellungen zum Thema und zu wichtigen Teilgebieten sowie zur deutschen Geschichte jener Epoche. Während die Literaturhinweise am Ende der biographischen Artikel chronologisch geordnet sind, geht das folgende Verzeichnis vom Alphabet der Autorennamen oder, wenn diese nicht zu ermitteln waren, der Sachtitel aus.

Baxa, Jakob (Hrsg.): Gesellschaft und Staat im Spiegel deutscher Romantik. Die staats- und gesellschaftswissenschaftlichen Schriften deutscher Romantiker, ausgewählt, mit erklärenden Einleitungen und Anmerkungen versehen. Jena 1924. (= Die Herdflamme. Bd. 8.)

Béguin, Albert: Traumwelt und Romantik. Versuch über die romantische Seele in Deutschland und in der Dichtung Frankreichs. Aus dem Französischen. Hrsg. und mit einem Nachwort versehen von Peter Grotzer. Bern, München 1972.

Behler, Ernst: Frühromantik. Berlin 1992.

Bernhard, Marianne (Hrsg.): Deutsche Romantik – Handzeichnungen. 2 Bde. München 1975.

Bohrer, Karl Heinz: Der romantische Brief. Die Entstehung ästhetischer Subjektivität. München 1987.

Börsch-Supan, Helmut: Die deutsche Malerei von Anton Graff bis Hans von Marées 1760–1870. München 1988.

Brinkmann, Richard (Hrsg.): Romantik in Deutschland. Ein interdisziplinäres Symposion. Sonderband der «Deutschen Vierteljahrsschrift für Literaturwissenschaft und Geistesgeschichte». Stuttgart 1978.

Brunschwig, Henri: Gesellschaft und Romantik in Preußen im 18. Jahrhundert. Die Krise des preußischen Staates am Ende des 18. Jahrhunderts und die Entstehung der romantischen Mentalität. Aus dem Französischen. Berlin 1975.

Dahlhaus, Carl: Die Musik des 19. Jahrhunderts. Wiesbaden 1980.

Dahlhaus, Carl: Klassische und romantische Musikästhetik. Laaber 1988.

Emrich, Wilhelm: Der Universalismus der deutschen Romantik. Mainz, Wiesbaden 1964. (= Akademie der Wissenschaften und der Literatur. Jahrgang 1964. Nr. 1.)

Ernste Spiele. Der Geist der Romantik in der deutschen Kunst 1790–1990. Katalog der Ausstellung im Haus der Kunst, München, 4. Februar bis 1. Mai 1995. 2. Auflage. München 1995.

Geismeier, Willi: Die Malerei der deutschen Romantiker. Dresden 1984.

Glaser, Horst Albert (Hrsg.): Deutsche Literatur. Eine Sozialgeschichte. Bd. 5: Zwischen Revolution und Restauration: Klassik, Romantik. 1786–1815. – Bd. 6: Vormärz: Biedermeier, Junges Deutschland, Demokraten. 1815–1848. Reinbek bei Hamburg 1980.

Hermsdorf, Klaus: Literarisches Leben in Berlin. Aufklärer und Romantiker. Berlin 1987.

Hoffmeister, Gerhart: Deutsche und europäische Romantik. Stuttgart 1978. (= Sammlung Metzler. Bd. 170.)

Hoffmeister, Gerhart: Goethe und die europäische Romantik. München 1984.

Huch, Ricarda: Die Romantik. 2 Bde. Bd. 1: Blütezeit der Romantik. 5. Auflage. Leipzig 1913. – Bd. 2: Ausbreitung und Verfall der Romantik. 3. Auflage. Leipzig 1912.

Kleßmann, Eckart: Die deutsche Romantik. Köln 1979. (= DuMont-Taschenbücher. Bd. 74.)

Kleßmann, Eckart: Die Welt der Romantik. München 1969. (= Große Kulturepochen.)

Leibbrand, Wilhelm: Die spekulative Medizin der Romantik. Hamburg 1956 (erweiterte Fassung von: Leibbrand: Romantische Medizin. Hamburg 1937).

Lützeler, Paul Michael (Hrsg.): Europa. Analysen und Visionen der Romantiker. Frankfurt a. M. 1982. (insel taschenbuch. Bd. 638.)

Mandelkow, Karl Robert: Europäische Romantik I. In Verbindung mit Ernst Behler u. a. Wiesbaden 1982. (Neues Handbuch der Literaturwissenschaft. Bd. 14.)

Die Nazarener. Katalog der Ausstellung des Städelschen Kunstinstituts. Frankfurt a. M. 1977.

Neidhardt, Hans Joachim: Die Malerei der Romantik in Dresden. Leipzig 1976.

Nipperdey, Thomas: Deutsche Geschichte 1800–1866. Bürgerwelt und starker Staat. München 1983.

Peter, Klaus (Hrsg.): Die politische Romantik in Deutschland. Stuttgart 1985.

Peter, Klaus (Hrsg.): Romantikforschung seit 1945. Königstein/Ts. 1980. (= Neue Wissenschaftliche Bibliothek. Bd. 93.)

Pikulik, Lothar: Frühromantik. Epoche, Werk, Wirkung. München 1992.

Prang, Helmut (Hrsg.): Begriffsbestimmung der Romantik. 2., durchgesehene Auflage. Darmstadt 1972. (= Wege der Forschung. Bd. 150.)

Ribbat, Ernst (Hrsg.): Romantik. Ein literaturwissenschaftliches Studienbuch. Königstein/Ts. 1979. (= Athenäum-Taschenbücher. Bd. 2149. Literaturwissenschaft.)

Schanze, Helmut (Hrsg.): Romantik-Handbuch. Stuttgart 1994.

Schulz, Gerhard: Die deutsche Literatur zwischen Französischer Revolution und Restauration. 2 Bde. Bd. 1: Das Zeitalter der Französischen Revolution 1789–1806. München 1983. – Bd. 2: Das Zeitalter der Napoleonischen Kriege und der Restauration 1806–1830. München 1989.

Sengle, Friedrich: Biedermeierzeit. Deutsche Literatur im Spannungsfeld zwischen Restauration und Revolution 1815–1848. 3 Bde. Bd. 1: Allgemeine Voraussetzungen, Richtungen, Darstellungsmittel. Stuttgart 1971. – Bd. 2: Die Formenwelt. Stuttgart 1972. – Bd. 3: Die Dichter. Stuttgart 1980.

Steffen, Hans (Hrsg.): Die deutsche Romantik. Poetik, Formen und Motive. 2. Auflage. Göttingen 1970. (= Kleine Vandenhoeck-Reihe. Bd. 250.)

Strohschneider-Kohrs, Ingrid: Die romantische Ironie in Theorie und Gestaltung. 2. Auflage. Tübingen 1977.

Struss, Dieter: Deutsche Romantik. Geschichte einer Epoche. Mit einem Essay von Eckart Kleßmann. München, Gütersloh 1986. (= C. Bertelsmann Monographien.)

Wehler, Hans-Ulrich: Deutsche Gesellschaftsgeschichte. Bd. 1: 1700–1815. Bd. 2: 1815–1845/49. München 1987.

Wiese, Benno von (Hrsg.): Deutsche Dichter der Romantik. Ihr Leben und Werk. Unter Mitwirkung zahlreicher Fachgelehrter. 2., überarbeitete und vermehrte Auflage. Berlin 1983.

Bildnachweis

Bamberg, E.T.A. Hoffmann-Gesellschaft: S. 135.
Bamberg, Staatsbibliothek: S. 192, 378.
Bayreuth, Nationalarchiv der Richard-Wagner-Stiftung: S. 364, 366, 367, 368.
Berlin, Archiv für Kunst und Geschichte: S. 91, 188, 228.
Berlin, Bildarchiv Preußischer Kulturbesitz: Schutzumschlag (Berlin, Nationalgalerie), S. 22, 24, 98, 105, 161 (Berlin, Staatsbibliothek – Preußischer Kulturbesitz), 277 (Berlin, Nationalgalerie), 383.
Berlin, Märkisches Museum: S. 125, 317, 354.
Berlin, Staatliche Museen – Preußischer Kulturbesitz, Kupferstichkabinett: S. 29, 35, 58, 120, 122, 124, 170, 219, 221, 235, 241, 267, 269, 348.
Berlin, Staatsbibliothek – Preußischer Kulturbesitz: S. 51, 99, 148; Porträtsammlung: S. 48; Musikabteilung mit Mendelssohn-Archiv: S. 196, 320.
Berlin, Ullstein-Bilderdienst: S. 108, 116, 117, 118.
Berlin/Brandenburg, Stiftung Preußische Schlösser und Gärten: S. 86.
Dessau, Staatliche Galerie: S. 220.
Dresden, Sächsische Landesbibliothek, Abt. Deutsche Fotothek: S. 8, 27 (Berlin, Nationalgalerie), 69, 78 (Dresden, Kupferstichkabinett), 81 (Hamburg, Kunsthalle), 83 (Dresden, Gemäldegalerie Neue Meister), 85 (Leipzig, Museum der bildenden Künste), 146 (Freyburg/Unstrut, Turn- und Sportmuseum «Friedrich Ludwig Jahn»), 159 (Dresden, Kupferstichkabinett), 163, 164, 194, 208, 230, 231 (Gemäldegalerie Neue Meister, Dresden), 257, 271, 285, 293 (Dresden, Kupferstichkabinett), 334, 359, 375, 380.
Dresden, Stadtmuseum: 173, 175, 333, 374.
Düsseldorf, Goethe-Museum: S. 97.
Frankfurt a. M., Städelsches Kunstinstitut und Städtische Galerie (Foto U. Edelmann): S. 63, 225, 356.
Frankfurt a. M., Freies Deutsches Hochstift / Frankfurter Goethe-Museum: S. 11, 13, 19, 39, 93, 158, 201, 252, 256, 279.
Frankfurt a. M., Insel Verlag: S. 95, 261, 262.
Hamburger Kunsthalle: S. 246, 247, 249, 290.

Heidelberg, Kurpfälzisches Museum der Stadt Heidelberg: S. 55, 76, 168, 259, 314.
Jena, Gedenkstätte der deutschen Frühromantik: S. 238.
Jena, Kustodie der Friedrich-Schiller Universität: S. 73.
Karlsruhe, Staatliche Kunsthalle: S. 313.
Kassel, Brüder Grimm-Museum: S. 102, 107.
Kassel, Staatliche Museen: S. 79.
Leipzig, Museum der bildenden Künste: S. 45, 338.
Leipzig, Universitätsbibliothek: S. 53 (aus: «Denkmäler verdienstvoller Deutschen des 18. und 19. Jahrhunderts», 5. Bändchen, Leipzig 1829).
Lübeck, Museum für Kunst und Kulturgeschichte: S. 244.
Mainz, Landesmuseum, Graphische Sammlung: S. 357.
Marbach, Schiller-Nationalmuseum / Deutsches Literaturarchiv: S. 37, 113, 114, 136, 152, 177, 205, 206, 264, 311, 341, 343, 345 (Holzstich aus der Zeitschrift «Über Land und Meer», 5. Jg., Nr. 10 vom Dezember 1862), 370.
Maulbronn, Foto Hofmann: S. 287.
München, Bayerische Staatsbibliothek: S. 315.
München, Bayerische Staatsgemäldesammlungen: S. 65, 268.
München, Staatliche Graphische Sammlung: S. 237, 326.
München, Süddeutscher Verlag: S. 254, 298.
München, Wittelsbacher Ausgleichsfonds: S. 186.
Nürnberg, Germanisches Nationalmuseum: S. 361.
Paris, Bibliothèque Nationale: S. 275.
Privatbesitz: S. 17, 139, 156, 183, 329.
Rammenau bei Dresden, Fichte-Gedenkstätte: S. 75.
Tübingen, Städtische Sammlungen: S. 140.
Verlagsbestände: S. 61, 89, 103, 111, 129, 181, 233, 280, 282, 289, 309, 327, 339.
Washington, The Library of Congress: S. 198.
Weimar, Schloßmuseum: S. 43, 141.
Weimar, Stiftung Weimarer Klassik: S. 15, 16, 31, 60, 67, 150, 286, 351, 373.
Weinsberg, Justinus Kerner-Verein und Frauenverein e. V.: 154.
Weißenfels, Museum Weißenfels: S. 212, 213.
Wien, Akademie der bildenden Künste, Kupferstichkabinett: S. 210.
Wien, Bildarchiv der österreichischen Nationalbibliothek: S. 25, 127, 295, 296.
Wien, Historisches Museum der Stadt Wien: S. 41, 46.
Wien, Sammlungen der Gesellschaft der Musikfreunde in Wien: S. 33.
Wolfenbüttel, Herzog August Bibliothek: S. 332.
Zürich, Kunsthaus: S. 272.
Zwickau, Robert Schumann-Haus: S. 301, 304, 305, 307.

Augustin, Fr. L.: Dr. Christoph Wilhelm Hufeland's Leben und Wirken. Potsdam 1837: S. 143.
Günzel, Klaus: Romantikerschicksale. Berlin/DDR 1988: S. 68, 215, 353.
Hirschberg, Leopold: Die Zeichnungen E.T.A. Hoffmanns. Potsdam 1921: S. 49, 131, 134.
Nadler, Josef: Literaturgeschichte des Deutschen Volkes. 4., völlig neubearb. Aufl. Berlin 1938: S. 9, 56, 101, 167, 179, 265, 322.
Wolfart, Karl Christian: Franz Anton Mesmer. Berlin 1814: S. 202.